MATT RIDLEY

COMO SURGEM AS INOVAÇÕES

MATT RIDLEY

COMO SURGEM AS INOVAÇÕES

TRADUÇÃO
Fábio Alberti

COPYRIGHT © FARO EDITORIAL, 2023
COPYRIGHT © MATT RIDLEY 2020
FIRST PUBLISHED IN GREAT BRITAIN BY 4TH ESTATE IN 2020

Todos os direitos reservados.
Nenhuma parte deste livro pode ser reproduzida sob quaisquer meios existentes sem autorização por escrito do editor.

Diretor editorial **PEDRO ALMEIDA**
Coordenação editorial **CARLA SACRATO**
Assistente editorial **LETÍCIA CANEVER**
Preparação **MARINA MONTREZOL**
Revisão **CRIS NEGRÃO e THAÍS ENTRIEL**
Imagem de capa e miolo ©**FREEPIK**
Capa e diagramação **VANESSA S. MARINE**

Dados Internacionais de Catalogação na Publicação (CIP)
Jéssica de Oliveira Molinari CRB-8/9852

Ridley, Matt
  Como surgem as inovações / Matt Ridley ; tradução de Fábio Alberti. -- São Paulo : Faro Editorial ; 2023.
  320 p.

  ISBN 978-65-5957-256-4
  Título original: How Innovation Works

  1. Invenções – História I. Título II. Alberti, Fábio

  22-6566   CDD 609

Índices para catálogo sistemático:
1. Invenções – História

1ª edição brasileira: 2023
Direitos de edição em língua portuguesa, para o Brasil, adquiridos por FARO EDITORIAL
Avenida Andrômeda, 885 - Sala 310
Alphaville — Barueri — SP — Brasil
CEP: 06473-000
www.faroeditorial.com.br

Sumário

INTRODUÇÃO 8

CAPÍTULO 1 | Energia 18

CAPÍTULO 2 | Saúde pública 46

CAPÍTULO 3 | Transporte 70

CAPÍTULO 4 | Comida 96

CAPÍTULO 5 | Inovação de baixa tecnologia 124

CAPÍTULO 6 | Comunicação e computação 148

CAPÍTULO 7 | Inovação na pré-história 178

CAPÍTULO 8 | Fundamentos da inovação 196

CAPÍTULO 9 | Aspectos econômicos da inovação 220

CAPÍTULO 10 | Falsificações, fraudes, caprichos e fracassos 242

CAPÍTULO 11 | Resistência à inovação 260

CAPÍTULO 12 | Escassez de inovação 288

EPÍLOGO 300

AGRADECIMENTOS 314

Para Felicity Bryan

INTRODUÇÃO

O gerador de improbabilidade infinita

"A inovação oferece o prêmio da recompensa espetacular ou a punição da privação."
Joseph Schumpeter

Estou caminhando pela Inner Farne, uma ilha da costa nordeste da Inglaterra. A certa altura, deparo-me com uma pata marrom-escura parada entre as flores à margem do caminho, chocando silenciosa e melancolicamente os seus ovos. Abaixo-me para fotografá-la com meu iPhone, a alguns metros de distância dela. A pata está acostumada com isso: centenas de visitantes vêm a este lugar todos os dias no verão, e muitos tiram fotos dela. Enquanto eu a fotografo, uma ideia me vem subitamente à cabeça: uma versão da segunda lei da termodinâmica baseada num comentário do meu amigo John Constable. A ideia é a seguinte: a eletricidade na bateria do iPhone e o calor no corpo da pata fazem mais ou menos a mesma coisa — realizam ações improváveis (fotografias, patinhos) despendendo ou convertendo energia. E então me ocorre que a ideia que acabo de ter (a do iPhone e da pata) é também um arranjo improvável da atividade sináptica no meu cérebro, abastecida pela energia da comida que ingeri recentemente, é claro, mas tornada possível pela ação subjacente do cérebro, ele próprio o produto evoluído de milhares de anos em que a seleção natural agiu sobre os indivíduos, cada um dos quais com sua própria improbabilidade sustentada pela conversão de energia. Arranjos improváveis do mundo, consequências consolidadas da geração de energia — é com isso que vida e tecnologia têm a ver.

Em *O Guia do Mochileiro das Galáxias*, de Douglas Adams, a nave espacial Coração de Ouro, de Zaphod Beeblebrox — metáfora para a riqueza — é movida por um "gerador de improbabilidade infinita" ficcional. Contudo, existe de fato um gerador de improbabilidade quase infinita, mas aqui no planeta Terra, na forma do processo de inovação.

As inovações ocorrem de várias formas, mas uma coisa que todas têm em comum, e que compartilham com inovações biológicas criadas pela evolução, é que elas são formas aprimoradas de improbabilidade. Em outras palavras, inovações — sejam elas iPhones, ideias ou ninhadas de pato — são todas combinações improváveis, implausíveis de átomos e *bits* digitais de informação. É altamente improvável que os átomos em um iPhone sejam organizados de maneira impecável por mero acaso em milhões de transistores e cristais líquidos, ou que os átomos em um patinho sejam organizados para formar vasos sanguíneos ou penas felpudas, ou que as descargas de neurônios no meu cérebro sejam organizadas num padrão tal que elas possam representar, e às vezes representem, o conceito da segunda lei da termodinâmica. A inovação, assim como a evolução, é um processo de descoberta constante de caminhos para reorganizar o mundo — caminhos esses que o acaso muito provavelmente jamais faria surgir e que são úteis. As entidades resultantes são o oposto da entropia: são mais organizadas e menos aleatórias do que eram os seus elementos antes. E a inovação é potencialmente infinita, porque mesmo que esgote a possibilidade de fazer coisas novas ela sempre pode encontrar meios para fazer as mesmas coisas mais rápido ou com menos energia.

No nosso universo, é obrigatório, de acordo com a segunda lei da termodinâmica, que a entropia não possa ser localmente revertida, a menos que haja uma fonte de energia — que é fornecida por meio de algo ainda menos organizado em outro lugar, de modo que a entropia de todo o sistema aumente. Portanto, o poder do gerador de improbabilidade é limitado apenas pelo suprimento de energia. Desde que empreguem energia no mundo de maneira criteriosa, os seres humanos podem criar estruturas cada vez mais engenhosas e improváveis. O castelo medieval em Dunstanburgh que eu posso avistar da ilha é uma estrutura improvável, e a sua ruína parcial depois de setecentos anos é mais provável, mais entrópica. No seu apogeu, o castelo era a consequência direta do dispêndio de grandes quantidades de energia, nesse caso principalmente contida nos músculos dos trabalhadores que eram alimentados com pão e queijo provenientes do trigo e da grama que crescia ao sol e era comida pelas vacas. John Constable, ex-acadêmico de Cambridge e de Kyoto, observou que as coisas das quais dependemos para tornar nossa vida próspera são

> todas, sem exceção, estados físicos distantes do equilíbrio termodinâmico, e o mundo foi levado, às vezes por longos períodos, para essas configurações convenientes por conversão de energia, cujo uso reduziu a entropia em um canto do universo, o nosso, e a aumentou numa margem ainda maior em algum outro lugar. Quanto mais improvável e ordenado se torna o nosso mundo, mais ricos nós nos tornamos, e como consequência disso mais desordenado o universo se torna como um todo.

INTRODUÇÃO

Então, inovação significa novos meios de aplicar energia para criar coisas improváveis e vê-las "dar certo". Isso significa muito mais do que invenção, porque a palavra implica desenvolver uma invenção a ponto de levá-la a destacar-se e "pegar", por ser suficientemente prática, acessível, confiável e ubíqua para valer a pena. Edmund Phelps, economista ganhador do Prêmio Nobel, define uma inovação como "um novo método ou novo produto que se torna uma nova prática em algum lugar do mundo".

Nas páginas que se seguem, traçarei o caminho das ideias desde a invenção até a inovação, através da longa luta para se ter uma ideia que vingue, geralmente em combinação com outras ideias. E eis o meu ponto de partida: a inovação é um dos fatos mais importantes relacionados ao mundo moderno, mas um dos menos compreendidos. A inovação é a razão pela qual as pessoas em sua maioria vivem hoje vidas de prosperidade e sabedoria (em comparação com a vida dos seus ancestrais), é a causa claríssima do grande enriquecimento que ocorreu nos últimos poucos séculos, é a explicação simples para a queda livre (verificada pela primeira vez na história) da incidência da extrema pobreza no mundo: de 50% da população mundial para 9% na época em que eu vivo.

O que tornou a maioria de nós ricos como nunca — e não apenas no Ocidente —, segundo a economista Deirdre McCloskey, foi o "inovacionismo": o hábito de aplicar novas ideias para elevar os padrões de vida. Nenhuma outra explicação para o grande enriquecimento dos séculos recentes faz sentido. O comércio se expandiu durante séculos, e com ele a exploração colonial, mas apenas esses fatores não foram suficientes para proporcionar o avanço nos rendimentos da magnitude que se viu. Não houve acumulação suficiente de capital para que se alcançasse tal resultado nem, nas palavras de McCloskey, "empilhamento de tijolo sobre tijolo, de bacharelado sobre bacharelado". Não houve expansão suficientemente grande na disponibilidade de mão de obra. Tampouco a revolução científica de Galileu e Newton foi responsável por esse grande enriquecimento, já que as inovações (a maior parte delas) que mudaram a vida das pessoas tiveram pouca relação com o novo conhecimento científico, pelo menos no início, e poucos entre os inovadores que promoveram as mudanças eram cientistas treinados. De fato, muitos — como Thomas Newcomen, o inventor do motor a vapor, ou Richard Arkwright, inventor da máquina de fiar que revolucionou a indústria têxtil, ou George Stephenson, precursor das estradas de ferro — foram homens de educação bastante modesta e de origem humilde. Muita inovação precedeu a ciência que lhe deu sustentação. Portanto, a Revolução Industrial foi na verdade, como argumentou Phelps, o surgimento de um novo tipo de sistema econômico que gerou inovação endógena como um produto por si só. Eu afirmo que algumas máquinas tornam isso possível por si mesmas. Um motor a vapor provou ser "autocatalítico": ele esvaziava as minas, o que diminuía o custo do carvão, tornando a próxima máquina mais barata e mais fácil de fazer. Mas estou me precipitando um pouco aqui.

A palavra "inovação" é invocada com alarmante frequência por empresas que tentam parecer modernas, mas que têm pouca ou nenhuma ideia sistemática a respeito de como ela ocorre. A surpreendente verdade é que ninguém realmente sabe por que a inovação acontece nem como ela acontece, muito menos quando e onde ela acontecerá. Angus Maddison, historiador econômico, escreveu que "o progresso técnico é a característica mais essencial do crescimento moderno e a mais difícil de quantificar ou explicar". Outro historiador, Joel Mokyr, disse que acadêmicos "sabem muito pouco sobre os tipos de instituições que promovem e estimulam o progresso tecnológico".

Considere o caso do pão de forma, por exemplo. Uma ideia incrível, das melhores que já apareceram. Pensando bem, é óbvio que alguém acabaria inventando uma maneira de oferecer pão já fatiado automaticamente para o preparo de sanduíches uniformes. E é bastante óbvio que isso provavelmente aconteceria na primeira metade do século XX, quando máquinas elétricas estavam na moda pela primeira vez. Mas por que em 1928? E por que na pequena cidade de Chillicothe, encravada no Missouri? Muita gente tentou inventar máquinas que fatiassem pão, mas essas máquinas funcionavam mal ou não embalavam bem o pão, que acabava se estragando. A pessoa que teve êxito na criação dessa máquina foi Otto Frederick Rohwedder, que nasceu em Iowa, estudou optometria em Chicago e se estabeleceu como joalheiro em St. Joseph, Missouri, antes de voltar para Iowa determinado — por alguma razão — a inventar um fatiador de pão. Ele perdeu o seu primeiro protótipo em um incêndio em 1917 e teve de recomeçar tudo da estaca zero. Otto percebeu um detalhe de vital importância: que também teria de inventar um sistema de embalamento automático de pão para que as fatias não se estragassem. As padarias não estavam interessadas, pelo menos a maioria delas, mas a padaria de Chillicothe, de propriedade de um tal Frank Bench, estava — e o resto é história. O que havia de especial no Missouri? Além da simpatia por inovação que os americanos da metade do século XX pareciam demonstrar e os recursos para colocar as ideias em prática, o melhor palpite é que houve nisso uma fatia da boa e velha sorte. O acaso desempenha um papel importante na inovação, motivo pelo qual as economias liberais, com as oportunidades que concedem a experimentos aleatórios, fazem as inovações acontecerem tão bem. Elas dão uma chance à sorte.

A inovação acontece quando as pessoas são livres para pensar, experimentar e especular. Ela acontece quando as pessoas podem fazer negócios umas com as outras. Ela acontece onde as pessoas são relativamente prósperas, não desesperadas. Ela é um tanto contagiosa. Necessita de investimento. Acontece geralmente nas cidades. E assim por diante. Mas será que nós realmente compreendemos isso? Qual é a melhor maneira de incentivar a inovação: estabelecer metas, direcionar pesquisas, subsidiar a ciência, estabelecer regras e padrões? Ou deixar tudo isso de lado, desregulamentar e dar liberdade às pessoas? Ou, ainda, criar direitos de propriedade sobre ideias, oferecer patentes e entregar prêmios? Temer o futuro ou encher-se de esperança? Você encontrará defensores de todas essas políticas e de outras mais discutindo inflamadamente os seus casos. Mas o que há de mais surpreendente a respeito da inovação é quão misteriosa ela continua sendo. Nenhum economista, nenhum cientista social poderá explicar satisfatoriamente por que a inovação acontece, muito menos o motivo de ela acontecer quando e onde acontece.

Neste livro, busco decifrar esse grande quebra-cabeça. Farei isso não apenas valendo-me de teorias ou argumentos abstratos — embora deva usar um pouco dessas duas coisas —, mas principalmente contando histórias. Deixando que os inovadores que transformaram as suas invenções (ou as invenções de outras pessoas) em inovações úteis nos ensinem como isso aconteceu, por meio dos exemplos dos seus sucessos e fracassos. Eu conto as histórias dos motores a vapor e dos motores de busca, das vacinas e da vaporização, dos contêineres de transporte e dos *chips* de silício, da mala com rodinhas e da edição genética, dos números e do vaso sanitário. Vamos saber mais a respeito de Thomas Edison e Guglielmo Marconi, Thomas Newcomen e Gordon Moore, Mary Wortley Montagu e Pearl Kendrick, Al-Khwarizmi e Grace Hopper, James Dyson e Jeff Bezos.

Eu não tive a intenção de documentar todas as inovações importantes. Omiti (sem nenhum motivo relevante) algumas muito importantes e bastante conhecidas: a automação da indústria têxtil, por exemplo, e a história da sociedade limitada. Deixei de fora a maior parte das inovações em arte, música e literatura. Meus principais exemplos são extraídos das áreas de energia, saúde pública, transporte, alimentos, tecnologia, computadores e comunicações.

Nem todos os indivíduos cujas histórias eu conto são heróis; alguns são farsantes, impostores ou pessoas que fracassaram. Poucos trabalharam sozinhos, pois inovação é um esporte de equipe, um empreendimento coletivo, muito mais do que se costuma reconhecer. Crédito e autoria são confusos, misteriosos e até mesmo absolutamente injustos. Diferente da maioria dos esportes de equipe, porém, a inovação não costuma ser uma coisa coreografada, planejada ou administrada. Não pode ser prevista com facilidade, como muitos analistas descobriram. Na maioria das vezes, ela se orienta por tentativa e erro, a versão humana da seleção natural. E ela geralmente tropeça em grandes descobertas por acaso, quando está em busca de alguma outra coisa: a sorte é uma forte aliada da inovação.

Para tentar entender o que desencadeava a inovação e por que ela ocorre especificamente com seres humanos e não com todas as espécies — chimpanzés e corvos também inovam quando desenvolvem e disseminam novos hábitos culturais, mas muito ocasionalmente e com grande lentidão; e os outros animais, em sua maioria, nem sequer isso —, farei um mergulho no passado e voltarei aos primórdios da cultura humana.

Nos dez anos que se passaram desde que publiquei *The Rational Optimist* (O otimista racional, em tradução livre) — argumentando, na contramão da visão predominante, que o mundo era, é e continuará sendo melhor, não pior —, o padrão de vida humano elevou-se rapidamente para quase todas as pessoas. Quando terminei esse livro, o mundo estava mergulhado numa recessão terrível; porém, para muitos dos pobres do mundo os anos que se seguiram tiveram o crescimento econômico mais rápido jamais visto. A renda do etíope médio dobrou em uma década; o número de pessoas que viviam em extrema pobreza caiu abaixo de dez por cento pela primeira vez na história; a mortalidade por malária despencou; a guerra cessou completamente no hemisfério ocidental e se tornou muito mais rara no Velho Mundo também; lâmpadas LED econômicas substituíram as lâmpadas incandescentes e fluorescentes; conversas por telefone tornaram-se praticamente gratuitas em Wi-Fi. Algumas coisas pioraram, evidentemente, mas o saldo predominante foi positivo. Tudo isso se deve à inovação.

A principal mudança que a inovação operou em nossa vida foi nos tornar capazes de trabalhar uns para os outros. Como já argumentei antes, o tema central da história humana é que nós gradualmente nos especializamos mais no que produzimos e, também de forma gradual, diversificamos mais o que consumimos: nós saímos de uma precária autossuficiência para a interdependência mútua mais segura. Concentrando-se em atender às necessidades de outras pessoas durante quarenta horas por semana — que é o que chamamos de emprego —, você pode passar as outras setenta e duas horas (sem contar as cinquenta e seis horas que passa dormindo) desfrutando dos serviços fornecidos a você por outras pessoas. A inovação tornou possível trabalhar por uma fração de segundo para ligar uma lâmpada elétrica e receber luz numa quantidade que lhe teria exigido um dia inteiro de trabalho se você tivesse de obter e refinar óleo de gergelim ou gordura de carneiro para fazer acender um simples lampião, como grande parte da humanidade fazia num passado não muito distante.

Em sua maioria, as inovações são um processo gradual. A obsessão moderna pela inovação disruptiva — uma expressão cunhada em 1995, pelo professor Clayton Christensen, de Harvard — é enganosa. Mesmo quando uma nova tecnologia supera uma antiga, como a mídia digital tem feito com os jornais, o efeito disso demora muito a começar, vai se acelerando pouco a pouco e opera com base no crescimento, não em saltos e atalhos. Muitas vezes a inovação decepciona em seus primeiros anos, para depois avançar e acabar superando as expectativas — fenômeno que chamo de ciclo do exagero de Amara, em homenagem a Roy Amara, que percebeu que nós subestimamos o impacto da inovação a longo prazo, mas o superestimamos no curto prazo.

A inovação costuma ser bastante impopular, e esse talvez seja o seu aspecto mais desafiador. Apesar das abundantes evidências de que ela mudou para melhor a vida de quase todas as pessoas, de inúmeras maneiras, a reação instintiva da maioria das pessoas a algo novo costuma ser de receio, algumas vezes até mesmo de aversão. A menos que se trate de algo que nos seja de utilidade óbvia, nós tendemos a imaginar as consequências ruins que a inovação possa nos trazer bem mais do que as consequências boas. E nós lançamos obstáculos no caminho dos inovadores, em benefício de grupos interessados em que as coisas permaneçam como estão: investidores, dirigentes e trabalhadores afins. A história nos mostra que a inovação é uma flor delicada e vulnerável que pode facilmente ser esmagada, mas que, sob condições favoráveis, recupera-se e vinga rapidamente.

Esse estranho fenômeno da inovação, e a resistência a ele, foi celebrado há mais de três séculos, antes do início do grande enriquecimento, por um inovador — se bem que ele não teria usado essa palavra. William Petty, que na adolescência foi grumete num navio e acabou abandonado numa costa estrangeira com uma perna quebrada, recebeu educação jesuíta e se tornou secretário do filósofo Thomas Hobbes. Então partiu para a Holanda e começou uma carreira como médico e cientista, antes de se transformar num mercador, especulador de terras na Irlanda, membro do Parlamento e depois um rico e politicamente influente pioneiro no estudo de economia. Ele foi melhor inovador do que inventor. No início de sua carreira, quando era professor de anatomia em Oxford, em 1647, Petty inventou e patenteou um instrumento que permitia escrever com cópia — com esse instrumento ele pôde produzir duas cópias do primeiro capítulo dos Hebreus de uma só vez, em quinze minutos. Ele também concebeu um projeto para a construção de uma ponte sem suportes no leito do rio e inventou uma máquina para plantar milho. Nenhuma dessas invenções pareceu vingar. Mais tarde, Petty lamentou o destino do inventor no seguinte texto, escrito em 1662:

> Poucas invenções novas foram em alguma ocasião recompensadas por um monopólio; pois embora o inventor, geralmente embriagado com a opinião a respeito do seu próprio mérito, pense que o mundo inteiro deseja usurpar o que é seu, pude observar que poucos homens se disporão a fazer uso de novas substâncias que não foram completamente testadas e cujo tempo de existência não compense essa potencial inconveniência. Assim, quando uma nova invenção é proposta, no início todos os homens discordam e o pobre inventor tem de ter sagacidade para lidar com todos os insultos petulantes: todos encontram falhas e ninguém aprova a invenção, a menos que seja modificada de acordo com o seu próprio dispositivo. Nem uma em cada cem sobrevive a essa tortura, e as invenções que sobrevivem acabam tão modificadas pelas várias ideias dos outros que nenhum homem pode alegar ser o autor da totalidade da invenção nem concordar quanto à sua respectiva cota nas partes. De mais a mais, esse processo é geralmente tão

demorado que o pobre inventor acaba morrendo antes do seu desfecho ou então termina arruinado em virtude das dívidas contraídas para levar adiante o seu projeto. Como se não bastasse, é alvo de protestos e injúrias, ou até de coisa pior, por parte das pessoas que investiram o dinheiro delas acreditando em suas habilidades. No final, o inventor e as suas pretensões são completamente destruídos, como se tivessem desaparecido.

CAPÍTULO 1

Energia

"Onde quer que esteja um negócio de sucesso,
ali também está alguém que uma vez tomou uma
atitude corajosa."
Peter Drucker

CALOR, TRABALHO E LUZ

Provavelmente o evento mais importante na história da humanidade, na minha opinião, aconteceu no noroeste da Europa, por volta de 1700, e foi levado a cabo por uma ou por várias pessoas (provavelmente da França ou da Inglaterra) — mas talvez nós nunca saibamos quem. Por que isso é tão impreciso? Na época ninguém teria percebido o seu significado; de qualquer maneira, porém, dava-se pouco valor à inovação. Há confusão também a respeito das contribuições entre vários candidatos: qual delas importa mais? E foi uma mudança gradual, hesitante, sem "momento eureka". Essas características são típicas da inovação.

O evento de que estou falando é a primeira conversão controlada de calor em trabalho, o passo que tornou a Revolução Industrial possível, se não inevitável, e portanto levou à prosperidade do mundo moderno e ao estupendo florescimento da tecnologia. (Uso aqui a palavra "trabalho" em seu sentido mais coloquial, como movimento intenso e controlado, não no sentido mais abrangente com que os físicos a definem.) Estou escrevendo isso num *laptop* alimentado por eletricidade, a bordo de um trem, também movido a eletricidade, e com a ajuda de luz elétrica. A maior parte dessa eletricidade chega através de cabos, partindo de uma central elétrica na qual turbinas enormes são giradas em alta velocidade pelo vapor gerado pela queima de gás ou pelo calor da fissão nuclear.

O objetivo de uma central elétrica é transformar o calor da combustão em pressão de água expandida em vapor, que depois põe em movimento as pás da turbina, que se movem dentro de um eletroímã para criar o movimento dos elétrons em fios. Algo semelhante acontece dentro do motor de um carro ou de um avião: a combustão gera pressão, que por sua vez gera movimento. É da conversão do calor em trabalho que vem praticamente toda a gigantesca quantidade de energia utilizada para tornar a nossa vida como ela é.

Antes de 1700, os dois tipos de energia mais usados pelos seres humanos eram calor e trabalho. (A luz vinha principalmente do calor.) As pessoas queimavam madeira ou carvão para se aquecer e para cozinhar e, para mover coisas e realizar trabalhos, elas usavam os músculos — os próprios ou os de cavalos e bois — ou (raramente) moinho de água ou moinho de vento. Esses dois tipos de energia eram diferentes: a madeira e o carvão não se destinavam ao trabalho mecânico; o vento, a água e o boi não aqueciam.

Alguns anos mais tarde — mesmo que em escala modesta no início — o vapor estava transformando calor em trabalho, e o mundo nunca mais voltaria a ser o mesmo. O primeiro dispositivo prático a realizar isso foi o motor de Newcomen, por isso Thomas Newcomen é o meu primeiro e mais promissor candidato a inovador da conversão de calor em trabalho. Note que eu não o chamei de inventor; a diferença é extremamente importante.

Não há nenhum retrato de Newcomen, e ele está enterrado num túmulo sem identificação em algum lugar em Islington, no norte de Londres, onde morreu em 1729. Não muito distante desse lugar, embora nós novamente não saibamos onde, encontra-se o túmulo sem identificação de um dos seus rivais e uma possível fonte de sua inspiração: Denis Papin, que simplesmente sumiu de vista em 1712 como um indigente em Londres. Um pouco mais bem tratado pelo mundo que o cercava, Thomas Savery morreu em 1715, nas proximidades de Westminster. Esses três homens, vizinhos por alguns anos e quase contemporâneos (Papin nasceu em 1647, Savery, em torno de 1650 e Newcomen, em 1663) desempenharam papéis essenciais na conversão de calor em trabalho.

Eles não foram os primeiros a perceber que o vapor tem o poder de mover coisas, é claro. Miniaturas construídas para explorar esse princípio foram usadas na Grécia e na Roma antigas e, de tempos em tempos, no decorrer dos séculos, engenheiros sagazes construíram artefatos que, por meio do vapor, levavam água para fontes em jardins ou outras curiosidades do tipo. Mas foi Papin quem primeiro sonhou em utilizar esse poder para objetivos práticos e não para entretenimento; foi Savery quem transformou um sonho similar numa máquina, embora fosse uma máquina que se provou inviável do ponto de vista prático; e foi Newcomen quem elaborou uma máquina prática que terminou por fazer a diferença.

Pelo menos é o que nos conta a narrativa oficial. Se nos aprofundarmos mais, porém, a história fica mais confusa. Será que o francês Papin foi roubado por um ou por ambos os ingleses? Savery ou Newcomen teriam se apropriado das ideias um do outro? Papin teria se inspirado em Savery tanto quanto Savery se inspirou nele? E será que Newcomen tinha conhecimento do trabalho dos outros dois?

Embora tenha morrido na obscuridade, Denis Papin foi astro em termos de intelecto e fama durante a sua vida. Trabalhou com muitos dos grandes cientistas da época. Nascido em Blois, às margens do Loire, ele estudou medicina na universidade. Foi recrutado pelo grande holandês Christiaan Huygens — filósofo natural e presidente da Academia de Ciências de Paris — como um de seus assistentes em 1672, ao lado de outro brilhante jovem destinado a conhecer fama ainda maior, Gottfried Leibniz. Três anos depois, Papin exilou-se em Londres a fim de escapar da perseguição aos protestantes na França de Luís XIV.

Em Londres, supostamente por intermédio de Huygens, ele se tornou assistente de Robert Boyle e trabalhou em uma bomba de ar. Robert Hooke então o contratou por algum tempo, antes que Papin partisse para Veneza, onde ele passou três anos como curador de uma sociedade científica, antes de retornar a Londres, em 1684, para fazer o mesmo trabalho pela Royal Society. A certa altura, ele inventou a panela de pressão para amolecer ossos. Em 1688, ele se tornou professor de matemática na Universidade de Marburg, antes de se mudar para Cassel, em 1695. Havia certa inquietação à sua volta; parecia que ninguém conseguia suportar a sua companhia por muito tempo.

Huygens havia contratado Papin para explorar a ideia de uma máquina acionada pelo vácuo gerado pela explosão de pólvora num cilindro (ideia que é ancestral distante do motor de combustão interna), mas logo percebeu que a condensação de vapor poderia funcionar melhor. Em algum momento entre 1690 e 1695, Papin inventou uma máquina simples com um pistão e um cilindro dentro do qual o vapor se condensava até o resfriamento, movimentando o pistão para baixo e assim erguendo um peso por meio de uma roldana. Ele descobriu o princípio do motor atmosférico, no qual o peso da atmosfera faz o trabalho uma vez que o vácuo tenha sido gerado sob o pistão. É uma máquina que suga em vez de soprar.

No verão de 1698, Leibniz trocou cartas com Papin a respeito dos projetos, de ambos, de motores que poderiam bombear água com o uso do fogo. Bombear água das minas de carvão era o principal problema a ser resolvido, pois elas eram o único lugar onde era difícil usar cavalos, e o carvão era abundante. Minas úmidas eram mais seguras do que as secas, porque o risco de incêndio era menor, mas as inundações continuavam sendo um obstáculo para os mineiros.

Contudo, Papin já sonhava com barcos movidos a vapor: "Eu acredito que essa invenção pode ser usada para muitas outras coisas além de bombear água", ele escreveu para Leibniz. "Não quero me gabar, mas se eu pudesse conseguir mais apoio, eu alcançaria bem rápido aquele objetivo de viajar por água." A ideia era que o vapor de uma caldeira impulsionasse um êmbolo ejetando água através de um duto sobre uma roda de pá. O êmbolo então retornava por meio da combinação de água nova readmitida na sua câmara e condensação do vapor. Em 1707, Papin chegou a construir um barco com uma roda de pá (embora não pareça ter usado vapor para colocá-la em movimento, e, sim, homens) para demonstrar a superioridade das rodas de pá sobre remos. Papin navegou pelo Rio Weser com ele a caminho da Inglaterra. Os barqueiros profissionais não gostaram dessa competição e destruíram a embarcação: já existiam inimigos da tecnologia na época.

O historiador L. T. C. Rolt chegou à conclusão de que Papin poderia ter feito mais do que fez: "Quando estava a um passo de alcançar o êxito, o brilhante Papin tomou outro rumo." Ele voltou ao trabalho com vapor quando Leibniz lhe contou sobre a patente de Thomas Savery sobre o uso de fogo para bombear água, patente essa obtida em 1698, no mesmo dia em que Papin se gabou para Leibniz de que sabia como fazer tal máquina. Papin então construiu um motor a vapor diferente, o qual, com base no diagrama que ele desenhou, é claramente uma versão modificada do motor de Savery. Ainda assim, é sem dúvida possível que Savery tenha ouvido falar dos projetos de Papin — pois este último enviou várias cartas a seus antigos colegas da Royal Society —, embora a sua máquina seja bastante diferente da de Papin. Quem estava copiando quem?

A coincidência quanto ao tempo é estranha, mas é muito característica de inventores. Repetidamente, invenções simultâneas marcam o progresso da tecnologia, como se houvesse algo preparado para o momento. Isso não implica necessariamente em plágio. No caso em questão, a combinação de uma boa técnica com metal, maior interesse em exploração de minas e um fascínio científico por vácuo surgiu no noroeste da Europa para tornar quase inevitável um motor a vapor rudimentar.

O "capitão" Savery pode ter sido um engenheiro militar ou talvez essa patente tenha sido honorária, mas a figura dele é quase tão misteriosa quanto a de Newcomen: não há retratos dele, e sua data de nascimento é desconhecida. Ele veio de Devon, assim como Newcomen. O que realmente se sabe é que em 25 de julho de 1698, no mesmo dia em que Papin escreveu a Leibniz sobre projetar barcos a vapor, Savery obteve uma patente de catorze anos sobre a "máquina que movimenta água pela força motriz do fogo". No ano seguinte, a patente foi estendida para mais vinte e um anos, até 1733 — um rico presente para os herdeiros de Savery, que, no entanto, não o mereciam, como se constataria mais tarde.

A máquina de Savery funcionava da seguinte maneira: uma caldeira de cobre colocada sobre o fogo lançava vapor em um tanque cheio de água, que era expelida numa tubulação de bronze, através de uma válvula de retenção. Quando o tanque se enchia de vapor, o suprimento da caldeira era interrompido e o tanque era pulverizado com água fria, o que fazia o vapor em seu interior colapsar, criando um vácuo. A água era bombeada de baixo para cima através de uma tubulação diferente, e o ciclo recomeçava. Em 1699, Savery demonstrou uma versão na Royal Society com dois tanques e, em dado momento, ele pareceu ter automatizado o mecanismo de uma válvula combinada que podia encher os dois tanques, fazendo assim a invenção funcionar continuamente.

Em 1702, foi anunciado que o modelo de demonstração de Savery ficaria exposto ao público "em sua oficina, em Salisbury Court, Londres, em frente à Old Playhouse, onde poderia ser visto em funcionamento às quartas-feiras e aos sábados, das três às seis da tarde". Ele certamente vendeu alguns para a nobreza e instalou um às margens do rio Tâmisa, que abastecia Londres, mas foi um fracasso. Os proprietários de minas não estavam interessados. O artefato bombeava água apenas a curta distância, necessitava de grande quantidade de carvão como combustível, vazava pelos encaixes da sua estrutura e pifava muito facilmente. Muitas vezes o fracasso é o pai do sucesso na inovação.

Por volta de 1708, Papin — que atravessou, ao que tudo indica, o Canal numa embarcação comum e não em seu próprio barco dotado de pás — estava em Londres e esperava obter apoio para construir o seu barco a vapor. Não sabemos se chegou a se encontrar com Savery. Suas esperanças de ser reconhecido como o gênio do vapor na Inglaterra foram rapidamente frustradas. As cartas cada vez mais desesperadas que ele enviava a Hans Sloane, secretário de Sir Isaac Newton na Royal Society, foram ignoradas. Ser amigo de Leibniz não lhe foi de muita ajuda. Newton e Leibniz reivindicavam a autoria do cálculo infinitesimal e, por esse motivo, envolveram-se em uma furiosa escaramuça (ambos inventaram o cálculo, mas a versão de Leibniz era mais clara); essa rixa estava no auge, e sem dúvida envenenou a reputação do pobre Papin por associação com a Royal Society. "Pelo menos seis dos meus trabalhos foram lidos em encontros da Royal Society e não foram mencionados no registro. Que triste situação a minha, senhor", Papin escreveu a Sloane em janeiro de 1712.

Depois disso não se ouviu mais sobre ele. Papin simplesmente desapareceu. Historiadores presumem que ele deve ter morrido nesse mesmo ano, pobre demais para deixar testamento ou registro de enterro. Savery morreu três anos depois, menos obscuramente, mas longe de ser um herói nacional. Ele deixou para trás um legado importante: sua patente do uso do fogo para movimentar água, que obrigaria Newcomen a trabalhar em parceria com os herdeiros de Savery por muitos anos.

E assim, no final das contas, nenhum desses homens da ciência, usando suas longas perucas e misturando-se com os nobres, foi capaz de mudar o mundo. Disso se encarregou um humilde ferreiro de Dartmouth, em Devon: Thomas Newcomen. Ele era comerciante de produtos de ferro fundido (o que naquela época representava algo próximo de um engenheiro ou ferreiro) e trabalhou junto com um vidreiro ou encanador, John Calley, em 1685. Isso é praticamente tudo o que se sabe a respeito do homem que elaborou um projeto completo de máquina a vapor em 1712, ano em que Papin morreu.

Ao longo dos séculos, muitos historiadores, relutantes em acreditar que um humilde ferreiro obteve êxito em algo que professores instruídos falharam, presumiram que as ideias de Papin e Savery poderiam ter chegado a Newcomen de alguma maneira; uma dessas maneiras foi uma teoria conspiratória que se tornou popular na França, segundo a qual alguém teria entregado a Newcomen algumas das cartas de Papin para Sloane. Também se especulou que Newcomen teria visto uma máquina de Savery numa mina de estanho. Porém nada disso passou por uma análise cuidadosa, continuando perfeitamente possível que ele não soubesse nada sobre o trabalho dos sábios europeus. De fato, uma fonte insiste que ele estava trabalhando em seus primeiros projetos antes de 1698, ano da patente de Savery e da carta de Papin a Leibniz.

Essa fonte, a única que realmente conheceu Newcomen, era um sueco chamado Marten Triewald. Ele trabalhou com Newcomen e com Calley e construiu vários motores em Newcastle antes de levar a tecnologia consigo para a Suécia. Ele afirmou que Newcomen fez experimentos com vapor por muito tempo antes de obter uma máquina viável e identificou um avanço acidental quando a injeção de água fria no cilindro foi descoberta:

> Por dez anos consecutivos, o sr. Newcomen trabalhou na máquina alimentada por fogo, que jamais teria exibido o efeito desejado se Deus Todo-Poderoso não permitisse que um golpe de sorte acontecesse. Na última tentativa de fazer funcionar o modelo, um efeito mais do que desejado foi subitamente causado pelo estranho evento que passarei a descrever. A água fria que foi introduzida na caixa de chumbo que envolvia o cilindro passou através de uma falha que havia sido remendada com solda de estanho. O calor do vapor fez a solda derreter, abrindo caminho para que a água fria corresse para o interior do cilindro e imediatamente

> condensasse o vapor, gerando tal vácuo que o peso colocado na pequena alavanca — que representava o peso da água na bomba — mostrou-se insuficiente a ponto de o ar, que pressionou o êmbolo com uma enorme força, fazer a sua correia se quebrar e o êmbolo se chocar contra o fundo do cilindro e também contra a tampa da pequena caldeira. A água quente que se derramou por todos os lados convenceu até as pessoas que observavam de longe que eles haviam descoberto uma força incomparavelmente pujante, até o momento inteiramente desconhecida na natureza.

O modelo de Newcomen condensa o vapor em um cilindro por meio da injeção de água fria, e isso transmite a energia do vácuo cedendo sob o peso da atmosfera, trazendo para baixo o êmbolo e a alavanca para o acionamento das bombas — um mecanismo mais seguro e mais resistente que o do projeto de Savery. É provável que algumas versões em escala real tenham sido construídas pela primeira vez perto das minas de estanho onde Newcomen trabalhava, mas nenhuma evidência segura disso sobreviveu. Sabe-se com certeza que o primeiro motor de Newcomen a entrar em operação no mundo foi construído em 1712, perto do Castelo de Dudley, em Warwickshire. De acordo com Triewald, podia bombear dez galões de água doze vezes por minuto, retirando água da mina de carvão a uma profundidade de quase cinquenta metros. Uma gravura de Thomas Barney datada de 1719 mostra a primorosa complexidade da máquina em nítido contraste, argumenta Rolt, com "a bomba rudimentar de Savery ou com os brinquedos científicos de Papin". E Rolt prossegue: "Raras vezes na história da tecnologia uma invenção tão grandiosa e sofisticada foi elaborada por um homem com tanta rapidez."

Contudo, no início, essa máquina era terrivelmente ineficiente. Para os padrões de hoje, um motor de Newcomen é um monstro. Do tamanho de uma pequena casa, ele lançava fumaça e produzia fortes ruídos, desperdiçando 99% da energia em seu fogo de carvão. Apenas décadas mais tarde surgiriam o condensador separado de James Watt, o volante e o eixo de transmissão, que transformaram o motor em algo que pudesse ser utilizado em qualquer campo de atividade que não somente o de mineração de carvão, em que o combustível era barato.

Eu tenho uma ligação pessoal com essa história. Nicholas Ridley, meu ancestral, ingressou no ramo da mineração no final dos anos 1600. Ele deixou sua fazenda em South Tyne Valley, em Northumberland, para se tornar parceiro em um negócio de mineração de chumbo e tentou derreter prata de minério de chumbo. Ele então se mudou para Newcastle e de algum modo entrou no ramo de mineração de carvão. Na ocasião da sua morte, em 1711, ele era um próspero comerciante de carvão e proprietário de uma mina na margem norte do rio Tyne. Ele também foi prefeito da cidade — na época, a terceira maior cidade da Inglaterra. Richard, um de seus filhos, administrava as minas com um estilo agressivo e ganhou fama de encrenqueiro por sua tendência a envolver-se em brigas e violar preços fixados por cartéis. Em certa oportunidade, ele até tentou assassinar um rival. Já seu outro filho, Nicholas, parece ter passado boa parte do tempo em Londres, provavelmente recebendo e comercializando carvão. O carvão fornecia metade da energia consumida na Inglaterra no início de 1700.

Nicholas, o irmão mais jovem, recrutou o adolescente Sam Calley, filho do parceiro de Newcomen, John, para construir um motor na região de Byker, provavelmente entre 1715 e 1716. Se quisermos crer no engenheiro John Smeaton, essa pode ter sido a terceira ou quarta máquina desse tipo em todo o mundo. Os Ridleys pagaram a enorme soma de 400 libras por um ano de uso de patente aos herdeiros de Savery para terem a permissão de usar esse modelo e gastaram cerca de mil libras para construírem o primeiro motor. A máquina seria usada para drenar uma mina cujas inundações já haviam arruinado dois proprietários anteriores.

Nós sabemos disso porque Nicholas (filho) convenceu Marten Triewald, amigo de Newcomen, a ir para o norte a fim de supervisionar o jovem Calley. O sueco deixou uma descrição dos seus métodos com os irmãos Ridley. Com o sucesso da primeira máquina, os Ridleys ordenaram a construção de mais máquinas e, nos idos de 1733, quando a patente de Savery expirou, havia duas máquinas em Byker, três em Heaton, uma em Jesmond e uma em Gosforth. Eu gosto de pensar que Richard e Nicholas Ridley chegaram a conhecer Newcomen.

O motor a vapor de Newcomen foi a mãe do mundo moderno, abrindo caminhos em uma era na qual a tecnologia começava a conferir fantástica produtividade ao trabalho das pessoas, libertando mais e mais gente da dura labuta no arado e no trabalho doméstico. É uma inovação fundamental. Contudo, a maneira como o invento surgiu é misteriosamente obscura. É possível afirmar que foi por causa do avanço da ciência na Grã-Bretanha e na França, como exemplificado por Denis Papin? Um pouco, talvez; porém, Newcomen aparentemente nada sabia sobre isso. Ou aconteceu como consequência dos progressos da metalurgia que se verificaram no final do século XVII e permitiram que grandes cilindros de latão e pistões pudessem agora ser produzidos? Sim, em parte. Será que aconteceu devido à expressiva expansão da indústria de mineração de carvão impulsionada pelo encarecimento da madeira (enquanto as florestas britânicas minguavam), e com essa expansão surgiu a demanda por equipamentos de bombeamento? Até certo ponto. Ou aconteceu por causa da expansão do comércio no noroeste da Europa, iniciada pelos holandeses e que levou à criação de capital, investimento e empreendedores? Certamente, sim, em parte. Mas por que essas condições não se combinaram na China, ou em Veneza, ou no Egito, em Bengala ou em Amsterdã, ou em algum outro centro comercial? E por que em 1712 e não em 1612 ou em 1812? A inovação pode parecer bastante óbvia quando a avaliamos em retrospecto, mas é impossível prever quando se concretizará.

A CONTRIBUIÇÃO DE WATT

Em 1763, um habilidoso e prático fabricante de instrumentos escocês chamado James Watt foi encarregado de consertar um modelo de motor de Newcomen pertencente à Universidade de Glasgow. A máquina funcionava com dificuldade. Tentando entender o que havia de errado, Watt percebeu algo relacionado aos motores de Newcomen, de forma geral, que deveria ter sido identificado muito tempo antes: três quartos da energia do vapor eram desperdiçados no processo de reaquecimento do cilindro durante cada ciclo, depois que o cilindro era resfriado com um jato de água para condensar o vapor. Watt teve uma ideia simples para resolver o problema: usar um condensador separado para que o cilindro se mantivesse quente enquanto o vapor condensasse no cilindro frio. Dessa maneira, Watt aumentou a eficiência do motor a vapor; mas, como já era de se esperar, foram necessários meses de trabalho com peças de metal para que as suas ideias se transformassem em uma máquina funcional.

Depois de demonstrar o princípio em um pequeno motor de teste, Watt firmou parceria com John Roebuck para adquirir a patente e então com o empreendedor Matthew Boulton, para construir versões em tamanho real. Eles revelaram a máquina no dia 8 de março de 1776, um dia antes da publicação de *A Riqueza das Nações*, obra escrita por outro escocês, Adam Smith. Boulton quis que Watt encontrasse uma maneira de converter o subir e descer do pistão em um movimento circular capaz de girar um eixo, para ser usado em usinas e fábricas. O mecanismo de biela-manivela havia sido patenteado por James Pickard, o que frustrou por algum tempo os planos de Watt e o forçou a desenvolver um sistema alternativo conhecido como engrenagem "sol e planetas". Pickard, por sua vez, recebeu de um empregado desleal e bêbado da sua própria fábrica Soho de Boulton a ideia do mecanismo de biela, mergulhando em confusão a origem desse dispositivo simples.

Apesar desse exemplo de patentes atrapalhando o desenvolvimento — como a de Savery atrapalhou Newcomen —, o próprio Watt era um defensor ferrenho de suas patentes, e Boulton usava com muita habilidade os seus contatos políticos para adquirir patentes de longa duração e amplas para as várias invenções de Watt. Até que ponto a tendência ao litígio de Watt retardou a expansão do vapor como fonte de energia em fábricas é uma questão extremamente controversa, mas o final da patente principal em 1800 certamente coincidiu com uma rápida expansão de experimentos e aplicações envolvendo vapor. De fato, uma fonte de aperfeiçoamento constante da eficiência e da penetração dos motores a vapor surgiu como resultado da publicação do jornal *Lean's Engine Reporter*, fundado por um engenheiro de mineração da Cornualha chamado John Lean e que funcionava como um movimento pelo *software* aberto, difundindo sugestões para melhoramentos entre muitos engenheiros diferentes. Na minha opinião, mesmo sendo o brilhante inventor que sem sombra de dúvida era, Watt recebeu crédito demais, e os esforços colaborativos de muitas pessoas diferentes foram recompensados com muito pouco crédito.

Watt morreu em 1819, e cinco anos depois da sua morte houve uma subscrição para que um monumento fosse erguido em sua homenagem — algo incomum numa época em que monumentos eram construídos em homenagem a quem vencia guerras. De maneira bastante perspicaz, os editores de um jornal chamado *The Chemist* declararam: "Ele se distingue de outros benfeitores sociais pelo fato de jamais ter perseguido o objetivo de beneficiar o público nem ter fingido essa intenção... Esse homem despretensioso na verdade concedeu mais benefícios ao mundo do que todos aqueles que durante séculos tiveram como principal negócio cuidar do bem-estar público."

THOMAS EDISON E O RAMO DA INVENÇÃO

Algum tempo mais tarde, surgiu uma inovação em energia que simboliza todo o campo da invenção: a lâmpada. Como patriota orgulhoso da região nordeste da Inglaterra, não resisto à tentação de salientar que um dos inovadores da lâmpada vivia numa área que ficava a poucos quilômetros de distância do Rio Tyne, em Gateshead. Seu nome era Joseph Wilson Swan. Na Sociedade Filosófica e Literária de Newcastle, no dia 3 de fevereiro de 1879, diante de uma audiência de setecentas pessoas, Joseph demonstrou pela primeira vez que podia iluminar uma sala — a primeira sala iluminada por eletricidade, durante a própria palestra de Swan — com um bulbo com o interior em vácuo contendo um filamento de carbono através do qual uma corrente passava.

Na época, a eletricidade já fornecia luz na forma de lâmpadas de arco. O problema era que, dessa maneira, tudo o que se podia obter era muito brilho. A "subdivisão" da luz foi o problema que Swan tentou resolver dividindo uma corrente em pequenos fluxos para produzir fontes de luz moderada. Foi de importância crucial perceber que um fio ou filamento incandescente não se queimava se eletrificado no vácuo. Criar um vácuo de alta qualidade dentro de vidro soprado e encontrar um material que funcionasse de forma segura como filamento eram os dois problemas que Swan tentava resolver. Mais de vinte anos depois do seu primeiro protótipo de 1850, ele havia feito apenas um pequeno progresso.

Mas espere aí: Thomas Edison não inventou a lâmpada elétrica? Sim, inventou. Mas Marcellin Jobard também a inventou na Bélgica; e fizeram o mesmo na Inglaterra William Grove, Fredrick de Moleyns e Warren de la Rue (e Swan). A lâmpada também foi inventada por Alexander Lodygin na Rússia, Heinrich Göbel na Alemanha, Jean-Eugène Robert-Houdin na França, Henry Woodward e Matthew Evans no Canadá, Hiram Maxim e John Starr nos Estados Unidos e vários outros. Cada uma dessas pessoas produziu, anunciou ou patenteou a ideia de um filamento incandescente num bulbo de vidro, algumas vezes com vácuo, outras vezes com nitrogênio no seu interior — e todas fizeram isso antes de Thomas Edison.

A verdade é que vinte e uma pessoas diferentes podem afirmar que projetaram ou aperfeiçoaram significativamente lâmpadas incandescentes perto do final da década de 1870, a maioria de maneira independente, e isso sem mencionar aqueles que inventaram tecnologias fundamentais que ajudaram na fabricação de lâmpadas, como a bomba de vácuo de Sprengel. Swan era o único que contava com um trabalho completo o suficiente e com patentes boas o suficiente para obrigar Edison a formar parceria nos negócios com ele. O fato é que a história da lâmpada, longe de ilustrar a importância do inventor heroico, acaba por evidenciar o contrário: que a inovação é um processo gradual, progressivo e coletivo, porém inevitável. A lâmpada surgiu rigorosamente a partir das tecnologias combinadas existentes na época em questão. Estava fadada a surgir, tendo em vista o progresso das outras tecnologias.

Ainda assim, Edison francamente merece a sua reputação, porque embora ele não tenha sido o primeiro inventor da maioria dos componentes de uma lâmpada e, embora a história da sua súbita descoberta revolucionária em 22 de outubro de 1879 tenha sido amplamente baseada em imaginação criadora de mitos, nem por isso ele deixou de ser o primeiro a reunir todos os elementos, a combinar a invenção com um sistema de geração e distribuição de eletricidade, preparando dessa maneira o primeiro desafio viável às tecnologias oficiais da lamparina e da lâmpada de gás. Isso é bem mais impressionante, no final das contas, do que um brilho luminoso de inspiração, mas... vaidade, vaidade! Para as pessoas é melhor ser considerado brilhante do que ser visto como alguém que simplesmente trabalha duro. Também foi Edison que tornou as lâmpadas (quase) seguras. Depois de declarar com arrogância que produziu uma lâmpada de qualidade confiável e que duraria um longo tempo antes de falhar, ele deu início a uma busca frenética para provar o que dizia. Hoje em dia, isso é conhecido no Vale do Silício como "Finja que conseguiu até conseguir de fato". Edison testou mais de 6 mil materiais vegetais no seu esforço para tentar encontrar o material ideal para produzir um filamento de carbono. "Em algum lugar na oficina de Deus Todo-Poderoso", sustentava Edison, "existe um tipo de vegetal com fibras geometricamente poderosas adequadas ao nosso uso." Em 2 de agosto de 1880, o bambu japonês foi o eventual vencedor, provando-se capaz de durar mais de mil horas.

Thomas Edison compreendeu melhor que qualquer um antes dele, e que muitos desde então, que a inovação é um produto em si mesmo, cuja fabricação é um esforço de equipe que requer tentativa e erro. Depois de iniciar a sua carreira na indústria do telégrafo e produzir uma máquina que registrava automaticamente as cotações da bolsa de valores, ele montou, em 1876, um laboratório em Menlo Park, Nova Jersey, para se dedicar ao que ele chamou de "negócio da invenção". Mais tarde ele se mudou para um estabelecimento ainda maior em West Orange. Reuniu uma equipe de duzentos cientistas e artesãos habilidosos e os fez trabalhar duramente. Edison travou uma longa batalha contra o sistema elétrico de corrente alternada, inventado por seu antigo empregado Nikola Tesla, pela simples razão de que Tesla inventou esse sistema antes dele. A abordagem de Edison surtiu efeito: em seis anos, ele havia registrado quatrocentas patentes. Ele permaneceu persistentemente concentrado em descobrir do que o mundo necessitava e então tratava de inventar meios para suprir essas necessidades. O método de invenção era sempre por tentativa e erro. Trabalhando no desenvolvimento da bateria níquel-ferro, seus empregados executaram 50 mil experimentos. Edison enchia as suas oficinas com todo tipo de material, ferramenta e livro. Todos conhecemos a sua célebre frase: "Invenção é 1% de inspiração e 99%

de transpiração." Na verdade, porém, o que ele fazia não era exatamente invenção, e, sim, inovação: transformar ideias em realidade prática, confiável e financeiramente acessível.

Não obstante toda a natureza gradual da inovação da lâmpada, o resultado foi uma mudança devastadora e transformadora do modo de vida das pessoas. A luz artificial é um dos maiores dons da civilização e se tornou barata graças à lâmpada. Em 1880, um minuto de trabalho podia garantir a uma pessoa, em média, quatro minutos de luz de uma lâmpada a querosene; um minuto de trabalho em 1950 podia garantir mais de sete horas de luz de uma lâmpada incandescente; no ano 2000, cento e vinte horas. A luz artificial tornava-se acessível às pessoas comuns pela primeira vez, banindo as trevas do inverno enquanto expandia a oportunidade para a leitura e o aprendizado, de quebra reduzindo o risco de incêndio. Não havia desvantagem significativa em tal inovação.

A lâmpada incandescente reinou absoluta por mais de um século e continua sendo a forma dominante de iluminação, pelo menos em ambientes domésticos, em plena primeira década do século XXI. Quando cedeu espaço para uma nova tecnologia, foi sob coação. Em outras palavras, ela teve de ser banida, porque a sua substituição era muito impopular. A decisão dos governos em todo o mundo ao longo de 2010 — sob pressão dos fabricantes de lâmpadas fluorescentes compactas — de "abandonar gradualmente" as lâmpadas incandescentes por decreto com o intuito de cortar as emissões de dióxido de carbono provou ser uma tolice. Os dispositivos fluorescentes substitutos demoravam tempo demais para aquecer, não duravam o tempo anunciado e seu descarte oferecia risco. Além disso, eles eram muito mais caros. Aos olhos da maioria dos consumidores, a economia de energia dos fluorescentes não compensava as suas desvantagens, por isso eles tiveram de ser impostos ao mercado. Apenas para a Grã-Bretanha, o custo dessa compra forçada e do subsídio que a acompanhou foi estimado em cerca de 2,75 bilhões de libras.

Se os governos tivessem esperado mais alguns poucos anos teriam à sua disposição um substituto bem melhor, ainda mais frugal em termos de energia e sem nenhuma das desvantagens das lâmpadas fluorescentes: os diodos emissores de luz ou LEDs. O reinado das lâmpadas fluorescentes compactas durou somente seis anos; depois disso elas foram rapidamente abandonadas e os fabricantes pararam de produzi-las em razão da queda do custo e do aumento da qualidade dos LEDs. Era como se o governo em 1900 tivesse forçado as pessoas a comprarem carros a vapor em vez de esperarem por veículos melhores, de combustão interna. Todo o episódio da lâmpada fluorescente compacta é um exemplo de pseudoinovação praticada pelo governo. Nas palavras do economista Don Boudreaux: "Qualquer legislação que obrigue os norte-americanos a deixar de usar um tipo de lâmpada para usarem outro é inevitavelmente o produto de uma mistura horrível de políticas de grupos de interesse com simbolismo precipitado designado a aplacar um eleitorado que cada vez mais acredita que o céu está desabando."

Na verdade, as lâmpadas LED esperaram nos bastidores por um longo tempo. O fenômeno por trás delas — dos semicondutores que às vezes brilham quando conduzem eletricidade — foi observado pela primeira vez, em 1907, na Grã-Bretanha e investigado pela primeira vez na Rússia, em 1927. Em 1962, um cientista da General Electric chamado Nick Holonyak acabou produzindo LEDs de luz vermelha de arsenieto de gálio e alumínio enquanto tentava desenvolver um novo tipo de laser. LEDs amarelos foram criados em seguida num laboratório da Monsanto e, nos anos 1980, havia LEDs em relógios, semáforos e placas de circuito. Mas até que Shuji Nakamura, que trabalhava para a Nichia, no Japão, desenvolvesse o LED azul usando nitreto de gálio, em 1993, foi impossível produzir luz branca (o que afastava as luzes LED do mundo da iluminação convencional).

Ainda assim, vinte anos se passariam antes que o preço dessa iluminação de estado sólido baixasse a níveis razoáveis. Agora que isso aconteceu, contudo, as implicações são notáveis. As luzes de LED usam tão pouca energia que uma casa pode ser bem iluminada mesmo não estando na rede, com o uso de painéis solares, talvez — uma oportunidade valiosa para propriedades distantes em países pobres. Elas permitem que se instalem lanternas brilhantes dentro de *smartphones*. Elas emitem tão pouco calor que tornam possível em larga escala a agricultura "vertical" de alfaces e ervas, usando especialmente LEDs ajustáveis para criar os comprimentos de onda mais adequados à fotossíntese.

A TURBINA ONIPRESENTE

Se Newcomen era de origem humilde, pobre e iletrado em sua juventude, o mesmo não podia ser dito de outro nome essencial na história do vapor. Charles Parsons foi o sexto filho dos abastados Earl of Rosse, da nobreza irlandesa. Ele nasceu e cresceu no Castelo de Birr, no Condado de Offaly, Irlanda. Recebeu aulas particulares em vez de tê-las na escola, antes de ingressar na Universidade de Cambridge para estudar matemática.

Mas essa não era a vida aristocrática típica. O conde era astrônomo e engenheiro. Ele encorajava seus filhos a passar mais tempo em suas oficinas do que em bibliotecas. Charles e seu irmão construíram um motor a vapor com o qual forneceram energia para polir o refletor do telescópio do seu pai. Quando Charles deixou a universidade, não foi para assumir um confortável posto na área de direito, da política ou das finanças, mas para ser aprendiz em uma firma de engenharia em Tyne. Provou ser um engenheiro brilhante e, em 1884, projetou e patenteou a turbina a vapor que se tornaria, com poucas modificações, a máquina indispensável que deu ao mundo a eletricidade e que movimentou os navios e os transatlânticos no mar e mais tarde os aviões no ar. Até os dias de hoje, é basicamente o projeto de Parson que mantém as luzes acesas, os navios flutuando e os aviões de passageiros no alto.

A turbina é um mecanismo que gira em torno do seu próprio eixo. Existem dois modos de usar vapor (ou água) para fazer alguma coisa girar: por impulso ou por reação. Dirigir o vapor de um bocal fixo sobre uma roda fará girar essa roda; e fazer o vapor jorrar dos bocais num ângulo direcionado para as partes externas da própria roda também girará a roda. Uma esfera giratória movimentada por vapor saindo de dois bocais curvos foi construída como um brinquedo por Heron de Alexandria no século I d.C. Parsons rapidamente concluiu que as turbinas de impulso eram ineficazes e prejudiciais para o metal. Ele também percebeu que uma série de turbinas, cada uma movimentada por certa quantidade de vapor, acumularia mais energia com mais eficácia. Ele reprojetou dínamos para que gerassem eletricidade a partir de turbinas e, depois de alguns anos, as primeiras redes elétricas estavam sendo construídas com turbinas Parsons cada vez maiores.

Parsons montou sua própria empresa, mas teve de deixar para trás a propriedade intelectual de seus projetos originais e passou cinco anos tentando construir turbinas de fluxo radial antes de conseguir desenvolver turbinas de fluxo axial paralelas. Ele tentou despertar o interesse do almirantado nesses aparelhos, mas falhou. Em 1897, porém, ele fez uma surpresa para a Marinha Real Britânica.

Parsons, que era apreciador de barcos e iatismo, construiu um barco — o *Turbinia* — movido por turbinas a vapor fazendo girar uma hélice de parafuso. Os primeiros resultados foram desanimadores, principalmente devido à hélice, que causava "cavitação" na água — pequenas bolsas de ar por trás das lâminas dos parafusos que desperdiçavam energia. Parsons e Christopher Leyland voltaram ao laboratório e testaram vários projetos para descobrir um que resolvesse o problema da cavitação. Por processo de tentativa e erro.

Às vezes, eles passavam noites inteiras acordados e ainda se encontravam no tanque de água quando as empregadas chegavam pela manhã. Foi um trabalho frustrante, mas em 1897 Parsons substituiu a turbina de fluxo radial por três turbinas de fluxo axial; e o eixo de hélice individual, por três eixos, cada um deles dotado de três parafusos. A essa altura ele sabia, por testes feitos no mar, que a sua embarcação (com nove hélices) podia alcançar a velocidade de 34 nós — muito mais rápida do que qualquer outro navio em sua época. Parsons até fez uma palestra sobre esse assunto em abril de 1897, noticiada pelo jornal *Times*; essa reportagem concluiu desdenhosamente que a tecnologia da turbina estava "em estágio puramente experimental, quase embrionário" no que dizia respeito a navios. Como eles estavam enganados.

Quando a Grande Frota da Marinha Real Britânica se reuniu em Spithead no dia 26 de junho, com a presença do Príncipe de Gales, para o Jubileu de Diamante da Rainha Vitória, Parsons planejava uma façanha audaciosa. Mais de 140 navios estavam dispostos em quatro fileiras com mais de quarenta quilômetros ao todo. Entre eles desfilava uma procissão real de navios: o *Victoria e Albert*, com o Príncipe de Gales a bordo, o navio *Carthage*, com outros convidados reais a bordo, o *Enchantress*, com os Lordes do Almirantado, o *Danube*, com membros da Câmara dos Lordes, o *Wildfire*, o navio *Campania*, da Companhia Cunard, com membros da Câmara dos Comuns e, por fim, o *Eldorado*, que tinha a bordo embaixadores estrangeiros. Havia também uma fileira de navios de combate, entre eles o *Wilhelm König*, com o Príncipe Henrique da Prússia a bordo.

Desafiando as regras e escapando dos velozes barcos a vapor que faziam a guarda, Parsons colocou o *Turbinia* entre as fileiras de navios de guerra em velocidade máxima, lançando vapor diante dos nobres, perseguido em vão por embarcações da Marinha Real, uma das quais quase colidiu com o galgo dos mares. Foi um êxtase. Muito menos contrariada do que se esperava — pesou o fato de que os alemães estivessem lá para testemunhar o episódio, e que o Príncipe Henrique da Prússia tivesse enviado uma mensagem expressando congratulação a Parsons —, a Marinha entendeu a dica e, em 1905, determinou que todos os futuros navios de guerra fossem movidos a turbina. O *Dreadnought* da HMS foi o primeiro. Em 1907, o enorme navio *Mauretania*, movido por turbinas Parson, foi fotografado ao lado do seu pequeno antecessor, o *Turbinia*.

Os acontecimentos em Spithead são de certa maneira enganosos. A história das turbinas e da eletricidade é profundamente gradual, não marcada por mudanças bruscas. Parsons foi apenas uma das muitas pessoas ao longo do caminho que progressivamente desenvolveu e aperfeiçoou as máquinas que produziam eletricidade e energia. Foi uma evolução, não uma série de revoluções. Cada invenção ao longo do caminho aprimorou-se a partir da anterior e tornou possível a seguinte. Alessandro Volta fez a primeira bateria em 1800; Humphry Davy fez a primeira lâmpada de arco em 1808; Hans Christian Oersted fez a conexão entre eletricidade e magnetismo em 1820; Michael Faraday e Joseph Henry fizeram o primeiro motor elétrico em 1820 e criaram o primeiro gerador em 1831. Hippolyte Pixii fez o primeiro dínamo em 1832; Samuel Varley, Werner Von Siemens e Charles Wheatstone inventaram o gerador elétrico autoestimulado em 1867; Zénobe Gramme transformou-o num gerador de corrente contínua em 1870.

A turbina de Parsons transformava a energia do fogo do carvão em eletricidade com uma eficiência de 2%. Hoje em dia, uma moderna turbina a gás com ciclo combinado tem cerca de 60% de eficiência. Um gráfico do progresso entre as duas exibe uma melhora constante sem mudanças bruscas. Em 1910, usando calor residual para preaquecer a água e o ar, engenheiros aumentaram a eficiência para 15%. Nos anos 1940, com carvão pulverizado, preaquecimento de vapor e temperaturas mais altas, aproximou-se de 30%. Na década de 1960, quando o gerador com ciclo combinado trouxe de fato uma versão do motor turbojato juntamente com a turbina a vapor, a eficiência potencial quase dobrou novamente. Dar destaque especial às pessoas brilhantes que fizeram a diferença ao longo desse percurso é difícil e capcioso, porque foi um esforço colaborativo de muitos cérebros. A inovação continuou por muito tempo depois que as tecnologias fundamentais foram "inventadas".

ENERGIA NUCLEAR E O FENÔMENO DA DESINOVAÇÃO

O século XX conheceu apenas uma fonte inovadora de energia em alguma escala: a energia nuclear. (A energia eólica e a energia solar, embora bastante aperfeiçoadas e promissoras, ainda forneciam menos de 2% da energia global.) Em termos de densidade, a energia nuclear é incomparável: um objeto do tamanho de uma maleta, devidamente encapsulado, pode fornecer energia a uma cidade ou a um porta-aviões quase indefinidamente. O desenvolvimento da energia nuclear civil foi um triunfo da ciência aplicada, partindo da descoberta da fissão nuclear e da reação em cadeia, passando pela conversão do Projeto Manhattan de uma teoria em uma bomba, até chegar à engenharia gradual de uma reação de fissão nuclear controlada e sua aplicação em água fervente. Ninguém se destaca individualmente nessa história, exceto Leo

Szilard, o primeiro a perceber o potencial de uma reação em cadeia em 1933; a liderança do Projeto Manhattan pelo General Leslie Grovers na década de 1940; ou o desenvolvimento dos primeiros reatores nucleares pelo almirante Hyman Rickover e sua adaptação a submarinos e porta-aviões na década de 1950. Mas, como podemos perceber, esses homens comandaram um esforço de equipe dentro de empresas militares e estatais, além de fornecedores privados e, nos anos 1960, esse esforço culminou em um enorme programa de construção de instalações que utilizariam pequenas quantidades de urânio enriquecido para ferver quantidades enormes de água de maneira confiável, constante e segura em todas as partes do mundo.

Hoje em dia, contudo, essa indústria está em declínio; sua produção elétrica encolhe, já que a velocidade de fechamento das velhas fábricas é maior do que a de abertura de novas. O quadro é de uma inovação cujo tempo passou ou de uma tecnologia que estagnou. Isso não ocorre por falta de ideias, mas por um motivo muito diferente: falta de oportunidade de fazer experimentos. A história da energia nuclear traz uma importante advertência: se a inovação não pode evoluir e ser desenvolvida, ela fracassa e até mesmo regride.

O problema é a inflação de custos. Usinas nucleares viram os seus custos aumentarem de maneira implacável durante décadas, principalmente em razão da crescente preocupação com segurança. E a indústria carece de um conhecido processo humano que sem dúvida derruba os custos: o de tentativa e erro. O erro pode ser mais que catastrófico no caso da energia nuclear, e as tentativas são absolutamente caras — por isso a energia nuclear não pode reiniciar o processo de tentativa e erro. Desse modo, nós estamos empacados numa versão imatura e ineficiente da tecnologia, o reator de água pressurizada, que está sendo pouco a pouco estrangulado pelas exigências das agências reguladoras que agem em nome de pessoas preocupadas, que são influenciadas pelos ativistas antinucleares. Além disso, tecnologias impostas ao mundo, quando promovidas por governos antes de estarem realmente prontas, às vezes fracassam, mas poderiam apresentar melhores resultados se lhes fosse permitido desenvolverem-se um pouco mais lentamente. Nos Estados Unidos, todas as ferrovias transcontinentais falharam e acabaram falindo, exceto a que foi financiada de maneira privada. Não podemos deixar de pensar que a energia nuclear desenvolvida de modo menos apressado e menos como resultado de um desdobramento militar teria alcançado maior êxito.

Em um livro publicado em 1990, *The Nuclear Energy Option* (A opção da energia nuclear, em tradução livre), o físico nuclear Bernard Cohen argumentou que não foi por medo de acidentes, de vazamentos ou da proliferação de resíduos atômicos que paramos de construir usinas nucleares nos anos de 1980, na maior parte do Ocidente; o motivo foi, na verdade, a inexorável escalada de custos ocasionada por regulação. Desde então, esse diagnóstico vem se mostrando ainda mais exato.

Isso não ocorre porque faltam ideias para novos tipos de energia nuclear. Há centenas de projetos diferentes para reatores de fissão nas apresentações de PowerPoint de engenheiros, alguns dos quais conseguiram chegar a um projeto de protótipo funcional no passado e teriam ido além se lhes tivessem oferecido o mesmo apoio financeiro que recebeu o reator de água leve. Reatores a metal líquido e a sal fundido são duas categorias amplas. O último funcionaria com o uso de tório ou de fluoreto de urânio, provavelmente com outros elementos, como lítio, berílio, zircônio ou sódio. A principal vantagem de tal projeto é que o combustível vem na forma líquida, e não em barras sólidas, o que torna o resfriamento mais regular e a remoção dos resíduos mais fácil. Não há necessidade de operar sob alta pressão, o que reduz os riscos. O sal derretido é o refrigerador e o combustível e, em caso de acidente, se exposto ao ar ele resfria rapidamente. Além disso, o projeto incluiria um plugue que derreteria acima de certa temperatura, drenando o combustível por uma câmara onde a fissão cessaria — um segundo sistema de segurança. Em comparação com Chernobyl, por exemplo, é acentuadamente mais seguro.

O tório é mais abundante que o urânio e pode ser convertido em urânio 233. Pode gerar cem vezes mais energia a partir da mesma quantidade de combustível e gera menos resíduos com uma meia-vida mais curta. Porém, embora um submarino com refrigerador por sódio tenha sido lançado nos anos 1950, e dois reatores experimentais de sal fundido com tório tenham sido construídos na década de 1960 nos Estados Unidos, o projeto em dado momento foi encerrado quando todo o dinheiro, treinamento e interesse foram dirigidos para o projeto de reatores de água leve. Vários países procuram uma maneira de reverter essa decisão, mas nenhum se aventurou de fato nessa empreitada.

Mesmo que se aventurassem, parece improvável que concretizassem a promessa feita nos anos 1960 de que um dia a energia nuclear seria barata, muito barata. O problema é que a energia nuclear é uma tecnologia que não se adapta à mais essencial das práticas da inovação: aprender fazendo. Cada usina é tão cara e grande que se mostrou impossível administrar o custo por experimento. Mesmo mudar um projeto em vias de construção é impossível, devido ao imenso emaranhado regulatório pelo qual cada projeto deve passar antes da construção. Você tem de projetar a coisa antecipadamente e seguir o projeto à risca ou voltar à estaca zero. Essa maneira de fazer as coisas estragaria as chances de baixar custos e melhorar o desempenho em qualquer tecnologia. Levaria os *chips* de computador ao estágio em que estavam em 1960. Nós construímos usinas nucleares como se fossem pirâmides do Egito, como projetos únicos.

Depois do acidente em Three-Mile Island, em 1979, e em Chernobyl, em 1986, ativistas e o público exigiram padrões de segurança mais rigorosos. E conseguiram. Segundo uma estimativa, por unidade de força, a energia por carvão mata quase duas mil vezes mais pessoas que a energia nuclear; a bioenergia, cinquenta vezes; a energia hidrelétrica, quinze vezes; a solar, cinco vezes (pessoas caem dos telhados ao instalar painéis). Até mesmo a energia eólica mata mais do que a nuclear — quase duas vezes mais. Esses números incluem os acidentes em Chernobyl e Fukushima. Com as medidas de segurança adicionais, a energia nuclear, que era um sistema muito, muito seguro, simplesmente passou a ser um sistema muito, muito, muito seguro.

Ou talvez eles o tenham tornado menos seguro. Considere o desastre de Fukushima em 2011. O projeto em Fukushima tinha enormes falhas de segurança. Suas bombas estavam num porão que um maremoto poderia facilmente inundar — um erro simples de projeto, que certamente não seria repetido em um projeto mais moderno. O reator era antigo e teria sido desativado muito tempo atrás se o Japão ainda estivesse construindo novos reatores nucleares. O sufocamento da expansão nuclear e da inovação por meio de uma muito custosa regulamentação excessiva manteve em operação a já obsoleta usina de Fukushima, diminuindo assim a segurança do sistema.

A segurança adicional exigida pelos agentes reguladores atingiu um custo alto. A mão de obra destinada à construção de uma usina nuclear aumentou de maneira expressiva, mas principalmente no que diz respeito a trabalhos burocráticos. Segundo um estudo, durante a década de 1970 novos regulamentos fizeram aumentar a quantidade de aço por megawatt em 41%, de concreto em 27%, de tubulação em 50% e de cabos elétricos em 36%. De fato, com a engrenagem da regulamentação em ação, os projetos começaram a acrescentar expedientes a fim de antecipar mudanças de regra que às vezes nem ocorriam. Fundamentalmente, esse ambiente regulatório obrigou os construtores de usinas nucleares a abandonar a prática de inovação no próprio local para resolver problemas imprevistos, temendo desativamentos regulatórios; isso aumentou ainda mais os custos.

A solução, evidentemente, é tornar a usina nuclear um sistema modulado, com pequenas unidades de reatores pré-fabricados em grandes quantidades e instalados como ovos num engradado no local de cada usina. Isso reduziria os custos, como aconteceu com com o Ford Modelo T. O problema é que são necessários três anos para certificar um novo projeto de reator e há pouco ou nenhum atalho para um menor, por isso o custo de certificação recai mais pesadamente em um projeto menor.

Contudo, agora é provável que a fusão nuclear — o processo de liberação de energia da fusão de átomos de hidrogênio para formar átomos de hélio — possa enfim realizar o seu potencial e começar a fornecer energia quase ilimitada nas próximas décadas. A descoberta dos supercondutores de alta temperatura e o projeto dos dispositivos tokamak esféricos devem ter finalmente desarmado a velha piada de que a energia de fusão chegará daqui a trinta anos — e meio século depois se continua dizendo que ela chegará daqui a trinta anos. A fusão agora pode ter aproveitamento comercial na forma de muitos reatores relativamente pequenos gerando eletricidade, talvez 400 megawatts cada um. É uma tecnologia que não oferece quase nenhum risco de explosão ou colapso, muito pouco risco quanto a rejeitos radioativos e nenhuma preocupação de que possa ser usada para a fabricação de armas. Seu combustível é principalmente hidrogênio, que pode ser feito com a sua própria eletricidade a partir da água, de maneira que o seu rastro sobre a terra será pequeno. O principal problema que a fusão ainda precisará resolver, tal como acontece na fissão nuclear, é como reduzir o custo pela produção em grande quantidade de reatores, com a capacidade de reprojetar a partir da experiência ao longo do caminho, de modo a aprender lições de corte de custos.

A SURPRESA DO GÁS DE XISTO

Um dos casos mais surpreendentes do século XXI é o avanço do gás natural, um combustível que, segundo se acreditava apenas uma década atrás, estava prestes a se esgotar — e agora não é só barato como também abundante. O que levou à produção de gás a partir do xisto é sobretudo a história da inovação. Até meados de 2008, era ponto pacífico entre os especialistas em energia que os suprimentos baratos de gás natural estariam praticamente exauridos já no início do século XXI. Petróleo e carvão durariam mais. Essa previsão já havia sido feita antes, repetidas vezes. Em 1922, a Comissão do Carvão dos Estados Unidos, criada pelo presidente Warren Harding, entrevistou quinhentas pessoas da indústria energética no período de onze meses e chegou à conclusão de que "a produção de gás já começou a minguar". Em 1956, o especialista em petróleo M. King Hubbert previu que a produção de gás natural nos Estados Unidos atingiria seu pico em 1970, com 38 bilhões de pés cúbicos por dia, e então declinaria. De fato, a produção alcançou 58 bpc, e continuou crescendo. Hoje é de mais de 80 bpc por dia.

Essas previsões se provaram esplendidamente erradas por dois motivos.

Em primeiro lugar, nos Estados Unidos, a rigorosa regulamentação de preços do gás na década de 1970, baseada na hipótese de que o gás era escasso, interrompeu vigorosamente o curso da exploração do gás. As empresas queimaram ou fecharam o gás como se fosse algo indesejável e saíram em busca de petróleo em seu lugar. Isso realmente resultou num pico de produção que muitos confundiram com o início da exaustão das reservas. Por incrível que possa parecer, nos anos 1970, o governo dos Estados Unidos aprovou diversas medidas para proibir a geração de eletricidade por petróleo ou gás em qualquer concessionária de energia que tivesse acesso a carvão e vetou a construção de usinas que não podiam usar carvão. A desregulamentação da indústria do gás durante o governo do presidente Reagan levou a um aumento da produção.

O segundo motivo para o excesso de oferta da segunda década do século XXI foi inovação. Nos Estados Unidos, as empresas de exploração de gás e petróleo se dispuseram a buscar maneiras de extrair mais de cada campo e de extrair gás e petróleo de pedras "rijas", de onde não fluíam naturalmente. Isso resultou na acidental e feliz descoberta do fraturamento hidráulico de fluidos *slickwater* na década de 1990, no Texas, o qual, combinado com a nova capacidade de perfurar cantos redondos e assim avançar horizontalmente dentro das frestas das rochas por quilômetros a fio, transformou xisto rijo (onde é armazenada a maior parte dos carbonetos) em gigantescas fontes de gás e petróleo. Se somarmos a isso a exploração de gás no mar e também a capacidade de liquefazer gás para o transporte por mar, entenderemos claramente por que o mundo tem agora amplos suprimentos de gás — o mais limpo, o mais seguro dos combustíveis fósseis e de mais baixo teor de carbono.

O local-chave para o grande avanço do fraturamento hidráulico *slickwater* foi o campo de xisto Barnett, perto de Fort Worth, onde um empresário chamado George Mitchell, filho de um pastor de cabras grego, enriqueceu fornecendo gás a Chicago. Ele tinha um bom contrato de preço fixo. Se ele se mudasse para outro lugar, teria de baixar o seu preço. Por isso, ele estava desesperado para extrair mais do campo Barnett, onde tinha direitos de perfuração. No final da década de 1990, a produção estava caindo, bem como o preço das ações da Mitchell Energy. Isso causou dificuldades pessoais a Mitchell em razão do seu comprometimento com a filantropia. Sua esposa tinha Alzheimer, e ele tinha problemas de próstata. Pela lógica, o multimilionário de setenta e nove anos deveria ter sido razoável, deveria ter desistido da América, como já estavam fazendo os gigantes do petróleo, e diminuir as suas perdas. O futuro do gás estava na exploração marítima ou na Rússia e no Qatar. Mas Mitchell, como muitos inovadores, não era razoável; por isso continuava tentando fazer o gás correr.

O campo de xisto Barnett era conhecido por ser rico em hidrocarbonetos, mas eles não fluem com facilidade; a rocha tinha de ser rachada nas profundezas do subsolo, e as fendas microscópicas tinham de ser abertas. Uma tecnologia bem conhecida tornava isso possível: dependia de géis para abrir as fendas e deixar o gás sair. Funcionava bem com algumas rochas, mas não com xisto. Mitchell desembolsou 250 milhões de dólares para tentar fazer essa operação no campo Barnett, sem sucesso.

Certo dia, em 1996, um funcionário da Mitchell chamado Nick Steinsberger notou um efeito estranho. Ele estava contratando empreiteiros para bombear um gel duro junto com grandes quantidades de areia dentro do poço. Mas o gel e a areia eram caros, e ele quis obrigar as empresas de prestação de serviços a diminuir a quantidade de gel e de produtos químicos na mistura bombeada através do buraco, na tentativa de reduzir custos e bombear menos material viscoso para o interior do xisto. Nesse dia, o gel estava tão diluído que não era exatamente "gel". De qualquer modo, Steinsberger bombeou o gel buraco adentro e então percebeu que o poço produziu uma onda de gás satisfatória. Ele tentou a mesma coisa em mais alguns poços e obteve resultados semelhantes. Assistindo a um jogo de beisebol com um amigo de outra empresa, Mike Mayerhofer, ele ouviu uma história parecida: água com um pouco de lubrificante e uma quantidade bem menor de areia funcionava bem num tipo diferente de rocha, no caso, o arenito rígido do leste do Texas.

Desse modo, em 1997, Steinsberger começou a usar deliberadamente um líquido mais aquoso, basicamente água misturada com menos areia e uma quantidade bastante pequena de produtos químicos comuns, de uso doméstico (água sanitária e sabão, essencialmente), em vez de gel. Ele tentou isso em três poços, mas a operação não funcionou. "A pressão acabou subindo demais, e isso me forçou a parar o trabalho da bomba, porque o material líquido não carregaria a areia no xisto como faria em areias rígidas muito mais permeáveis." No começo de 1998, entrando em desespero e com seus chefes prontos para abandonar o campo Barnett, ele convenceu a gerência a deixá-lo tentar mais três poços. Dessa vez ele bombeou muito mais água pressurizada, com concentrações extremamente baixas de areia, mas no decorrer da operação foi aumentando essas concentrações. O primeiro poço, S. H. Griffin nº 4, produziu um fluxo de gás que permaneceu ativo por semanas e até meses. Steinsberger percebeu que havia se deparado com um procedimento que não apenas reduzia os custos para menos da metade como era duas vezes mais produtivo. Fogo de palha? Não: os outros dois poços exibiram resultados similares.

O salto de inovação de Steinsberger mudou significativamente os últimos anos da vida de George Mitchell, tornando-o bilionário quando ele vendeu a sua companhia. Esse movimento transformou o campo de xisto Barnett no maior produtor de gás da América. Copiada em todas as partes e constantemente aperfeiçoada em inovações posteriores, a técnica teve o mesmo efeito em outros campos de xisto, um após o outro — na Louisiana, na Pensilvânia, no Arkansas, em Dakota do Norte, no Colorado e novamente no Texas. Não demorou para que a mesma técnica começasse a ser adaptada para extrair também petróleo. Os Estados Unidos hoje não são somente os maiores produtores de gás do mundo; são também os maiores produtores mundiais de petróleo bruto. Isso se deve inteiramente à revolução do fraturamento hidráulico. A Bacia do Permiano, no Texas, agora produz sozinha tanto petróleo quanto produzia o país inteiro em 2008, e mais do que qualquer outro país da OPEP, exceto Irã e Arábia Saudita. Os Estados Unidos estavam construindo enormes terminais de importação de gás no início dos anos 2000; pois eles foram agora convertidos em terminais de exportação. O gás barato substituiu o carvão no setor de eletricidade do país, reduzindo suas emissões com mais rapidez do que qualquer outro país. Isso prejudicou a OPEP e a Rússia, que acabou por apoiar ferozmente ativistas antifraturamento hidráulico a fim de tentar defender os seus mercados — com muito sucesso na Europa avessa à inovação, onde a exploração do xisto tem sido amplamente impedida. O excesso de oferta de gás e petróleo baratos provocado deliberadamente pela OPEP, em 2015, para tentar arruinar os "fraturadores" surtiu efeito contrário, destruindo companhias mais frágeis, mas forçando os sobreviventes a se desdobrar para se manter competitivos com o petróleo na casa dos sessenta, cinquenta e quarenta dólares o barril. A disponibilidade de hidrocarbonetos baratos deu uma vantagem ao setor industrial norte-americano, o que resultou num rápido "realocamento" de indústrias químicas para os Estados Unidos e na debandada de uma série de empresas químicas da Europa. As políticas energéticas de uma dúzia de países, como a Grã-Bretanha, baseadas no preço sempre em elevação dos combustíveis fósseis para que a energia eólica e a nuclear pareçam menos caras, tornaram-se, da noite para o dia, loucuras dispendiosas. Por que essa revolução teve lugar nos Estados Unidos, uma região de petróleo e de gás antiga, exaurida e bem explorada? Uma parte da resposta reside no direito de propriedade. Em razão de os direitos minerais pertencerem aos proprietários locais, não ao Estado, e pelo fato de as companhias de petróleo nunca terem sido nacionalizadas — como ocorreu em tantos outros países, desde o México até o Irã —, os Estados Unidos tinham uma mentalidade competitiva, plural e empreendedora com relação à perfuração de petróleo, manifestada em uma indústria de "gatos selvagens" apoiada por bolsões profundos de capital de risco — os primeiros fraturadores contraíram enormes dívidas em empréstimos antes de se tornarem positivos em termos de caixa. Segundo um relato da história pelos principais inovadores:

> No arrendamento, pequenas empresas costumam ter a vantagem de direitos minerais que os proprietários da terra têm, já que a sua interação com os proprietários geralmente se torna mais singular. A produção de xisto atraiu bastante o interesse de muitas pequenas empresas, o que resultou em uma profusão de variados métodos de perfuração e finalização que foram executados e testados em diversas bacias hidrográficas. Esses "laboratórios" proporcionaram melhorias contínuas e fomentaram o sucesso econômico.

Assim, o processo de tentativa e erro foi vital para a inovação no fraturamento. Steinsberger cometeu uma série de erros felizes, falhando diversas vezes ao longo do caminho. E, quando encontrou a solução, não sabia por que ela funcionava. Chris Wright, especialista em sismologia, não demorou a encontrar a explicação para isso. Wright, um engenheiro cuja empresa, chamada Pinnacle, estava usando novos medidores de inclinação para ajudar no rastreamento do avanço das fraturas no subsolo para Mitchell, descobriu que os fraturamentos de água pressurizada criavam grandes redes de múltiplos fraturamentos. Ele havia desenvolvido um modelo de crescimento simultâneo de fraturamentos múltiplos no início da década de 1990 "que foi amplamente ridicularizado por todos os veteranos do mundo do fraturamento, os quais insistiam que múltiplos fraturamentos sempre se aglutinavam rapidamente numa única fratura".

No final das contas, Wright estava certo. A água pressurizada estava criando fraturas transversais nas rochas, aumentando consideravelmente a área da superfície exposta à areia. Os fraturamentos se propagavam um quilômetro ou mais em uma direção, mas também se propagavam centenas de metros para ambos os lados desse eixo. Nesse caso, a ciência chegou depois da tecnologia, e não o contrário. Tentativas recentes de atribuir ao governo federal o mérito por dar início a essa inovação foram despropositadas. É certo que muita pesquisa foi realizada nos laboratórios do governo, mas em grande parte sob contrato com a indústria de gás, e principalmente porque havia empresários como Mitchell e Wright (agora um dos líderes da indústria) gerando a demanda por tal pesquisa.

No início, os ambientalistas deram boa acolhida à revolução do gás de xisto. Em 2011, o senador Tim Wirth e John Podesta referiram-se ao gás como "o combustível fóssil mais limpo" e escreveram que o fraturamento "gera uma oportunidade sem precedentes de usar gás como combustível-ponte para uma economia de energia no século XXI baseada em eficiência, em fontes renováveis e em combustíveis fósseis com baixo teor de carbono, como o gás natural". Robert Kennedy Jr., presidente da Waterkeeper Alliance, escreveu no *Financial Times* que "no curto prazo, o gás natural é um combustível-ponte óbvio para a 'nova' economia energética". Mas depois ficou claro que esse gás barato significaria que essa ponte era longa, o que parecia ameaçar a viabilidade da indústria de energia renovável. O instinto de sobrevivência exigiu uma retratação da parte de Kennedy, que ele obedientemente apresentou, chamando o gás de xisto de "catástrofe".

Nas regiões onde o fraturamento começou — Texas, Louisiana, Arkansas e Dakota do Norte —, houve pouca oposição. Muita terra vazia, uma longa tradição de perfuração de petróleo e uma cultura de empreendedorismo garantiram que a revolução do xisto prosperasse sem obstáculos maiores do que um pequeno protesto local. Porém, quando se espalhou pela Costa Leste, pela Pensilvânia e então por Nova York, o gás de xisto subitamente passou a atrair inimigos, e os ambientalistas farejaram uma oportunidade de arrecadar fundos pegando carona nessa oposição. Recrutando alguns astros famosos, entre eles atores de Hollywood como Mark Ruffalo e Matt Damon, o espetáculo da banda ganhou força. Multiplicaram-se as acusações de envenenamento de reservas de água, vazamento de canos, radioatividade, tremores de terra e desvios de tráfego. Assim como os primeiros inimigos das ferrovias acusavam os trens de fazerem os cavalos abortarem os seus potros, da mesma maneira nenhuma acusação era absurda demais para ser lançada contra a indústria do gás de xisto. Mal uma onda de susto era refutada e já aparecia outra. Contudo, apesar de milhões de "trabalhos de fraturamento" em milhares de poços, foram bem poucos os problemas ambientais e de saúde que aconteceram, e ainda assim sem gravidade.

O REINADO DO FOGO

Recontar histórias de inovação dando destaque injustamente a essa ou àquela pessoa em particular, ignorando a contribuição de mortais comuns, é um erro que podemos cometer. Eu escolhi contar as histórias de Newcomen, Watt, Edison, Swan, Parsons e Steinsberger, mas todas elas eram pedras em um arco ou elos em uma corrente. E nem todos eles acabaram ricos, muito menos os seus descendentes. Não existe hoje nenhuma fundação com o nome de nenhum deles e financiada pela riqueza deles. Fomos nós que colhemos a maior parte dos benefícios das inovações desses homens.

Contudo, a energia propriamente dita merece destaque. É a raiz de toda inovação, no mínimo porque inovação é mudança, e mudança requer energia. As mudanças no âmbito da energia são fundamentais, difíceis e lentas. Durante a maior parte da história da humanidade, argumenta John Constable, o suprimento de energia a partir do trigo, do vento e da água era simplesmente pequeno demais para gerar estruturas complexas em escala suficiente para transformar a vida das pessoas. Em 1700, com o surgimento da máquina térmica, da transformação de calor em trabalho, tornou-se subitamente possível criar estruturas materiais cada vez mais improváveis e complexas a partir do aproveitamento de combustíveis fósseis, que têm enorme rendimento energético sobre a energia aplicada. No mundo moderno, a dependência de combustíveis fósseis — cerca de 85% da energia primária — é aproximadamente a mesma de vinte anos atrás. Em sua vasta maioria, a necessidade de energia da sociedade é suprida pelo calor. O que acabará por fim destronando "o uso do fogo como força motriz", essa estranha ligação entre calor e trabalho que a humanidade conheceu por volta de 1700 e continua sendo vital para o mundo? Ninguém sabe ainda.

CAPÍTULO 2

Saúde pública

"Uma operação inventada não por pessoas versadas em filosofia ou com estudos e prática em medicina, mas por gente rude, analfabeta; uma operação que não poderia ser mais benéfica à raça humana."

Giacomo Pylarini sobre a inoculação da varíola, 1701

A PERIGOSA OBSESSÃO DE MARY MONTAGU

No mesmo ano em que Thomas Newcomen estava construindo a sua primeira locomotiva a vapor, 1712, e não muito longe do local onde isso ocorria, um episódio mais romântico estava em curso — um acontecimento que indiretamente salvaria muitas vidas. Tratava-se de algo muito mais elevado na escala social. Lady Mary Pierrepoint, uma instruída e obstinada jovem de vinte e três anos, preparava-se para fugir com o amante a fim de evitar a perspectiva de um casamento tedioso. Seu abastado pretendente, Edward Wortley Montagu, com quem ela trocou volumosa correspondência — caracterizada por uma feroz discordância, bem como por um flerte escandaloso — havia falhado na tentativa de obter um acordo matrimonial com o pai dela, que era ainda mais rico que Edward: o conde (mais tarde duque) de Kingston. Mas a perspectiva de ser forçada por seu pai a um casamento arranjado com um idiota, o honorável Clotworthy Skeffington, convenceu Mary a reacender o romance com Wortley (como ela o chamava). Ela propôs que os dois fugissem, e ele, apesar de perder o dote de Mary, e num surto atípico de impetuosidade, concordou. O episódio se transformou numa comédia: ele se atrasou, ela partiu sozinha para o local do encontro, ele entrou em uma estalagem, mas não sabia que ela estava lá... Porém, depois de mais alguns contratempos os dois se encontraram e se casaram em 15 de outubro de 1712, em Salisbury.

Depois desse início romântico, o casamento se revelou decepcionante; Wortley era um marido frio e sem muita imaginação. Sua consorte — instruída, eloquente e espirituosa — marcou presença nos círculos literários de Londres, escrevendo éclogas com Alexander Pope ao estilo de Virgílio e confraternizando com os leões literários e os tigres sociais do momento. Mais tarde Joseph Spence escreveria: "Lady Mary é brilhante e extraordinária como poucos. Mas ela brilha como um cometa; é toda instável e sempre errante. Ela é a mais sábia e a mais imprudente; a mais amorosa e a mais desagradável; a mulher de mais caráter, a mulher mais cruel do mundo."

A varíola marcou a pele de Mary e também construiu a sua reputação. Esse vírus abominável, o maior assassino da humanidade, foi uma ameaça constante no começo do século XVIII em Londres. A varíola havia matado recentemente a rainha Mary e seu sobrinho — o jovem duque de Gloucester, o último Stuart herdeiro do trono que não era católico — e quase matou a princesa-eleitora de Hanôver, Sofia, e seu filho George, destinado a ser o próximo rei da Inglaterra. A doença matou o irmão de Lady Mary em 1714 e também quase a matou no ano seguinte; acabou devastando a sua beleza, deixando-a duramente marcada com cicatrizes e sem cílios.

Mas a varíola acabaria por dar a Mary a sua fama imortal, pois ela se tornou uma das primeiras — e sem dúvida uma das mais apaixonadas — defensoras da prática inovadora da inoculação no mundo ocidental. Em 1716, seu marido foi enviado para Constantinopla como embaixador, e Mary o acompanhou com seu jovem filho. Ela não inventou a inoculação, nem mesmo foi a primeira a dar notícia dessa prática; mas sendo mulher, ela pôde testemunhar em detalhes a prática entre mulheres enclausuradas na sociedade otomana e depois defender essa prática entre mães aterrorizadas por seus filhos. Ela foi uma inovadora, não uma inventora.

Dois relatórios haviam chegado de Constantinopla para a Royal Society, em Londres, a respeito da prática de "injetamento" como cura para a varíola. Segundo os correspondentes, Emmanuel Timonius e Giacomo Pylarini — ambos médicos que trabalhavam no Império Otomano — o pus de um sobrevivente de varíola seria misturado ao sangue de uma pessoa saudável, por um corte no braço dessa pessoa. Os relatórios foram publicados pela Royal Society, porém descartados como perigosa superstição por todos os especialistas de Londres: eles alegaram que era mais provável que a prática desencadeasse uma epidemia em vez de evitá-la; que era inconcebível correr tal risco com pessoas saudáveis; que era uma história tola contada pelas esposas; que era bruxaria. Levando-se em conta as práticas bárbaras e inúteis dos médicos da época (como a sangria, por exemplo), isso foi irônico, apesar de compreensível.

Parece que a Royal Society havia sido informada acerca dessa prática ainda antes, em 1700, por dois correspondentes na China: Martin Lister e Clopton Havers. Portanto esse assunto não era nenhuma novidade. Esses médicos falharam em convencer os britânicos, mas Lady Mary Wortley Montagu teve mais sorte nisso. No dia 1º de abril de 1718, Mary Montagu escreveu da Turquia para a sua amiga Sarah Chiswell, descrevendo a inoculação com detalhes:

> A varíola, tão fatal e tão comum entre nós, aqui é inteiramente inofensiva graças à invenção do "injetamento", que é como eles chamam essa prática. Há um grupo de mulheres que conduz essa operação como um negócio... Quando elas se reúnem (geralmente quinze ou dezesseis delas), a mulher mais velha se aproxima com uma casca de noz cheia de material de todo tipo de varíola e pergunta qual veia você gostaria que fosse aberta. Ela rasga imediatamente a veia que você oferece a ela com uma grande agulha (isso não causa mais dor do que um simples arranhão) e coloca nessa veia todo o veneno que fica na cabeça da agulha... Não há relato de que alguém já tenha morrido depois dessa operação, e pode acreditar que eu estou bastante convencida da segurança desse experimento, tanto que pretendo repeti-lo em meu querido filho pequeno. Sou patriota o suficiente para me comprometer a levar essa invenção para a Inglaterra e a torná-la conhecida.

Lady Mary de fato fez a inoculação em seu filho Edward, observando ansiosamente irromperem pústulas na pele dele antes de cederem à saúde imunizada. Foi um momento de bravura. Quando retornou a Londres, ela inoculou também sua filha e se tornou infame por defender um procedimento tão temerário — em uma espécie de versão do dilema do bonde tão caro aos filósofos morais: ao dirigir um caminhão desgovernado, você se desviaria de uma pista onde mataria cinco pessoas para uma pista onde mataria uma? Você deliberadamente correria determinado risco a fim de evitar um risco maior? A essa altura, alguns médicos já haviam aderido à causa, com destaque para Charles Maitland. Ele inoculou os filhos do príncipe de Gales em 1722, em um momento significativo para a campanha. Porém, mesmo mais tarde, houve raivosa denúncia da prática bárbara. Misoginia e preconceito escondiam-se por trás dessa reação, como se percebe na seguinte declaração do dr. William Wagstaffe: "A posteridade dificilmente se deixará convencer de que uma operação praticada apenas por algumas mulheres ignorantes em meio a um povo analfabeto e irracional pôde de repente — e baseada numa experiência tão escassa —, de algum modo, conquistar uma das nações mais refinadas do mundo e ainda receber acolhida no Palácio Real." A prática da inoculação chegou à América na mesma época, por meio do testemunho de um escravo africano chamado Onesimus, que falou sobre isso com o pastor protestante Cotton Mather, provavelmente por volta de 1706. Por sua vez, o ministro levou essa informação ao médico Zabdiel Boylston. Por tentar realizar a inoculação em trezentas pessoas, Boylston foi alvo de críticas ferozes e de uma violência potencialmente letal — a ponto de ter de se esconder dentro de um armário por catorze dias para que a multidão não o matasse. Muitas vezes a inovação exige coragem.

Oportunamente, a inoculação com a própria varíola — processo que mais tarde seria chamado de "variolação" — foi substituída por uma prática de vacinação similar, porém mais segura, na qual se utilizava um vírus correspondente ao da varíola, mas menos perigoso; costuma-se atribuir tal inovação a Edward Jenner. Em 1796, ele infectou propositalmente um menino de oito anos, James Phipps, com material de varíola bovina das bolhas das mãos de uma ordenhadora de nome Sarah Nelmes, que havia contraído a doença de uma vaca chamada Blossom. Jenner então tentou infectar Phipps com a própria varíola e mostrou que o garoto era imune a ela. Essa demonstração — não a vacinação — foi a sua real contribuição e o motivo para o enorme impacto que ele causou. A ideia de inocular varíola bovina intencionalmente nas pessoas para imunizá-las contra a varíola tinha já cerca de trinta anos nessa ocasião. Já havia sido tentada por um médico chamado John Fewster, em 1768, e por vários outros médicos na Alemanha e na Inglaterra na década de 1770. Provavelmente esse procedimento já era usado entre fazendeiros antes dessa data.

Desse modo, a inovação mais uma vez prova ser gradual e começar entre pessoas comuns e sem estudo, antes que a elite acabe ficando com o crédito. Talvez isso seja um pouco injusto com Jenner, que, assim como Lady Mary Wortley, merece fama por persuadir o mundo a adotar a prática. Apesar de estar em guerra com a Grã-Bretanha, Napoleão mandou vacinar os seus exércitos graças à força com que Jenner defendeu o procedimento e recompensou-o com uma medalha, afirmando que ele era "um dos maiores benfeitores da humanidade".

AS GALINHAS DE PASTEUR

A vacina subjugou a varíola de maneira tão completa que, na década de 1970, a doença — que no passado já havia sido a maior ceifadora de vidas humanas no planeta — havia desaparecido totalmente. O último caso da cepa mais mortal, *Variola major*, ocorreu em Bangladesh em outubro de 1975. Rahima Banu, então com três anos de idade, sobreviveu e continua vivo.

O último caso de *Variola minor* aconteceu na Somália, em outubro de 1977. Ali Maow Maalin, que já era adulto quando contraiu a doença, também sobreviveu. Durante a maior parte da sua vida, ele trabalhou na campanha contra a poliomielite. Ele morreu de malária em 2013.

A vacinação ilustra uma característica comum da inovação: a de que frequentemente o uso precede a compreensão. Ao longo da história, tecnologias e invenções têm sido implementadas com sucesso sem o conhecimento científico sobre o seu funcionamento. Para uma pessoa racional no século XVIII, a ideia de Lady Mary — de que expor uma pessoa à cepa de uma doença fatal poderia protegê-la dessa doença — deve ter parecido loucura. Não havia base racional para isso. Foi somente no final do século XIX que Louis Pasteur começou a explicar como e por que a vacinação funcionava.

Pasteur provou que bactérias são organismos microscópicos ao ferver um líquido fermentado e mostrar que ele permanecia inerte e não podia gerar fermentação novamente, a menos que fosse exposto a bactérias transportadas pelo ar. Seu passo final foi deixar o líquido exposto ao ar, mas acessível somente através de uma vidraria estreita chamada pescoço de cisne, cujo formato garantia que as bactérias não passassem. Ele se vangloriou do seu feito em 1862: "A doutrina da geração espontânea jamais se recuperará do golpe mortal dessa experiência simples."

Se doenças contagiosas fossem causadas por micróbios — a distinção entre bactérias e vírus, muito menores, ainda estava para ser feita —, então a inoculação poderia ser explicada por uma mudança na característica do micróbio e uma mudança na vulnerabilidade do corpo humano a ele? A explicação de Pasteur surgiu como resultado de um feliz acidente. No verão de 1879, ele saiu de férias, deixando o seu assistente, Charles Chamberland, encarregado de inocular algumas galinhas com cólera de um caldo de galinha infectado, como parte de uma série de experimentos para entender a natureza da bactéria da cólera. Chamberland esqueceu e acabou ele próprio entrando em férias. Quando eles voltaram das férias e realizaram o experimento, o caldo de galinha velho chegou a fazer as galinhas adoecerem, mas não as matou.

Movido talvez por um palpite, Pasteur então injetou uma cepa virulenta — que costumava matar as galinhas com facilidade — nessas agora recuperadas (e pacientes) aves. Ele não conseguiu nem mesmo deixá-las doentes, muito menos matá-las. A cepa fraca de cólera imunizou-as contra essa cepa mais forte. Pasteur começou a perceber como funcionava a vacinação: um organismo menos virulento desencadeava uma resposta imune que agia contra um organismo mais virulento. Não que ele já tivesse entendido alguma pequena minúcia que fosse sobre o sistema imunológico humano. A ciência estava apenas começando a andar lado a lado com a tecnologia.

APOSTA CERTEIRA NO CLORO

O cenário é um tribunal em Nova Jersey, e o ano é 1908. Está sendo julgada a Jersey City Water Supply Company, que já havia perdido um caso anterior — no qual ficara provado que a empresa não estava fornecendo "água pura e salutar" à cidade, como especificado em contrato. O problema era que em um ponto mais a montante do reservatório da cidade, ou seja, rio acima, pessoas em número cada vez maior estavam construindo casas e despejando dejetos de latrinas diretamente nos riachos que abasteciam o reservatório. Mortes por tifo eram muito comuns na cidade. Apesar de remover mais de quinhentas dessas latrinas desde 1899 e de filtrar a água, a empresa não foi capaz de evitar que a contaminação da água acontecesse duas ou três vezes por ano, após fortes chuvas.

    O tribunal deu à empresa três meses para corrigir a situação. Diante disso, o conselheiro sanitário da empresa, o dr. John Leal, apresentou a ideia de pingar cloreto de cálcio, um desinfetante, no reservatório de água. Em 26 de setembro, três dias antes do início do segundo julgamento, instalações foram erguidas e passaram a operar clorando continuamente 40 milhões de galões de água por dia. No decorrer do julgamento, uma questão surgiu e ganhou destaque: Leal não havia pedido a ninguém permissão para conduzir semelhante experiência, que atingiria os cidadãos da cidade de Jersey — numa época em que existia uma aversão generalizada à ideia de colocar produtos químicos na água que se bebia. "A ideia de desinfecção química já é repelente por si só", vociferou Thomas Drown, do Instituto de Tecnologia de Massachusetts, apoiado por várias outras pessoas no estabelecimento que tinham a mesma opinião. A decisão do dr. Leal foi corajosa e arriscada.

    No tribunal, o advogado da cidade fez objeções contra a ideia de que a empresa poderia cumprir a sua obrigação de fornecer água limpa com uma substância química qualquer — de risco desconhecido para a população — sem a devida autorização prévia. Esse advogado solicitou ao juiz que se recusasse a ouvir a argumentação e as evidências favoráveis ao uso do cloro. O juiz não acatou esse pedido e permitiu que a empresa apresentasse o seu caso. Sob interrogatório, Leal disse a respeito da cloração: "Na minha opinião é o melhor método, o mais seguro, o mais fácil e o mais barato para tornar essa água pura todos os dias do ano e a cada minuto de cada hora." E ele acrescentou: "Acredito que o abastecimento de água da cidade de Jersey seja hoje o mais seguro do mundo."

> **PERGUNTA:** Algum efeito nocivo à saúde das pessoas foi constatado?
> **RESPOSTA:** Nem o mais leve.
> **P.:** Você bebe essa água?
> **R.:** Sim, senhor.
> **P.:** Habitualmente?
> **R.:** Sim, senhor.

Depois de um demorado julgamento, o juiz decidiu, por fim, que a empresa havia cumprido com suas responsabilidades por meio dessa inovação. O caso da cidade de Jersey se tornou um divisor de águas — e também um purificador de águas. Cidades de todo o país e de todo o mundo começaram a usar clorinação para sanear os reservatórios de água, como se faz até hoje. Epidemias de tifo, cólera e diarreia rapidamente desapareceram. Mas de onde o dr. Leal tirou essa ideia? De uma experiência semelhante feita em Lincoln, na Inglaterra, ele disse no julgamento. Como a maioria dos inovadores, ele não reivindicou a autoria da invenção.

A cidade de Lincoln viu declinarem as suas taxas de mortalidade por febre tifoide após a instalação de um sistema de filtragem de areia para o seu centro de abastecimento de água. Em 1905, porém, foi atingida por um grave surto: 125 pessoas morreram. A cidade recorreu ao dr. Alexander Cruikshank Houston, um bacteriologista da Comissão Metropolitana de Esgotos. Dois dias depois da sua chegada em fevereiro de 1905, o dr. Houston havia improvisado um dispositivo para pingar hipoclorito de sódio na água por ação da gravidade. Os resultados sobre a taxa de infecções por tifo foram imediatos.

Mas de onde o dr. Houston tirou essa ideia? Talvez de um oficial do Serviço de Saúde do Exército Indiano chamado Vincent Nesfield, que publicou um artigo em 1903 mostrando exatamente como se pode fazer e usar cloro líquido para desinfetar as reservas de água. A técnica de Nesfield estava bem à frente do seu tempo e se assemelha muito à que é empregada hoje em dia. Não se sabe se ele alguma vez a usou, nem onde a teria usado.

E de onde o dr. Nesfield tirou essa ideia? Talvez de uma epidemia de febre tifoide na cidade de Maidstone, em Kent, no outono de 1897, durante a qual 1.900 pessoas contraíram a doença e cerca de 150 morreram. Nesse caso, "sob a supervisão do dr. Sims Woodhead, atuando em nome da companhia de água, o reservatório e os principais condutos da área de abastecimento de água de Farleigh, em Maidstone, foram desinfetados no sábado à noite com solução de cloreto de cálcio".

Mas de onde o dr. Woodhead tirou essa ideia? Provavelmente do uso de cloreto de cálcio como desinfetante de esgotos — uma técnica já bem conhecida na época. Àquela altura o cloreto de cálcio também já era usado como antisséptico entre cirurgiões, embora esses profissionais infelizmente tenham demorado a perceber que estavam mergulhando as mãos num forte alvejante.

Durante a epidemia de cólera de 1854, o cloreto de cálcio foi usado com tanta liberalidade no Soho que, segundo informou uma revista, "o cloro deixou as poças brancas e leitosas e manchou as pedras; veem-se grandes respingos dele pelas sarjetas e sente-se o seu forte cheiro, que não é muito agradável, no ar". Na época em que essa epidemia se alastrou em Londres, o dr. John Snow estava tentando, sem praticamente nenhum sucesso, convencer as autoridades de que a cólera era causada pela água suja, não pelo ar fétido — o "miasma", uma teoria em voga na ocasião. Ele havia mostrado que as pessoas que recebiam seu suprimento de água do estuário do Tâmisa estavam muito mais sujeitas a contrair cólera do que aquelas que retiravam a sua água de riachos rurais. Num episódio conhecido, Snow removeu a alavanca de uma bomba de água na Broad Street, no Soho, próximo da qual um grande número de casos de cólera havia ocorrido.

Porém, ele foi totalmente ignorado, e o cloro era espalhado nas ruas pelo motivo errado: combater o odor supostamente perigoso em vez de matar as bactérias que se transmitiam por meio da água. Em 1858, durante o fenômeno conhecido como Grande Fedor — quando parlamentares ficaram tão enojados com o cheiro que exalava o Rio Tâmisa que decidiram autorizar a construção de sistemas de esgotos modernos para levar o esgoto para o mar —, cloreto de cálcio foi aplicado nas persianas das janelas do Parlamento para mascarar o mau cheiro. Portanto, a origem da invenção da clorinação, assim como a da vacinação, é enigmática e confusa. Somente numa análise retrospectiva é possível vê-la como uma inovação contestadora e bem-sucedida que salvou milhões de vidas. Ela teve uma evolução bastante lenta, provavelmente a partir de acasos felizes gerados por ideias muitas vezes equivocadas.

PEARL E GRACE NUNCA DAVAM UM PASSO EM FALSO

Na década de 1920, a doença mais letal entre crianças norte-americanas era a coqueluche, também conhecida como tosse convulsa. Essa doença matava cerca de 6 mil crianças por ano — mais do que difteria, sarampo e escarlatina. Em alguns lugares, havia vacinas disponíveis para coqueluche, mas elas eram praticamente inúteis. A única prevenção era a quarentena, e mesmo esse recurso era pouco eficiente, já que ninguém sabia por quanto tempo seria necessário isolar as vítimas. Esse problema acabou atraindo o interesse de duas mulheres — pessoas comuns que, na verdade, eram extraordinárias e que haviam iniciado suas carreiras como professoras — para a pesquisa sobre a doença.

Pearl Kendrick, do estado de Nova York, havia estudado bacteriologia em 1917, na Universidade de Columbia, enquanto trabalhava como professora. Em 1932, ela estava nos laboratórios do Departamento de Saúde Pública de Michigan, analisando incansavelmente a segurança da água e do leite. Nesse mesmo ano, ela recrutou Grace Eldering — natural de Montana e que também tinha sido professora antes de se tornar bacteriologista — para fazer parte da sua equipe. Na época, um surto de coqueluche virulenta estava assolando a cidade. Kendrick pediu a seu chefe permissão para trabalhar nisso em seu tempo livre. Ela e Eldering decidiram desenvolver um teste confiável para quem estivesse infectado. Era uma placa de Petri, uma espécie de "placa para tosse" cheio do material no qual as bactérias de coqueluche cresceriam, nos quais os pacientes tossiam. Se as bactérias proliferassem, o paciente tinha a infecção.

Ao final de longos dias de trabalho remunerado, Kendrick e Eldering ainda produziam arduamente seu próprio material para as placas de tosse e visitavam casas por toda a cidade de Grand Rapids para coletar amostras. Dessa forma, tiveram a exata noção da privação que havia agravado a situação da classe trabalhadora desde o início da Depressão. Sob a luz de lâmpadas de querosene, elas viram crianças lutando para respirar em casas onde as famílias não tinham nem comida nem trabalho. Quarentena às vezes significava privação para uma família que não pudesse sair em busca do seu ganha-pão. Elas não demoraram a concluir que a maioria das pessoas ficava quatro semanas infectada, o que ajudou a influenciar a política local e nacional de quarentena. Mas elas queriam ir além e desenvolver uma vacina eficaz.

Nos quatro anos seguintes, elas conseguiram realizar seu intento de maneira sistemática e gradual, utilizando técnicas padronizadas de desenvolvimento de vacinas: nada de novo nem de superinteligente, somente experimentos cuidadosos. O resultado foi uma versão morta de várias cepas de bactéria que, quando injetadas em ratos, porquinhos-da-índia, coelhos e nos próprios braços de Kendrick e Eldering, provaram-se seguras. Agora seria preciso demonstrar que ela protegia as pessoas contra a coqueluche.

Foi então que as duas cientistas provaram conhecer o lado social e o lado laboratorial do trabalho. Elas não quiseram fazer o que na época era típico e usar como grupo de controle órfãos aos quais seria negada a vacina para que se provasse que ela funcionava; mas as duas ainda precisavam comparar as pessoas que receberam a vacina com pessoas semelhantes que não receberam. Com a ajuda dos médicos locais e de assistentes sociais, elas usaram as estatísticas da Comissão de Amparo Social do Condado de Kent para identificar um grupo de pessoas que eram compatíveis em idade, sexo e local de residência, mas que, por alguma razão, haviam perdido a vacinação. Entre 1934 e 1935, elas descobriram que 4 das 712 crianças vacinadas haviam contraído coqueluche, contra 45 das 880 não vacinadas do grupo de controle.

Quando Kendrick e Eldering anunciaram esses resultados no encontro anual da Associação Americana de Saúde Pública, em outubro de 1935, a audiência reagiu com ceticismo, suspeitando que a experiência havia falhado em algum ponto — como acontecia com muitas experiências naqueles dias. Desconfiado, um médico cientista chamado Wade Hampton Frost veio duas vezes da Escola de Saúde Pública Johns Hopkins para examinar os métodos empregados e acabou admitindo que o trabalho das duas mulheres estava perfeitamente correto. Nessa época, Kendrick escreveu para Eleanor Roosevelt a fim de convidá-la para visitar o laboratório — e para o seu espanto, o convite foi aceito. A primeira-dama passou treze horas com as duas cientistas e retornou a Washington para convencer a administração a encontrar maneiras de financiar o projeto, a fim de que as médicas pudessem contratar mais pessoas para ajudar. Isso permitiu que Kendrick e Eldering realizassem um segundo experimento, que seria maior, usando apenas três injeções por criança em vez de quatro. Muitas famílias adotaram imediatamente esse teste. Em 1938, quando o segundo experimento produziu resultados ainda mais sólidos, Michigan começou a produção em massa da vacina e, por volta de 1940, o resto do país seguiu esse exemplo. Logo o resto do mundo faria o mesmo. A incidência e a mortalidade da tosse convulsa caíram a níveis muito baixos, de maneira rápida e permanente.

Kendrick e Eldering receberam muito pouco reconhecimento por esse trabalho — mesmo décadas depois, elas recusavam a maior parte das solicitações da mídia — e pouca recompensa financeira. Elas compartilharam seus métodos e fórmulas livremente em todo o mundo. As duas fizeram tudo certo: escolheram um problema vital, fizeram experiências para resolvê-lo, trabalharam com o público para testá-lo, informaram seus resultados ao mundo e não desperdiçaram tempo nem esforço defendendo a sua propriedade intelectual. Quando não estavam viajando para divulgar a vacina, elas faziam festas generosas e piqueniques para os seus colegas de trabalho na casa em Grand Rapids onde moravam juntas. Ninguém tinha nada de ruim para dizer sobre as duas. Um de seus colegas disse mais tarde: "A dra. Kendrick jamais enriqueceu. Tinha um círculo relativamente pequeno de amigos e colegas esclarecidos e nunca se tornou famosa. Ela simplesmente salvou centenas de milhares de vidas a um custo modesto. Sem dúvida, ter ciência desse fato é a melhor das recompensas."

A SORTE DE FLEMING

Cinquenta anos depois que as férias de verão de Pasteur levaram a um vislumbre afortunado do modo de ação da vacinação, novas férias de verão produziriam outro feliz acaso na luta contra as enfermidades. Em agosto de 1938, Alexander Fleming deixou seu laboratório em Londres para passar o mês em Suffolk. Na ocasião, o verão em Londres mostrava-se instável: fez frio em quase todo o mês de junho e então a temperatura aumentou subitamente em julho, alcançando sufocantes 30 °C no dia 15, antes de esfriar substancialmente no início de agosto. E depois do dia 10 de agosto, voltou a fazer calor. Isso tem relevância porque afetou o crescimento da bactéria *Staphylococcus aureus* que Fleming estava cultivando em placas de Petri enquanto preparava um capítulo para um livro a respeito de bactérias. Embora fosse especialista na espécie, Fleming quis verificar alguns dados de que dispunha. O período de frio do início de agosto era perfeito para o crescimento de um bolor, o fungo *Penicillium*. Ocorre que um esporo desse fungo de algum modo (levado pelo vento, talvez) acabou caindo sobre uma das placas de Petri que continha a bactéria *Staphylococcus aureus* que ele cultivava. O período de clima quente que se seguiu permitiu o crescimento da cultura bacteriana, deixando apenas um espaço em torno do *Penicillium* — nesse espaço o fungo havia matado os estafilococos. Isso produziu um padrão marcante, como se as duas espécies fossem alérgicas uma à outra. Se na ocasião o clima estivesse diferente, esse padrão poderia não ter acontecido, porque a penicilina não é eficaz contra as bactérias maduras dessa espécie.

Fleming, um escocês diminuto e taciturno, voltou de suas férias no dia 3 de setembro e — como era seu costume — começou a inspecionar as culturas que havia deixado em placas de Petri reunidas desordenadamente sobre uma bandeja esmaltada. Um velho colega seu, Merlin Pryce, aproximou-se da porta, e Fleming começou a conversar com ele enquanto trabalhava. "Engraçado", Fleming disse quando pegou a placa com o padrão de distanciamento entre o fungo e a bactéria. O fungo estava produzindo uma substância que matava a bactéria? Bastante intrigado, Fleming guardou a placa e uma amostra do fungo.

Contudo, ainda se passariam mais de doze anos antes que alguém transformasse essa descoberta numa cura viável para doenças. Parte do problema foi o sucesso da vacinação. A carreira de Fleming foi fortemente influenciada por um grande pioneiro da bacteriologia, Sir Almroth Wright, que estava convencido de que as doenças jamais seriam curadas por medicamentos, por mais eficazes que fossem — o próprio organismo poderia se defender, e só precisaria receber ajuda para isso.

Wright, filho de pai irlandês e mãe sueca, era uma figura imponente, desembaraçada, eloquente e irascível. Era conhecido entre os colegas como "o Filósofo da Rua Praed", "Platão de Paddington" ou, mais zombeteiramente, Sr. Quase Certo ou Sr. Quase Errado (ambos os apelidos gerados por trocadilho com o seu nome). "Estimulem os fagócitos!" era o grito de guerra de Wright, imortalizado na peça *O Dilema do Médico*, de Bernard Shaw. Nessa peça, Wright está representado pelo personagem Sir Colenso Ridgeon. O Hospital St. Mary, onde Wright e Fleming trabalhavam, tornou-se o grande templo da terapia vacinal. O esforço de Wright para que as tropas Aliadas na Primeira Guerra Mundial fossem vacinadas contra febre tifoide provavelmente salvou centenas de milhares de vidas.

Influenciado por Wright, o ceticismo de Fleming quanto à possibilidade de se encontrar um produto químico que curasse infecções foi reforçado por suas experiências em pesquisas acerca das causas da infecção em ferimentos durante a Primeira Guerra Mundial. Ele e Wright foram instalados em uma casa de apostas em Boulogne e transformaram o lugar em um laboratório bacteriológico, ideal para compreenderem como conseguiriam salvar vidas. Lá Fleming mostrou — usando tubos de ensaio deformados para se assemelharem a ferimentos irregulares — que antissépticos como o ácido carbólico eram prejudiciais, porque matavam os glóbulos brancos sem atingir as bactérias que causavam gangrena bem no interior das aberturas dos ferimentos. Fleming e Wright argumentaram que os antissépticos tinham de ser deixados de lado, e os ferimentos deveriam ser limpos com solução salina. Essa foi uma importante descoberta, porém quase totalmente ignorada pelos médicos que tratavam dos feridos. Para esses médicos parecia muito errado não tratar as feridas com antissépticos.

Entretanto, Fleming não era cegamente devotado às ideias de Wright. Antes da guerra ele havia adotado a quimioterapia baseada em arsênico do médico cientista Paul Ehrlich, chamada Salvarsan, que combatia a sífilis, e se tornou conhecido como o "médico da varíola" — ou seja, ele sabia que havia outras maneiras de tratar enfermidades além de estimular os fagócitos. Em 1921, ele descobriu as propriedades destruidoras de bactérias da proteína lisozima, encontrada no muco nasal e nas lágrimas, na saliva e em outros fluidos — e que era secretada por fagócitos. Antisséptico natural do próprio corpo, a lisozima deu margem à possibilidade da descoberta de substâncias químicas capazes de matar bactérias quando injetadas no corpo. Porém, a própria lisozima mostrou-se decepcionante contra as espécies mais virulentas de bactérias causadoras de doenças.

Portanto, Fleming estava preparado, pelo menos em parte, para a descoberta da penicilina, ou "suco de fungo", como ele a chamou no início. Em uma série de experiências, ele mostrou que a sua descoberta matava muitos tipos de bactérias virulentas mais eficazmente do que a maioria dos antissépticos, sem matar os fagócitos defensores do corpo. Contudo, os primeiros testes com penicilina como antisséptico tópico aplicado em ferimentos infectados foram decepcionantes. Ninguém ainda havia percebido que ela funcionava melhor quando injetada no corpo. Além disso, era difícil produzi-la em grandes quantidades ou armazená-la. Sabe-se que, em 1936, a companhia farmacêutica Squibb concluiu que, "em virtude do desenvolvimento lento, da falta de estabilidade e da lenta ação contra bactérias mostrados pela penicilina, sua produção e comercialização como bactericida não parece praticável". Desse modo, vista como curiosidade, a penicilina definhava e não seria desenvolvida como a cura para doenças por mais de uma década. O ambiente de Fleming era o laboratório, não a clínica ou o escritório de administração.

Geralmente se supõe que o desenvolvimento de antibióticos acabou sendo acelerado pelo início da guerra; mas as evidências sugerem que isso pode estar errado. No dia 6 de setembro de 1939, apenas três dias depois de deflagrada a guerra, dois cientistas de Oxford solicitaram uma bolsa para estudar a penicilina, ainda pensando em termos de ciência, e não de aplicação. Eles vinham trabalhando nisso já fazia mais de um ano, e com a guerra tornou-se mais difícil para eles conseguir dinheiro. Tanto o Conselho de

Pesquisa Médica quanto a Fundação Rockefeller doavam consideravelmente menos que o solicitado; a justificativa da Fundação para isso foi a incerteza diante dos tempos de guerra. Então, a eclosão da guerra no mínimo atrasou o desenvolvimento da penicilina nesse estágio.

Dois cientistas — Ernst Chain, bioquímico refugiado da Alemanha, e Howard Florey, patologista da Austrália — depararam-se com o trabalho de Fleming e decidiram conferi-lo mais de perto antes que a guerra começasse. Mesmo em tempos de guerra, em meio à escassez de materiais adequados, de dinheiro e de pessoal, por volta de maio de 1940, Norman Heatley, colega dos dois cientistas, havia extraído a penicilina e a injetado em ratos para mostrar que ela não os prejudicava. No dia 25 de maio, um sábado, Florey injetou penicilina em quatro ratos antes de infectá-los e injetou em outros quatro ratos de controle uma enorme dose de bactérias estreptococos. Naquela mesma noite, os quatro ratos não tratados morreram; os ratos tratados sobreviveram.

Florey, Chain e Heatley se deram conta de que um novo tratamento para soldados feridos talvez estivesse surgindo. Nos meses seguintes, eles transformaram seu laboratório numa fábrica de penicilina. No dia 12 de fevereiro de 1941, Albert Alexander, um policial que estava morrendo de septicemia após arranhar-se numa roseira, tornou-se a primeira pessoa a ser tratada com penicilina. Albert se recuperou rapidamente, mas os estoques de penicilina se esgotaram antes que ele se curasse por completo, o que ocasionou uma recaída e lamentavelmente sua morte. Porém, o efeito milagroso da droga não passou despercebido. Assim, em agosto de 1942, Fleming (cujo interesse agora voltara a ser despertado) usou penicilina para curar Harry Lambert de meningite — num caso que chamou a atenção da imprensa. A partir de então, Fleming se tornou um herói, mais do que o reservado e tímido Florey.

Em julho de 1941, quando a guerra já levava a indústria britânica ao limite do insuportável, Florey e Heatley voaram para os Estados Unidos a fim de começar ali a produção de penicilina. Variedades de mofo de maior rendimento foram rapidamente descobertas, bem como técnicas melhores para cultivá-los; mas no início as empresas químicas relutavam em investir num projeto tão incerto enquanto leis antitruste (isto é, antimonopólio) tornavam difícil para as empresas aprenderem técnicas umas com as outras. A indústria norte-americana reivindicou então a propriedade intelectual relacionada à penicilina, e a Grã-Bretanha mais tarde mostrou-se um tanto indignada com isso.

Escassez típica de tempos de guerra, preocupações com segurança e — na Grã-Bretanha — inúmeros bombardeios continuavam a atrapalhar o projeto, por isso não se pode afirmar de maneira nenhuma que o desenvolvimento da penicilina teria sido mais lento em tempos de paz. Reconhecer isso não é negar o valor do remédio para os soldados feridos, muitos dos quais tiveram a vida salva. Ainda mais extraordinária foi a eficiência da penicilina na cura da gonorreia, um inimigo que estava vitimando mais pessoas do que os alemães no norte da África e nas campanhas Sicilianas. No Dia D já havia penicilina suficiente para garantir que a taxa de mortalidade por ferimentos fosse bem menor do que se esperava.

As notícias sobre as propriedades da penicilina haviam chegado à Alemanha mesmo antes da guerra, e o médico de Hitler a usou para tratar o Führer após a tentativa de assassinato de junho de 1944. Contudo, não houve nenhuma tentativa séria de aumentar a produção nem na Alemanha nem na França. Isso provavelmente teria sido diferente numa década de 1940 pacífica.

A história da penicilina reforça a lição de que, mesmo quando se faz uma descoberta científica por meio de um grande golpe de sorte, é preciso muito trabalho árduo para transformá-la em inovação útil.

NO ENCALÇO DA POLIOMIELITE

Nos anos 1950, a doença mais conhecida pelo público nos Estados Unidos era a poliomielite ou paralisia infantil. A história da vacina contra a pólio não é tão elegante e inofensiva quanto a da vacina contra a varíola. Algumas das preocupações dos primeiros adversários de Lady Mary Wortley Montagu de fato se tornaram realidade, porém muito mais tarde. Vacinas causaram mortes que não deveriam ter causado. E foi outra mulher teimosa e incomum que pôs a boca no trombone.

O nome dela era Bernice Eddy. Nascida na área rural da Virgínia ocidental em 1903, filha de médico, ela não podia arcar com os custos de uma escola de medicina e acabou partindo para a pesquisa laboratorial. Em 1927, tornou-se PhD em bacteriologia pela Universidade de Cincinnati. Em 1952, ela estava trabalhando com o vírus da pólio na Divisão de Padrões Biológicos, uma agência do governo dos Estados Unidos. Ela estava envolvida nos testes de segurança e eficácia da nova vacina Salk.

A pólio tornou-se uma epidemia que se agravava cada vez mais, principalmente nos Estados Unidos, durante o século XX. Por ironia, foi principalmente o aprimoramento da área de saúde pública que causou isso, porque fez aumentar a idade em que a maioria das pessoas contraía o vírus, o que resultou em mais infecções virulentas e paralisias frequentes. Na época em que todos se deparavam com resíduos de esgoto na água que bebiam ou em que nadavam, a população era imunizada antecipadamente, antes que o vírus causasse a paralisia. Depois que os reservatórios de água passaram a ser saneados com cloro, as pessoas começaram a enfrentar o vírus mais tarde — um vírus mais perigoso. Na década de 1950, a epidemia de pólio nos Estados Unidos piorava ano após ano: 10 mil casos em 1940; 20 mil, em 1945; 58 mil, em 1952. O enorme interesse do público resultou em doações generosas para o desenvolvimento do tratamento e a busca pela vacina. Grande fama e riqueza aguardavam a equipe que alcançasse esse feito, por isso algumas etapas foram cortadas.

Obteve-se avanço quando Jonas Salk, em Pittsburgh, usou a nova técnica da cultura de tecidos para cultivar grandes quantidades do vírus da pólio nos rins picados de macacos. Em 1953, ele estava matando cinquenta macacos por semana por seus rins, cultivando os vírus em frascos de cultura de tecido renal e inativando-os com treze dias de exposição ao formaldeído. A vacina produzida dessa maneira foi testada em 161 crianças e não causou nenhum mal nem pólio e estimulou a produção de anticorpos contra o vírus.

Superando as objeções dos rivais de Salk, principalmente as de Albert Sabin, e ignorando os resultados obtidos por Bernice Eddy — que descobriu que a vacina podia às vezes causar poliomielite em macacos —, a vacina Salk foi lançada às pressas por meio de testes nacionais em 1955, com massiva divulgação publicitária. A tragédia sobreveio quando um dos fabricantes, Cutter Laboratories, infectou milhares e paralisou mais de duzentas pessoas com pólio através de vírus inativado inadequadamente. A vacina foi rapidamente recolhida; e o programa, repensado.

Enquanto isso, a dra. Eddy tinha outra preocupação em mente. Com Sarah Stewart, ela havia realizado um experimento pioneiro para mostrar que, através de um vírus, o câncer podia ser transmitido de um tumor em um rato para um hamster, um coelho ou um porquinho-da-índia. Trata-se do poliomavírus SE (o "S" é de Stewart e o "E" de Eddy) — uma descoberta científica de grande envergadura. Ela sabia que a cultura de tecido de rins de macacos usada no desenvolvimento da vacina Salk às vezes continha ela própria infecções virais devido aos vírus encontrados em macacos, e temia que esses vírus pudessem ser incluídos na vacina, causando assim câncer nas pessoas. Em junho de 1959, ela fez, em seu tempo livre, experimentos para mostrar que as culturas de rim de macaco podiam de fato causar câncer em hamsters, no local da inoculação. Seu chefe, Joe Smadel, repreendeu-a por fazer o trabalho porque acabaria lançando mais dúvida sobre a segurança da vacinação contra pólio. Mas ela insistiu em relatar sua descoberta num encontro científico em outubro de 1960, e então foi afastada do trabalho contra a poliomielite e proibida de falar a respeito dos seus experimentos. Smadel ficou furioso: "Você mexeu num vespeiro, e ainda existem algumas pessoas ingênuas o bastante para acreditar que o uso de culturas de tecido de rim de macaco em um homem possa induzir câncer nelas." De fato.

Por fim, o vírus contaminante foi isolado, batizado de SV40 e detalhadamente estudado por outras pessoas. Agora se sabe que quase todas as pessoas vacinadas contra pólio nos Estados Unidos entre 1954 e 1963 provavelmente foram expostas aos vírus de macaco. E o SV40 — o quadragésimo a ser descrito — foi apenas um desses vírus. Isso soma cerca de 100 milhões de pessoas. Nos anos seguintes, as autoridades da área da saúde trataram de assegurar rapidamente ao mundo que o risco era pequeno, mas na época tinham poucos motivos para serem tão confiantes. Não chegou a ocorrer nenhuma epidemia de incidência de câncer incomum entre pessoas que receberam vacinas contaminadas, mas foi detectado DNA do SV40 em cânceres humanos, sobretudo mesoteliomas e tumores cerebrais, onde pode ter atuado juntamente com outras causas (como um cofator). Dizer isso é constrangedor até os dias de hoje.

A erradicação da poliomielite foi alcançada em 1988. Usando uma combinação de vacinas inativadas para evitar paralisia e vacinas de pólio orais (vivas) para criar imunidade total, voluntários se espalharam pelo mundo para encontrar adultos e crianças que pudessem imunizar e proteger da doença. Eles seguiram em frente em meio a guerras civis e fogo cruzado; algumas vezes, em guerras na América do Sul e na África Central, houve até mesmo cessar-fogo para que pudessem realizar seu trabalho. Nos trinta anos que se seguiram, estima-se que tenham evitado 16 milhões de casos de paralisia e 1,6 milhão de mortes. Nos dias de hoje, a taxa de sucesso é de mais de 99,99%. O último caso de pólio na África aconteceu em 2016. Somente Paquistão e Afeganistão ainda relatam casos, porém bem poucos: em 2018, foram trinta e três. Não levará muito tempo para que lá também a poliomielite desapareça.

CASEBRES DE BARRO E MALÁRIA

Na década de 1980, com a varíola erradicada e poliomielite, febre tifoide e cólera retrocedendo, uma doença persistente continuava sendo grande assassina, capaz de ceifar centenas de milhares de vidas por ano. E estava ficando pior. Essa doença era a malária.

Em 20 de junho de 1983, no quente e poeirento povoado de Soumousso, em Burkina Faso, na África Ocidental, um grupo de cientistas franceses e vietnamitas deu início a um experimento juntamente com colegas africanos. Eles haviam comprado um pouco de tule e tecidos de algodão fino no mercado local e com esse material fizeram trinta e seis redes para mosquitos. Alguns mosquiteiros eram grandes e cobriam mais de uma cama, e outros eram individuais, para cobrirem apenas uma cama. Eles então encharcaram metade dos mosquiteiros numa solução de 20% do inseticida permetrina e mantiveram os outros sem nenhum tratamento. Em seguida, eles fizeram algo realmente estranho: abriram muitos buracos pequenos em metade das redes, tanto as tratadas como as não tratadas. Eles agora tinham nove mosquiteiros não tratados e sem buracos, nove tratados e sem buracos, nove tratados e com buracos e nove não tratados e com buracos. Depois eles colocaram as trinta e seis redes estendidas ao sol por noventa minutos para secarem antes de instalá-las em vinte e quatro casebres. Esses casebres haviam sido construídos com as tradicionais paredes de barro e telhados de palha, mas não seriam usados como casas: eram estações de pesquisa, especialmente equipadas com armadilhas para mosquitos. Algumas haviam sido projetadas para apanhar os mosquitos dentro dos casebres e algumas para apanhá-los saindo dos casebres.

No dia 27 de junho, voluntários começaram a dormir nos casebres, ocupando-os das oito da noite até as seis da manhã, todas as noites durante cinco meses, uma pessoa para cada mosquiteiro individual e três para cada mosquiteiro grupal. Seis dias por semana, três vezes por dia, cada mosquito que entrava ou que tentava sair das cabanas era capturado, morto ou vivo: às cinco, às oito e às dez da manhã. Os mosquitos vivos foram mantidos sob observação por vinte e quatro horas para que se soubesse quantos poderiam ser acrescentados à recontagem dos mortos. Após vinte e uma semanas, 4.682 mosquitos fêmeas haviam sido capturados, a maioria de duas espécies: *Anopheles gambiae* e *Anopheles funestus*, ambos vetores de malária.

A ideia dessa experiência havia ocorrido a dois dos cientistas franceses, Frédéric Darriet e Pierre Carnevale, quando eles notaram o uso de redes para cama tratadas com DDT pelos militares americanos na Segunda Guerra Mundial e mais tarde pelas forças chinesas. "Mas por que fazer buracos nos mosquiteiros?", perguntei a Darriet recentemente. Acontece que mosquiteiros raramente permanecem intactos por muito tempo na África, por isso faz sentido observar se um rasgado é completamente inútil ou tão útil quanto um intacto. No caso dos mosquiteiros não tratados, um tecido rasgado é mesmo inútil, como muitos que tiveram noites de sono agitadas já sabem. Mas e quando há inseticida no mosquiteiro usado para matar ou repelir os insetos?

Os resultados da equipe de Burkina Faso foram sem dúvida surpreendentes, até mesmo para Darriet e Carnevale. Eles descobriram que um mosquiteiro tratado com permetrina, intacto ou rasgado, repele os mosquitos. O mosquiteiro reduziu o número de mosquitos dentro dos casebres em cerca de 70% e aumentou a taxa de saída dos insetos de 25% para 97%. Também reduziu a taxa de "deglutição" — quando os mosquitos obtêm uma refeição de sangue — em 20% para *An. gambiae* e 10% para *An. funestus*. Considerando que dificilmente algum dos mosquitos nos casebres de controle morreu, 17% dos mosquitos nos casebres com redes tratadas morreram. Após cinco meses, os mosquiteiros ainda eram muito eficazes tanto para repelir quanto para matar insetos. Nos dias de hoje, o tratamento dos mosquiteiros dura ainda mais tempo.

Esse experimento maravilhosamente simples e cuidadosamente projetado, conhecido como "Darriet *et al.*, 1984", tornou-se famoso no pequeno mundo do controle da malária e dos insetos, mas nunca alcançou o devido reconhecimento na mídia popular. Foi um grande avanço no controle da malária na África. A rede mosquiteira impregnada é a solução milagrosa contra a doença e os seus vetores. Levou algum tempo para que a ideia começasse a "pegar". Mosquiteiros impregnados com inseticida começaram a ser usados em larga escala em 2003 e, nesse mesmo ano, a mortalidade por malária parou de crescer e começou a declinar. De acordo com um estudo recente publicado na *Nature*, redes mosquiteiras tratadas com inseticida respondem por 70% dos seis milhões de vidas salvas no mundo inteiro nos últimos anos, o dobro da porcentagem obtida por medicamentos e *sprays* inseticidas antimaláricos somados. Até 2010, 145 milhões de redes eram entregues por ano. Até agora já foram usadas mais de 1 bilhão de redes. Em todo o mundo, a taxa de mortalidade por malária caiu quase pela metade nos primeiros dezessete anos do século XXI.

O TABACO E A REDUÇÃO DE DANOS

O maior assassino do mundo moderno não é mais uma bactéria, e, sim, um hábito: fumar. O tabagismo é diretamente responsável pela morte prematura de mais de seis milhões de pessoas por ano e talvez contribua indiretamente para outro milhão de mortes. A inovação do fumo, trazida dos Estados Unidos para o Velho Mundo nos idos de 1500, é um dos maiores equívocos da humanidade.

Considerando que esse é um hábito voluntário e que os seres humanos são racionais (pelo menos em parte), deveria ser relativamente fácil exterminar esse assassino. Basta dizer às pessoas que faz mal à sua saúde, e elas vão parar. Contudo, mesmo que todos saibam o que esse vício pode causar, deixá-lo de lado não é tão simples assim. Nada, ou quase nada, causa mais mortes prematuras do que o tabagismo. Saber que o fumo causa câncer e doença cardíaca gera estrago surpreendentemente pequeno em sua popularidade global. A prova de que fumar mata já foi amplamente aceita, além de qualquer dúvida razoável; mesmo assim, isso convenceu apenas um número espantosamente baixo de pessoas a interromper esse hábito. Proibição de publicidade, embalagens simples e com mensagens desestimuladoras, proibição de fumar em locais públicos, conselhos e advertências médicas, educação — tudo isso surtiu algum efeito, principalmente em países do Ocidente. Ainda assim, mais de um bilhão de pessoas no mundo mantêm o vício de acender um canudo fumegante de material vegetal entre os lábios.

Aqui também a inovação entra em cena. O declínio do hábito de fumar na Grã-Bretanha se acelerou fortemente nos últimos anos, principalmente em virtude da propagação de um modo alternativo de se obter o "barato" da nicotina (que não é considerado nocivo em si mesmo) com o uso de tecnologia de ponta em vez de fumaça: o cigarro eletrônico. Há mais pessoas usando "vape" na Grã-Bretanha do que em qualquer outro país europeu. Cerca de 3,6 milhões de britânicos fazem uso de cigarro eletrônico, em comparação com 5,9 milhões que fumam. O hábito do vape tem até o apoio de órgãos públicos, do governo, de instituições de caridade e de universidades — não porque seja totalmente seguro, mas porque é muito mais seguro do que o cigarro comum. É uma situação bem diferente da que ocorre nos Estados Unidos, onde o uso do cigarro eletrônico é oficialmente desencorajado, e na Austrália, onde é — pelo menos até o momento em que escrevo isso — oficialmente ilegal.

Quem foi o inovador que criou o cigarro eletrônico? O inventor original é um homem chamado Hon Lik, que desenvolveu o primeiro cigarro eletrônico moderno a fim de parar de fumar. Próximo da virada do século XXI, ele trabalhava como químico no Instituto Liaoning de Medicina Tradicional Chinesa e fumava dois maços de cigarro por dia. Ele queria parar e tentou fazer isso várias vezes, mas sempre falhava. Tentou o adesivo de nicotina, mas constatou que era um substituto sofrível para a sensação que o cigarro lhe dava.

Certo dia, no laboratório onde trabalhava, ele obteve nicotina líquida e começou a experimentar maneiras de vaporizá-la. O primeiro cigarro eletrônico comercial havia sido lançado no mercado na década de 1980, sem sucesso, e protótipos remontam a 1960. Existem patentes sobre o uso de vapor de nicotina que datam dos anos 1930. Com a atual miniaturização dos eletrônicos, contudo, o sr. Hon teve mais sorte. Sua primeira máquina era grande e de difícil manejo, mas em 2003 ele registrou uma patente sobre um dispositivo menor utilizando um mecanismo mais prático. Outras miniaturizações se seguiram, e ele apresentou o produto para ser testado na Autoridade Farmacêutica em Liaoning e no Instituto Médico do Exército Chinês. Foi finalmente colocado à venda em 2006. Mas não se esqueça: o inventor não é necessariamente o inovador. O cigarro eletrônico não foi tão bem aceito na China quanto foi na Grã-Bretanha. Por quê?

Em 2010, o publicitário Rory Sutherland parou em um escritório no Arco do Almirantado, no centro de Londres, para ver o velho amigo David Halpern, que havia trabalhado recentemente como chefe da Equipe de Insights Comportamentais de David Cameron, também conhecida como "unidade de incentivo". Durante a conversa, Sutherland pegou um cigarro eletrônico que havia comprado on-line e inalou. Na ocasião, cigarros eletrônicos tinham sido banidos na Austrália, no Brasil e na Arábia Saudita, entre outros países, por insistência tanto de produtores de tabaco quanto de grupos ligados à saúde pública preocupados com essa nova maneira de fumar. Sem dúvida era apenas uma questão de tempo antes que a Grã-Bretanha também proibisse a tecnologia. Halpern ainda não havia visto um cigarro eletrônico. Ele pediu a Sutherland que explicasse o funcionamento do dispositivo. Veio a sua mente um pensamento que o deixou intrigado: o cigarro eletrônico talvez fosse um mal menor — como a vacinação para evitar a varíola, ou a clorinação para evitar a febre tifoide. Ou como distribuir agulhas limpas para viciados em heroína a fim de evitar infecção por HIV, uma política controversa adotada pela Grã-Bretanha na década de 1980, mas que se mostrou bastante eficaz, pois manteve as taxas de infecção pelo vírus entre usuários de drogas muito abaixo das taxas de infecção de outros países. "Nós examinamos as evidências com atenção e tomamos uma decisão", Halpern escreveria mais tarde. "Apelamos às autoridades para que o Reino Unido se opusesse ao banimento dos cigarros eletrônicos. E fomos além. Argumentamos que nós deveríamos deliberadamente agir para disponibilizar os cigarros eletrônicos de maneira ampla e usar a regulamentação não para bani-los, mas, sim, para melhorar a sua qualidade e a sua confiabilidade."

Foi por esse motivo que a inovação do cigarro eletrônico acabou vingando na Grã-Bretanha mais do que em outros lugares, apesar da furiosa oposição de grande parte da classe médica, da mídia, da Organização Mundial de Saúde e da Comissão Europeia. Evidências sólidas obtidas em estudos bem controlados agora indicam que os riscos do cigarro eletrônico, embora existam, são muito menores que os do cigarro convencional — o cigarro eletrônico contém menos produtos químicos perigosos e causa menos sintomas clínicos. Um estudo de 2016 constatou que depois de somente cinco dias de uso de cigarro eletrônico, as substâncias tóxicas no sangue dos fumantes haviam caído aos mesmos níveis dos que haviam parado completamente de fumar. Um estudo realizado em 2018 envolvendo 209 fumantes que adotaram os e-cigarros e foram acompanhados por dois anos não constatou nenhuma evidência de risco à segurança nem de complicações sérias à saúde.

Mas o e-cigarro esbarrou no mesmo tipo de oposição obstinada dos grupos de interesse que saudou a proposta de inoculação de Lady Mary Wortley Montagu. Os interesses da indústria do tabaco baniram o cigarro eletrônico em muitos países; as companhias farmacêuticas fizeram *lobby* para que o e-cigarro fosse restringido em outros países, a fim de proteger suas gomas de mascar e seus adesivos; o *lobby* da saúde pública se posicionou contra o e-cigarro para proteger suas atividades de oposição ao fumo. Em 2014, no auge de uma epidemia de Ebola — que deveria ter sido prioridade —, Margaret Chan, diretora-geral da Organização Mundial de Saúde, deixou claro que considerava a oposição ao cigarro eletrônico uma alta prioridade. A Comissão Europeia também tentou neutralizar esse ramo de negócio em 2013 exigindo que os e-cigarros fossem regulamentados como produtos medicinais.

Essa proposta foi derrubada, mas a Diretiva de Produtos de Tabaco europeia, que passou a vigorar em 2017, impôs proibições aos líquidos usados nos cigarros eletrônicos e à propaganda dos e-cigarros. Esse ajuste ajudou em parte o negócio ao introduzir normas e submeter os produtos a regulamentos rigorosos de segurança, incluindo a testagem toxicológica dos ingredientes, bem como regras para assegurar embalagens invioláveis e à prova de vazamento. Nos Estados Unidos, por outro lado, havia pouca regulamentação, mas não foram poucas as tentativas de proibir os produtos relacionados ao cigarro eletrônico; e as pessoas logo começaram a morrer, quase todas porque compraram produtos para cigarro eletrônico que não continham nicotina, mas, sim, óleo THC, um ingrediente da cannabis, contaminado com acetato de vitamina E. Assim, num reflexo da era da proibição, enquanto o governo britânico encorajava o uso do "vape", mas regulava rigidamente os produtos, o governo norte-americano desencorajava o seu uso, mas pouco fazia para garantir a sua segurança.

CAPÍTULO 3

Transporte

"Fracasso é apenas a oportunidade de começar de novo de maneira mais inteligente."
Henry Ford

A LOCOMOTIVA E A LINHA FÉRREA

Durante toda a história da humanidade até os anos 1820, nada superava a velocidade do galope de um cavalo. Depois, no intervalo de uma geração, tornou-se rotina viajar numa velocidade três vezes maior e durante horas. Alguma vez surgiu inovação tão real e impressionante quanto essa? Por outro lado, eu, durante a minha vida, não testemunhei nenhuma grande mudança na velocidade do transporte.

O principal responsável por operar essa mudança inédita na velocidade não foi aquele que teve a ideia originalmente, mas, sim, aquele que a concretizou, que lhe deu contornos funcionais. Ele era um artesão de origem humilde, como Thomas Newcomen. O ano é 1810, e uma nova mina de carvão estava alagada em Killingworth, Northumberland; um motor Newcomen novo em folha havia sido instalado para bombear a água. Mas isso não funcionou, e durante um ano inteiro a mina permaneceu inundada, apesar do enorme empenho de engenheiros que vinham de todos os lados. Numa história que lembra muito a de James Watt, um modesto guarda-freios de 29 anos, que na ocasião trabalhava numa mina vizinha, chamado George Stephenson — cuja reputação era a de consertar relógios e sapatos — ofereceu-se para ajudar. Sua única condição foi que ele pudesse escolher os homens que iriam ajudá-lo. Quatro dias depois, já tendo desmanchado a máquina, remodelado a tampa de injeção e encurtado o cilindro, ele fez a bomba funcionar bem, e a mina logo estava seca. Stephenson foi contratado como engenheiro e em breve seria conhecido como o "médico de motores" em todo o distrito.

O pai de Stephenson era um "foguista" na mina de carvão de Wylam. Seu trabalho era lançar pás de carvão dentro do forno para abastecer uma máquina a vapor. Com apenas dezessete anos, o jovem George Stephenson já trabalhava com bombas em uma mina em Newburn e depois tornou-se guarda-freios, encarregado do guincho do poço da mina em Willington Quay, e mais tarde em Killingworth. Nessa época ele enfrentava uma série de infortúnios: sua mulher havia morrido, deixando-o com um filho pequeno. Um acidente com um motor a carvão havia deixado o seu pai cego. Ele foi convocado para o serviço militar e a fim de se livrar teve de pagar um substituto para servir em seu lugar; isso lhe custou todas as suas economias. Mas com a sua reputação como mecânico crescendo não demorou até que começasse a ser muito requisitado. E o conceito de locomoção havia amadurecido bastante.

A ideia de um motor a vapor puxando vagões sobre trilhos não era nova. Anos antes, motores estacionários haviam rebocado vagões de carvão, colina acima, por meio de cabos, e o primeiro motor a vapor para locomotiva de Richard Trevithick havia transportado um trem ao longo de um trilho em 1804, em Merthyr Tydfil. Trevithick percebeu que o vapor de alta pressão podia agora ser controlado pela metalurgia moderna, gerando muito mais energia, tornando o motor mais compacto e eliminando a necessidade de um condensador. Sem conseguir dinheiro, porém, Trevithick perdeu o interesse, viajou para o exterior e acabou morrendo na pobreza. Assim, o experimento parecia ter chegado ao fim. Os seus imitadores também desistiriam pouco a pouco. Locomotivas a vapor não eram confiáveis e eram perigosas, terrivelmente caras, danificavam trilhos de madeira ou de placas de ferro e não eram capazes de transportar cargas pesadas nem de subir colinas sem que as suas rodas escorregassem. Melhor continuar com os cavalos, disse alguém sensatamente.

A guerra acabaria por mudar essa situação. O conflito napoleônico gerou uma demanda insaciável por cavalos e por feno para alimentá-los, o que fez subir o preço de ambos. Nos distritos de mineração de carvão, transportá-lo em carroças puxadas por cavalos para ser carregado em navios passou a ser insustentável — uma viagem de mais de dez quilômetros tornaria uma mina improdutiva. Diante disso, os proprietários de poços começaram novamente os experimentos e, espalhadas por todo o nordeste, máquinas estridentes com caldeiras a bordo tentavam ganhar mais velocidade. Mesmo assim, quase ninguém imaginava que a estrada de ferro provaria a sua utilidade fora do âmbito das minas de carvão. Simplesmente não ocorreu a ninguém que isso poderia rivalizar com o transporte de pessoas e de carga por carruagem ou via fluvial. Isso ilustra uma grande verdade sobre inovação: as pessoas de fato subestimam o seu impacto a longo prazo.

Em 1812, um talentoso engenheiro chamado Matthew Murray, em Leeds, construiu uma locomotiva para John Blenkinsop com dois cilindros em vez de um. A máquina recebeu o nome de Salamanca, em homenagem à batalha na Espanha na qual Arthur, Duque de Wellington, derrotou um exército de Napoleão. Ele então enviou para o nordeste outra do mesmo projeto chamada, por erro de ortografia, Willington. Murray obteve êxito usando um sistema de engrenagem dentada e pinhão, mas a Puffing Billy, do rival William Hedley, em Wylam (1813) acabou com isso, finalmente descartando o persistente mito de que uma roda lisa não podia se prender a um trilho liso. Ao contrário do que se esperava, com peso suficiente, uma locomotiva podia deslocar uma carga pesada sobre o mais liso dos trilhos, ao menos numa inclinação leve. Porém Hedley e outros logo se depararam com um novo problema: as placas de ferro não suportavam o peso de uma locomotiva e continuavam cedendo. Não restava dúvida de que alguma inovação era necessária sob as rodas, não apenas nas rodas.

Essa foi a deixa para que Stephenson entrasse em ação, pois ele mais do que ninguém percebia a necessidade de inovação tanto na máquina quanto no trilho. No ano seguinte, 1814, ele construiu uma locomotiva de dois cilindros em Killingworth, batizando-a de Blücher em homenagem ao general prussiano vitorioso (a influência das Guerras Napoleônicas nessa história continua). Ele copiou boa parte do projeto da Willington de Murray. Quando entrou em funcionamento, Blücher foi capaz de transportar catorze vagões, carregando duas toneladas de carvão cada um a cinco quilômetros por hora, realizando o trabalho de catorze cavalos. Não era ainda possível competir com os veículos com tração animal, muito menos com os canais de navegação, exceto nas minas de carvão, onde o combustível era barato; mas não deixava de ser um começo. E Stephenson já estava fazendo ajustes no projeto.

Quanto aos trilhos, Stephenson logo patenteou, junto com William Losh, um novo projeto de trilho de ferro fundido, mais capaz de resistir ao peso da locomotiva. Mas ele acabou tomando outro caminho. Um amigo chamado Michael Longridge havia assumido recentemente o comando de uma ferraria em Bedlington, não muito longe de Killingworth. Usando o novo processo de ferro pudlado para produzir ferro maleável (com redução do teor de carbono), Longridge teve a ideia de desenvolver trilhos de ferro forjado, vazado em moldes. John Birkenshaw, o engenheiro de Longridge, criou um projeto de trilho em forma de cunha em corte transversal, com borda larga e base estreita. Isso economizava metal e ao mesmo tempo permitia um bom contato com a roda da locomotiva. Na ocasião da construção da estrada de ferro de Stockton a Darlington em 1822 (eu estou escrevendo essas palavras na estação ferroviária de Darlington!), Stephenson abandonou o ferro fundido, para a fúria de Losh, e escolheu os trilhos de ferro forjado de Birkenshaw.

George Stephenson e seu filho, Robert, acabaram fazendo algo surpreendentemente arriscado. Eles pesquisaram e construíram uma via férrea com ferro forjado de vinte e cinco quilômetros (que com o passar do tempo chegou a quarenta quilômetros), equipada com locomotivas para transportar carvão de Darlington a Stockton. A sorte teve participação nesse triunfo. O rico quaker, comerciante de lã e filantropo Edward Pease havia proposto trilhos para carros puxados por cavalos para transportar carvão, lã e linho entre Darlington e Stockton-on-Tees. Contudo, mesmo o transporte sobre trilhos com tração animal exigia um imenso gasto com advogados e agentes para a aquisição de terra, bem como aprovação do parlamento. Pease e os seus amigos quakers de Darlington se depararam com a feroz oposição dos membros da Câmara dos Comuns. A determinação inabalável de Edward Pease no assédio aos políticos de Londres levou finalmente à aprovação de um projeto de lei em abril de 1821. E isso foi apenas para a construção de uma via férrea para transporte por cavalos.

No mesmo dia em que o projeto de lei foi aprovado, 19 de abril de 1821, Pease recebeu George Stephenson, que havia viajado de Stockton para vê-lo. Stephenson, ao que parece, tinha ouvido falar que Pease planejava construir uma estrada de ferro. Stephenson se ofereceu para inspecionar a rota e então convenceu Pease a usar não só cavalos, mas também locomotivas. Isso desencadeou uma nova onda de fúria entre os proprietários de terras, horrorizados com os "ridículos" rumores (diziam os apoiadores) de que essas "máquinas infernais" (diziam os oponentes) podiam se deslocar a 16 ou 19 quilômetros por hora!

Robert Stephenson organizou a construção de locomotivas com melhoramentos para rodar na estrada férrea que ligava Stockton e Darlington. Na grande inauguração, em 27 de setembro de 1825, a primeira dessas máquinas, *Locomotion* — projetada principalmente por Timothy Hackworth —, rebocou um trem que consistia de doze vagões de carvão, um de farinha e vinte e um vagões com pessoas. Quando a composição chegou a Stockton, mais de seiscentas pessoas estavam a bordo. Mais tarde se constatou que a *Locomotion* podia alcançar quase 40 quilômetros por hora. Pela primeira vez, o calor estava realizando o trabalho de transportar pessoas.

É preciso levar em conta que a ferrovia entre Darlington e Stockton dependeu bastante dos cavalos nos anos seguintes; as locomotivas eram intrusas ocasionais, falíveis e perigosas. Mas os Stephensons não haviam terminado. Em 1829, seu mais famoso projeto de locomotiva, *Rocket*, participou das Rainhill Trails, uma competição para escolher máquinas para a estrada de ferro entre Liverpool e Manchester, linha que George Stephenson estava construindo. Para se qualificar à disputa, uma locomotiva não podia ultrapassar 4,5 toneladas, tinha de ter quatro rodas e rebocar um pequeno trem por 56 quilômetros numa viagem de ida e volta sem parar em momento algum — e depois repetir o feito.

A *Rocket* foi projetada por Robert, mas incorporou muitos melhoramentos engenhosos, inventados em sua maioria por Henry Booth, um novo colaborador. Isso incluía múltiplos tubos de fogo na caldeira, a fim de aumentar a taxa de geração de vapor, cilindros em ângulo horizontal, pistões conectados diretamente a duas rodas motrizes e um cano de descarga para dar vazão ao vapor verticalmente dentro da chaminé, aumentando a sucção através do alto forno. Em suma, era o resultado de um trabalho de funilaria gradativo e de experimentos por tentativa e erro feitos por várias pessoas, não de brilhantes voos de imaginação de um gênio. Na competição das Rainhill, *Rocket* teve nove adversários, cinco dos quais não conseguiram se colocar em movimento. Quanto aos outros, o puxado por cavalos *Cycloped* enguiçou, *Perseverance* quebrou, *Sans Pareil* teve um cilindro rachado e *Novelty*, o favorito da multidão, teve um excelente início e disparou na frente, mas depois seus canos acabaram estourando. Brincando de tartaruga com o coelho *Novelty*, *Rocket* seguiu o caminho serenamente, puxando 13 toneladas e atingindo cerca de 50 quilômetros por hora. O projeto básico da *Rocket* foi tomado como padrão para locomotivas por décadas. *Rocket* também causou a primeira fatalidade numa estrada de ferro, um ano mais tarde, matando o político William Huskisson na grande inauguração da ferrovia, quando ele saía de outro trem para falar com o Duque de Wellington, primeiro-ministro e seu rival político.

Depois que a linha Liverpool-Manchester foi inaugurada e se tornou um retumbante sucesso, nada de muito interessante aconteceu durante alguns anos: algumas estradas de ferro curtas pipocaram aqui e ali, esporadicamente, e técnicas foram aprimoradas lentamente. Então, com o impulso de baixas taxas de juros dos títulos do governo e de um mercado de ações emancipado, em 1840, o número de projetos de ferrovias teve um salto extraordinário, financiado por um frenesi de compra de ações por qualquer pessoa que tivesse economias. Novas linhas férreas surgiram por toda a nação, ligando metrópoles, depois cidades, e então distritos. Viajar de trem tornou-se algo rotineiro, rápido e até um pouco mais seguro, embora ainda muito distante dos padrões de segurança dos dias de hoje.

A grama cresceu entre as pedras de calçamento das estradas, e as diligências desapareceram. O *boom* das ferrovias foi uma bolha de competição, lucrativo para alguns, devastador para muitos e marcado por propaganda e fraude, mas extremamente valioso para as pessoas que utilizavam as linhas por deixarem a Grã-Bretanha conectada como nunca antes, permitindo o florescimento do comércio.

O resto do mundo não demorou a seguir o mesmo caminho. A primeira estrada de ferro nos Estados Unidos começou a operar em 1828; na França, em 1830; na Bélgica e na Alemanha, em 1835; no Canadá, em 1836; na Índia, em Cuba e na Rússia, em 1837 e na Holanda em 1839. Em 1840, os Estados Unidos já contavam com mais de 4.300 quilômetros de vias férreas, e, em 1850, esse número já havia saltado para mais de 14 mil quilômetros.

A GOTA D'ÁGUA

Foi mais ou menos na mesma época que motores a vapor começaram a ser colocados em navios, mas somente na segunda metade do século XIX e com a invenção da hélice de parafuso (que substituiu as rodas de pás) foi que a embarcação a vapor de alto-mar pôde se tornar competitiva no âmbito da navegação, tanto do ponto de vista do preço como do da velocidade. A tecnologia da navegação atingiu o auge no final dos anos 1860, quando foram lançados ao mar veleiros velozes como o *Cutty Sark* e outros.

A história da hélice de parafuso exibe todos os elementos habituais de uma inovação: uma longa história pregressa, a descoberta simultânea por dois rivais e a evolução incremental ao longo de muitos anos. A ideia na verdade já existia desde 1600 e continuou surgindo no século XVIII, mas nos anos 1830, as rodas de pá é que estavam nos barcos a vapor. Patentes para projetos de hélices de parafuso apareceram uma após a outra — um historiador reuniu 470 nomes associados à ideia, entre eles uma patente especialmente profética de 1838 registrada por uma mulher, Henrietta Vansittart, amante do escritor Edward Bulwer Lytton —, mas a grande maioria delas carecia de testes práticos.

Contudo, em 1835, Francis Smith — um fazendeiro de 27 anos de Hendon, nas cercanias de Londres — construiu um modelo de embarcação com uma hélice de parafuso acionada por mola e o testou em um pequeno lago. No ano seguinte, ele construiu um modelo melhor e o patenteou sob o registro "hélice de parafuso rotativa sob a água para impulsionar embarcações".

Por uma grande coincidência, apenas seis semanas mais tarde, também em Londres, um engenheiro sueco chamado John Ericsson — que não conhecia Smith — também tirou uma patente para um dispositivo semelhante. Smith já estava construindo um barco em tamanho real, de dez toneladas, com um motor de seis cavalos, com a ajuda do engenheiro Thomas Pilgrim. A embarcação foi lançada à água no canal de Paddington em novembro de 1836 e de imediato sofreu um acidente — um feliz acidente. A hélice que Smith havia construído era como um saca-rolhas de madeira em torno de uma haste de madeira, com duas voltas completas da hélice de parafuso ao longo do seu comprimento. Uma colisão acabou danificando a hélice de madeira, quebrando-a e deixando-a com uma volta; mas surpreendentemente o barco passou a se deslocar com velocidade muito maior — uma descoberta acidental relacionada à turbulência e ao arrasto. No ano seguinte, Smith reprojetou a hélice em metal com uma única volta e lançou seu navio novamente ao mar, navegando em mares tempestuosos até Kent e retornando. Essa demonstração provou sem possibilidade de dúvida o valor da sua hélice. A versão de Ericsson tinha duas hélices de parafuso movendo-se em direções diferentes — uma adaptação que não foi aproveitada até o desenvolvimento do torpedo.

Como a maioria dos inventores, Smith se desdobrou para ser levado a sério. Antes de considerar testar a tecnologia, o Almirantado solicitou-lhe uma demonstração com um barco maior, que atingisse pelo menos cinco nós. Smith formou uma empresa, construiu um navio de 237 toneladas, que recebeu o nome de *Archimedes*, e equipou-o com um motor a vapor de oitenta cavalos. Em outubro de 1839, enfrentou e superou o *Widgeon* em Dover e o *Vulcan* em Portsmouth — dois dos vapores impulsionados com rodas de pás mais rápidos da Marinha. Ainda assim, os almirantes relutavam em dar a sua aprovação; enquanto isso, o *Archimedes* navegava por toda a Europa, exibindo-se. Finalmente, em 1841, o Almirantado encomendou um navio com hélice de parafuso, o *Rattler*, lançado ao mar em 1843. Em 1845 houve uma disputa de cabo de guerra entre o *Rattler* e o *Alecto*, embarcação a vapor com roda de pás de peso e potência similares. O *Alecto* ficou para trás a uma humilhante velocidade de dois nós.

Enquanto isso, nos Estados Unidos, Ericsson havia construído uma série de embarcações, entre elas o *Princeton*, da Marinha norte-americana. A França havia lançado o navio a vapor de parafuso *Napoléon*. Contudo, a inovação prosseguiu, e o projeto da hélice de parafuso evoluiu radicalmente com o passar dos anos. Também se compreendeu melhor a questão da turbulência e do arrasto. Com o tempo, o formato da lâmina ficou menor próximo do eixo e maior mais adiante, depois afunilando-se em uma ponta arredondada.

A VOLTA DA COMBUSTÃO INTERNA

A história do motor de combustão interna exibe as características costumeiras de uma inovação: uma longa e profunda história pregressa marcada pelo fracasso; um curto período marcado por aumento da viabilidade e caracterizado por registros simultâneos de patente e por competição; e uma história posterior de evolução e aperfeiçoamento através do processo de tentativa e erro. Em 1807, um oficial de artilharia franco-suíço não apenas patenteou como também construiu um motor que podia usar explosões para gerar movimento. Isaac de Rivaz construiu uma carroça sobre a qual instalou um cilindro vertical no qual hidrogênio e oxigênio misturavam-se e explodiam por ignição de faísca: o peso do cilindro descendente impulsionava a carruagem para a frente por meio de um sistema de roldanas, antes que as explosões enviassem o pistão de volta para cima. Funcionou, assim como uma versão muito maior construída sete anos mais tarde; mas não podia competir com a locomotiva a vapor.

Em 1860, um ano depois que o primeiro poço de petróleo foi perfurado na Pensilvânia, Jean Joseph Étienne Lenoir patenteou um projeto para um motor de combustão interna que usava petróleo. Em 1863, ele construiu um veículo que rodou muito lentamente por nove quilômetros em três horas nos arredores de Paris. Conhecido como hipomóvel, esse veículo era na verdade uma plataforma de carroça montada sobre um triciclo. Sua extrema ineficiência provinha principalmente do fato de que não havia compressão do ar no cilindro.

Foram então dois fracassos. A combustão externa para produzir vapor continuou predominante no transporte e não demoraria a conquistar as estradas e os trilhos, sem dúvida. Na década de 1880, surgiam por toda a Europa e os Estados Unidos empresas de fabricação e venda de carros a vapor. Com o despontar do novo século, a principal ameaça ao reinado do vapor no mercado de motores parecia ser os novíssimos carros elétricos. Fabricado pela Stanley Motor Carriage Company, o carro a vapor Stanley Steamer, que começou a ser comercializado em 1896, foi o mais vendido e dez anos mais tarde estabeleceu um recorde mundial de velocidade: 204 quilômetros por hora. Porém, faltavam poucos anos para que o azarão, o motor de combustão interna, desmoralizasse os especialistas e conquistasse a todos. Carros a vapor e carros elétricos foram condenados ao esquecimento.

A invenção crucial por trás da combustão interna foi o ciclo de Otto de compressão e ignição, uma dança de quatro tempos: combustível e ar entram no cilindro (1), o pistão comprime a mistura (2), a ignição desfere o golpe de energia (3) e o pistão libera os gases pela válvula de escape (4). Nikolaus Otto, um vendedor de mercearia, inventou esse projeto em 1876, depois de tentar melhorar o motor de Lenoir por dezesseis anos. Durante esse tempo, ele obteve sucesso suficiente para produzir e vender motores estacionários e para expandir sua empresa, que se tornou a Deutz — ainda hoje uma das maiores fabricantes de motores.

Embora tenha vendido muitos motores, Otto não estava interessado em desenvolver um carro, por isso dois funcionários seus — Gottlieb Daimler e Wilhelm Maybach — saíram da sua empresa e começaram a fazer motores movidos a gasolina (petróleo) para carros. Muitos outros, na França, na Grã-Bretanha e em outros lugares, contribuíram com invenções durante a década de 1880, mas foi Karl Benz quem lançou o primeiro carro completo para produção em série em 1886. Benz, um talentoso engenheiro que vivia no sul da Alemanha e trabalhava numa oficina de bicicletas, construiu um veículo de três rodas para um projeto mais vinculado a bicicletas do que a carruagens. Conta a lenda que em 1888 Bertha, sua esposa, pegou o carro sem contar a Karl, pôs nele seus dois filhos e dirigiu bem devagar de Mannheim até Pforzheim, reabastecendo o veículo com gasolina comprada em farmácias ao longo do caminho: uma viagem de quase 100 quilômetros. Até 1894, mais de cem Benz Motorwagen tinham sido vendidos.

Por sua vez, Maybach e Daimler aperfeiçoavam de maneira independente um motor de quatro tempos que possibilitava maior velocidade que o de Benz e era bem mais potente. Na França, Émile Levassor adquiriu uma licença para produzir motores Daimler e rapidamente começou a fazer inovações no projeto do carro, que acabaram sendo copiadas por Daimler: o motor na parte da frente, e também na frente o radiador de água.

Em 1900, Maybach e Paul Daimler, filho de Gottlieb (que havia falecido nesse mesmo ano) lançaram o carro que estabeleceu para sempre o padrão de design seguido pela indústria. O protótipo foi construído especificamente para Emil Jellinek, um abastado piloto de corrida que vivia em Nice. O carro foi chamado de Mercedes 35hp, em homenagem à filha de Jellinek, Mercedes, e já não parecia uma mistura de carroça puxada por cavalos com uma bicicleta de motor a vapor na traseira. Maybach tornou o veículo mais largo, mais baixo e com um centro de gravidade baixo a fim de impedir que tombasse. Possuía um motor de alumínio, montado num chassi de aço sobre o eixo dianteiro pela primeira vez, um radiador do tipo colmeia patenteado e uma caixa de câmbio. O carro entregue a Jellinek teve desempenho tão bom em Nice, em 1901, que fez um enorme sucesso, e todos passaram a querer um.

Contudo, o episódio envolvendo Jellinek serve como lembrete de que nos primeiros anos da indústria de automóveis — assim como nos primeiros anos dos computadores, celulares e várias outras inovações —, os inventores acreditavam que estavam desenvolvendo um produto de luxo para as classes com maior poder de compra. Coube ao filho de um fazendeiro de Detroit tornar o carro uma inovação acessível a pessoas comuns. Henry Ford revolucionou a indústria após 1908, fez os carros a vapor e os elétricos virarem história e abriu caminho para que as massas pudessem adquirir carros, mudando o comportamento dos seres humanos de tantas e tão profundas maneiras que o automóvel, não o avião, é a tecnologia que representa o século XX, assim como o motor a vapor é a tecnologia que representa o século XIX.

No início, o excêntrico e obstinado Ford parecia um reles coadjuvante. Ele pouco fez que fosse tecnicamente novo. Apenas para tentar copiar os caros projetos germânico e francês, ele montou duas empresas de automóveis que faliram: abandonou a primeira e foi afastado da segunda. Sua terceira tentativa, com um projeto desinteressante chamado Modelo A, fez com que perdesse quase todo o seu dinheiro; mas ele conseguiu vender carros em quantidade suficiente para pelo menos seguir em frente. Ele possuía uma capacidade implacável de controlar custos e então começou a produzir um carro mais simples do que a maioria disponível no mercado, um carro relativamente barato — e que ficaria mais barato com a produção em massa. O Modelo T era robusto e confiável o bastante para atrair os fazendeiros que precisavam ir à cidade. Já em 1909, ele vendia mais desses modelos do que a fábrica era capaz de produzir e estava pensando grande. Com um número tão pequeno de estradas pavimentadas, o cavalo ainda era o principal rival. Como a empresa Ford argumentava em um dos seus anúncios publicitários: "O velho Pangaré, o cavalo que puxa a carruagem da família, pesa mais que um carro Ford. Mas ele tem somente a vigésima parte da força de um carro Ford; não pode ir tão rápido nem tão longe; é mais caro para se manter e quase tão caro para se adquirir."

Sendo assim, quem inventou o carro que funcionava com motor de combustão interna? Como acontece com o motor a vapor e (como eu mostrarei mais adiante) com o computador, não existe uma resposta simples. Ford tornou o automóvel um produto abundante e barato; Maybach deu a ele todas as suas características conhecidas; Levassor realizou mudanças cruciais; Daimler o fez funcionar corretamente; Benz o fez funcionar com gasolina; Otto inventou o ciclo do motor; Lenoir fez a primeira versão bruta; e Rivaz pressagiou a sua história. Ainda assim, mesmo essa intricada história deixa muitos outros nomes de fora: James Atkinson, Edward Butler, Rudolf Diesel, Armand Peugeot e vários outros. A inovação não é um fenômeno individual — é um fenômeno coletivo, gradativo e confuso do ponto de vista da comunicação.

O sucesso do motor de combustão interna é termodinâmico acima de tudo. Nas palavras de Vaclav Smil, a métrica principal é gramas por watt (g/W): quanta massa é necessária para gerar uma determinada quantidade de energia. Seres humanos e animais de tração operam à razão de 1.000 g/W. Os motores a vapor reduziram isso para cerca de 100 g/W. A Mercedes 35hp ficava em torno de 8,5 g/W; o Modelo T Ford, somente 5 g/W. E o custo continuava caindo. Em 1913, nos Estados Unidos, uma pessoa que ganhasse o salário médio precisava trabalhar 2.625 horas para ter dinheiro suficiente para comprar um Modelo T. Em 2013, uma pessoa com salário médio tinha de trabalhar apenas 501 horas, ou menos de 20% do tempo necessário cem anos atrás, para conseguir comprar um Ford Fiesta equipado com cintos de segurança, *air bags*, janelas laterais, espelho retrovisor, dispositivo de aquecimento, velocímetro e limpadores de para-brisa — coisas que não existiam num Modelo T.

A TRAGÉDIA E O TRIUNFO DO DIESEL

Rudolf Diesel é, de várias maneiras, um herói atípico da inovação. Ele não viveu para ver o sucesso da sua criação; aparentemente cometeu suicídio em 1913, pulando de uma balsa no Mar do Norte certa noite. Deixou para trás grandes dívidas e estava em vias de abrir uma fábrica na Grã-Bretanha. Ele era movido por justiça social e ambição, acreditava (equivocadamente) que estava inventando algo que descentralizaria a indústria por ser utilizado em pequenas máquinas, até mesmo em máquinas de costura. "Minha realização mais importante foi solucionar a questão social", ele disse depois de escrever um livro malsucedido no qual ensinava como organizar fábricas administradas pelos próprios trabalhadores.

Diferente de muitos inventores, Diesel partiu dos primeiros princípios científicos. Ele se tornou obcecado pela termodinâmica do ciclo de Carnot, uma ideia teórica segundo a qual um motor de combustão interna poderia alcançar cem por cento de eficiência, transformando calor em trabalho sem alterar a temperatura. Nos anos de 1890, ele se empenhou na perseguição a esse objetivo, inventando um motor que usava alta compressão de ar para que o combustível se inflamasse por si mesmo, prescindindo assim de faísca externa.

Nenhuma dessas ideias era nova, mas a exploração prática que Diesel fez de suas possibilidades acabou abrindo novos caminhos. Em 1897, graças à ajuda de um engenheiro industrial mais pragmático, Heinrich von Buz, ele tinha um projeto de motor que funcionava com o dobro da eficiência dos melhores motores a gasolina existentes então no mercado, embora tivesse praticamente abandonado a maioria das características do ciclo de Carnot. A essa altura, ele e Buz pensavam que tudo estivesse sob controle. Mas obter um produto confiável e acessível era extremamente difícil, se não impossível, principalmente devido ao desafio de construir uma máquina que operasse a altas pressões. Os críticos de Diesel afirmavam que ele havia se vangloriado da grande originalidade das suas ideias, mas não conseguiu torná-las viáveis. Sua desilusão com a vida foi manifestada numa carta escrita pouco antes da sua morte: "A apresentação [de uma invenção] é uma ocasião repleta de estupidez hostil e ciúme, inércia e malignidade, resistência furtiva e franco conflito de interesses, um tempo aterrador desperdiçado em contendas com as pessoas, um martírio a ser superado, mesmo que a invenção seja um sucesso."

Hoje em dia, contudo, os motores diesel fazem o mundo rodar. Vastos motores diesel — os maiores dos quais geram mais de 100 mil cavalos de potência — impulsionam quase todos os grandes navios de carga do mundo, tornando o comércio global possível e desempenhando um papel mais relevante na globalização — argumenta Vaclav Smil — do que acordos políticos envolvendo o comércio. Os motores diesel menores transportam mercadorias por rodovia ou por ferrovia. Praticamente todos os tratores agrícolas ou escavadeiras funcionam com diesel, o que torna a economia moderna inimaginável sem ele. No início do século XXI, na Europa, os motores diesel chegaram a dominar o mercado automobilístico por algum tempo depois que a sua eficiência agradou aos políticos preocupados com a mudança climática; mas isso mudou quando surgiram os efeitos sobre a qualidade do ar nas cidades.

AS EXPERIÊNCIAS DOS WRIGHT

Cinco anos antes do surgimento do primeiro Modelo T, no mês de dezembro de 1903, na Costa Leste dos Estados Unidos, depois de anos de testes, acidentes e decepções, um ser humano estava prestes a experimentar um voo motorizado. Através do Departamento de Guerra, o governo americano havia gastado 50 mil dólares para apoiar os experimentos de Samuel Langley, que estava convencido de que poderia construir um avião. Mais 20 mil dólares de contribuição vieram de Alexander Graham Bell, inventor do telefone, e de outros amigos do pioneiro da aviação. O professor Langley era um astrônomo bem relacionado, porém bastante altivo, e chefe do Instituto Smithsonian em Washington. Ele insistia que os detalhes sobre o seu invento deviam permanecer em sigilo completo e compartilhava suas ideias apenas com as pessoas que integravam um pequeno círculo; mas a demonstração atraiu uma considerável multidão. Chamada de "grande Aerodrome", o seu monstruoso artefato, com envergadura de asa de mais de catorze metros, seria lançado do telhado de uma barcaça no rio Potomac; sua hélice movida a gasolina o impulsionaria pelo ar enquanto os seus dois pares de asas inclinadas gerariam elevação. Sete anos antes, em 1896, uma versão desse modelo com motor a vapor e sem piloto conseguiu um voo de promissores 914 metros e 90 segundos antes de cair no rio. Em agosto, uma tentativa de repetir a façanha falhou, e em outubro a máquina em tamanho real com um homem a bordo simplesmente tombou direto na água, de maneira constrangedora. Esse teste de dezembro provavelmente seria a última chance de Langley, mas ele estava confiante de que obteria êxito.

Não que Langley fosse ele mesmo pilotar a engenhoca; ele era distinto demais para isso. Esse privilégio duvidoso foi conferido a Charles Mandy, que, às 16 horas subiu a bordo do Aerodrome, usando um pessimista colete salva-vidas revestido de cortiça. Ele acionou o motor e, depois de fazer alguns ajustes, projetou-se para a frente num estrondo enquanto a multidão observou em grande expectativa. A máquina se curvou no ar, o motor afogou, e a estrutura começou a se desintegrar antes de colidir com o rio gelado a menos de dez metros da barcaça de onde partira. Manly foi resgatado dos destroços xingando sem parar. Isso acabou irremediavelmente com a reputação de Langley.

O fiasco colocou um súbito ponto-final no apoio do governo às experiências de voo motorizado, após uma década de dinheiro desperdiçado.

Contudo, apenas nove dias depois, algumas centenas de quilômetros mais ao sul — numa costa arenosa acossada pelo vento, perto de uma remota comunidade de pesca chamada Kitty Hawk —, com quase ninguém assistindo, dois irmãos de Ohio conseguiram realizar o primeiro voo motorizado e controlado depois de gastar somente uma pequena fração do orçamento de Langley. Às 10h35 do dia 17 de dezembro de 1903, com Orville Wright deitado na asa inferior a fim de controlar a direção do aparelho, e seu irmão mais velho, Wilbur, correndo ao lado da máquina para mantê-la firme durante a decolagem, o Flyer elevou-se suavemente de uma trilha de madeira e voou. Seu motor a gasolina forneceu impulso, e suas asas biplanas permitiram que ganhasse altura. Doze segundos e trinta e seis metros depois, o artefato aterrissou sobre os seus esquis. Apenas cinco pessoas assistiram a essa demonstração. Mais tarde, nesse mesmo dia, Wilbur pilotou a engenhoca voadora por quase um minuto e percorreu quase 250 metros de distância.

Onde Langley havia feito tudo errado — desperdiçando dinheiro aos montes, dependendo do governo, consultando poucas pessoas fora do seu círculo, construindo totalmente do zero um artefato voador em vez de avançar debruçando-se sem pressa sobre cada problema a ser resolvido —, os Wright fizeram tudo certo. Como fabricantes experientes de bicicletas e artesãos aplicados, eles trabalharam de modo sistemático, passo a passo, em cada um dos obstáculos impostos pelo desafio de solucionar o problema do voo motorizado. Em primeiro lugar eles aproveitaram a experiência de outros, sobretudo a do alemão projetor de planadores, Otto Lillienthal (que morreu num acidente com um dos seus planadores em 1896) e a de um franco-americano excêntrico chamado Octave Chanute, que havia elaborado um grande estudo acerca dos problemas a serem superados para se chegar a um aparelho que pudesse voar. O próprio Chanute era um verdadeiro achado para quem buscava trocar ideias e informações relacionadas a voar. Os irmãos Wright enviaram ao todo 177 cartas para Chanute. Eles também observaram obsessivamente pássaros em pleno voo. De toda essa pesquisa, eles reuniram ideias fundamentais, tais como a curvatura de uma asa de avião para proporcionar elevação, o conceito de um biplano e a noção de arquear as asas para dirigir. Então, em 1900 eles construíram um planador, levaram-no em partes para as ilhas-barreira na Carolina, região de ventos fortes, e lá o testaram. No início voaram com o artefato amarrado como se fosse uma pipa, e depois deitando-se sobre ele enquanto planava ao vento em movimento descendente. Em 1901, apesar de uma praga de mosquitos e do mau tempo, eles acamparam em Kitty Hawk com dois ajudantes e o próprio Chanute. Eles haviam feito ajustes em seu projeto apenas para descobrir que seu desempenho se tornara inferior ao do ano anterior. A máquina subiu com rapidez, mas perdeu velocidade facilmente. Ocorre que a proporção recomendada por Lillienthal da altura à largura de uma asa curva — 1:12 — (que eles haviam seguido) era curvada demais. Com as asas mais lisas, 1:20, o planador voltou a funcionar.

A essa altura, de volta a Dayton, os irmãos começaram a fazer testes com modelos num túnel de vento e realizaram exaustivamente milhares de medições até chegarem a um completo entendimento de sustentação e arrasto. Assim que o auge da nova temporada de venda de bicicletas terminou no verão de 1902, os dois voltaram para Kitty Hawk com um terceiro projeto de planador/pipa, fizeram mais ajustes — principalmente no leme de direção — e aprenderam do modo mais difícil a pilotar o aparelho em pleno ar, sofrendo colisões com frequência até dominarem a arte. Eles foram pouco a pouco acrescentando todos os elementos, exceto o motor.

Até esse ponto os irmãos não haviam feito nada que (ao menos teoricamente) Leonardo da Vinci não teria feito. A sua invenção se resumia a uma estrutura de madeira com revestimento de tecido. Havia fios de metal para mantê-la coesa, é claro, e uma máquina de costura (inventada no próprio estado de Ohio dos irmãos Wright não muito tempo antes) era indispensável para fazer e consertar as asas. Mas isso era apenas um tipo de asa-delta de madeira com asas enormes e peso mínimo, capaz de carregar só uma pessoa. Era inútil para qualquer objetivo prático, precisava de ventos fortes para alçar voo e colidia e caía com facilidade. Em parte, existia um motivo para que ninguém ainda tivesse inventado tal engenhoca antes: a etapa seguinte — o voo motorizado — nunca havia estado tão tentadoramente próxima. Os Wright, cercados de automóveis novos em folha, sabiam que o motor é que iria fazer toda a diferença. Diferente de outros inventores, eles tinham deixado o motor por último, porque consideravam que seria a coisa menos difícil a fazer, já que sua função seria fornecer propulsão suficiente.

A sorte sorriu para eles no que diz respeito ao motor. Charlie Taylor, o homem que haviam contratado para tomar conta da loja enquanto estivessem fora, era um mecânico muito bom. Taylor não conseguiu encontrar um motor leve no mercado, por isso projetou e construiu um do nada, usando alumínio. O motor tinha quatro cilindros e, após várias tentativas falhas, ele enfim obteve uma versão que se mostrou confiável. Enquanto isso, Orville e Wilbur faziam testes com projetos diversos para uma hélice, engalfinhando-se com uma matemática diabolicamente intricada. O exemplo de uma hélice de navio não foi de grande ajuda. No outono de 1903, tudo estava pronto. Eles se mudaram para Kitty Hawk e no final do outono finalmente conseguiram levantar voo com um homem deitado atrás de um motor.

Em sua maioria, os pioneiros da aviação (como Langley) eram fidalgos ou cientistas, e não artesãos práticos. Uma característica marcante dos irmãos Wright — que conviveram com seu pai sacerdote, Milton, e sua irmã professora, Katharine — foi a dedicação ao trabalho árduo. Solteiros, sem interesse em frivolidades nem em nada que se assemelhasse remotamente com pecado, os irmãos devotavam a vida a trabalhar durante todo o tempo que Deus lhes concedera, exceto aos domingos. Tinham um ao outro para compartilhar e discutir sobre tudo, e isso incluía Katharine, a única com diploma universitário. Na fotografia do primeiro voo, Wilbur, embora tenha passado várias semanas num hangar improvisado no litoral da Carolina do Norte enfrentando ventos gelados, está usando um colarinho engomado com seu terno preto, como se tivesse acabado de sair da igreja. John Daniels, morador de Kitty Hawk que tirou a fotografia, declarou que os dois eram "os garotos mais trabalhadores que já conheci... Eles não conseguiram voar por obra da sorte; foi trabalho duro e bom senso".

Mesmo depois do primeiro voo — notícia essa que foi praticamente ignorada pelo mundo por ser considerada improvável, em virtude da natureza modesta dos inventores que nem mesmo possuíam graduação —, os irmãos Wright continuaram a reformular e a ajustar os seus projetos até conseguirem decolar sem vento usando uma catapulta, desenharem círculos lentamente no ar e se manterem no alto por minutos. No ano de 1905, num campo nos arredores de Dayton, Ohio, Wilbur estabeleceu um recorde de mais de 38 quilômetros de voo contínuo. Contudo, nem os jornais locais haviam percebido ainda o que estava acontecendo bem debaixo do nariz deles. Os grandes articulistas na *Scientific American*, mesmo um bom tempo depois, em 1906, consideraram-se aptos a rejeitar rumores sobre as reivindicações dos irmãos com sarcasmo aristocrático, num artigo intitulado "O avião Wright e suas atuações fictícias":

> Se experimentos tão sensacionais e tão absolutamente importantes estão sendo realizados numa parte não muito isolada do país — experimentos sobre um assunto que desperta profundo interesse na grande maioria das pessoas —, como acreditar que os diligentes jornalistas americanos... não os teriam descoberto há muito tempo?

Isso faz sentido. Mesmo quando acreditavam nos irmãos Wright, as pessoas duvidavam do valor do que eles haviam feito. "Nós simplesmente estamos céticos quanto à utilidade que qualquer realização do aeroplano tenha ou venha a ter. Nós absolutamente não acreditamos que ele possa ser um veículo comercial", declarou a *Engineering Magazine*.

O Departamento de Guerra dos Estados Unidos recusou com indiferença a proposta dos irmãos Wright de realizar demonstrações de voo. O fiasco de Landley ainda não havia sido esquecido. Quando Wilbur viajou para a França, fez um contrato lucrativo: ele seria pago se pudesse demonstrar um voo motorizado e se alcançasse determinados objetivos. Os irmãos ainda eram amplamente ridicularizados e vistos como impostores. Em 8 de agosto de 1908, dia marcado para a sua demonstração numa pista de corrida de cavalos em Le Mans, uma pequena multidão se reunira para assistir — e no meio dela estava o grande cético Ernest Archdeacon, do Aero Club da França, que continuava a zombar das pretensões dos irmãos Wright a todos os que pudessem escutá-lo, até mesmo enquanto a multidão aguardava a demonstração. Horas se passaram enquanto Wright preparava a máquina, o que fez crescer o ceticismo. Quando ele finalmente alçou voo, às seis e meia da tarde, o choque e a excitação foram tremendos. Ele virou para a esquerda, voou para trás da multidão, fez outro círculo e então desceu suavemente para a grama após passar dois minutos no alto, a uma altura de mais de dez metros. "Foi um entusiasmo indescritível", declarou o *Le Figaro*. "*C'est merveilleux!*" (É maravilhoso!), gritou Louis Blériot, que estava lá. "*Il n'est pas bluffeur!*" (Não é blefe!), alguém gritou, talvez para Ernest Archdeacon.

Enquanto isso, em Fort Myer, perto de Washington, Orville também entusiasmava a multidão com uma máquina voadora idêntica. No dia 9 de setembro, ele decolou duas vezes e permaneceu no ar por mais de uma hora, circulando a área mais de cinquenta vezes. A partir de então, os dois irmãos ganharam enorme fama e passaram a ser celebrados aonde quer que fossem. Seus rivais se desdobraram para recuperar terreno: no intervalo de um ano, vinte e dois pilotos se exibiram em voo num festival aéreo em Reims, assistidos por uma multidão de 200 mil pessoas, e Blériot atravessou o Canal da Mancha num frágil monoplano. Dez anos mais tarde, em junho de 1919, John Alcock e Arthur Brown atravessaram o Atlântico desde a Nova Escócia até a Irlanda em dezesseis horas, sem fazer paradas, enfrentando neblina, neve e chuva. A Primeira Guerra Mundial já havia então acelerado fortemente o desenvolvimento de projetos e habilidades de voo, porém grande parte deles teria se realizado de qualquer modo.

Restava ainda realizar um longo trabalho para transformar a invenção do voo motorizado em uma inovação útil para a sociedade. Algumas das ideias dos Wright foram descartadas: um elevador frontal se mostrou instável demais e arquear a asa inteira para pilotar não funcionou tão bem quanto ter abas articuladas ou ailerons. Mas foi fundamental a sua descoberta de que, para controlar a aeronave numa curva, era necessário usar o leme de direção a fim de controlar a guinada. Por meio de prêmios e contratos, os irmãos Wright não demoraram a enriquecer, mas também entraram em exaustivas batalhas na justiça a fim de defender as suas patentes. Wilbur morreu de febre tifoide em 1912, aos quarenta e cinco anos de idade. Katharine morreu em 1929; e Orville, em 1948.

Pensando bem, o que houve em Kitty Hawk em 1903 merece destaque, porque, o que levou um instante para acontecer — um aeroplano motorizado alçar voo em condições controladas —, na verdade foi um passo num longo trajeto evolutivo com tentativas estranhas, e geralmente fatais, de excêntricos lançando-se ao ar presos a grandes asas. Da mesma maneira, o projeto dos irmãos Wright continuou a evoluir gradualmente nos aviões de passageiros, jatos supersônicos, helicópteros e *drones* dos dias atuais. É uma constante.

Se na primeira década do século XX os irmãos Wright não tivessem colocado aviões no ar, outra pessoa o faria — há pouca dúvida a respeito disso. Graças aos motores tornou-se inevitável que muitos tentassem na época, e o processo de tentativa e erro era tudo de que realmente precisavam. E aconteceu que os rivais pioneiros do voo motorizado, sobretudo na França — como Clément Ader, Alberto Santos Dumont, Henri Farman e Louis Blériot —, começaram a se afastar do chão de maneira bastante independente, com hélices e asas mais ou menos eficazes e com maior ou menor controle. Essas novas tentativas se deram pelo fato de, na época, poucas pessoas acreditarem nos Wright (chamados de "Voadores ou Impostores" pelo *Paris Herald* em 1906).

Para a fúria de Orville Wright, o Smithsonian Institute tentou reescrever a história em 1914: ressuscitou o aerodrome de Langley, modificou-o secretamente e o pôs para voar brevemente. Depois desfez as modificações e o colocou em exposição com a afirmação de que era de Langley o projeto da primeira máquina capaz de voar com motor. O aeroplano dos Wright não foi instalado no museu Smithsonian até 1948; a essa altura Orville já havia morrido.

RIVALIDADE INTERNACIONAL E O MOTOR A JATO

"A turbina é o motor principal mais eficaz conhecido, [por isso] é possível que seja desenvolvida para aeronaves, especialmente se for criada alguma maneira de fazê-la funcionar com gasolina", escreveu o jovem Frank Whittle em 1928, numa tese sobre um futuro projeto de aeronave. Em 1930, ele já tinha uma patente do seu próprio projeto para um jato. Nessa época, a ideia de jato não era nenhuma novidade: até existia uma patente para um projeto de turbojato de fluxo axial para aviões na França, apresentada por Maxime Guillaume em 1921. Whittle não sabia disso. As maiores turbinas a gás já estavam em uso em fábricas na França e na Alemanha antes dessa data, embora fossem ineficazes demais para serem adaptadas para voo.

Porém, como Whittle estava em vias de descobrir, chegar à ideia de propulsão a jato era algo bem distante de construir de fato um avião a jato. Era uma tarefa e tanto encontrar materiais para compressores e lâminas de turbina que pudessem suportar uma pressão imensamente alta e temperatura intensa enquanto girassem em alta velocidade. Como aconteceu com o motor a vapor nos idos de 1700, e como acontece com a fusão nuclear nos dias de hoje, o processo de inovação em materiais é crucial para a concretização de um avanço que pode ser concebido, mas não construído. O engenheiro Alan Griffith já enfrentava secretamente esse problema no Estabelecimento Aeroespacial Real da Grã-Bretanha desde 1926. Griffith publicou um estudo importante, "Uma Teoria Aerodinâmica do Projeto de Turbina", nesse mesmo ano, explicando o desempenho ruim de todas as turbinas: a forma da lâmina estava errada e elas "voavam paradas". Formas de aerofólio — do tipo usado pelos irmãos Wright — provaram ser bem melhores. Griffith tentava agora propor uma hélice num turbojato de fluxo axial para acionar uma hélice num motor de dois estágios — um precursor do motor turboélice.

Quando Whittle — piloto suboficial recém-empossado — abordou Griffith, o engenheiro foi receptivo, mas não muito encorajador, comentando que "o desempenho dos compressores e das turbinas terá de ser muito melhorado" antes que um jato funcione. Muito tempo depois, Whittle se lembrou disso de maneira diferente, como uma atitude de desdém; mas a Força Aérea Real generosamente enviou Whittle a Cambridge para estudar engenharia e foi de lá que, em maio de 1935, ele escreveu a um amigo que "eu permiti que a patente caducasse. Ninguém se aproximaria dela por causa do custo enorme do trabalho experimental, e isso faz sentido; mas ainda acredito totalmente nessa invenção".

Seis meses depois, em novembro de 1935, Hans Joachim Pabst von Ohain apresentou uma patente para um motor a jato na Alemanha, reforçada por seu diploma na Universidade de Göttingen. Ele não conhecia o trabalho de Whittle, nem o de Griffith, nem o de Guillaume. Ohain teve uma melhor acolhida pela indústria alemã e, em março de 1937, seu motor estava pronto para o primeiro teste nas instalações da empresa Heinkel em Rostock. Um mês depois surgia também o projeto de Whittle, que funcionou na empresa British Thomson-Houston, em Rugby. Em 1935, Whittle havia retomado o seu trabalho como empresa, na Power Jets, com o apoio de empresários da indústria. Esse é um exemplo impressionante de inovação — essa história paralela envolvendo Whittle e Ohan, com datas quase coincidindo de tão próximas —, mas em geral o fenômeno é surpreendentemente comum.

Os eventos sincrônicos continuaram. O motor a jato de Ohain pôs um avião Heinkel no ar bem antes que o motor de Whittle fizesse o mesmo. O primeiro voo aconteceu em 27 de agosto de 1939, apenas alguns dias antes que a invasão da Polônia desse início à Segunda Guerra Mundial. O motor de Whittle colocou no ar um avião Gloster no dia 15 de maio de 1941. Tanto a Alemanha quanto a Grã-Bretanha podiam, pela primeira vez no mesmo mês, contar com caças a jato em combate — o *Gloster Meteor* pouco depois de 17 de julho de 1944, o *Messerschmitt 262*, em 25 de julho. Contudo, embora fossem velozes, eles fizeram pouca diferença na guerra, pois seu alcance era limitado. A Grã-Bretanha forneceu tecnologia aos Estados Unidos durante a guerra, e os jatos norte-americanos também estavam voando no final da guerra.

Mais tarde, um tanto ressentido e sem muita recompensa financeira, Whittle escreveu suas memórias como a história de um gênio solitário lutando contra forças burocráticas, corporativas e oficiais; posteriormente, porém, historiadores investigaram os registros e constataram que o governo e a indústria britânicos foram na verdade bastante receptivos — pelo menos segundo os seus padrões vagarosos — às ideias de Whittle, e que a história do jato foi um esforço muito mais coletivo do que pareceu ser. Com efeito, o principal projeto para motores a jato nos dias de hoje utiliza o fluxo axial de Griffith, ao passo que Whittle usava fluxo centrífugo. Nas palavras de Andrew Nahum: "Poucos historiadores, ou mesmo engenheiros, afirmariam hoje com convicção que não haveria motor a jato sem Whittle."

A mesma perspectiva se aplica a Ohain. Ambos foram pioneiros brilhantes que influenciaram o curso da história, mas mesmo sem eles o motor a jato se tornaria realidade. Curiosamente, eles não se conheceram até 1966, quando Ohain trabalhava para a Força Aérea dos Estados Unidos e Whittle já se aposentara fazia um bom tempo.

Como o radar e o computador, o jato muitas vezes é considerado produto da criatividade dos tempos de guerra. Porém, como aconteceu com o radar e o computador, o trabalho essencial foi realmente executado muito antes de eclodirem as hostilidades, tanto na Grã-Bretanha quanto na Alemanha, e é impossível saber com que rapidez o jato teria sido desenvolvido e comercializado em um universo alternativo no qual os anos 1940 fossem prósperos e pacíficos.

Depois da Segunda Guerra Mundial, a corrida para adaptar e aperfeiçoar o motor a jato para aviões de passageiros e para aviões militares foi conduzida praticamente dentro de três grandes empresas: Pratt e Whitney, General Electric e Rolls-Royce. A era dos heróis havia acabado: agora, equipes de engenheiros faziam milhares de experimentos e uma infinidade de cálculos, aumentando gradativamente a potência e a eficiência dos motores a jato, transformando calor em trabalho. Como resultado, alcançaram o equivalente a 40% de rendimento nos dias atuais — nos primeiros motores a jato de Ohain e Whittle, esse rendimento era de apenas 10%.

INOVAÇÃO NA SEGURANÇA E NO CUSTO

A melhora verdadeiramente extraordinária no nível de segurança em viagens aéreas é um exemplo de inovação gradual, porém generalizada e com impacto real. Em 2017, pela primeira vez a colisão de um avião comercial não causou nenhuma morte. Ocorreram mortes em acidentes envolvendo aviões de carga, aviões particulares e aviões a hélice, mas nenhuma em aviões de passageiros. E nesse mesmo ano o número de voos comerciais foi recorde: 37 milhões de voos. O número de vítimas fatais em acidentes aéreos no mundo diminuiu de maneira constante — de mais de mil pessoas por ano na década de 1990 para 59 pessoas em 2017 —, ainda que o número de pessoas voando tenha aumentado muito. A tendência atual continua consistente, apesar dos dois acidentes ocorridos em 2018, na Indonésia (189 vítimas fatais), e, em 2019, na Etiópia (157 vítimas fatais) com aviões Boeing 737-MAX 8, acidentes esses causados por erro de computador. Essas duas tragédias isoladas resultaram na suspensão de toda a frota desses aviões e acabaram mostrando quão raros tais acidentes haviam se tornado.

Se retrocedermos meio século no tempo, a comparação será ainda mais gritante. O número de pessoas voando em aviões nos dias de hoje supera em mais de dez vezes o número de pessoas que voavam em 1970, mas de acordo com o *Aviation Safety Network* [Rede de Segurança da Aviação], o número de mortes em 1970 foi mais de dez vezes maior: houve 3.218 vítimas fatais a cada um trilhão arrecadado de passageiros transportados por quilômetro. Em 2018 houve apenas cinquenta e nove — uma queda de cinquenta e quatro vezes. Atualmente, nos Estados Unidos, é setecentas vezes mais provável que uma pessoa morra em um carro do que em um avião por quilômetro percorrido.

A queda no número de acidentes aéreos é tão colossal e impressionante quanto a diminuição do custo dos *microchips* resultante da Lei de Moore. De que maneira essa queda foi obtida? Como na maior parte das inovações, a resposta é que isso aconteceu paulatinamente, como resultado do trabalho de muitas pessoas diferentes que tentaram muitas coisas diferentes. Por exemplo, na década de 1940, Alphonse Chapanis, encarregado de identificar causas de acidentes na Força Aérea Britânica, percebeu que pilotos cansados às vezes retraíam o trem de pouso em vez das abas na aterrissagem. Os controles para os dois eram idênticos na forma e ficavam um ao lado do outro. Chapanis recomendou que tanto a localização como a forma do controle fossem mudadas, a fim de que os controles das rodas se assemelhassem a rodas e os controles das abas se assemelhassem a abas.

Em termos mais gerais, o que fez a grande diferença desde a década de 1970 foi a adoção disseminada de práticas simples, porém vitais, tais como "gerenciamento de recursos da tripulação", listas de verificação em abundância, com verificação cruzada entre membros da tripulação e uma cultura de superação.

Em 1992, num voo da Air Inter, um moderno Airbus 320 bateu numa montanha quando se aproximava do aeroporto de Estrasburgo, matando oitenta e sete das noventa e seis pessoas a bordo. Nevava e estava escuro, mas vários outros fatores contribuíram para o acidente, todos evitáveis. A causa principal foi que os pilotos selecionaram o modo errado no sistema de gerenciamento de voo — modo de "velocidade vertical" em vez de "modo de trajetória de voo". Era um erro muito fácil de cometer e muito difícil de perceber. Isso significava que quando eles definiram o número 33 o avião começou a descer a 3.300 pés por minuto em vez de 3,3 graus, mas o visor não deixou isso claro o suficiente.

O controle de tráfego aéreo havia fornecido à tripulação uma posição errada, causando confusão na cabine de pilotagem, e os pilotos não estavam se comunicando bem, além de não comparar informações. Para completar, o avião não estava equipado com sistema de alerta de proximidade do solo, pois se supunha que tal sistema fosse produzir muitos alarmes falsos em regiões de montanhas. Tudo isso contribuiu para o desfecho trágico.

Casos como esse mostram que existem vários fatores relacionados à tecnologia, a procedimento e à psicologia que os projetistas de segurança têm de colocar em prática para que o voo se torne mais seguro. O mais importante é aprender com erros como os que ocorreram nesse acidente, compartilhando de maneira aberta e transparente os resultados das investigações no mundo todo. O impressionante nível de segurança da indústria aérea moderna foi alcançado em grande parte por tentativa e erro. Seus métodos têm sido seguidos em outras esferas de atuação, como no campo da cirurgia e em plataformas de exploração de gás e petróleo.

Esse aprimoramento da segurança aconteceu em uma época de desregulamentação e queda de preços. Longe de acarretar cortes e tomada de riscos, a grande democratização da indústria aérea nos últimos cinquenta anos, com suas rápidas transformações, serviços sem complicação e bilhetes baratos, coincidiu com uma revolução na segurança. Herb Kelleher, que morreu em 2019, aos oitenta e sete anos de idade, é forte candidato a herói mais notável da revolução nas companhias aéreas. Ele fundou a Southwest Airlines em 1967, numa época em que os voos aéreos funcionavam como um cartel de empresas de transporte patrocinadas pelo governo e muitas vezes estatizadas. Os voos entre estados nos Estados Unidos eram determinados inteiramente pelo governo; as empresas aéreas recebiam instruções do Conselho de Aviação Civil para estabelecer preços e decidir sobre rotas civis.

Kelleher, portanto, decidiu que a princípio a sua empresa aérea não poderia deixar o Texas. Ainda assim, três empresas de aviação providenciaram imediatamente uma ordem de restrição para impedi-lo de voar. Ele perdeu um processo judicial após o outro contra esse cartel, até que a Suprema Corte do Texas decidiu de maneira unânime em seu favor.

Mesmo assim as batalhas judiciais persistiram, mas Kelleher era advogado e sabia como proceder. Segundo relatou o escritor Jibran Khan, duas empresas aéreas — Braniff e Texas International — apresentaram queixas contra Kelleher ao Conselho de Aviação Civil Federal. Kelleher defendeu o seu caso no tribunal e ganhou, e o conselho rejeitou as objeções. As duas companhias aéreas recorreram a outro juiz (que havia condenado a Southwest anos antes, em outro caso) e obtiveram outra liminar. A suprema corte do Texas anulou a liminar em uma sessão de emergência. Em 1977, Braniff e Texas International seriam acusadas de conspiração para monopolizar a indústria.

Em 1971, a Southwest finalmente começou a voar e, em 1973, era rentável apesar de oferecer tarifas baixas. E permanece assim até hoje — um recorde sem precedentes numa indústria marcada por falências e fusões. Kelleher propôs inovações simples, como a ideia de que os comissários de bordo deviam ser encorajados a contar piadas e, quando um avião estivesse pronto para decolar, mas a comida ainda não tivesse chegado, as comissárias fariam uma rápida enquete entre os passageiros: deveriam ou não esperar pela comida? (Os passageiros geralmente decidiam por não esperar.)

Em 1974, o governo fixou os preços das passagens nas empresas aéreas: o preço mínimo de um voo na classe econômica de Nova York para Los Angeles passou a ser de 1.550 dólares. (Nos dias de hoje, um voo na classe econômica custa uma fração disso.) Desde então, muitos seguiram o mesmo caminho da redução de custos de Kelleher, com maior ou menor sucesso: Freddie Laker, Michael O'Leary, Bjorn Kjos (o fundador da Norwegian Air). Esses são os verdadeiros inovadores do mundo do transporte da atualidade, herdeiros de Stephenson e de Ford.

Reverenciemos a inovação por tudo o que já operou no mundo. Durante toda a história da humanidade antes da década de 1820, ninguém havia viajado mais rápido do que num cavalo a galope, certamente não com uma carga pesada; no entanto, nos anos 1820, repentinamente, sem a participação de animal nenhum e apenas com uma pilha de minérios, fogo e um pouco de água, centenas de pessoas e toneladas de coisas estão voando por aí em velocidade. Os ingredientes mais simples — que sempre estiveram disponíveis — podem produzir o resultado mais imprevisível se forem combinados de maneiras engenhosas. Já no início do século seguinte, as pessoas estão sendo transportadas pelo ar, ou estão pilotando as suas próprias carruagens pelas estradas, novamente apenas devido ao reajuste de moléculas e átomos em padrões distantes do equilíbrio termodinâmico.

CAPÍTULO 4

Comida

"Nada de batatas, nada de papismo!"
A turba, **1765**

O TUBÉRCULO SABOROSO

No Velho Mundo, a batata — trazida dos Andes por conquistadores — já foi uma inovação. Ela proporciona um estudo de caso perfeito para ilustrar a facilidade e a dificuldade com que novas ideias e produtos se disseminam pela sociedade.

A batata é um dos principais e mais fecundos alimentos vegetais: produz três vezes mais energia por acre do que o grão. Foi manejada para cultivo há cerca de 8 mil anos na Cordilheira dos Andes, acima de 3 mil metros, a partir de uma planta silvestre com tubérculos duros e tóxicos. Como e por que as pessoas conseguiram extrair um vegetal nutritivo de um ancestral tão perigoso é uma informação que se perdeu no tempo, mas isso aconteceu provavelmente em algum lugar próximo ao Lago Titicaca. Francisco Pizarro e seu bando de conquistadores encontraram a batata e a comeram enquanto decapitavam e saqueavam o Império Inca nos idos de 1530. Mas a prioridade dos conquistadores era levar para o Novo Mundo a sua cultura agrícola e os seus animais, mais do que o contrário — por isso ainda se passariam três décadas, pelo menos, antes que a batata surgisse no lado oriental do Atlântico. Milho, tomate e tabaco chegaram ao Velho Mundo muito mais rapidamente. O primeiro relato concreto sobre o cultivo de batatas no lado oriental do Atlântico vem das Ilhas Canárias, onde os arquivos do tabelião público de Las Palmas de Gran Canaria registram uma lista das mercadorias enviadas, por navio, em 28 de novembro de 1567, por Juan de Molina a seu irmão, Luis de Quesada, em Antuérpia: "Três barris de tamanho médio [em que] você afirma conterem batatas, laranjas e limões verdes."

A batata demorou a chegar e a "pegar" na Europa. Agia contra o vegetal uma combinação de aclimatação e preconceito. Por serem dos trópicos, as batatas eram afeitas a dias de doze horas e não produziriam tubérculos nos dias mais longos dos verões europeus, acabando por "frutificar" no outono. Foi provavelmente nas Canárias que esse problema foi paulatinamente resolvido por meio de seleção e reprodução.

Quanto ao preconceito, os clérigos proibiram os seus paroquianos de comer batatas na Inglaterra no início do século XVIII, pela razão inacreditavelmente estúpida de não serem mencionadas na Bíblia. De algum modo, provavelmente acrescentando um tempero irlandês à questão, os ingleses transformaram isso numa crença de que batatas simbolizavam católicos; em Lewes, Sussex, a turba gritava: "Nada de batatas, nada de papismo!" durante uma eleição em 1765.

Contudo, na chuvosa Lancashire e na Irlanda, a batata produzia colheitas confiáveis mesmo em anos úmidos, quando a safra de grãos apodrecia, e essa eficiência foi arrebatadora. Em 1664, um certo John Forster escreveu um anúncio estimulando o rei a lucrar com o cultivo da batata:

> Um remédio seguro e simples contra tudo o que os próximos anos possam trazer [é] a plantação de raízes chamadas BATATAS, das quais (adicionando-se farinha de trigo) pode-se fazer um pão excelente e saudável todos os anos, oito ou nove meses por ano, por metade do custo de antes.

A batata também teve de superar uma doutrina desvairada ensinada por pessoas consideradas intelectuais numa época em que uma planta era boa para curar a doença com a qual mais se assemelhava. Por exemplo: as nozes, que se pareciam com cérebros, eram boas para curar doenças mentais. (Deus gostava de dar dicas.) Essa ideia surgiu nos idos de 1500 com o alquimista e astrólogo Paracelso (Theophrastus von Hohenheim era seu verdadeiro nome) e passou a ser repetida credulamente por diversos herboristas no século XVI. As batatas se assemelhavam muito a dedos com lepra, mas como a lepra era muito rara, de algum modo as pessoas foram levadas a pensar que as batatas poderiam causar lepra. Em 1748, o Parlamento Francês — em um exemplo remoto de medida preventiva que mais tarde impediria o uso da modificação genética — proibiu o cultivo de batatas para consumo humano, como prevenção contra a possibilidade de causar lepra.

Afetados por tais medos, os europeus continentais e os norte-americanos demoraram a se interessar pelo cultivo e consumo de batatas. De fato, em 1600, a batata pode ter se espalhado com mais rapidez na Índia e na China do que na Europa. Teve muito boa aceitação na região das montanhas do Himalaia. Na Europa continental do século XVIII, a batata como cultura em campo — não como iguaria de horta — parece ter se disseminado para o sul da costa do que é atualmente a Bélgica e o noroeste da Alsácia. Luxemburgo habituou-se a cultivar batatas nos anos 1760, e a maior parte da Alemanha no fim da década de 1770. A guerra foi um dos fatores que ajudaram a superar a resistência. Num mundo que dependia de trigo e de cevada, exércitos invasores esvaziavam os celeiros onde estavam armazenados os grãos e os celeiros dos animais, além de pisotearem as plantações, condenando a população a morrer de fome. Porém, as batatas muitas vezes sobreviviam a essas depredações; ficavam no solo durante a época de campanha e davam muito trabalho aos soldados. Portanto, os agricultores que plantavam batatas tendiam a sobreviver melhor durante as guerras, o que ajudou a disseminar o hábito. Como explica John Reader, o resultado das guerras de Frederico, o Grande foi que a batata — desconhecida ou desprezada em grande parte da Europa central e oriental em 1700 — acabou se tornando parte essencial da dieta europeia em 1800.

A França ficou para trás. Os franceses tomaram conhecimento assustados da rica e calórica dieta que os prussianos haviam adotado agora e da ameaça demográfica que eles representavam. Aqui, enfim, com um grande atraso, temos um vislumbre de um inovador da batata, pelo menos de acordo com a lenda. Antoine-Augustin Parmentier, boticário que trabalhava com o exército francês, foi descuidado a ponto de ser capturado no mínimo cinco vezes pelos prussianos durante a Guerra dos Sete Anos. Os prussianos alimentaram Parmentier com batatas e mais nada, e ele ficou surpreso quando se deu conta de que havia engordado e se mantido saudável com tal dieta. Quando retornou à França em 1763, ele se dedicou a divulgar e anunciar os benefícios da batata como a solução à fome que repetidamente assolava a França. Com o alto preço dos grãos depois de colheitas parcas, ele tentava propor uma saída.

Parmentier sabia como atrair a atenção do público e inventou uma série de truques publicitários para transmitir a sua mensagem. Ele chamou a atenção da rainha e a convenceu a usar flores de batata no cabelo depois de um encontro simulado nos jardins de Versailles. O inovador plantou um campo de batatas nos arredores de Paris e colocou guardas para proteger esse campo, sabendo que a presença dos guardas levantaria suspeitas e levaria as pessoas a acreditar que tal plantação tinha valor — e atrairia ladrões famintos à noite, quando os guardas estavam misteriosamente ausentes. Ele ofereceu refeições preparadas com batatas para pessoas importantes, entre elas Benjamin Franklin. Mas a abordagem de Parmentier também era científica. Seu "Examen chimique des pommes de terre" (Análise química das batatas), publicado em 1773 (um ano depois que o Parlamento anulou o banimento da batata), reverenciou os nutrientes contidos no alimento. Em 1789, a um passo da revolução e em meio à fome generalizada, o rei ordenou que Parmentier produzisse outro tratado sobre "o cultivo e o uso da batata", assim como de outras raízes. Isso não salvou a cabeça do rei, mas permitiu que os revolucionários colhessem todos os benefícios, cultivando batatas nos jardins *des Tuileries* e evitando a fome em massa durante a Primeira Comuna um século depois.

Na Irlanda, a batata estimulou uma explosão populacional que logo ameaçou tornar-se um desastre malthusiano. No início do século XIX, a população em rápido crescimento arava cada acre que encontrava, alcançando uma densidade de pessoas por acre maior do que em qualquer lugar da Europa, com famílias grandes lutando para sobreviver até a idade adulta, mas mergulhadas numa pobreza cada vez mais desesperadora enquanto a terra ia sendo dividida entre os descendentes. Em seu livro *The Great Hunger* [A grande fome, em tradução livre], Cecil Woodham-Smith escreveu:

> Não menos que cento e catorze Comissões e sessenta e um Comitês Especiais foram instruídos a relatar a situação da Irlanda, e suas descobertas apontavam para um desastre. A Irlanda estava à beira da fome, sua população crescia rapidamente, três quartos dos seus trabalhadores estavam desempregados, as condições de moradia eram deprimentes e o padrão de vida era inacreditavelmente baixo.

O colapso ocorreu em 1845, quando um fungo parasita (*Phytophthora infestans*), que a planta da batata havia deixado para trás nos Andes, chegou à Irlanda através dos Estados Unidos. Em setembro, as plantações de batata apodreceram nos campos de toda a Irlanda, tanto acima quanto abaixo do solo. Até mesmo as batatas armazenadas acabaram pretas e pútridas. No intervalo de poucos anos, um milhão de pessoas morreram de fome, desnutrição e doenças, e pelo menos outro milhão deixou o país. A população irlandesa, de mais de oito milhões na época, despencou e ainda não voltou aos níveis de 1840. Situações de fome similares, embora menos severas, causadas por essa praga levaram noruegueses, dinamarqueses e alemães a atravessar o Atlântico.

Nos dias de hoje, a batata passa por uma nova onda de inovação. A invenção dos fungicidas sintéticos na década de 1960 permitiu que os produtores de batata mantivessem a doença afastada, mas eles tinham de pulverizar suas plantações quase semanalmente ou até quinze vezes em uma estação. Em 2017, porém, os Estados Unidos aprovaram a introdução de novas variedades de batata resistentes ao fungo. Essas batatas haviam sido desenvolvidas pela empresa J. R. Simplot, de Idaho, por modificação genética, especificamente por meio da introdução de um gene resistente à doença encontrado numa variedade de batata natural da Argentina. A nova variedade exige pouca ou nenhuma pulverização. Outras variedades resistentes a pragas desenvolvidas por alteração genética estão surgindo no mercado.

COMO O FERTILIZANTE ALIMENTOU O MUNDO

Uma das inovações mais importantes de todos os tempos é a descoberta de Fritz Haber, em 1908, de uma maneira de fixar o nitrogênio presente na atmosfera para a obtenção de amônia a partir da reação com hidrogênio na presença de um catalisador sob pressão. Não somente pelo gigantesco impacto que teve na alimentação no mundo e na luta contra a fome nem somente pelo efeito menos benéfico de ter facilitado muito a fabricação de explosivos — mas porque mostra uma maneira incomum de resolver um problema aparentemente impossível. Descobrir como fazer compostos úteis de nitrogênio do ar, que em grande medida é feito de nitrogênio molecular, era um desafio que sem sombra de dúvida valia bastante a pena solucionar. Quando Haber fez isso, porém, a maioria das pessoas concluiu que era tão difícil de resolver quanto o sonho dos alquimistas de transformar chumbo em ouro e que talvez jamais se concretizasse. Esse é um exemplo de inovação de que o mundo necessitava e que conseguiu.

Há séculos já se sabia, pelo menos vagamente, que o nitrogênio era uma fonte limitada de nutriente para a plantação. Isso levou os agricultores a implorar, emprestar e até roubar qualquer fonte de esterco, ureia ou urina que eles pudessem obter. Eles sempre tiveram de se esforçar para conseguir nitrogênio suficiente para que as suas safras alcançassem todo o seu potencial. A melhor saída não era apenas esterco de gado, de porcos e de pessoas, mas também a cultura de rotação de ervilhas e feijões. Essas leguminosas prosperavam sem estrume, porque de algum modo absorviam o nitrogênio do ar, além de enriquecer o solo para a safra do ano seguinte. Se essas leguminosas podiam fazer isso, por que uma fábrica não poderia?

A ciência que explicaria esse apetite por nitrogênio surgiria muito mais tarde, com a descoberta de que cada componente básico de uma proteína ou molécula de DNA deve conter vários átomos de nitrogênio e de que, embora existissem na atmosfera átomos de nitrogênio em abundância, eles eram ligados fortemente entre si aos pares com ligação tripla covalente entre cada par de átomos. Para romper essas ligações e tornar o nitrogênio útil, era necessária uma vasta energia. Nos trópicos, frequentes descargas atmosféricas proporcionavam tal energia, mantendo a terra um pouco mais fértil, enquanto na agricultura do arroz com casca, algas e outras plantas absorvem nitrogênio do ar para reabastecer o solo. O solo em climas temperados, com plantações como a de trigo, muitas vezes tinha quantidades limitadas ou até muito escassas de nitrogênio.

Em 1843, um campo chamado Broadbalk foi retirado da produção no Instituto Rothamsted, em Hertfordshire, para demonstrar o efeito do fertilizante. Desde então, uma faixa do campo é cultivada todos os anos com trigo de inverno e sem nenhum tipo de fertilizante. Esse campo tornou-se desgastado e desolado, e sua produção de grãos só fazia diminuir. Em 1925, Broadbalk era capaz de produzir menos de meia tonelada por hectare, uma pequena fração do que podia ser colhido de uma parte do campo que recebia esterco de curral ou fertilizante de nitrato. Depois de 1925, o pousio foi introduzido na cultura de rotação para que a terra pudesse recuperar algum nitrogênio do trevo-selvagem a cada dois anos. A produção aumentou na faixa sem tratamento com fertilizante, mas apenas modestamente. A lição para a humanidade é óbvia: sem uma contínua entrada de nitrogênio, nutriente fundamental para o crescimento das plantas, o cultivo agrícola seria insuficiente para garantir a alimentação das pessoas.

Durante o século XIX, isso não teve grande importância. O arado avançou para oeste rumo às pradarias, para o leste em direção às estepes e para o sul rumo aos pampas, além de avançar para o interior, invadindo o solo virgem que havia sido privado de seus rebanhos selvagens e de seu povo nativo e desencadeando seu fértil potencial. Mais terras alimentavam mais bocas. A terra logo se esgotaria, a menos que fosse reabastecida por esterco e trevo; não que isso não importasse, pois sempre haveria terras para desbravar. Não ajudava o fato de haver uma demanda conflitante por nitrogênio. Reis e conquistadores também cobiçaram o nitrogênio ionizado (não que eles o conhecessem como tal) para produzir pólvora e travar guerras. Em 1626, por exemplo, o Rei Carlos I da Inglaterra ordenou que os seus súditos "guardassem e preservassem com cuidado e regularmente, em alguns recipientes adequados, toda a urina humana durante o ano inteiro, e toda a urina animal que pudesse recolher" para fazer salitre com esse material, o componente básico da pólvora. No mundo inteiro, agricultores eram forçados a produzir salitre de esterco e entregá-lo como pagamento de imposto, a fim de apoiar o monopólio da violência reivindicado por seus governantes; e assim privavam os seus campos de uma fonte de fertilizante. Um dos motivos que levaram os britânicos a conquistar Bengala foi o acesso aos ricos depósitos de salitre na foz do rio Ganges.

No início do século XVIII, o mundo se deparou com um enorme veio de nitrogênio fixo, combinado com dois outros elementos vitais para as plantas — o fósforo e o potássio. Ao longo da costa do Peru havia algumas ilhas pequenas num mar repleto de peixes. Combinadas, essas circunstâncias atraíram milhões de pássaros reprodutores, principalmente corvos-marinhos e pelicanos. Como na região nunca chovia, as ilhas não eram lavadas, e os ricos excrementos dos animais foram se acumulando século após século, até que se formasse um solo de guano cinzento de centenas de metros de profundidade, impregnado de ureia, amônio, fosfato e potássio. Nada melhor para enriquecer as safras dos agricultores. No século XIX, milhões de toneladas de guano foram extraídas em condições terríveis principalmente por trabalhadores chineses, alistados para trabalhar quase como escravizados para satisfazer as necessidades de agricultores da Grã-Bretanha e de outras partes da Europa. Navios ficavam meses à espera de uma chance de transportar a carga cinzenta e malcheirosa.

Desesperado para conquistar acesso ao guano, o Congresso norte-americano aprovou uma lei segundo a qual qualquer americano que encontrasse uma ilha de guano no Pacífico poderia reivindicá-la para os Estados Unidos — e é por esse motivo que muitos atóis no meio do Pacífico pertencem hoje aos Estados Unidos. Poucas ilhas provaram ser tão esplêndidas quanto as ilhas Chincha no Peru. O litoral da Namíbia tinha uma combinação semelhante de ar marinho rico e ar seco do deserto, e um comerciante de Liverpool abriu nessa região, na ilha de Ichaboe, uma mina de guano em 1843. Em 1845, ele chegava a encher até quatrocentos navios, reduzindo gradualmente a altura da ilha e lutando contra mineiros rivais. Mas o guano nas ilhas Chincha e Ichaboe logo começou a se esgotar. Os corvos-marinhos, os pelicanos e os pinguins retornaram às ilhas e hoje lentamente refazem o guano.

O *boom* do guano fez grandes fortunas, mas já havia chegado ao fim na década de 1870. Seguiu-se a ele o *boom* do salitre chileno, um rico sal de nitrato que podia ser feito de caliche, um mineral abundante no deserto de Atacama, resultado de mares antigos que evaporaram devido à extrema aridez do clima. As minas e refinarias se localizavam em sua maioria no Peru e na Bolívia, mas eram os chilenos que trabalhavam nelas e, em 1879, o Chile declarou guerra e capturou as principais províncias, isolando a Bolívia do mar e amputando parte do Peru. Em 1900, o Chile estava produzindo dois terços do fertilizante do mundo e boa parte dos seus explosivos. Contudo, os depósitos mais importantes de nitrato chileno também logo começaram a dar mostras de que estavam se esgotando.

É nesse cenário que um discurso proferido por um famoso cientista inglês chamou a atenção do mundo. Sir William Crookes, um abastado cientista e espiritualista, famoso por descobrir o tálio, isolar o hélio e inventar o tubo de raios catódicos, foi eleito presidente da Associação Britânica para o Avanço da Ciência em 1898. Depois de um longo ano de trabalho, ele deveria fazer um discurso formal e dizer algo profundo. Ele resolveu falar sobre a "questão do trigo" — mais especificamente sobre a séria e ameaçadora possibilidade de que a fome assolasse o mundo a partir de 1930, a menos que existisse um meio de sintetizar fertilizante de nitrogênio para substituir o nitrato chileno, sendo então o trigo sem dúvida a maior safra do mundo.

A advertência de Crookes repercutiu principalmente na Alemanha, um país que estava usando navios a vela cada vez maiores para importar mais nitrato chileno do que qualquer outra nação a fim de sustentar uma crescente população. Quando a Grã-Bretanha se envolveu numa guerra com Boers sul-africanos, de origem alemã e holandesa, no ano que se seguiu ao discurso de Crookes, um distinto químico alemão chamado Wilhelm Ostwald começou a se perguntar: e se houver uma guerra e a Marinha Real da Grã-Bretanha interromper o comércio chileno buscando privar a Alemanha da matéria-prima com a qual se fabrica pólvora e fertilizante? Ostwald juntou-se à corrida para absorver nitrogênio da atmosfera, mas em lugar de empregar eletricidade, como os outros faziam na maioria das vezes, ele tentou catalisadores químicos, principalmente ferro. Em 1900, ele acreditou que tivesse conseguido produzir de fato amônio, mas Carl Bosch, que a empresa química BASF havia contratado para inspecionar o material de Ostwald antes de comprar as suas patentes, descobriu que tudo não passava de engano. A amônia era um contaminante do ferro, derivado de nitreto de ferro. Ressentido, Ostwald se aposentou.

Foi quando Fritz Haber entrou em cena — um gênio ambicioso, irascível e inquieto, reservado quanto à sua origem judaica e desconfiado (com razão) de que a discriminação antissemita o distanciava dos esplêndidos prêmios que ele merecia, mas também ferozmente nacionalista em favor da Alemanha imperial. Haber também sabia que a fixação do nitrogênio era como um xeque-mate. Quem conseguisse isso transformaria de fato "ar em pão", como expressou com rara felicidade Thomas Hager, o biógrafo recente de Haber. Em 1907, Haber teve uma escaramuça com Walther Nernst, protegido de Ostwald, quando afirmou que havia produzido amônia em pequenas quantidades usando calor e um catalisador. Nernst disse que Haber não poderia ter feito nem mesmo a pequena quantidade que alegava ter feito.

Furioso, Haber voltou ao laboratório determinado a provar que Nernst estava errado, mas ele também havia atentado para uma sugestão de Nernst: a de que usar pressão muito alta poderia surtir efeito. Ele não demorou a descobrir que quanto mais alta a pressão, mais baixa a temperatura na qual a reação se processa. Isso foi fundamental, porque com uma temperatura alta demais a amônia se autodestruía quase no mesmo instante em que se formava. Robert Le Rossignol, assistente de Haber, foi entendendo aos poucos, passo a passo, como manter juntos os ingredientes sob alta pressão dentro de uma câmara perfurada de quartzo sólido. "Não houve nenhum progresso extraordinário em nenhum momento, apenas alguma melhora e avanços graduais", Hager escreveu. Foi nessa ocasião que Hager se aproximou da BASF, a empresa química de peso que havia enriquecido produzindo corante de índigo sintético e estava à procura de um novo capítulo de sucesso. A BASF estava determinada a decifrar a fixação do nitrogênio, e acreditava que a eletricidade era a resposta para isso. A empresa acabou investindo na ideia de Haber como uma alternativa. Deu a ele um laboratório, um grande orçamento, 10% de qualquer venda e a chance de ficar na Universidade de Karlsruhe. Com o dinheiro e a experiência da BASF, Haber e Le Rossignol puderam realizar suas experiências numa pressão acima de 100 atmosferas — o que equivale a um quilômetro abaixo da superfície do mar — e reduzir a temperatura de mais de 1.000 °C para 600 °C.

Mas os resultados foram decepcionantes e nada viáveis comercialmente. Haber então começou a tentar diferentes catalisadores. Assim como Edison à procura do material certo para um filamento em uma lâmpada, Haber se lançou quase a esmo numa busca por diferentes metais, e foi realmente a partir de filamentos de iluminação que ele acabou se deparando com o ósmio, um metal do grupo da platina, denso, preto-azulado e brilhante, descoberto em 1804. Em março de 1909, Haber observou amônia líquida pingando do aparato no segundo teste de um catalisador de ósmio. Ele não sabia por que o ósmio funcionava, mas funcionava.

Ele propôs imediatamente à BASF que eles desenvolvessem a sua ideia, mas a empresa estava cética: o ósmio era raro e de alto custo, além disso, uma fábrica operando a 100 atmosferas de pressão sem explodir era impossível até mesmo de se imaginar, quanto mais de ser construída a um preço razoável. Mas Carl Bosch, o homem que havia exposto o fracasso de Ostwald nove anos antes — e que agora liderava a pesquisa com nitrogênio na BASF —, considerou que valia a pena levar a ideia adiante, sobretudo porque não havia nenhuma outra.

Nos anos que se seguiram, Bosch transformou a invenção de Haber em uma inovação prática, resolvendo cada problema com o objetivo de erguer uma fábrica à altura de suas ambiciosas pretensões — para produzir toneladas de amônia, e não somente alguns gramas, e para torná-la mais barata do que a que chegava do Chile. Em primeiro lugar, ele comprou quase todo o suprimento de ósmio que existia no mundo, que chegava a algumas centenas de quilos, mas não foi suficiente. Haber descobriu que o urânio também servia, embora não tão bem quanto o ósmio, mas não era muito mais barato nem mais abundante. Bosch, então, montou uma fábrica na qual novos catalisadores poderiam ser testados, bem como novos projetos para conter os ingredientes em alta pressão ao mesmo tempo. O material era mantido atrás de uma parede reforçada para que não matasse ninguém se explodisse.

Depois de algum tempo, o assistente de Bosch, Alwin Mittasch, voltou ao ferro puro e depois aos componentes do ferro, então encontrou uma amostra de magnetita da Suécia que proporcionou bons resultados. Impurezas na magnetita transformaram o ferro num bom catalisador. No final de 1909, eles haviam decidido por uma mistura de ferro, alumínio e cálcio. Essa mistura funcionava tão bem quanto o ósmio e era muito mais barata. Mittasch continuou a buscar catalisadores ainda melhores e testou mais de 20 mil materiais diferentes, mas nunca aprimorou a mistura de ferro. A BASF pediu que Haber ficasse em silêncio sobre o catalisador, mas isso lhe permitiu anunciar os progressos com o ósmio em 1910, dando à empresa o conhecimento tácito que a manteve na liderança.

Vários desafios ainda tinham de ser superados: purificar o nitrogênio do ar; produzir hidrogênio suficiente a partir do vapor exposto ao carvão coque quente sem incluir monóxido de carbono no gás também; obter pressões inusitadamente altas; conter tais pressões em temperaturas intensamente quentes; alimentar os gases e extrair a amônia. A equipe aumentou e acabou se tornando o maior grupo de cientistas e engenheiros antes do Projeto Manhattan. A história do processo Haber–Bosch, como tantas outras a respeito de inovação, muitas vezes é contada como se se resumisse à ideia brilhante de um acadêmico (Haber) e à inescapável aplicação de um homem de negócios (Bosch) — mas isso é um equívoco. Foi necessária uma engenhosidade muito maior durante a transpiração de Bosch do que durante a inspiração de Haber. Como o próprio Haber explica, nenhum desses desafios seria superado se não houvesse acesso às ideias que eram desenvolvidas em outras indústrias — um ótimo exemplo de como a inovação floresce num ecossistema de inovação:

> As equipes de Bosch procuraram por sugestões de projetos em motores de locomotiva, motores a gasolina e no novo motor que Diesel inventou. Bosch e os seus engenheiros se reuniram com homens da indústria alemã do aço, aprenderam sobre o processo Bessemer de fabricação do aço e conversaram com representantes da Krupps sobre projetos de canhões e novos avanços na metalurgia. Ele formou equipes para projetarem válvulas de ação rápida, válvulas de fechamento automático, válvulas deslizantes; bombas alternativas e bombas de circulação, grandes e pequenas; monitores de temperatura de todos os tipos e tamanhos; balanças de pressão; registradores de densidade; alarmes; colorímetros; encaixes de tubulação. Tudo tinha de ser reforçado, à prova de vazamento, funcional em alta temperatura e sob enorme pressão. Os fornos tinham o potencial de explodir como pequenas bombas; Bosch quis se certificar de que eles pudessem ser cuidadosamente monitorados e rapidamente desligados se algo começasse a dar errado. Ele quis total segurança e a maior velocidade possível. Ele quis uma máquina que combinasse a força de um lutador de sumô, a velocidade de um corredor de curta distância e a graça de uma bailarina.

Por seis meses, Bosch foi retido por um problema aparentemente impossível de resolver: o hidrogênio se infiltrou nas paredes de aço dos fornos e os enfraqueceu e, depois de alguns dias, os fez explodir. Ele tentou ligas metálicas diferentes, mas nada funcionou. Só conseguiu controlar o problema quando, repensando todo o seu procedimento, usou uma camada sacrificial de aço mais fraco no interior e perfurou pequenos buracos para dar vazão ao hidrogênio entre as duas camadas. Em 1911, ele tinha protótipos operando continuamente e produzindo amônia a um preço baixo — descontados os custos do desenvolvimento do sistema.

Já a questão da propriedade intelectual se tornara um problema, como acontecia muitas vezes. A empresa rival Hoechst, aconselhada por Ostwald, contestou a patente de Harber na produção de amônia com calor e pressão, argumentando que Nernst havia iniciado a ideia toda sob a direção de Ostwald. Para não correr riscos, a BASF simplesmente seduziu Nernst com um lucrativo contrato de cinco anos em troca de que ele testemunhasse a favor da empresa na corte.

A enorme fábrica da empresa em Oppau começou a produzir amônia no final de 1913, bem a tempo para a Primeira Guerra Mundial.

A Alemanha tinha um estoque de nitrato chileno destinado à produção de explosivos que deveria ser suficiente para uma guerra breve e apreendeu mais desse material quando a Antuérpia caiu em suas mãos. Mas quando a guerra chegou a um beco sem saída com um impasse nas trincheiras, e a Marinha Real Britânica afundou uma frota alemã que estava bloqueando o comércio de nitrato chileno, numa batalha ao largo das Ilhas Falkland, a Alemanha se deparou com a possibilidade de acabar ficando sem nitrogênio fixado para produzir explosivos para armas e fertilizante para as plantações — como Ostwald temia. No curto prazo, a Alemanha começou a produzir pequenas quantidades de nitrato por meio do dispendioso processo da cianamida, usando eletricidade e carboneto de cálcio.

Então, em setembro de 1914, Bosch fez a famosa "promessa do salitre" — ele converteria a fábrica em Oppau para que transformasse amônia em nitrato usando um catalisador de ferro-bismuto. Ele construiu uma fábrica ainda maior em Leuna, produzindo enormes quantidades de nitrato e assim provavelmente prolongando a guerra. Nesse meio-tempo, Haber inventou a guerra química e dirigiu pessoalmente o primeiro ataque com gás de cloro em Ypres, em março de 1915.

Depois da Primeira Guerra Mundial, o processo Haber–Bosch foi usado em todo o mundo para fixar nitrogênio em grande escala. O procedimento tornou-se cada vez mais eficaz, sobretudo quando o gás natural foi substituído por carvão como fonte de energia e hidrogênio. Nos dias atuais, para produzir uma tonelada de amônia as fábricas usam aproximadamente um terço da energia que era usada na época de Bosch. Cerca de 1% da energia global é usada na fixação do nitrogênio, e isso fornece quase a metade de todos os átomos de nitrogênio fixados na alimentação cotidiana do ser humano.

O fertilizante sintético permitiu que a Europa, as Américas, a China e a Índia escapassem da fome generalizada e a relegassem em grande parte aos livros de história: a taxa anual de mortalidade por fome nos anos 1960 foi cem vezes maior do que na década de 2010. A chamada Revolução Verde das décadas de 1960 e 1970 estava ligada a novas variedades de cultura, mas a principal característica dessas novas variedades era que elas podiam absorver mais nitrogênio e produzir mais comida sem entrar em colapso (veja a seção seguinte). Se Haber e Bosch tivessem fracassado na realização da sua inovação quase impossível, o mundo teria arado cada acre disponível, derrubado cada floresta e drenado cada pântano — e mesmo assim estaria à beira da fome, assim como William Crookes havia previsto.

Contudo, existe a possibilidade de que o processo Haber–Bosch se torne supérfluo no futuro. Em 1988, dois cientistas brasileiros, Johanna

Döbereiner e Vladimir Cavalcante, perceberam algo peculiar. Alguns campos de cultivo de cana-de-açúcar vinham produzindo safras substanciais sem nenhum fertilizante por décadas. Eles investigaram no interior do tecido vegetal e encontraram uma bactéria, *Gluconacetobacter diazotrophicus*, que estava fixando o nitrogênio do ar. Essa capacidade existe em legumes como ervilhas e feijões, graças à simbiose entre as plantas e as bactérias que vivem em nódulos especiais nas raízes. Porém, até o momento haviam fracassado todas as tentativas de levar culturas como a do milho e a do trigo a imitar essa particularidade. Talvez essa nova bactéria, que vive dentro da planta e não precisa de nódulos especiais, pudesse fazer melhor. Uma amostra dessa bactéria chegou ao professor Ted Cocking, da Universidade de Nottingham, e ele logo induziu a bactéria a viver dentro das células de várias espécies de planta. Não levou muito tempo para que grandes melhorias no rendimento e no conteúdo proteico do milho, do trigo e do arroz fossem mostradas em testes de campo. Em 2018, a Azotic, empresa que Cocking fundara com David Dent, anunciou que a bactéria seria comercializada como tratamento curativo de sementes para os agricultores americanos. Se essa solução simples funcionar, talvez seja possível alimentar o mundo sem necessidade da amônia produzida em fábricas.

GENES ANÕES DO JAPÃO

Na ocasião em que Bosch estava aperfeiçoando a fixação do ar, do outro lado do mundo um cultivador de plantas buscava uma inovação diferente. Essa inovação provaria ser vital para a aplicação do produto de Bosch.

Em 1917, na Estação Central de Experimentos Agrícolas em Nishigahara, perto de Tóquio, uma pessoa (não se sabe exatamente quem) decidiu cruzar duas variedades de trigo. Uma delas era conhecida como Fultz opaco, derivada de uma variedade de trigo importada dos Estados Unidos em 1892. A outra era uma variedade japonesa nativa de estatura anã, conhecida como Daruma. O trigo que resultou desse cruzamento, o Fultz-Daruma, foi então cruzado com outra variedade americana chamada Turkey Red, em 1924. Amostras desse trigo foram cultivadas e autocruzadas antes de ser testadas em uma estação de pesquisa agrícola em Iwate, na parte nordeste do Japão. As melhores plantas pareciam conservar a estatura reduzida da Daruma e o alto rendimento da Turkey Red. Gonjirô Inazuka, o chefe da estação de pesquisa, selecionou as linhagens mais promissoras e, em 1935, começou a comercializar a verdadeira progênie de uma nova variedade de trigo com o nome Nôrin-10. Pela primeira vez, agricultores locais começaram a plantar trigo anão para fins comerciais.

Dez anos mais tarde, logo após o fim da guerra, Cecil Salmon, um agrônomo de Kansas, especialista em cultivo de trigo, chegou ao Japão. Ele integrava a equipe do general Douglas MacArthur, o governante de fato do Japão. Salmon ficou intrigado com o trigo anão que viu na Estação de Pesquisa Agrícola Morioka, em Honshu, e enviou dezesseis amostras para a coleção de pequenos grãos nos Estados Unidos. Uma dessas amostras era a Nôrin-10 de Inazuka.

Enquanto isso acontecia, Orville Vogel — um terceiro cultivador de trigo, da Universidade Estadual de Washington, em Pullman — lutava contra um problema causado pelo fertilizante de nitrato de Haber-Bosch. Aplicado nos campos, o fertilizante fazia as plantas de trigo crescerem grossas e altas. Com isso, assim que o vento soprava e a chuva caía, o trigo amadurecido tendia a se dobrar em virtude do seu próprio peso, depois se estender em posição horizontal e apodrecer no chão. As sementes do Japão de Salmon o socorreram, por meio de um quarto cultivador chamado Burton Bayles. Vogel termina de contar a história:

> Ciente dos nossos problemas de acamamento, B. B. Bayles nos enviou uma coleção de trigo semianão para investigações preliminares em Pullman, em 1949. Dessa coleção, Nôrin-10 foi selecionada para ser cruzada com Brevor, que naquela ocasião era considerada a variedade de alto rendimento mais resistente ao acamamento com palha curta.

Vogel considerou que uma palha ainda mais curta talvez deixasse o trigo menos sujeito a dobrar-se, salvando-o do acamamento e permitindo que ele se adaptasse ao novo fertilizante. Sem dúvida, alguns dos seus novos cruzamentos com Nôrin-10, sobretudo o cruzamento com Brevor, foram capazes de permanecer de pé enquanto produziam "para valer" — de acordo com as anotações de Vogel. Mas havia um problema: eles eram suscetíveis a doenças locais. Assim, Vogel prosseguiu com suas experiências em busca de uma linhagem menos vulnerável antes de passar à etapa de comercialização.

Um quinto cultivador de trigo também ouvira falar dos experimentos de Vogel e agora lhe pedia algumas amostras. Seu nome era Norman Borlaug — um residente de Minnesota, descendente de refugiados que haviam deixado a Noruega durante a fome causada pela praga da batata. Depois de uma carreira interrompida como guarda-florestal, Borlaug estava trabalhando para a Fundação Rockefeller no México, onde tinha o objetivo de encontrar variedades de trigo resistentes a fungos de ferrugem e com bom rendimento.

Borlaug e a sua equipe estavam progredindo bastante. No início, embora os resultados de produção fossem excelentes, nenhum agricultor confiou nas variedades novas. Por fim, em 1949, Borlaug convenceu algumas pessoas a plantá-las e a usar fertilizante nelas. As notícias sobre o alto rendimento desse cultivo se espalharam. Agricultores descobriram que era possível dobrar a produção e dobrar também seus lucros. Em 1951, as plantações de trigo cresciam em todo o México. Em 1952, o trigo de Borlaug dominava toda a área de trigo do país, e em todo o país a produção havia dobrado.

Borlaug, assim como Vogel, logo teve problemas com a questão do acamamento. Ele procurou, em toda a coleção de variedades de trigo norte-americano, uma que pudesse resistir ao colapso. Não obteve sucesso. Em uma viagem à Argentina, ele se viu bebendo e conversando com o cultivador de trigo do governo norte-americano, Burton Bayles, o mesmo que havia enviado as sementes Nôrin para Vogel. Perguntou a Bayles se ele conhecia algum trigo de palha mais curta que resistisse ao acamamento. Bayles contou a ele sobre a Nôrin-10 e sugeriu que entrasse em contato com Vogel. Borlaug escreveu para Vogel, que lhe enviou sementes Nôrin-10 puras e Nôrin-Brevor híbridas. Borlaug começou a cruzá-las com o seu trigo mexicano. E obteve resultados espetaculares:

> Nos cruzamentos de derivativos de Nôrin-10, não foram introduzidos apenas genes de nanismo; vários outros genes também foram introduzidos, os quais aumentaram o número de flores férteis por espigueta, o número de espiguetas por cabeça e o número de rebentos por planta.

Como Vogel, Borlaug descobriu que as novas variedades tinham infecção por ferrugem. Mas ele tinha uma vantagem sobre a equipe de Washington: estava cultivando o trigo em dois locais diferentes, em altitudes muito diferentes, o que significava que o trigo irrigado em baixa altitude no norte de Sonora Valley podia ser colhido antes que a cultura de altitude elevada no planalto central fosse plantada. Desse modo, ele pôde obter duas temporadas de reprodução em um ano. Em 1962, Borlaug tinha uma variedade comercialmente viável para oferecer aos agricultores mexicanos com palha curta, safra farta se bem fertilizada, pouco acamamento e boa resistência à ferrugem.

Houve um sexto cultivador de trigo chamado Manzoor Bajwa, do Paquistão. Bajwa conheceu Borlaug quando esse último foi ao Paquistão em 1960 e imediatamente se candidatou para ir trabalhar com Borlaug no México. Lá, entre as cruzas, ele identificou uma linhagem de trigo de palha curta e resistente à ferrugem para testar no Vale do Indo. A nova variedade chamou a atenção do Ministro da Cultura do Paquistão, Malik Khuda Bakhsh Bucha. Mas a comunidade científica paquistanesa foi arrogante e insolente: disseram a Borlaug e a Bajwa que o trigo mexicano era impróprio para o Paquistão, suscetível a doenças e dependente de fertilizantes, os quais só faziam as ervas daninhas crescerem. Abusando da imaginação, chegaram a afirmar que os genes nas novas variedades poderiam esterilizar o gado ou envenenar os muçulmanos e que era uma conspiração da CIA para tornar o país dependente da tecnologia norte-americana. E assim o avanço foi barrado.

Do outro lado da fronteira, na Índia, mais um geneticista de trigo, o sétimo, passou a integrar essa história: Momkombu Sambasivan Swaminathan. Ele convidou Borlaug para ir à Índia, em 1963, a fim de ajudar a convencer o seu governo a se envolver em um programa de melhoramento do trigo. Era um trabalho difícil. A respeito disso, Borlaug disse mais tarde:

> Quando eu falava sobre a necessidade de modernizar a agricultura, os cientistas e os administradores quase sempre replicavam: "A pobreza é o destino dos agricultores, eles estão acostumados." Fui informado de que os agricultores se orgulhavam da sua condição humilde e que com certeza eles não desejavam mudar esse estado de coisas. Com base na minha própria experiência no Iowa e no México, eu não acreditei em uma só palavra do que me disseram.

Os burocratas da Índia afirmaram taxativamente que não se devia nem mesmo permitir a entrada de trigo mexicano no país, muito menos encorajar isso. Os biólogos alertaram sobre a devastação e a doença que se seguiriam caso o trigo falhasse. Os cientistas sociais advertiram sobre as "tensões sociais irreversíveis" e tumultos que aconteceriam se os resultados com o trigo fossem bons — e como consequência disso alguns agricultores passassem a ganhar mais dinheiro que outros. Dessa maneira, os inimigos da inovação buscam qualquer argumento, por mais absurdo que pareça, para defenderem o *status quo*.

Mas a Índia devia estar desesperada para encontrar novas maneiras de alimentar a sua crescente população. Fome e desnutrição estavam por toda parte no país. No final da década de 1960, depois que as monções levaram à fome, especialistas do Ocidente começaram a desistir da Índia, considerando que alimentá-la era impossível. O ecologista Paul Ehrlich previu famintos "em proporções inacreditáveis" em 1975; outro ambientalista famoso, Garret Hardin, disse que alimentar a Índia era como deixar que sobreviventes de um naufrágio subissem a bordo de um bote salva-vidas já lotado. O principal organizador do Dia da Terra, em 1970, disse que "já era tarde demais para evitar a fome generalizada". Os irmãos William e Paul Paddock — um agrônomo, o outro funcionário do Serviço de Relações Exteriores, autores do best-seller *Famine 1975!* — sustentavam que países como a Índia deviam ser abandonados, porque marchavam "tão irremediavelmente rumo à fome ou porque já se encontravam tão presos às garras da fome (em virtude da superpopulação, da escassez agrícola e da inépcia política) que a nossa ajuda será perda de tempo; são nações que estão além da possibilidade de salvação e acabarão ignoradas e abandonadas à própria sorte". Como rapidamente ficou provado, tais previsões, sombrias e insensíveis, não poderiam estar mais erradas. No intervalo de uma década, tanto a Índia como o Paquistão se tornariam autossuficientes em grãos, graças ao trigo anão.

Em 1965, com o apoio decisivo dos seus ministros de agricultura, a Índia encomendou 200 toneladas do trigo mexicano de Borlaug; e o Paquistão, 250 toneladas, para plantar como semente. Entregar a encomenda foi um pesadelo para Borlaug: a remessa foi retida na fronteira norte-americana a caminho de Los Angeles, retardada devido a tumultos no bairro de Watts; não bastasse isso, chegou a Bombaim e Karachi na ocasião em que estourava uma guerra entre Índia e Paquistão. Mas os grãos chegaram aos seus destinos a tempo para o plantio, e a colheita foi auspiciosa. Nos anos que se seguiram, Borlaug conquistou os seus críticos um a um, e o Paquistão particularmente começou a se beneficiar de notáveis aumentos em sua colheita de trigo.

Na Índia, os agricultores do campo logo começaram a notar a diferença, mas o governo se recusava a autorizar a importação de fertilizante em quantidade suficiente para que as novas culturas desenvolvessem todo o seu potencial e também se recusava a permitir a construção de fábricas de fertilizante por empresas estrangeiras. A longa campanha de Borlaug culminou numa tempestuosa reunião com o vice-primeiro-ministro e chefe de planejamento, Ashok Mehta, em 31 de março de 1967. Borlaug decidiu esquecer a cautela. No meio da discussão, ele gritou:

> Rasgue esses planos de cinco anos. Comece de novo e multiplique tudo por fomento à agricultura três ou quatro vezes. Aumente o seu fertilizante, aumente a sua sustentação de preços, aumente os seus fundos de empréstimo. Faça isso e você estará mais perto do que é necessário para evitar que a Índia morra de fome. Imagine o seu país livre da fome... Está ao seu alcance conseguir isso!

Mehta acabou por escutá-lo. A Índia dobrou a sua colheita de trigo em apenas seis anos. Produzia-se tanto grão que não havia lugar para armazená-los. No discurso de agradecimento que proferiu quando recebeu o Prêmio Nobel da Paz em 1970, Norman Borlaug disse que "o homem pode e deve evitar a tragédia da fome no futuro, em vez de meramente tentar, com um lamento piedoso, salvar os restos humanos da fome, como já fez tantas vezes no passado".

Num intervalo de cinquenta anos, os genes anões foram desenvolvidos no Japão, cruzados em Washington, adaptados no México e então introduzidos sob feroz oposição na Índia e no Paquistão. Essa é uma das páginas mais miraculosas da história da humanidade. Graças às variedades genéticas Inazuka–Borlaug e ao fertilizante de nitrogênio Haber–Bosch, a Índia não somente conseguiu se alimentar (provando que as previsões de que a fome se agravaria estavam erradas), mas também se tornou um país exportador. Dessa forma, as versões anãs de genes em Nôrin-10 (que na verdade eram duas mutações conhecidas como Rht1 e Rht2, que deixavam a planta menos receptiva aos hormônios de crescimento) mudaram o mundo, combinadas com fertilizante fixado do ar. O arroz seguiu esse caminho rapidamente, com suas próprias variedades anãs e rendimento maior, e o mesmo ocorreu com outras culturas. Houve uma campanha incansável para minar e desacreditar essa Revolução Verde, responsabilizando-a por vários problemas ambientais e sociais no país — tais como suicídios de agricultores. Mas eram apenas mentiras, "*fake news*": hoje em dia os agricultores indianos são menos propensos a cometer suicídio do que o indiano comum.

INIMIGOS DOS INSETOS

Em 1901, o biólogo japonês Ishiwata Shigetane começou a investigar a causa de uma doença letal para bichos-da-seda chamada doença de soto, ou doença do colapso súbito, que causava dano econômico à nacionalmente importante indústria da seda. Shigetane rapidamente identificou uma bactéria como a causa. Ele nem deve ter imaginado que quase um século mais tarde a sua descoberta conduziria a uma inovação vital, que transformaria as práticas agrícolas e as tornaria mais amigáveis ao meio ambiente e também mais produtivas: plantas resistentes a insetos.

    A mesma bactéria foi redescoberta e nomeada por um pesquisador alemão em 1909. Ernst Berliner estava estudando a traça-da-farinha no Instituto de Pesquisa para Processamento de Cereais em Berlim. Uma remessa de farinha de um moinho na Turíngia continha lagartas doentes, e a doença se disseminou rapidamente entre as traças-de-farinha que eram criadas no laboratório. Berliner isolou a bactéria por trás da infecção e deu a ela o nome de *Bacillus thuringiensis*. Tratava-se da mesma criatura que estava matando os bichos-da-seda japoneses. Bt, como ficou conhecida a bactéria, tem a capacidade de matar as lagartas de qualquer traça ou borboleta, devido a um gene que produz uma proteína cristalizada letal para esses insetos. Ela se prende aos receptores nas paredes dos intestinos dos insetos e torna essas paredes porosas.

    Nos anos de 1930, na França, já era possível comprar Bt na forma de esporos bacterianos, como um inseticida vivo conhecido como Sporine. Esse inseticida continua nos mercados hoje sob os rótulos Dipel, Thuricide ou Natural Guard e é usado sobretudo por agricultores e jardineiros orgânicos, porque não é um produto da indústria química e, sim, um exemplo de controle biológico. Foi demonstrado repetidas vezes que é inofensivo para as pessoas, pois o cristal é destruído pelo ácido estomacal em mamíferos e de mais a mais é incapaz de se fixar nos receptores de mamíferos. Variedades da bactéria que podem matar moscas e besouros foram acrescentadas ao leque de produtos em 1977 e 1983 respectivamente.

    Porém, embora seja útil em uma estufa, o Bt não é um *spray* tão útil para os agricultores: caro e inconstante em seus resultados, é destruído facilmente pela ação da luz do sol ou da água da chuva. Além disso, muitas vezes não alcança os insetos que vivem dentro das plantas, tais como as lagartas de algodão ou as brocas da haste do milho.

    É nesse ponto que um bioquímico belga entra na história. Marc Van Montagu nasceu em Ghent, em 1933, no auge da Grande Depressão. Sua família vivia na pobreza, e a sua mãe morreu durante o seu próprio parto. Nenhum dos seus pais ou irmãos terminou os estudos, mas ele tinha um tio professor que insistiu não só para que ele permanecesse na escola, mas também para que ingressasse na universidade. Van Montagu se tornou especialista em bioquímica de ácidos nucleicos. Em 1974, junto com seu colega Jeff Schell, fez uma descoberta fundamental — o plasmídeo indutor de tumor (Ti). Era um pequeno cromossomo circular dentro da bactéria

Agrobacterium tumefaciens, conhecida por ter a estranha propriedade de induzir tumores em plantas — chamados de "galhas" — sem necessariamente habitar esses tumores.

Três anos mais tarde, Van Montagu foi ligeiramente superado por Mary Dell Chilton, da Universidade Washington em St. Louis, na descoberta de que o plasmídeo Ti transmite uma porção de seu DNA para o DNA da própria planta como parte da infecção. Tendo em vista que, alguns anos antes, ferramentas haviam sido desenvolvidas para inserir genes de animais ou plantas na bactéria — para produzir insulina humana para diabéticos, por exemplo —, agora o inverso se torna viável: inserir genes da bactéria em plantas. No intervalo de seis anos, num exemplo de invenção simultânea, equipes comandadas por Van Montagu, Chilton e Robert Fraley, da Monsanto, todos transformaram essa ideia em invenção, mostrando que a *Agrobacterium* podia ser manipulada para introduzir qualquer gene numa planta com a remoção do gene indutor do tumor do plasmídeo e sua substituição pelo gene de um organismo diferente. O resultado foi uma planta saudável com um novo gene. Nascia assim a biotecnologia agrícola. Usando plasmídeos de Ti, os cientistas continuariam criando muitos vegetais geneticamente modificados, entre eles o milho e a soja tolerantes a herbicida e, mais tarde, o mamão resistente a vírus e o arroz "dourado" enriquecido com vitaminas.

Van Montagu fundou a empresa Plant Genetic Sciences para desenvolver a tecnologia. Um dos primeiros genes que os seus colegas consideraram aptos a ser inseridos numa planta foi a proteína de Bt que mata insetos, pois ela já era popular entre agricultores e jardineiros orgânicos. Em 1987, no laboratório, eles criaram uma planta de tabaco que era normal sob todos os aspectos, exceto pelo fato de que incluía o gene-chave de Bt em seus cromossomos. Esse gene foi letal para o pulgão do fumo, uma praga comum. Não demorou para que a Monsanto licenciasse a tecnologia para a produção de algodão, milho, batatas e outros vegetais intrinsecamente resistentes a insetos.

Como estava no interior da planta, a proteína inseticida matava as lagartas que perfuravam o tecido da planta (como as brocas profundas, por exemplo), difíceis de serem alcançadas por *sprays*. Diferente dos *sprays* químicos, porém, ela não afetava espécies inofensivas de insetos que não buscavam comer a planta cultivada.

Essa inovação foi sem dúvida um triunfo completo. Quase toda peça de algodão que compramos hoje advém de plantas geneticamente modificadas: mais de 90% do algodão que é cultivado no mundo é resistente a insetos. Na Índia e no Paquistão, a tecnologia foi rapidamente adotada por agricultores numa época em que ainda era ilegal, pois os seus benefícios eram óbvios mundo afora. Por fim, a tecnologia foi legalizada e hoje é aplicada em quase todo o algodão plantado nos dois países.

Cerca de um terço do milho cultivado no mundo é agora resistente a insetos, também devido aos genes Bt introduzidos. Nos Estados Unidos, onde 79% do milho é atualmente Bt, o benefício acumulado dessa tecnologia para a renda agrícola durante vinte anos supera os 25 bilhões de dólares. Por incrível que pareça, o setor de agricultura orgânica se recusou a aprovar as novas plantas — que usam as mesmas moléculas que os seus próprios *sprays* — porque se opõem à biotecnologia por uma questão de princípio.

As culturas Bt são protegidas com pouca ou nenhuma pulverização e por esse motivo houve um aumento expressivo da vida selvagem em fazendas que adotam a tecnologia Bt, bem como uma redução em envenenamentos acidentais com *sprays* envolvendo os próprios agricultores. Alguns estudos chineses mostram que dobrou o número de predadores naturais de insetos — tais como joaninhas e aranhas — em campos de algodão Bt; isso significa um melhor controle de todas as pragas por predadores naturais. Uma pesquisa recente da Universidade de Maryland revelou que as culturas Bt geram um "efeito halo", ou seja, diminuem o problema das pragas em plantações e campos circundantes que não usam culturas Bt. Nos vinte anos que se passaram desde a introdução das culturas Bt, as populações de duas pragas comuns, a broca do milho europeia e a lagarta do milho — que também atacam outras plantas — diminuíram tanto em três estados norte-americanos que até mesmo plantações orgânicas e não modificadas geneticamente empregam menos *spray* do que antes. De modo geral, um estudo compreensivo do efeito da tecnologia Bt concluiu que após o plantio de 1 bilhão de acres não houve nenhuma consequência inesperada, e insetos que não eram visados foram muito beneficiados.

Essa tecnologia tem se mostrado bastante útil em países em desenvolvimento. A África enfrenta atualmente uma crise intensa devido à praga das Américas, que chegou ao continente em 2016. Essa praga — a lagarta-do-cartucho — agora está destruindo as plantações de milho em todo o continente. A praga deixou de ser um problema para o Brasil porque o milho Bt está sendo usado aqui; mas os países africanos, pressionados por adversários ideológicos bem financiados das culturas geneticamente modificadas, hesitam em permitir o cultivo do milho Bt.

Esses oponentes ideológicos tiveram muito êxito na Europa. No final da década de 1990, eles descobriram que, espalhar histórias assustadoras sobre plantas geneticamente modificadas entre consumidores que se impressionam com facilidade, era uma maneira lucrativa de levantar fundos. Para o espanto de Van Montagu, a Europa rejeitou quase totalmente a tecnologia, erguendo grandes e caras barreiras regulatórias à sua implantação, que na prática funcionavam como uma proibição (ver capítulo 11).

Todo o controle de pragas acaba se deparando com a evolução da resistência da praga, embora esse problema tenha sido maior para os pesticidas do que para as safras Bt. Contudo, a última geração de plantas Bt inclui sofisticadas características adicionais que garantem que os insetos demorarão muito mais para desenvolver resistência à proteína Bt.

Assim, o trajeto da inovação que levou à descoberta de uma doença bacteriana em bichos-da-seda mais de um século atrás conduziu a uma redução extraordinária da perda de safra, do uso de pesticida e de danos ao meio ambiente. Agora as culturas, em sua maioria, também são tolerantes a herbicida, de maneira que podem ser combinadas com o controle eficiente de ervas-daninhas sem a prática do arado prejudicial ao solo. Algumas também estão sendo desenvolvidas para ser resistentes a doenças fúngicas e à seca. Outras estão sendo desenvolvidas para fixar seu próprio nitrogênio com a ajuda de bactérias, o que melhora muito o rendimento. Outras ainda estão sendo desenvolvidas para remover uma desvantagem metabólica encontrada em todas as plantas "C3" (trigo, arroz, soja e batatas, entre outras, exceto milho), por meio da qual o oxigênio desvia a maquinaria fotossintética para um produto dissipador. As primeiras plantas de tabaco modificadas tiveram um rendimento 40% maior e floresceram uma semana mais cedo em experimentos em campo publicados em 2019.

O AVANÇO DA EDIÇÃO GENÉTICA

Descobertas científicas de grande utilidade são quase sempre — com uma frequência que beira o ridículo — acompanhadas por frenéticas disputas para decidir quem merece levar o crédito. Nenhum caso ilustra melhor essa situação do que a história da CRISPR, uma técnica genética que despontou para o mundo em 2012 e que promete resultados maravilhosos na agricultura e na medicina. A disputa é acirrada nesse caso porque coloca frente a frente duas grandes universidades americanas, uma contra a outra. De um lado, a Universidade de Berkeley, na Califórnia, onde Jennifer Doudna trabalhava em colaboração com Emmanuelle Charpentier, uma professora francesa que recentemente se mudara de Viena para Umea, na Suécia, e Martin Jinek, aluno de pós-graduação de Charpentier. Do outro lado está o MIT, o Instituto de Tecnologia de Massachusetts, onde Feng Zhang e seus colegas Le Cong e Fei Ann Ran trabalhavam. Mais ou menos ao mesmo tempo, as duas equipes haviam realizado avanços cruciais. No início, o grupo de Doudna recebeu mais premiações, mas uma feroz batalha por patente foi ganha no final nos tribunais pelo grupo de Zhang.

Contudo, é de se duvidar que alguma dessas enormes universidades norte-americanas, com seus grandes orçamentos e laboratórios esplêndidos, mereçam de fato o crédito que buscam obter. Esse crédito deveria ir para dois microbiologistas desconhecidos que trabalham com questões práticas porém incomuns sobre bactérias — um deles num laboratório de universidade, cuidando de um problema de interesse para a indústria do sal, e o outro numa empresa da área de produção de alimentos. O trajeto desde a descoberta de uma curiosidade até a invenção de uma tecnologia é sempre tortuoso e longo. E, nesse caso em questão, ele não vai do ambiente universitário para a indústria, mas, sim, na direção oposta, ao menos até certo ponto.

Perto da cidade de Alicante, na Espanha, há um grande lago rosa, salpicado de flamingos ainda mais cor-de-rosa. Conhecido como Torrevieja, esse lago de 1.400 hectares localiza-se abaixo do nível do mar e há três séculos é usado para a produção de sal. Em junho, a água do mar flui para o lago. Ao longo do verão, à medida que a água evapora, o sal vai se cristalizando no solo do lago e é recolhido por máquinas especiais para ser limpo e vendido — são 700 mil toneladas desse material por ano. A coloração rosa vem de micróbios que gostam de sal (de dois tipos: bactérias e arqueias), que são comidos por camarões rosa, que por sua vez são comidos por flamingos cor-de-rosa.

Não é de surpreender que o departamento de microbiologia da universidade local tenha se valido desse recurso para estudar os micróbios cor-de-rosa que gostam de sal. O *Haloferax mediterranei*, um micróbio arqueal, foi pela primeira vez descrito em Alicante. Sendo uma espécie tão afeita ao sal, talvez pudesse ser usada para a biotecnologia em locais especialmente salgados. Francisco Mojica, que havia nascido nas proximidades, conquistou um doutorado nessa região em 1993 estudando os genes dessa criatura. E ele percebeu algo muito estranho. Oculta em uma parte do seu genoma havia uma sequência inconfundível das mesmas trinta letras, repetidas inúmeras vezes, e cada repetição era separada por uma sequência de 35-39 letras que era diferente em cada caso. A sequência repetida era frequentemente um palíndromo — podia ser lida tanto da esquerda para a direita quanto da direita para a esquerda e continuaria a mesma. Mojica examinou outro micróbio correspondente, afeito ao sal, e encontrou aproximadamente o mesmo padrão, embora com uma sequência diferente. Então ele encontrou isso novamente em vinte micróbios diferentes, tanto bacterianos quanto arqueais. Um pesquisador japonês havia identificado o mesmo padrão em uma bactéria na década de 1980, mas não levou o estudo adiante.

Mojica passou os dez anos que se seguiram tentando entender por que esse padrão estava presente. Ele errou na maior parte de suas hipóteses. Um cientista holandês, Ruud Jansen, notou que sempre havia certos genes perto do estranho texto, conhecidos como Genes Cas. Jansen cunhou o nome para o padrão: "repetições palindrômicas curtas agrupadas e regularmente interespaçadas" ou simplesmente CRISPR.

Até que, certo dia, em 2003, a sorte sorriu para Mojica. Ele tomou uma das sequências não repetitivas de "espaçadores", entre os palíndromos, de uma bactéria intestinal e a colocou num banco de dados para ver com o que ela combinava. Eureka. A resposta foi que ela era compatível com o gene de um vírus, especificamente um vírus bacteriófago, conhecido apenas como "fago". Essas pequenas partículas, que às vezes se assemelham a minúsculos módulos lunares de uma missão Apolo, são vírus que injetam o seu DNA na bactéria, sequestram a sua maquinaria celular e fazem mais fagos. Mojica analisou mais sequências espaçadoras e descobriu que muitas delas vinham de vírus que infectam bactérias. Ele suspeitou que estivesse diante do próprio sistema imune do micróbio, no qual genes de doenças virais eram mantidos em arquivo pelo micróbio para reconhecimento e destruição. Os genes Cas fazem o trabalho.

Levou mais de um ano para que Mojica pudesse ter os seus resultados publicados, tamanho era o descaso dos periódicos de prestígio para com a ideia de divulgar uma descoberta significativa trazida por um joão-ninguém da ciência, saído de um fim de mundo como Alicante. Do outro lado dos Pireneus, na França, um microbiologista industrial já dava os passos seguintes. Philippe Horvath trabalhava na indústria de alimentos, na empresa Rhodia, a qual rapidamente se tornou parte da Danisco e mais tarde parte da DuPont. Iogurte e queijo são leite fermentado: para que sejam produzidos, a bactéria tem de consumir o leite e convertê-lo em corpos bacterianos, que são o que nós comemos. A vaca leiteira microscópica domesticada da indústria leiteira é uma criatura inofensiva chamada *Streptococcus thermophilus*. Uma pessoa comum consome cerca de um octilhão de *S. thermophilus* por ano. Portanto, as grandes empresas que produzem iogurte gastam muito dinheiro buscando compreender melhor os seus rebanhos domesticados de micróbios. Elas estão especialmente interessadas no que acontece quando a bactéria adoece. Assim como um produtor de leite quer proteger as suas vacas contra a mastite, um produtor de iogurte quer impedir que os seus *streptococcus* sejam infectados com "fagos". Horvath e Rodolphe Barrangou, seu colega na Danisco, sabiam que algumas culturas de bactérias são mais resistentes a epidemias de fago do que outras — entender por que isso acontecia poderia ser útil para o setor.

Depois de ouvir falar no CRISPR numa conferência, Horvath pressentiu que essa poderia ser a resposta. Ele logo demonstrou que as bactérias com mais espaçadores frequentemente eram as mais propensas a ser linhagens resistentes, e aquelas com espaçadores derivados do DNA de um fago específico eram resistentes a esse fago. Isso provava que Mojica tinha razão. O trabalho do CRISPR — com o auxílio do Cas — é reconhecer uma determinada sequência e cortá-la, debilitanto assim o vírus.

O próximo passo, ou salto lógico, era pensar "talvez nós, seres humanos, possamos tomar emprestado o CRISPR para nossos próprios propósitos". Substituir os espaçadores por um gene que desejemos remover, talvez combiná-los com uma nova sequência que queiramos inserir e adaptar o sistema microbiano como uma ferramenta de engenharia genética de espantosa precisão. Em vez de esperar que a natureza espalhe genes melhores, como nós fizemos na década de 1920, ou de usar raios gama para obter genes mutantes ao acaso, como fizemos nos anos 1960, ou em vez de espalhar novos genes específicos na esperança de que em alguns casos eles pousassem em algum lugar útil, como fizemos nos anos 1990, nós agora poderíamos literalmente editar o genoma de uma planta ou de um animal — alterando uma letra aqui, uma sentença ali — utilizando o sistema CRISPR-Cas9. Nascia assim a edição genética.

Em 2017, cientistas do Instituto Roslin, perto de Edimburgo, anunciaram ter "editado" porcos geneticamente a fim de protegê-los contra o vírus da Síndrome Reprodutiva e Respiratória Suína. Eles usaram CRISPR para cortar um pequeno segmento do gene que fazia a proteína responsável pela entrada do vírus nas células do porco; assim esses cientistas negaram acesso ao vírus e fizeram isso sem alterar a função da proteína, para que o animal crescesse normalmente sob todos os aspectos, porém imune à doença. Em 2018, cientistas da Universidade de Minnesota e da empresa de biotecnologia Calyxt empregaram uma técnica de edição genética chamada TALEN para produzir um trigo resistente ao oídio e que por isso necessitava de menos fungicida. Nesse mesmo ano, cientistas argentinos usaram CRISPR para eliminar parte do gene polifenol oxidase em uma batata, para que ela não mais ficasse marrom quando cortada. Em meados de 2019, mais de quinhentos projetos de edição genética estavam em andamento na China, quase quatrocentos nos Estados Unidos e quase cem no Japão. (A maioria desses projetos estava ligada à agricultura, embora a edição genética também seja aplicada na área de medicina.)

E a Europa? A maior parte do mundo se deu conta rapidamente de que as plantas editadas geneticamente deveriam ser consideradas variedades convencionais, não sujeitas à mesma regulamentação imensamente dispendiosa e morosa que controla as culturas geneticamente modificadas. Na Europa inteira, os cientistas esperavam e torciam para que as autoridades chegassem à mesma conclusão. A Comissão Europeia esperou dois anos para que o Tribunal de Justiça Europeu opinasse. O advogado-geral do tribunal defendeu a liberação, mas em julho de 2018 a corte, sob pressão política, rejeitou a argumentação do advogado e determinou que os organismos geneticamente editados teriam de se sujeitar à mesma regulamentação usada para os organismos geneticamente modificados, e não àquela regulamentação bem mais simples aplicada a culturas mutagênicas, as que são tratadas com raios gama ou agentes mutagênicos químicos num processo muito mais arriscado.

Em 2019, três cientistas franceses examinaram o patenteamento dos produtos CRISPR e constataram que a Europa já estava sendo deixada para trás, e de modo bastante acentuado. Enquanto os Estados Unidos haviam registrado 872 famílias de patentes e a China 858, a União Europeia possuía apenas 194, e a discrepância estava aumentando. Eles concluíram: "Seria ilusão não reconhecer que a proibição de organismos geneticamente modificados na Europa teve um grande impacto negativo sobre o futuro da biotecnologia no continente."

A edição genética está mudando com rapidez. Já começa a aparecer a edição de bases — na qual as bases de DNA são substituídas quimicamente sem que se corte a cadeia de DNA —, muito mais precisa do que a edição genética. Não há dúvida de que no futuro se tornarão possíveis extraordinários melhoramentos no rendimento, na qualidade nutricional e no impacto ambiental das culturas alimentares.

TERRA POUPADA *VERSUS* TERRA COMPARTILHADA

O imenso avanço no rendimento da agricultura ao longo do século XX, em decorrência de inovações em mecanização, fertilizantes, novas variedades, pesticidas e engenharia genética quase erradicou a fome do planeta e reduziu substancialmente a desnutrição, mesmo enquanto a população humana continuou a se expandir. Poucos previram isso, mas muitos receiam que a natureza acabe pagando o preço por esse avanço. Porém, há evidências sólidas de que vem ocorrendo justamente o contrário. Em grande escala, a inovação na produção de alimentos tem poupado a terra e as florestas do arado, dos bois e do machado, aumentando a produtividade da terra que cultivamos. Tudo indica que essa "economia da terra" tem sido muito melhor para a biodiversidade do que teria sido a partilha da terra — que se destinaria à produção de safras de baixo rendimento na esperança de que a vida selvagem fosse abundante nas áreas ao longo das plantações.

Entre 1960 e 2010, a extensão de terra necessária para a produção de determinada quantidade de alimentos diminuiu aproximadamente 65%. Se isso não tivesse acontecido, certamente cada acre de floresta, terra pantanosa e reserva natural no mundo teria sido cultivado ou transformado em pasto, e a floresta tropical da Amazônia teria sofrido uma destruição bem maior. Do modo como as coisas estão, a extensão de terra selvagem e de reservas naturais tem aumentado constantemente, e a cobertura florestal parou de diminuir e em muitos lugares mostra aumento — de fato, houve um aumento de 7% na arborização desde 1982. Na metade do presente século, o mundo alimentará nove bilhões de pessoas usando uma área de terra menor que a área na qual se produzia alimento para 3 bilhões em 1950. Além disso, estudos recentes concluíram que — para determinada produção de alimento — a agricultura intensiva não apenas usa menos áreas de terra como também produz menos agentes contaminantes, causa menos perdas de solo e consome menos água que sistemas orgânicos ou extensivos.

Imagine agora que a inovação continue a melhorar a produção das fazendas, aprimorando a eficiência da fotossíntese, inserindo bactérias fixadoras de nitrogênio em células vegetais, reduzindo ainda mais os danos causados por insetos, fungos e ervas daninhas e desviando ainda mais a energia de cada planta para alimentos valiosos (tudo isso está acontecendo) a fim de que a safra média de plantações tais como arroz, trigo, milho, soja e batata sejam 50% maiores em 2050 do que são agora. Isso é definitivamente plausível, até mesmo provável. Isso significaria que nós poderíamos cultivar muito menos terra, aumentando parques nacionais e reservas naturais, devolvendo terra para a floresta e para a vida selvagem e proporcionando mais terra para flores, pássaros e borboletas. Nós poderíamos expandir a ecologia do planeta e ao mesmo tempo nos alimentar.

CAPÍTULO 5

Inovação de baixa tecnologia

"Quando zero é acrescentado a um número ou subtraído de um número, esse número permanece inalterado, e um número multiplicado por zero torna-se zero."
Brahmagupta, 628 d.C.

QUANDO OS NÚMEROS ERAM NOVOS

"Esses são os nove números dos hindus: 9, 8, 7, 6, 5, 4, 3, 2, 1. Com esses nove números e com esse sinal 0 que em árabe é denominado "zéfiro", qualquer número pode ser escrito, como será demonstrado." Foi dessa maneira que por volta do ano 1202 (ou MCCII) um mercador italiano introduziu na Europa os numerais modernos, a aritmética moderna e fundamentalmente o uso do zero. Leonardo de Pisa, hoje conhecido como Fibonacci, havia viajado quando criança de Pisa para Bugia, um porto no litoral da África do Norte, onde o seu pai era o representante diplomático dos comerciantes de Pisa que importavam lã, tecido, madeira e ferro do norte da África e exportavam seda, especiarias, cera de abelha e couro para Gênova.

Fibonacci aprendeu aritmética em Bugia ao estilo árabe e provavelmente na língua árabe, e logo percebeu que a notação árabe, emprestada dos hindus, era muito mais simples e versátil que os numerais romanos. "Lá, a partir de uma instrução maravilhosa na arte dos nove números hindus, a introdução e o conhecimento da arte agradaram-me sobremaneira, mais do que qualquer outra coisa, e eu aprendi com eles e com os seus métodos em todas as regiões por onde passei, Egito, Síria, Grécia, Sicília, Provença, para onde eu viajava constantemente a negócios", gabou-se Fibonacci certa vez.

Duas características da numeração hindu são extraordinariamente úteis. Uma é a ideia de que a posição de um número em uma sequência indica a sua magnitude. Assim, 90 é dez vezes maior do que nove, enquanto X significa dez em algarismos romanos onde quer que apareça em um número. A outra característica é que esse sistema posicional só funciona em sistemas decimais quando um dos dez numerais não vale nada. Robert Kaplan escreveu que a linguagem da matemática "ganha vida quando zero entra nela como sinal para uma operação: a operação de alterar o valor de um dígito mudando-o de lugar".

Porém, pensando bem, um símbolo representando nada é desconcertantemente absurdo. Nada de quê? Nas palavras de Alfred North Whitehead: "A questão acerca do zero é que nós não precisamos usá-lo em nossas operações cotidianas. Ninguém vai até o mercado comprar zero peixe." (Mas eu às vezes saio para pescar e apanho zero peixe.) O zero transforma números de adjetivos em substantivos e se torna por si só um número. Foi uma inovação de profunda importância, sem dúvida, mas não envolveu nenhuma tecnologia.

Considerando-se quão indispensáveis os numerais hindus são para a vida moderna e que seria impossível viver sem eles, essa inovação foi extraordinariamente importante e é bizarro que tenha entrado com tamanho atraso na história da civilização ocidental. Todo o mundo clássico e a Cristandade no começo da Idade Média sobreviveram com um sistema de contagem que praticamente impossibilitava a multiplicação, tornava a álgebra insondável e a contabilidade primitiva. O papel de Fibonacci nessa revolução foi esquecido até o final do século XVIII, quando um acadêmico de nome Pietro Cossali, estudando o trabalho de um grande matemático do século XV, Luca Pacioli (um amigo próximo de Leonardo da Vinci) percebeu que Pacioli mencionou, de passagem, que "seguimos Leonardo Pisano na maioria das vezes". Cossali recorreu aos manuscritos mais antigos de Leonardo e percebeu que quase todos os tratados matemáticos dos séculos intermediários derivavam mais ou menos diretamente do seu fornido livro — o *Liber Abbaci*. O nome "Fibonacci" foi criado no século XIX como contração da expressão "filius Bonacci" (significando "filho de um bom rapaz"), que apareceu na primeira página do seu livro. *Liber Abbaci* surgiu dois séculos antes da revolução da impressão, portanto dependia de transcrição; por esse motivo, seu sucesso como manuscrito se perdeu na poeira do tempo.

Fibonacci realizou uma das criações mais influentes de toda a história da Europa, que lhe rendeu uma audiência com o Sacro Imperador Romano — o intelectualmente curioso, porém cruel Frederico II — e também foi copiado e divulgado por toda a Europa, até que os numerais hindus tivessem desbancado totalmente os romanos. A ironia é que os números hindus não eram completamente desconhecidos na costa norte do Mediterrâneo, mas eram uma especialidade acadêmica, principalmente na Espanha, onde monges cristãos os haviam tomado emprestado dos árabes para estudar matemática apenas. Os trabalhos de Al-Khwarizmi, o grande erudito de álgebra, foram traduzidos para o latim por estudiosos, não por comerciantes.

Fibonacci ensinou os comerciantes a usar essa aritmética nas transações comerciais do dia a dia. Seu livro estava repleto de questões práticas, todas ligadas ao mundo do comércio mediterrâneo dominado por cidades-estado italianas e seus parceiros comerciais do Oriente Próximo e do Maghreb. Um exemplo: "Se cem libras de linho ou de alguma outra mercadoria são vendidas na região da Síria ou Alexandria por quatro besantes sarracenos, quanto valeriam trinta e sete rolos...?" Repare que isso é posterior às primeiras três cruzadas, da época da quarta, aproximadamente, então um grande número de chefes e religiosos cristãos vivia, governava e lutava no Oriente Próximo; mas foi um comerciante quem compreendeu a mensagem. É surpreendente que essa inovação, como tantas outras, tenha chegado a nós por meio do comércio.

Fibonacci pode ter sido um inovador extremamente talentoso, mas foi mensageiro, não inventor. (Ele foi grande inventor no terreno da matemática — entre outras coisas, inventou a famosa sequência de Fibonacci e a razão áurea derivada dela, encontrada em organismos que crescem na natureza, como as conchas de um molusco ou os caules das árvores —, mas não inventou os números hindus nem o zero.) Suas fontes eram árabes, e a maior delas era Al-Khwarizmi, o matemático cujo nome sobrevive na palavra "algoritmo". Fibonacci leu o trabalho dele na tradução latina quando voltou para a Itália e provavelmente o leu também em árabe. Al Khwarizmi também não foi o inventor de boa parte disso, mas, sim, o compilador e divulgador, como se nota pelo título de sua obra mais importante, "Sobre o Cálculo com Números Hindus", publicado por volta do ano 820. Ele desempenhava no mundo muçulmano um papel que não era diferente do de Fibonacci no mundo cristão: destinava seu livro aos comerciantes e estava explicando uma inovação que a sua civilização havia tomado emprestada de outra civilização.

Seguindo essa pista e retrocedendo dois séculos, até o ano 628, encontramos Brahmagupta, um astrônomo que vivia em um reino da Índia ocidental chamado Gurjaradesa, conhecido por ser um grande centro de aprendizado. Ele publicou um livro: *Brahmasphutasiddhanta* [A abertura do universo]. Embora versasse principalmente sobre astronomia, tinha capítulos sobre matemática e é o primeiro trabalho conhecido a tratar o zero como um número real, não — como haviam feito os babilônios — como um símbolo correspondente a nada. Valendo-se de enunciados simples e de fácil compreensão, Brahmagupta explicou o significado do zero e conceituou números negativos pela primeira vez, de maneira despretensiosa: "Uma dívida menos zero é uma dívida. Uma fortuna menos zero é uma fortuna. Zero menos zero é zero. Uma dívida subtraída de zero é uma fortuna. Uma fortuna subtraída de zero é uma dívida. O produto de zero multiplicado por uma dívida ou uma fortuna é zero." Depois disso a pista esfria. O mais antigo registro escrito em que o zero é usado como um marcador de posição — quando era um ponto — encontra-se em um manuscrito de Bakhshali do quarto ou quinto século d.C., descoberto em 1881 na região onde agora é o Paquistão. Algo parecido com isso foi usado na Suméria e na Babilônia, de onde pode ou não ter se deslocado para o leste com os gregos que seguiram Alexandre até a Índia. Porém antes de Brahmagupta não existe evidência de que o zero tenha sido usado em sua atual forma numérica e transformado desse modo a aritmética.

Espere um pouco. Na melhor tradição da inovação paralela, há evidências de que os maias inventaram o zero aproximadamente na mesma época que Brahmagupta ou até antes. Em seu sistema de numeração com base no número 20, usado para o calendário maia, havia um hieróglifo que parecia figurar como um espaçador, um pouco como o zero hindu. Mostrou-se um beco sem saída. A civilização maia desmoronou e levou consigo a sua melhor ideia aritmética. O mesmo poderia ter acontecido no Velho Mundo? Fibonacci foi contemporâneo de Ricardo Coração de Leão, de Saladino e de Gengis Khan, todos guerreiros sanguinários. A guerra, o fanatismo religioso e a tirania ganhavam terreno. Duas grandes capitais do ensino e do conhecimento haviam recentemente virado as costas para a liberdade de pensamento em favor do misticismo: Bagdá, sob Al-Ghazali, e Paris, sob St. Bernard de Clairvaux. Na Índia, muçulmanos combateram dinastias hindus cada vez mais fundamentalistas. A China foi esmagada pelos exércitos mongóis. No final das contas, provavelmente foi bom que Fibonacci tenha levado o zero para o outro lado do mar, para Pisa e para outras cidades-estado do norte da Itália, onde o comércio prosperou e as pessoas estavam mais interessadas em seus negócios, em comprar e vender mercadorias com lucro, do que em alcançar a glória ou agradar a Deus.

A inovação de Fibonacci coexistiu durante séculos com outras maneiras de contar e contabilizar: o ábaco, as tábuas de contar. Mesmo no papel ela ficava ao lado de numerais romanos. No século XIV, às vezes aparecem nos livros de contabilidade colunas de números hindus e parágrafos de números romanos misturados ou alternando-se. Contudo, os números ganhavam preferência gradualmente e cada vez mais, sobretudo na preparação dos cálculos e prestação de contas dos comerciantes: o comércio abriu caminho. Na época em que Luca Pacioli escreveu o seu grande tratado sobre contabilidade de dupla entrada em 1494 — deixando claro que foi vital a importância da inovação de Fibonacci para matemáticos e contadores —, os numerais romanos eram empregados principalmente para datas e monumentos. E ainda hoje é assim: já vi pessoas usarem numerais romanos em cartas ao escreverem a data.

A ARMADILHA DA ÁGUA

Eu caminho muito por Londres e há alguns meses estabeleci um objetivo para mim mesmo: sentir o cheiro de esgoto enquanto caminho por alguma rua da vasta cidade. Ainda não consegui alcançar esse objetivo. Algo em torno de 10 milhões de defecações acontecem em Londres diariamente, supõe-se, pois para a maioria das pessoas essa é uma ocorrência diária. Eu me arrisco a dizer que raramente estou a mais de trinta metros de alguém que esteja realizando ativamente essa tarefa. Segundo o Escritório Parlamentar de Ciência e Tecnologia, o volume de esgoto produzido em Londres supera a marca de 1 bilhão de litros todos os dias: 400 bilhões de litros por ano, o suficiente para encher dez milhões de piscinas de tamanho padrão.

Mas nós nunca sentimos esse cheiro. Por que não? Esse é um fenômeno novo, uma inovação. Em tempos passados, as cidades cheiravam abundantemente a esgoto, o tempo todo, e era muito difícil caminhar por uma rua sem vê-lo ou sem pisar nele, muito menos sem sentir o seu odor. Nos dias atuais o esgoto continua onde está, ao nosso redor, mas tão completamente separado de nós que nunca sentimos o seu cheiro, muito menos o vemos. Ele é levado, tratado e desaparece, num movimento quase totalmente invisível. Quando pensamos nisso não é difícil reconhecer que é uma grande conquista, uma das mais admiráveis da nossa civilização.

Muitas inovações contribuíram para isso, a maior parte delas simples e de baixa tecnologia, como os próprios esgotos. É provável que a inovação mais perfeita seja a curva em S ou curva em U na tubulação abaixo de cada vaso sanitário, que aprisiona a água a fim de impedir que qualquer cheiro volte para a parte de cima da tubulação. É primorosamente simples e profundamente inteligente. Transformou o vaso sanitário num forte competidor contra o penico. O vaso sanitário foi testado muitas vezes antes. Começou com um dispositivo inventado em 1596 por Sir John Harington, afilhado da Rainha Elizabeth I, que tinha uma dessas invenções instalada no Richmond Palace. Harington chegou a escrever um livro sobre isso, *The Metamorphosis of Ajax*. A rainha mantinha o livro no banheiro. De qualquer modo, a invenção não "pegou". Vasos sanitários eram caros e falhos e tinham a enorme desvantagem de expulsar os dejetos, mas não o seu cheiro. Levar um penico para fora da residência funcionava bem melhor nesse caso.

A tubulação com curva em S é uma dessas coisas que poderiam ter sido inventadas em praticamente qualquer tempo e por qualquer pessoa. Deveria ser o caso clássico de um encanador fazendo algo que poria para correr os pensadores brilhantes. Surpreendentemente, porém, é resultado de uma mente matemática refinada em pleno Iluminismo — a mente de Alexander Cumming, que tinha como ocupação principal a fabricação de relógios e órgãos, embora também escrevesse tratados sobre rodas de carruagem e se interessasse por matemática pura.

Nós nada sabemos a respeito das suas origens, exceto que ele nasceu em Edimburgo e veio a Londres a fim de obter patrocínio do Rei Jorge III, para quem ele fez um engenhoso relógio que funcionava como barômetro. Seus cronômetros eram tão bons que o explorador Constantine Phipps deu o nome dele a uma pequena ilha no norte de Spitsbergen. Fora isso, não há muito para se dizer sobre o sr. Cumming. Ele obteve uma patente sobre "vaso sanitário em uma nova concepção". O aparato incluía muitas das características que conhecemos hoje, principalmente a armadilha S. A descarga liberava água de uma cisterna elevada, e um pouco de água permanecia na curva dupla do cano para atuar como uma barreira para o cheiro. Entretanto, Cumming acrescentou uma característica bastante desnecessária e que no fim das contas causou problemas: uma válvula que deslizava pela base do vaso, sobre a armadilha S, e que tinha de ser aberta e fechada por uma alavanca. Isso causava vazamento. O dispositivo também emperrava, principalmente em clima gelado (e naquela época a maioria dos banheiros ficava fora de casa) ou quando enferrujava ou se entupia. Por isso Cumming, bem como Harington, viu sua invenção demorar para ser adotada.

Três anos depois, em 1778, o vaso sanitário foi transformado por outro inovador: Joseph Bramah. Nascido em 1749, filho de um fazendeiro de Yorkshire, Bramah tem diversas invenções em seu nome, nos mais variados campos. Sua invenção mais importante foi a prensa hidráulica, fundamental para muitas máquinas hoje em dia, embora as ideias mais importantes sejam na verdade de Henry Maudslay, seu funcionário ainda mais talentoso. Sua criação mais famosa foi a fechadura Bramah, também construída por Maudslay. Era praticamente impossível violá-la; a empresa de Bramah chegou a oferecer um prêmio de duzentos guinéus à primeira pessoa que conseguisse isso. Durante quase meio século ninguém conseguiu superar o desafio e receber o prêmio, até 1851, muito depois da morte de Bramah, quando um empreendedor americano do ramo de fechaduras chamado Alfred Hobbs passou mais de um mês tentando realizar a façanha com uma série de instrumentos feitos sob medida. Nessa época, a firma de Bramah tinha uma nova versão da fechadura.

Depois que uma lesão na perna na época da adolescência o deixou permanentemente manco e incapacitado para o trabalho na fazenda, Bramah descobriu que tinha talento para lidar com carpintaria, teve um período de aprendizado como marceneiro e se mudou para Londres a fim de trabalhar como fabricante de móveis. Era empregado por um tal sr. Allen, que provavelmente fez o armário para acomodar o vaso sanitário de Cumming. Allen aprimorou o vaso sanitário dando à água um movimento espiral em torno do vaso quando fosse liberada. Mais ou menos nessa época, Bramah sofreu outro acidente e enquanto estava acamado concentrou-se em aperfeiçoar mais o vaso sanitário. Ele patenteou seu projeto em 1778, com uma aba articulada em vez de uma válvula deslizante e uma série de outros ajustes. E foi além: introduziu seus próprios padrões artesanais primorosamente elevados ao produto e começou a vendê-lo. Bramah se lançou aos negócios e em pouco tempo estava instalando seis vasos sanitários por semana para pessoas abastadas, por mais de dez libras por unidade instalada. O produto fez sucesso, tanto que logo passou a ser copiado; Bramah levou ao tribunal vários que o copiaram. Um caso em 1789 estabeleceu um precedente legal. O réu, o sr. Hardcastle, argumentou que a patente de Bramah havia sido redigida de maneira muito vaga e incluía características que não eram originais e que já haviam sido "publicadas" antes. O argumento quanto a esse último ponto foi que Bramah havia construído três vasos sanitários para o seu projeto e os testara antes de solicitar patente. O juiz decidiu em favor de Bramah, declarando — talvez por experiência própria — que o projeto funcionava melhor do que todos os outros anteriores.

O vaso sanitário no interior da casa só deslanchou de fato como item obrigatório por volta do final do século XIX. A construção de um vasto sistema novo de esgoto em Londres proporcionou finalmente um lugar para os vasos sanitários enviarem os dejetos até mesmo da casa mais modesta. A antipatia que muitas pessoas nutriam por vasos sanitários dentro das casas começou a mudar. Thomas Crapper, um encanador de Yorkshire, que se estabeleceu em Londres na década de 1960, foi um empreendedor que lucrou com essa nova demanda. Ele não inventou muita coisa, mas aperfeiçoou a armadilha S fazendo-a numa curva em U, tornando-a, assim, menos sujeita a entupimento. Ele melhorou o sistema de sifão a partir da cisterna e do mecanismo de válvula do reservatório de água (uma peculiaridade britânica) para evitar que a cisterna transbordasse. Mas a sua verdadeira realização foi tornar os vasos sanitários confiáveis, simples e acessíveis.

O FERRO AMASSADO QUE SE ESPALHOU PELO MUNDO

Rejeitado por sua feiura, negligenciado por ser comum demais e tão antigo que é difícil pensar nele como uma inovação: o ferro corrugado não parece ser grande coisa. Já foi novidade, no entanto — inventado em 1829 —, e comprovadamente trouxe mais benefício aos seres humanos do que muitas invenções mais glamourosas. Abrigou incontáveis milhões de pessoas da chuva e do vento e fez isso de modo mais barato e eficaz do que muitas obras de arquitetura celebradas. Tem mantido as pessoas vivas em favelas e cortiços. Na forma de abrigos antiaéreos, salvou a vida de muita gente em bombardeios. Na Califórnia, na Austrália e na África do Sul, foi indispensável para garimpeiros por possibilitar a construção rápida de cidades. Na Austrália era popular entre colonos e nativos, que se referiam a ele como "a casca do homem branco". A certa altura, ganhou tanta fama que arquitetos o usavam para construir igrejas. O príncipe Albert acrescentou um salão de baile a Balmoral feito com ferro corrugado.

No âmbito da inovação, a história do ferro corrugado é relativamente simples. Ele parece ter sido inventado por uma pessoa, e os seus rivais não o contestaram. Era um engenheiro capacitado, não um gênio obscuro nem um cientista brilhante. Sua patente permaneceu incontestada e, quando expirou, o produto se expandiu rapidamente e se tornou artigo de exportação. Recebeu vários melhoramentos ao longo do tempo, principalmente mudanças que o deixaram mais resistente à corrosão, mas ainda hoje o seu projeto continua essencialmente como era no início.

O inventor do ferro corrugado foi Robinson Palmer. Suas outras ideias estavam ambas muito à frente do seu tempo: o monotrilho e a conteinerização. Nascido em 1795 no leste de Londres, filho de um pastor, ele se tornou aprendiz de engenheiro, trabalhou por dez anos para o grande engenheiro civil Thomas Telford e foi um dos fundadores do Instituto de Engenheiros

Civis. Em 1826, Palmer foi encarregado de supervisionar a ampliação de uma doca no leste de Londres. Depois de terminar a escavação e a construção das eclusas, voltou a sua atenção para os edifícios. Ele pareceu inclinado a usar uma chapa de ferro para o teto de um galpão aberto, mas, para reforçar a chapa, passou o ferro fundido através de cilindros para dar-lhe aspecto sinusoidal. No dia 28 de abril de 1829, patenteou o "uso ou aplicação de chapas ou placas metálicas estriadas, denteadas ou corrugadas em telhados ou em outras partes de construções". Isso fortaleceu imensamente a chapa de aço, tornou-a mais rígida e capaz de cobrir uma grande abertura sem suporte adicional e, ao mesmo tempo, de suportar o peso da neve, por exemplo. Nascia o telhado de metal corrugado.

Na doca, a corrugação foi feita no local e foi construída a primeira edificação com um telhado de ferro fundido curvo e capaz de suportar grande quantidade de peso. George Hebert, editor do *Arts and Sciences*, visitou o local pouco tempo depois e gostou muito do "telhado que acaba de ser inventado pelo sr. Palmer". Os "sulcos ou, digamos, o sistema de arqueamento confere grande resistência", Hebert relatou com precisão, de tal maneira que uma chapa de metal de espessura de apenas dois milímetros e meio proporciona um telhado de dezoito metros: "Este é provavelmente o telhado mais forte e mais leve já produzido pelo homem desde os tempos de Adão."

O ferro corrugado evoluiu de modo contínuo desde então, como atestam as dezenas de patentes de melhoramentos. Por exemplo: dez anos depois, o processo de galvanização, inventado por Stanislas Sorel, na França, protegeu-o da ferrugem com uma fina camada de zinco e deu ao ferro corrugado uma vida útil bem mais longa. No final do século, o aço substituiu o ferro fundido como o material principal. Porém, o projeto básico praticamente não sofreu alteração. Palmer vendeu a patente para o seu assistente, Richard Walker, que, com os seus filhos, dominaria a indústria durante décadas. Ele já havia enriquecido antes que a patente expirasse em 1843. Somente depois disso os preços caíram e o mercado se expandiu rapidamente. A propriedade intelectual serviu apenas para retardar a inovação, como sempre.

Em 1837, Walker estava fazendo propaganda do ferro corrugado na Austrália, parte do continente que acabaria adotando o material mais do que qualquer outro. "Sem sombra de dúvida, a Austrália é a pátria espiritual do ferro corrugado", afirmaram Adam Mornement e Simon Holloway quando escreveram, em 2007, sobre o material. Sua resistência a cupins e ao fogo, seu peso leve e sua natureza pré-fabricada num país com mão de obra escassa — tudo isso recomendava o ferro corrugado aos colonizadores do continente australiano. A corrida do ouro da década de 1850 em Victoria resultou numa procura crescente por materiais de construção novos e de montagem rápida, e não demorou para que cidades inteiras de ferro corrugado se erguessem nos campos de ouro. Em 1853, Samuel Hemming enviou uma igreja completa de Londres a Melbourne por mil libras; ela, então, foi transportada para Gisborne em carros de boi e erguida por mais quinhentas libras.

Em 1885, a Austrália era o maior mercado do mundo para o ferro corrugado, e nos anos 1970 foi uma empresa australiana, BHP, que patenteou o aço Zincalume, um material corrugado feito de aço, mas revestido de alumínio (55%), zinco (43,5%) e silicone (1,5%). Esse material é mais resistente à corrosão do que o aço comum revestido de zinco. Recentemente, a importância do ferro corrugado na história australiana tornou esse material badalado entre arquitetos e artistas: a abertura das Olimpíadas de Sidney incluiu uma "Sinfonia do Telhado de Ferro" especialmente composta em sua homenagem, e a artista Rosalie Gascoigne usou o material em suas esculturas.

Da Austrália, o hábito de usar ferro corrugado em construções se espalhou pela África. O *boom* da mineração de ouro na África do Sul, no final do século XIX, dependia muito do ferro corrugado, fabricado na Austrália, enviado para Durban e transportado para o interior do país por equipes de carregadores para servir a todo tipo de finalidade: telhados, paredes, tanques de água, prédios inteiros. Na Guerra dos Bôeres, os britânicos construíram fortificações com paredes duplas de ferro corrugado. Desde as trincheiras da Primeira Guerra Mundial até as estações baleeiras na Geórgia do Sul, o ferro corrugado era parte vital da construção do século XX. O abrigo Nissen, um abrigo semicilíndrico de ferro corrugado numa estrutura de aço, inventado pelo engenheiro americano Norman Nissen, mostrou-se uma construção rápida, segura e barata em ambas as guerras mundiais.

Nos dias atuais, nas favelas de megacidades em expansão, onde os direitos de propriedade são incertos, o ferro corrugado não está apenas acessível e disponível, mas as construções feitas com ele podem ser desmontadas e movidas facilmente. É uma das primeiras coisas enviadas para zonas de terremoto para proporcionar abrigo de preparação rápida. Provavelmente também salvou muitas florestas, já que exige bem menos sustentação de madeira do que vários outros materiais de construção. Pode não ser um material amado ou nem mesmo admirado, e o barulho da chuva tamborilando nos telhados pode não ser o mais agradável dos sons — mas foi uma inovação simples que certamente mudou o mundo.

O CONTÊINER QUE MUDOU O RUMO DOS NEGÓCIOS

O *Warrior* era um navio de carga normal contratado pelos militares norte-americanos para transportar uma carga de 5 mil toneladas numa viagem comum do Brooklin até Bremerhaven na Alemanha, em 1954. A carga consistia em 194.582 itens — estojos, caixas de papelão, sacos, caixas, pacotes, peças, tambores, barris, engradados, veículos e outras coisas. Esses itens chegaram ao Brooklyn em 1.156 remessas de 151 cidades norte-americanas. O carregamento levou seis dias, um deles perdido em razão de uma greve. A viagem demorou quase onze dias. Foram quatro dias só para descarregar o navio. Os custos portuários contabilizaram 37% do custo total da remessa de 237.577 dólares, enquanto a viagem marítima teve um custo de 11% somente. Sabemos disso tudo devido a um estudo patrocinado pelo governo sobre essa única carga, citado por Marc Levinson em seu livro, *The Box*, sobre a invenção do transporte em contêineres. O estudo concluiu que para enfrentar os altos custos praticados nos portos "talvez a solução seja descobrir maneiras de embalar, movimentar e armazenar de tal forma que se evite a carga fracionada". Poucos anos depois, a conteinerização foi uma inovação que transformou o mundo. Foi uma inovação monumental, mas não envolveu nenhuma ciência nem alta tecnologia — envolveu apenas um pouco de tecnologia simples e um grande esquema de organização.

Em meados da década de 1950, o envio de mercadorias por via marítima era quase tão caro, demorado e ineficiente quanto séculos antes. Mesmo com motores mais rápidos e navios maiores, os portos eram entraves dispendiosos. Mais da metade do custo de importação ou exportação correspondia aos custos portuários (nesse sentido, a viagem do *Warrior* foi excepcionalmente um bom custo-benefício, devido ao baixo custo da mão de obra na Alemanha do pós-guerra). Os estivadores ganhavam salários relativamente bons para trabalhadores manuais, mas o trabalho era incessante, perigoso, incerto, irregular em termos de horas e desgastante. As cargas eram colocadas no cais, classificadas, armazenadas em depósitos, empilhadas sobre paletes, elevadas e lançadas a bordo do navio por guindastes, descarregadas dos paletes e em grande parte armazenadas à mão em porões geralmente curvos e de forma variada, o que tornava a fixação segura das cargas um verdadeiro desafio. Empilhadeiras e guindastes ajudavam, mas a maior parte do trabalho era mesmo braçal. Todo o processo era repetido quando a remessa chegava a outro destino, incluindo-se as inspeções de praxe. Como responsável por uma parcela da economia dos Estados Unidos, o comércio internacional na verdade estava encolhendo desde 1920, principalmente por causa do custo que os portos representavam. O sindicato fechava lojas que haviam recentemente dado fim ao suborno e à violência que acompanhavam a luta por trabalho irregular nas docas, mas o custo disso foi alto. A quantidade de carga manuseada por um único homem em um ano caiu durante a década de 1950 nos portos de Los Angeles, Nova York e Londres, ao mesmo tempo em que os salários subiam.

A ideia de usar recipientes padronizados, caixas de tamanho e formato uniformes previamente carregadas com mercadorias nas fábricas e carregadas e descarregadas dos navios sem serem abertas — isso não era novidade. Contêineres de tamanho padrão haviam sido experimentados durante décadas em ferrovias e em caminhões também. Em 1929, uma empresa norte-americana de nome Seatrain Lines começou a usar navios projetados especialmente para transportar vagões de trem fechados, mas os resultados foram bastante desapontadores. Os contêineres eram grandes demais para se encherem rapidamente e por isso ficavam parados nas fábricas; ou eram pequenos demais e perdiam a utilidade, e seu próprio peso aumentava os custos da carga. Eles não se encaixavam bem nos porões dos navios ou estavam apenas metade cheios, o que era desperdício de espaço. "Contêineres de carga mais atrapalham do que ajudam", concluiu um importante executivo de transportes, em 1955 — e ele não poderia estar mais errado.

Malcolm McLean nasceu em 1913 em Maxton, na Carolina do Norte, uma cidade mediterrânea de povo predominantemente descendente de escoceses. Ele foi um desses empreendedores ambiciosos e afeitos ao risco para os quais enriquecer parece algo simples de conseguir. Trabalhando num posto de combustível, ele não demorou a perceber que era possível fazer um bom dinheiro com o transporte de combustível. Assim, em 1934, ele conseguiu emprestado um velho caminhão-tanque e começou no ramo de transporte. Em um ano, ele já possuía dois caminhões e empregava nove motoristas com seus caminhões próprios. No ano de 1945, o seu negócio tinha 162 caminhões e faturava 2,2 milhões de dólares. McLean sabia como driblar os exigentes regulamentos do comércio interestadual, e os seus motoristas, autônomos na maioria, eram menos inclinados a greves do que os dos seus concorrentes. Seus motoristas ganhavam bônus se não se envolvessem em acidentes, o que mantinha baixos os gastos com reparos. No início, ele usou diesel para economizar e foi pioneiro no uso de correias transportadoras para deslocar carga entre caminhões. Em 1954, ele tinha mais de 600 caminhões, financiados por muitas dívidas.

Nessa época, ele teve uma ideia. A navegação costeira não conseguira se recuperar após a guerra e estava em declínio, e as estradas, por outro lado, estavam cada vez mais congestionadas. Por que não levar os seus reboques até os navios e carregá-los a bordo em portos mais próximos do seu destino? Com um grande apetite por risco, ele vendeu seu negócio de caminhões e então comprou um grande negócio de transporte marítimo, com dinheiro emprestado — ele de fato inventou a compra alavancada. Depois, porém, ele teve uma ideia melhor. Em lugar de colocar reboques inteiros dentro de navios, por que não separar as estruturas dos reboques das rodas e empilhá-las nos navios? Ele testou a ideia com um carregamento de cerveja de Nova York a Miami e descobriu que poderia cortar os custos em 94% em comparação com uma carga fracionada.

A lenda que ganhou força em torno dessa história é que McLean, como Arquimedes e Newton, teve um súbito momento de inspiração enquanto esperava que um caminhão fosse descarregado em um porto nos anos 1930. Isso é falso, como todas as histórias desse tipo. Como lembra Levinson:

> Para o meu espanto, porém, eu logo me dei conta de que muitas pessoas apreciam muito o conto sobre a epifania de McLean nas docas. A ideia de um momento isolado de inspiração — como a maçã caindo na cabeça do jovem Isaac Newton — faz a alma se agitar, ainda que seja falso. Por outro lado, tem pouco apelo a ideia de que a inovação acontece aos trancos e barrancos, com uma pessoa adaptando um conceito já em uso e outra descobrindo como lucrar com isso.

Por que tais mitos de heroísmo persistem? Talvez porque as pessoas gostem de pensar que também podem se tornar célebres com um único voo da imaginação. Semelhante pensamento mágico evidencia uma visão profundamente equivocada quanto ao perfil da maioria dos inovadores atuais.

Os fatos não são tão extraordinários, mas são mais intimidadores, e o caso de McLean é exemplo disso.

McLean comprou um petroleiro, o SS *Ideal X*, e o adaptou para que transportasse contêineres num convés especialmente projetado para isso. Comprou também dois guindastes grandes e os converteu em guindastes para contêineres e encomendou a construção de uma série de contêineres de dez metros. Então ele passou dois anos tentando convencer as autoridades da Comissão de Comércio Interestadual e a Guarda Costeira de que o navio era seguro, ao mesmo tempo em que se defendia nos tribunais contra ações de perdas e danos iniciadas por ferrovias e caminhoneiros. No dia 26 de abril de 1956, o *Ideal X* zarpou de Nova Jersey para o Texas com cinquenta e oito contêineres a bordo. Foram gastos sete minutos para içar cada contêiner a bordo, e foram necessárias apenas oito horas para carregar o navio. Quando a viagem terminou, McLean calculou que a tonelada havia custado menos de 16 centavos, ao passo que a taxa para cargas normais era de 5,83 dólares a tonelada.

Qualquer um chegaria à conclusão de que uma economia tão gigantesca falaria por si só. Mas não seria assim tão simples. A batalha de McLean estava apenas começando. A parte de engenharia transcorreu sem problemas no início. McLean aproveitou uma greve portuária em 1956 para reprojetar seis navios maiores, com capacidade para transportar 226 contêineres cada. Por tentativa e erro, o seu engenheiro, Keith Tantlinger, calculou a tolerância permitida nas células de metal do porão onde os contêineres eram colocados: pouco mais de 2,5 cm de comprimento e pouco menos de 2,5 cm de largura, o bastante para realizar carregamento simples, mas não o bastante para que o contêiner se movesse numa tempestade. (Tantlinger usou massa de modelar enfiada no espaço em torno dos contêineres para provar que eles não se moveram na primeira viagem.) De maneira sistemática, Tantlinger reprojetou tudo, desde o chassi do caminhão até os próprios contêineres e a trava de torção que os mantinha juntos a bordo a fim de tornar mais rápida a tarefa de carregá-los e descarregá-los. Os novos guindastes de pórtico a bordo tinham a capacidade de carregar e descarregar um navio ao mesmo tempo. O primeiro desses navios, o SS *Gateway City*, construído em Mobile, em 1957, podia ser carregado e descarregado em oito horas, o mesmo tempo que levava o *Ideal X*, embora esse navio suportasse cinco vezes mais contêineres.

Os maiores obstáculos com que McLean se deparou foram humanos. Em 1958, ele enviou dois dos seus novos navios de Newark a Porto Rico, mas quando chegaram ao seu destino o sindicato dos estivadores se recusou a descarregá-los. Esses navios ficaram parados por quatro meses até que McLean cedesse e aceitasse que um número desnecessariamente grande de homens descarregasse cada navio. Esse atraso lhe custou todo o lucro do ano. Uma nova greve em 1959 causou mais prejuízo, deixando o negócio de McLean à beira da falência. Outras empresas de transporte marítimo hesitaram diante do substancial investimento necessário para operar no transporte de contêineres, sobretudo com uma força de trabalho pouco cooperativa; desse modo, os portos relutavam em mudar. A revolução dos contêineres parecia fadada ao fracasso.

McLean reagiu contratando para a rebatizada Sea-Land jovens cheios de ambição e com espírito empreendedor, pessoas do seu antigo negócio de transporte com caminhões, para enfrentar os problemas. Ele tomou mais empréstimos e construiu navios ainda maiores. Começou a fazer transporte marítimo da Costa Leste para a Califórnia, pelo Canal do Panamá. A sorte lhe sorriu quando o seu principal competidor na rota de Porto Rico faliu depois de contrair dívidas demais. Em 1965, a Sea-Land tinha quinze navios e 13.533 contêineres. Após uma longa batalha interna, os sindicatos acabaram se juntando à mecanização, pois ela trouxe mais negócios aos portos e melhores condições de trabalho. Na Costa Oeste, os sindicatos até reclamavam que os empregadores estavam atrapalhando o trabalho automatizado.

O maior problema agora era a padronização. O governo dos Estados Unidos e mais tarde a Organização Internacional de Normalização esforçaram-se durante anos para determinar qual seria o melhor tamanho e a melhor forma para um "contêiner padrão". Em 1965, no entanto, dois terços dos contêineres em uso não respeitavam as normas estabelecidas para o comprimento nem para a altura. Eram contêineres de quase onze metros da Sea-Land ou, no Pacífico, dos contêineres de sete metros de Matson, resultado de um projeto rival e paralelo feito por uma empresa que transportava abacaxis do Havaí para São Francisco. No final, contudo, a indústria se acomodou principalmente em comprimentos padronizados de seis metros e doze metros.

A próxima inovação de McLean veio com a Guerra do Vietnã. Os Estados Unidos enfrentavam dificuldades para reforçar e fornecer suprimentos às suas tropas devido às águas rasas e à precariedade das instalações portuárias de Saigon e Da Nang. Os militares tentaram repetidas vezes amenizar o congestionamento, o atraso e a confusão, mas não obtiveram muito sucesso. E as coisas só faziam piorar ainda mais. Percebendo a sua oportunidade, McLean importunou o Pentágono para que lhe permitissem construir um porto de contêineres na Baía de Cam Ranh. Ele enfrentou uma resistência previsível, mas sua persistência finalmente deu resultado em 1967. A Sea-Land construiu um porto, assumindo todos os riscos e começou a embarcar seiscentos contêineres a cada duas semanas. De um momento para o outro os problemas de abastecimento dos militares terminaram. Foram despachados de navio até mesmo contêineres refrigerados com sorvete. A Sea-Land recebeu vultosas somas por esses contratos. O inquieto McLean então vislumbrou uma oportunidade de enviar os contêineres vazios de volta via Japão, onde eles recolhiam mercadorias para exportação, ajudando assim a preparar o *boom* de exportações asiáticas que transformaria as economias do Japão, de Taiwan, da Coreia, da China e, com o tempo, do Vietnã. Não demorou para que os militares dessem a McLean mais contratos para o envio de suprimentos a tropas também na Europa, o que ajudou a mudar a atitude dos portos europeus que ainda estavam céticos a respeito dos contêineres.

McLean vendeu a Sea-Land para R. J. Reynolds em 1970 e logo deixou a empresa. Ele tentou diversos outros empreendimentos, entre eles criação de porcos e *resorts*, e acabou voltando ao ramo de transporte marítimo com a aquisição da United States Lines, em 1977. A capacidade do transporte por contêiner crescia 20% ao ano, e os navios se tornavam cada vez maiores. Por tonelada de carga, um navio grande era menos caro para ser construído, exigia uma tripulação menor e consumia menos combustível do que um menor.

A velocidade média dos navios porta-contêineres caiu durante os anos 1970, com o aumento dos preços de combustível depois da crise do petróleo ocorrida em 1973 e 1978. McLean vislumbrou uma oportunidade para comprar catorze "Econships" na Coreia do Sul, projetados para viajar continuamente ao redor do mundo rumando na direção leste, evitando assim o contratempo de voltar vazio. A ideia era muito boa, mas não funcionou. Os preços do petróleo caíram, e itinerários de volta ao mundo deixaram de ser confiáveis. Em 1986, as Indústrias McLean declararam falência com uma dívida de 1,2 bilhão de dólares, a maior falência da história dos Estados Unidos à época. Seu grande apetite por risco o levara a correr um risco a mais. Abalado com a experiência, ele evitou os holofotes por algum tempo. Morreu em 2001, aos oitenta e sete anos. Na manhã do seu funeral, navios cargueiros em todo o mundo fizeram soar seus apitos ao mesmo tempo.

O seu legado é o vasto negócio envolvendo transporte em contêineres oceano afora, que hoje é vital para a economia mundial. Hoje em dia, há navios que transportam mais de 20 mil contêineres de seis metros cada um; eles podem ser descarregados e recarregados em apenas três dias. McLean é o pai do comércio moderno, mas não inventou nada tão novo assim, muito menos algo de alta tecnologia. Se ele não tivesse promovido essa revolução, outra pessoa provavelmente teria feito isso. Mas quem fez foi ele.

A BAGAGEM COM RODAS PODERIA TER SURGIDO MAIS CEDO?

Eu, que na juventude carreguei malas pesadas por estações de trem e por aeroportos, considero a mala com rodas um dos pontos altos da civilização. Mas, para um objeto de baixa tecnologia, ela surgiu com um atraso surpreendente; os seres humanos já haviam pisado na Lua e a mala com rodas ainda não tinha sido inventada. Por que a bagagem com rodas não foi inventada na década de 1960? O que impediu que isso ocorresse e por que demorou tanto para acontecer? A mala com rodas parece ser um bom exemplo de inovação tardia que deveria ter acontecido mais cedo. Ou será que aconteceu?

No ano de 1970, Bernard Sadow, alto executivo de uma empresa especializada em bagagens de Massachusetts, a certa altura foi passar férias com sua família em Aruba. Na volta, avançando pela fila da alfândega, ele erguia de tempos em tempos as duas pesadas malas que levava consigo. Nesse momento, um funcionário do aeroporto passou caminhando rapidamente com uma peça pesada de máquina sobre um carrinho de aeroporto. "Bem que poderíamos ter um desses para a nossa bagagem", Sadow disse à sua mulher. Ele foi para casa, tirou quatro rodas de um guarda-roupa e as aparafusou em uma mala. Depois ele prendeu uma correia à mala e a arrastou sem esforço pela casa. Então solicitou uma patente de mala com rodas, que lhe foi concedida em 1972. No pedido de patente, ele escreveu: "A bagagem realmente desliza. Além disso, praticamente qualquer pessoa, independentemente de tamanho, força ou idade, pode facilmente puxá-la sem se esforçar."

Mas quando Sadow mostrou o seu protótipo aos varejistas, todos o recusaram, um a um. Havia muitas objeções, das mais variadas. Por que uma pessoa acrescentaria o peso de rodas a uma mala quando poderia colocá-la em um carrinho de bagagem ou entregá-la a um carregador? Por que encarecer o produto? Ele tentou por muitos anos, mas nada conseguiu, até que a loja de departamentos Macy's decidiu encomendar uma linha de "malas que deslizam" de Sadow — e o mundo começou a acompanhar a tendência.

A história das patentes nos mostra que o sr. Sadow não foi o primeiro a tentar. Arthur Browning fez um pedido de patente para bagagem com rodas um ano antes de Sadow, em 1969. Grace e Malcolm McIntyre haviam tentado patentear essa ideia em 1949. Em 1947, Clarence Norlin patenteou malas com rodas retráteis, feitas para caber melhor nos espaços. Barnett Book solicitou uma patente para uma mala com rodas em 1945. E, em 1925, Saviour Mastrontonio patenteou um "carregador de malas" que podia ser usado para fazer rodar "uma bolsa, mochila, mala ou qualquer coisa parecida".

Falta de inspiração não foi o problema, sem sombra de dúvida. O que parece ter impedido o sucesso das malas com rodas foi principalmente a arquitetura das estações e aeroportos. Havia carregadores em grande número e sempre disponíveis, principalmente para executivos. As plataformas e corredores eram curtos e próximos de pontos de desembarque aos quais os carros tinham acesso rápido. Havia escadarias em abundância. Os aeroportos eram pequenos. Homens viajavam mais do que mulheres, e eles não queriam parecer não ser fortes o bastante para erguer malas. As rodas eram pesadas, quebravam com facilidade e pareciam ter vontade própria. Os relutantes fabricantes de malas podem ter demorado a aceitar o desafio, mas eles tinham uma parcela de razão. A rápida expansão das viagens aéreas na década de 1970 e a crescente distância que os passageiros tinham de caminhar criaram um ponto de desequilíbrio, e a partir daí as malas com rodas passaram a ser vistas como solução.

Uma década depois, o projeto de Sadow foi destronado por uma inovação superior — a mala Rollaboard, com quatro rodinhas e alça retrátil. Essa ideia original é de Robert Plath, piloto da Northwest Airlines. Em 1987, ele entrou na oficina que tinha em casa e fixou duas rodas no menor lado de uma mala retangular em vez de quatro na base do maior lado, como havia feito Sadow. Uma mala poderia agora ser inclinada e arrastada nessa posição, com a ajuda de um cabo longo. Plath vendeu algumas dessas malas para seus colegas pilotos, mas os passageiros começaram a reparar nelas e a demonstrar interesse em adquiri-las. Plath acabou deixando a empresa aérea e montou sua própria empresa de malas de viagem, a Travelpro, que logo se tornou um negócio de sucesso. Seguiram-se as versões com quatro rodas, as versões em alumínio ou em plástico leve, além de rodas que giram em qualquer direção e podem ser empurradas ou puxadas. A inovação continua a transformar a experiência de viajar.

O exemplo das malas com rodas nos mostra que geralmente não se pode inovar antes que o mundo esteja pronto. Também nos mostra que quando o mundo está pronto, a ideia já existe e só espera o momento de ser colocada em prática. Pelo menos nos Estados Unidos. Não aconteceu nada parecido na Rússia Comunista nem na China de Mao.

NOVIDADE NA MESA

A indústria de restaurantes é viciada em inovação. Ela experimenta uma rotatividade rápida quando pontos de alimentação outrora disputados perdem espaço para novos pontos, com proteção zero do governo para quem prefira resistir à inovação, subsídio zero para quem deseje inovar e estratégia geral zero da parte de especialistas. É o mais perto que se pode chegar de um sistema de inovação sem permissão. Restaurantes devem se adaptar ou desaparecer. Alguns podem durar décadas e se tornar marcas globais, mas mesmo esses precisam se adaptar constantemente às mudanças de gosto. Outros não passam de fogo de palha que conquistam as pessoas por pouco tempo, na melhor das hipóteses.

Na última metade do século, aproximadamente, grande parte da inovação em alimentação veio da importação de diferentes estilos culinários. Em 1950, uma pessoa em Londres que comesse fora estaria familiarizada com a cozinha francesa, mas não com a italiana, provavelmente, nem muito menos com a indiana, a árabe, a japonesa, a mexicana ou a chinesa. Todas essas versões de comida estavam à venda no mercado de rua onde eu hoje comprei o meu almoço (pastel indiano) e também podem ser encontrados sem dificuldade pratos da culinária coreana, etíope, vietnamita e de outros estilos. Mas existe um limite para o número de cozinhas estrangeiras situadas num país, e esse método de inovação acabará se esgotando. Em busca de outra novidade, o setor de restaurantes tenta ser criativo.

Novos ingredientes ainda surgem, mas isso não ocorre com muita frequência. O kiwi e o robalo chileno (também conhecido como merluza negra) são dois exemplos de alimentos que passaram a ser consumidos apenas poucas décadas atrás; mas a maioria de nós ainda come frango, batatas e alimentos desse tipo, de formas cada vez mais variadas.

Existem novas maneiras de preparar alimentos, com nomes afetados como "espumas" e "jus". Há fusões de estilos, e as cozinhas asiáticas combinadas estão à frente das demais nesse caminho. Há o surgimento dos alimentos veganos, com engenhosas maneiras de recriar a experiência de comer carne vermelha (a beterraba é o segredo) ou batatas fritas e peixe (a flor de banana tem consistência surpreendentemente parecida com a do bacalhau).

Em alguns casos, a busca por novidades adquire um sabor de quase desespero e retorna a ingredientes ou estilos mais antigos. Desse modo, a alta gastronomia dinamarquesa do chef René Redzepi — cujo restaurante em Copenhague, o Noma, ganhou o prêmio San Pellegrino de restaurante mais inovador do mundo por três anos consecutivos — depende ao menos parcialmente da ideia "reciclada" de combinar animais com plantas que crescem onde eles vivem: por exemplo, pescoço de porco com espadanas, violetas e malte. Paradoxalmente, recriar o extremo regionalismo dos antigos caçadores-coletores torna-se, portanto, uma inovação.

Dois professores — famintos — por inovação, que realizaram um estudo sobre o Noma frisaram que o principal método de inovação no caso não é de invenção original, mas de recombinação — reunir coisas antigas em combinações novas —, e que essa é uma característica geral da inovação na economia: "A inovação é um processo de busca e recombinação de componentes existentes", uma constatação que Joseph Schumpeter também fez na década de 1930: "A inovação combina componentes de uma nova maneira."

Essa recombinação pode continuar de maneira indefinida? Suponhamos que existam dez tipos diferentes de carne, dez tipos diferentes de vegetais, dez tipos diferentes de tempero ou ervas e dez maneiras diferentes de preparar cada uma dessas coisas. Isso simplifica muito a atual situação, mesmo assim resulta em 10 mil possibilidades de pratos diferentes. Com um universo mais realista de números, a quantidade de maneiras de recombinar os ingredientes torna-se astronômica. Não há, portanto, muito perigo de que a comida um dia se torne monótona e pare de mudar.

Já existem até mesmo laboratórios trabalhando em receitas. El Bulli, um restaurante na Espanha, foi o primeiro a receber uma estrela Michelin e um prêmio Pellegrino. Ferran Adrian e Juli Soler, seus proprietários, conquistaram isso investindo em sua própria pesquisa e em instalações de desenvolvimento, nas quais chefs e cientistas de alimentos desenvolvem novas receitas durante o inverno (quando o restaurante fica fechado) para o ano seguinte. O Fat Duck, restaurante caro na Grã-Bretanha, chegou a desenvolver um prato de frutos do mar chamado Som do Mar, com o som das ondas saindo de um iPod Nano escondido dentro de uma concha marinha. Aqueles que estudaram a maneira de inovar dos chefs relatam que eles seguem um processo de ensaio e modificação visando ao aperfeiçoamento e explorando caminhos novos, experimentando com variações a partir de uma ideia central até chegarem a um prato que eles supõem que ganhará a aprovação dos clientes. Nada muito diferente do que Thomas Edison fez para aprimorar a lâmpada.

Mas inovação no campo da culinária não diz respeito apenas a ingredientes e receitas. A inovação também está ligada à maneira de comer. Ray Kroc se deu conta de que refeições simples podiam ser preparadas segundo um procedimento padrão que permitisse que o alimento fosse consumido sem pratos ou talheres, e a fórmula se espalhou pelo mundo — o McDonald's. Isso é um lembrete de que não é a invenção que faz a diferença, e, sim, a comercialização. Kroc era um vendedor de máquinas de milk-shake que enfrentava uma forte competição nesse ramo. Um dos seus clientes era uma pequena cadeia de lanchonetes na Califórnia, de propriedade de Richard e Maurice McDonald. Eram estabelecimentos surpreendentemente limpos, bem-organizados e populares. "Na minha experiência, casas especializadas em hambúrguer resumem-se a máquinas de música, cabine telefônica, salas para fumantes e gente com jaqueta de couro. Eu não levaria a minha mulher a um lugar assim", escreveu Kroc. Os irmãos McDonald haviam desenvolvido como abordagem uma espécie de linha de montagem para uma preparação rápida e confiável de refeições, viável desde que o menu fosse simples. Quando estabeleceu uma parceria com os irmãos, Kroc expandiu o McDonald's com um modelo de franquia que enfatizava a uniformidade e os preços acessíveis, o que lhe permitiu também manter rígido controle sobre os padrões — algo que contrastava fortemente com os restaurantes de refeição rápida da época, que não inspiravam confiança. Em pouco tempo, o McDonald's já se espalhava por todo o país e depois para o mundo. Sua popularidade acabou atraindo a fúria prepotente de comentaristas culturais. Não poderia haver elogio maior.

O SURGIMENTO DA ECONOMIA COMPARTILHADA

Talvez pareça estranho classificar como baixa tecnologia a economia compartilhada, tendo em vista a sua dependência da internet. Mas inovações tais como eBay, Uber e Airbnb — que não foram previstas quando a internet apareceu — são na verdade conceitos simples e não técnicos de uma época passada que se tornaram possíveis em razão da conectividade do mundo moderno. Pessoas que têm tempo livre podem atender pessoas que precisam de viagens de carro. Pessoas com quartos vagos podem alugá-los a pessoas que precisam de um lugar para passar as férias. Pessoas com experiência podem passá-la a pessoas que precisem dessa experiência. Pessoas que têm coisas para vender encontram pessoas que querem comprar coisas. Essas atividades já aconteciam antes do aparecimento da internet, mas se tornaram muito mais lucrativas e divulgadas em um mundo on-line. Isso deveria ter sido óbvio, mas não foi percebido por muitas pessoas.

Joe Gebbia e Brian Chesky fundaram o Airbnb em 2008. O site já ultrapassa a marca de cinco milhões de propriedades listadas em mais de 80 mil cidades. A receita bruta dos locadores provavelmente supera 40 bilhões de dólares por ano. Tais números sugerem que essa inovação atende a uma necessidade. Isso desobstrui o valor potencial escondido nas casas das pessoas e gera uma receita bem-vinda para quem aluga o imóvel. Além disso, oferece mais propriedades para alugar, mantendo os preços mais baixos do que seriam praticados em outra situação pela pessoa que aluga. Porém, é verdade que esse sistema também traz problemas, e não apenas para cadeias de hotéis. Cidades como Amsterdã e Dubrovnik se tornaram monoculturas de locadores e desertos para residentes permanentes.

Economia compartilhada é uma maneira de se fazer mais com menos ou crescer por meio da redução — enriquecimento econômico gerado pelo uso de recursos de forma mais frugal. No caso do compartilhamento de carros, muitos veículos privados permanecem parados durante 95% da vida útil deles; sendo assim, por que não usá-los um pouco mais? Outros exemplos de economia compartilhada estão apenas no início. A VIPKid, fundada em 2013 por Cindy Mi, conecta estudantes na China a professores de língua inglesa nos Estados Unidos por meio da internet. No final de 2018, a VIPKid estava habilitando 61 mil professores que desejavam preencher seu tempo livre e 500 mil alunos para aprender inglês. Esse sistema envia aproximadamente 1 bilhão de dólares dos chineses para o povo norte-americano anualmente. A Hipcamp, fundada em 2013 por Alyssa Ravasio, permite que proprietários de terras perto dos parques nacionais dos Estados Unidos encontrem campistas dispostos a pagar para acampar em suas terras. A economia compartilhada é a ideia mais antiga do mundo: trata-se de conectar pessoas que têm mais peixe do que precisam com pessoas que têm mais frutas do que precisam.

CAPÍTULO 6

Comunicação e computação

"Existe uma lei sobre a lei de Moore. O número de pessoas que preveem a morte da lei de Moore dobra a cada dois anos."
Peter Lee a respeito da Microsoft Research, 2015.

A PRIMEIRA MORTE DA DISTÂNCIA

Certa noite, em 1832, enquanto o *Sully*, navio de passageiros de três mastros, avançava singrando as águas do Atlântico, seguindo de Le Havre para Nova York, dois passageiros envolveram-se numa conversa monumental após o jantar. Um desses passageiros era Charles Thomas Jackson, de Boston, que era geólogo e médico, mas também uma espécie de gênio, embora tenha passado boa parte da vida — antes de enlouquecer — reivindicando prioridade furiosamente sobre as descobertas científicas de outras pessoas em medicina, geologia e tecnologia. Ele estava prestes a fazer isso agora. O outro homem era um artista famoso: Samuel Morse. Com 42 anos de idade, todos o viam com bons olhos — havia feito muitos retratos, incluindo vários de presidentes —, menos ele próprio. Morse acreditava que estava sem ideias e que já tinha dado o melhor de si. Ele ainda estava tentando terminar a sua obra-prima, na qual vinha trabalhando fazia meses: uma representação minuciosamente detalhada da Grande Galeria do Louvre. Mas o assunto entre os dois homens não era arte. Segundo recordou Morse cinco anos mais tarde, "nós estávamos conversando sobre as recentes descobertas científicas em eletromagnetismo e os experimentos de Ampère".

Outro passageiro perguntou se uma corrente elétrica poderia percorrer um fio muito longo sem perder velocidade. Jackson, no mesmo instante, explicou que Ben Franklin havia mostrado que uma corrente podia ir tão longe através de um fio quanto se desejasse e com muita rapidez. Nesse instante, algo ocorreu a Morse — talvez a chegada da corrente ao final de um longo fio pudesse enviar uma mensagem: "Se a presença de eletricidade pode se tornar visível em qualquer parte que se queira do circuito, não vejo por que motivo a informação não possa ser transmitida instantaneamente por eletricidade." Morse e Jackson então falaram sobre a possibilidade de realizar experimentos para provar isso.

Cinco anos depois, Morse escreveu aos passageiros e ao capitão do *Sully* para saber do que essas pessoas se recordavam a respeito da noite em que ele conversara com Jackson. Nessa ocasião, ele já havia inventado o telégrafo, mas estava sendo importunado por reivindicações de rivais europeus que afirmavam ter inventado o telégrafo antes dele. Morse queria estabelecer prioridade. O capitão foi muito útil: "Eu me lembro muito bem da sua reação quando um pensamento recente lhe ocorreu: a possibilidade de uma comunicação telegráfica realizada por fios elétricos." Dois passageiros se lembravam disso também. Mas não Jackson, que agora afirmava que o *insight* havia sido apenas dele e de mais ninguém: "Eu reivindico ser o autor de toda a invenção feita a bordo do *Sully*. Ela foi construída inteiramente com os meus materiais." Isso enfureceu Morse, que acabou recorrendo à lei.

Samuel Morse fez mais para compactar o mundo do que qualquer pessoa antes ou depois dele. Graças às suas inovações, mensagens que antes demoravam meses para chegar ao seu destino agora chegavam em questão de segundos. Diferente de Jackson, Morse fez vários experimentos para tentar transformar a ideia original em um aparelho. Leonard Gale, da Universidade de Nova York, sugeriu o uso de retransmissores, e essa sugestão foi fundamental. Em 1838, Morse conseguiu enviar a mensagem "Quem espera com paciência não fracassa" por um fio de mais de três quilômetros usando um código. Num exemplo típico de descoberta simultânea, ele foi superado por muito pouco na realização desse mesmo objetivo por dois inventores britânicos, Charles Wheatstone e William Cooke; mas a versão de Morse, empregando um único fio, era melhor. Além disso, Morse ainda inventou um código, um sistema binário de transmissão de informações para ser utilizado no telégrafo: o código Morse. Depois, como acontecia com tantos inventores, ele passou anos defendendo a sua prioridade, lutando contra nada menos do que quinze ações judiciais sobre as suas patentes: "Encontro-me sob uma necessidade incessante de observar os movimentos do grupo de piratas mais sem escrúpulos que já vi, por isso ocupo todo o meu tempo tentando dar forma legal às evidências de que sou o inventor do Telégrafo Eletromagnético!", queixava-se ele em 1848. Somente em 1854 ele obteve a vitória definitiva na Suprema Corte.

A verdadeira realização de Morse, como da maioria dos inovadores, foi superar os obstáculos políticos e práticos. Como disse o seu biógrafo, Kenneth Silverman:

> As reivindicações de Morse em favor de si mesmo como inovador repousam de modo mais convincente na parte do seu trabalho que ele menos valorizava: o seu incansável empreendedorismo. Com obstinado anseio, ele apresentou a sua invenção ao mercado apesar da indiferença do congresso, de atrasos frustrantes, de falhas mecânicas, de problemas de família, de parceiros

belicosos, de ataques da imprensa, de longos processos judiciais e de períodos de depressão.

Em 1843, o Congresso finalmente destinou uma verba para que Morse instalasse o primeiro fio telegráfico, de Washington a Baltimore. O equipamento para isolar e entrincheirar o fio ao longo da via férrea se mostrou inútil, e os seus parceiros provaram ser corruptos e pouco confiáveis. No ano seguinte, ele mudou de tática e começou a suspender fios no alto de postes, obtendo mais sucesso. Em maio, ele conseguiu usar o fio ainda incompleto para obter notícias sobre a nomeação de Henry Clay para presidente pela convenção do Partido Whig em Baltimore mais de uma hora antes de a confirmação chegar por trem. Em 24 de maio de 1844, com a linha completa, Morse transmitiu uma mensagem de Baltimore até o edifício da Suprema Corte em Washington — uma citação do livro de Números sugerida por Annie Ellsworth, filha de um amigo: "As maravilhas que Deus realiza!"

As implicações da aniquilação da distância pelo telégrafo foram prontamente compreendidas em um país imenso como os Estados Unidos. Como se afirmou anos depois, num relatório oficial:

> Uma dúvida povoava muitas mentes patrióticas: como a intercomunicação rápida, completa e abrangente de pensamento e inteligência, tão necessários a um povo que vive sob uma república representativa comum, poderia se instalar ao longo de fronteiras tão gigantescas. Essa dúvida deixou de existir, pois o telégrafo eletromagnético do professor Morse, um triunfante sucesso, solucionou-a e deu cabo dela para sempre.

Os fios telegráficos logo cruzaram os continentes: até 1855, somente nos Estados Unidos mais de 67 mil quilômetros de fios haviam sido instalados. Em 1850, o primeiro cabo subaquático foi estendido através do Canal da Mancha, envolvido em "gutta-percha", um isolante derivado da seringueira. Em 1866, foi a vez de um cabo transatlântico, e em 1870 um cabo submarino da Grã-Bretanha até a Índia, que chegou à Austrália em 1872. Em razão do seu império ultramarino, a Grã-Bretanha dominou a indústria de colocação de cabos subaquáticos, e Londres acabou ficando no centro de uma teia de cabos submarinos. A partir de 1870, a produção de cabos submarinos aumentou dez vezes nos trinta anos que se seguiram.

Instalou-se uma esperança utópica generalizada com relação ao impacto do telégrafo na sociedade, assim como viria a acontecer 150 anos mais tarde com o surgimento da internet. Comentaristas especulavam que os fios reduziriam a possibilidade de guerras, manteriam as famílias em contato, transformariam as atividades ligadas a finanças e desencorajariam o crime. Com empolgação, o jornal *Utica Gazette* declarou: "Tratem de fugir, tiranos, assassinos e ladrões, tratem de fugir, odiadores da luz, da lei e da liberdade, pois o telégrafo está nos seus calcanhares."

Com o telégrafo já em uso, o telefone acabaria surgindo em algum momento. Em 1876, num caso que costuma ser mencionado como uma espetacular situação de invenção simultânea, Alexander Graham Bell foi ao escritório de patentes a fim de registrar uma patente do telefone — e apenas duas horas depois Elisha Gray apareceu no mesmo escritório de patentes com uma solicitação para a mesma coisa. Os dois eram rivais havia anos na corrida para desenvolver o telefone (ou telégrafo harmônico, como era chamado por eles) e havia muita evidência de que um bisbilhotava o trabalho do outro e de que bisbilhotavam também as negociações um do outro com o escritório de patentes. Assim, a coincidência deixa de ser tão impressionante nesse caso, porque houve competição.

Na verdade, nós agora sabemos que tanto Graham Bell como Elisha Gray foram superados na disputa pela concepção do telefone por Antonio Meucci, um italiano que havia migrado para Cuba e depois para Nova York. Em 1857, ele realizou experiências com "um diafragma vibratório e um ímã eletrificado", os principais componentes do receptor do telefone, e apresentou uma solicitação de patente em 1871. Ele fez um grande número de dispositivos, e até os utilizou para fins de comunicação entre os andares de sua casa em Staten Island. A história deixou Meucci cair no esquecimento simplesmente porque ele, diferente do decidido Bell, não arrecadou dinheiro para desenvolver a ideia ou defender as suas patentes, e a sua fábrica de velas faliu, o que o levou à pobreza e à insolvência. Ele foi um inventor, mas não um inovador.

O MILAGRE DA TRANSMISSÃO SEM FIO

Em diversos aspectos, Guglielmo Marconi era uma figura incomum entre inovadores. Em primeiro lugar, ele era de uma classe abastada e usava o seu mordomo como assistente de pesquisa em seu laboratório na mansão da família. Em segundo lugar, ele era bom inventor, dotado de técnica e era bom também na produção comercial das suas novas ideias, assim acabou por se tornar um importante homem de negócios. E em terceiro lugar, ele de fato tirou algumas das suas ideias da ciência, de experimentos de Heinrich Hertz, embora antes dessa época os inventores fossem em sua maioria engenheiros ou tecnólogos, mas não cientistas. Porém, em um aspecto Marconi era inteiramente previsível: ele fez muito uso do processo de tentativa e erro.

Marconi nasceu no apartamento de um palácio em Bolonha e no início foi criado numa mansão no topo de uma colina, fora da cidade. Era filho de um rico homem de negócios italiano e de uma irlandesa da família Jameson (proprietária da marca de uísque de mesmo nome). A família de Marconi mudou-se para Bedford na Inglaterra, onde permaneceu por quatro anos, depois se transferiu para Florença e então para Livorno, onde o jovem Marconi recebeu privadamente ensinamentos de ciência. Sua prima Daisy Prescott lembrava-se de que, quando menino, ele sempre estava inventando alguma coisa e que era obcecado por eletricidade, e os seus pais estimulavam esse seu passatempo.

Em 1888, Heinrich Hertz publicou os resultados de brilhantes experiências demonstrando a existência de ondas eletromagnéticas propagando-se na velocidade da luz, como havia previsto o físico James Clerk Maxwell. "Existem essas misteriosas ondas eletromagnéticas que nós não conseguimos enxergar a olho nu. Mas elas estão lá", ele escreveu. Quanto às aplicações dessa descoberta, ele declarou: "Acho que não há nenhuma."

Marconi leu a respeito disso e começou a pensar que talvez existissem aplicações — em telegrafia sem fio, para passar mensagens em alfabeto Morse sem cabos. Já havia diversas ideias para que isso fosse feito em distâncias muito curtas, empregando-se indução elétrica no solo, na água ou no ar, mas nenhuma havia se provado útil. Houve também quem reivindicasse a descoberta dos sinais de transmissão antes de Marconi, sem ter a exata compreensão do que era. Em 1872, um dentista americano chamado Mahlon Loomis patenteou o "telégrafo aéreo", usando uma pipa para produzir "um distúrbio no equilíbrio elétrico da atmosfera". Ele até conseguiu que o Congresso aprovasse uma grande soma para o desenvolvimento da ideia, mas ela não avançou.

Não se sabe ao certo quando e como Marconi realizou o seu primeiro experimento porque mais tarde, enquanto ele reinventava partes da sua biografia, as suas próprias explicações a respeito disso mudavam continuamente. Mas resta pouca dúvida de que no final de 1895, na Villa Griffone, ele enviou um sinal de três toques através da encosta da colina a um receptor, de onde o seu assistente disparou um tiro com arma de fogo para acusar o recebimento.

Com apenas vinte e dois anos de idade, Marconi mudou-se imediatamente para Londres a fim de obter uma patente britânica sobre a sua invenção, que ele estava certo de que lhe renderia uma fortuna. Em Londres, ele contou com a ajuda de sua prima Mary Coleridge, sobrinha-neta de Samuel Taylor Coleridge — o autor de *A Balada do Velho Marinheiro* — e ela própria uma notável escritora. Mary apresentou Marconi ao seu amigo Henry Newbolt, na época um advogado respeitado e que mais tarde tornou-se um pilar da comunidade política e poética como autor de poemas patrióticos. Newbolt percebeu prontamente o potencial da invenção, assim como percebeu que o contrato oferecido a Marconi por uma empresa interessada em sua invenção era bastante desvantajoso para ele. Newbolt aconselhou-o a procurar um advogado especialista em patentes e providenciou, por meio das suas próprias conexões, que ele fosse apresentado a Alan Campbell Swinton, futuro presidente da Wireless Society. Swinton, por sua vez, apresentou Marconi a William Preece, do Post Office, que estava tentando desenvolver comunicação entre navios ancorados em locais perigosos para a navegação. É evidente que Marconi foi favorecido pelo fato de ser conceituado e de ter uma família bem relacionada em Londres, mas essas pessoas não eram forçadas a ajudá-lo. Ajudaram-no porque enxergaram uma possibilidade de sucesso e desejavam que o projeto tivesse êxito. Assim como os pioneiros do telégrafo meio século antes e os pioneiros da internet um século mais tarde, Marconi acreditava que dar asas à comunicação global aumentaria a paz e a harmonia entre os povos. Essa utopia estava ganhando força. O físico Sir William Crookes também havia previsto o uso das ondas Hertzianas na transmissão de informações — isso reforçava a sua crença em forças psíquicas —, e ele certa vez escreveu sobre o uso delas para "beneficiar as colheitas, matar parasitas, purificar o esgoto, eliminando doenças e controlando o clima".

Se Marconi não tivesse vivido, ainda assim o rádio teria surgido na década de 1890. Jagadish Chandra Bose na Índia, Oliver Lodge na Grã-Bretanha e Alexander Popov na Rússia estavam realizando e publicando experimentos que utilizavam ondas eletromagnéticas para gerar ação a distância, embora nem sempre para fins de comunicação. Alguns, como Édouard Branly na França e Augusto Righi em Bolonha, estavam inventando dispositivos melhores para transmitir e receber essas ondas. E havia também Nikola Tesla, o inquieto gênio e inventor do motor elétrico, da corrente alternada e de várias ideias relacionadas ao rádio. Marconi foi somente mais um pesquisador — porém um pesquisador excelente — e, graças a Newbolt, ele pôde patentear rapidamente e do modo mais amplo possível o que tinha descoberto;

isso mostra que o sistema de propriedade intelectual contribui tanto para dar destaque como para tirar destaque de inventores individualmente.

Marconi também sabia como dar a dispositivos e ideias de outros inventores uma forma simples e útil. Nas palavras de Marcus Raboy, seu biógrafo: "Empregando o processo de tentativa e erro ao longo de vários meses em 1895, Marconi aperfeiçoou o detector de ondas de rádio, inventou um manipulador estável, aumentou a eficiência da bobina de indução, conectou uma impressora Morse e um retransmissor telegráfico ao transmissor e ao receptor e controlou as faíscas elétricas resultantes."

Marconi também era mais motivado comercialmente do que os seus rivais. Em 1897, ele transmitiu sinais ao longo de quinze quilômetros de água no Canal de Bristol e instalou estações na Ilha de Wight e em Bournemouth para continuar desenvolvendo e demonstrando a tecnologia. Em 1899, ele transmitiu uma mensagem através do Canal da Mancha e em 1902 através do Atlântico, de Cabo Breton no Canadá até Poldhu na Cornualha (sua alegação de que em 1901 ouviu uma transmissão transatlântica com receptores mais fracos provavelmente foi verdadeira — porque poderia ter ricocheteado na ionosfera, desconhecida então —, porém foi totalmente rechaçada na época). Poucos anos depois, ele se envolveu em exaustivas batalhas legais, principalmente com os inventores americanos Reginald Fessenden e Lee de Forest. A história registra que todos eles fizeram melhoramentos importantes no rádio, essenciais para transformá-lo num sistema de voz em vez de um sistema Morse, e que a dispendiosa discussão nos tribunais foi perda de tempo.

Marconi demorou a se dar conta do papel que a transmissão de som teria na história do rádio. Pensava mais nela como um meio de comunicação. Mas na década de 1920, as possibilidades da transmissão do som eram inegáveis. "Pela primeira vez na história do mundo, o homem agora é capaz de falar diretamente a um milhão de seguidores, e nada impede que se fale para cinquenta milhões de homens e mulheres ao mesmo tempo", Marconi escreveu, talvez começando a perceber que a sua invenção tinha também um lado sombrio. No dia 12 de fevereiro de 1931, ao lado de Marconi, o Papa inaugurou a rádio do Vaticano com grande publicidade global. Depois o Papa agradeceu a Marconi e a Deus "por colocar um instrumento tão miraculoso como a transmissão sem fio a serviço da humanidade".

Outras pessoas com intenções menos benignas tomaram conhecimento do exemplo do Vaticano. "Sem o rádio não teria sido possível para nós tomar o poder ou usá-lo do modo como fazemos", Josef Goebbels comentou em agosto de 1933. Uma análise detalhada feita por um grupo de economistas em 2013 mostra que, nas eleições de setembro de 1930, a porcentagem de votos nazistas cresceu menos em áreas onde havia maior número de rádios, porque as transmissões costumavam ter uma ligeira tendência antinazista. A propaganda fortemente favorável ao nazismo teve início no rádio imediatamente depois que Adolf Hitler se tornou chanceler, em janeiro de 1933, e apenas cinco semanas mais tarde, na data das eleições propriamente ditas, o impacto do rádio se inverteu: o voto nazista aumentou mais em locais onde mais pessoas tinham acesso a rádios. (Um padrão semelhante foi observado no genocídio de Ruanda de 1933: quanto mais pessoas estavam na área que tinha acesso à "estação de rádio do ódio", a RTLM, maior a violência contra os Tutsis.)

Os nazistas usaram amplamente o rádio para influenciar os austríacos e alemães dos Sudetos, bem como os alemães no próprio país. Eles desenvolveram um receptor de rádio barato — o Volksempfänger, ou rádio do povo, que custava setenta e seis reichsmarks — especialmente para assegurar que alcançaria um número maior de pessoas. "Toda a Alemanha ouve o Führer na Rádio do Povo", anunciava um cartaz de propaganda de 1936. Por intermédio da sua esposa, Oswald Mosley tentou obter o apoio de Hitler para transmitir da Alemanha para a Grã-Bretanha. Mesmo nas democracias — onde o padre Charles Coughlin usava o rádio para fomentar entre os seus 30 milhões de ouvintes o ódio contra banqueiros e judeus, enquanto Franklin Roosevelt o usava para vender as suas políticas — o impacto do rádio na polarização da sociedade foi enorme e guarda alguma semelhança com o que aconteceu recentemente no âmbito das mídias sociais. "Eu fiz um bem ao mundo ou introduzi uma ameaça?", Marconi questionou em 1934. Cinco anos antes, Mussolini havia tornado Marconi um marquês.

Por motivos que não são totalmente claros, a rede de televisão teve efeito oposto ao do rádio: em vez de polarizar as pessoas, trouxe-as de volta a um consenso social, às vezes de modo sufocante. Um evento que talvez ilustre essa guinada ocorreu em abril de 1954, quando os norte-americanos viram pela primeira vez o senador Joe McCarthy pela televisão. Eles não gostaram do que viram, e ele começou a perder terreno imediatamente. "O povo americano o observou por seis semanas. Você não consegue enganar ninguém", disse o senador Stuart Symington pouco tempo depois. Foi esse efeito centrípeto que se inverteu com a chegada da mídia social, creio eu, uma força polarizante como a dos primeiros tempos do rádio.

QUEM INVENTOU O COMPUTADOR?

Se a origem do motor a vapor se perdeu nas brumas do início do século XVIII, quando homens desconhecidos e empobrecidos trabalhavam sem receber muito em troca e ninguém relatava as suas aventuras, então seria bem mais fácil determinar quem inventou o computador, uma inovação de meados do século XX em busca da qual todos os principais envolvidos contaram com fartura de oportunidades para registrar o seu trabalho para a posteridade, e todos saberiam que eles estavam fazendo história. Porém, nós não temos essa sorte. A origem do computador é tão misteriosa e confusa quanto a origem das inovações mais antigas e incertas. Não há ninguém que mereça a honra de ser reconhecido como o inventor do computador. Há, em vez disso, um grupo de pessoas que fizeram contribuições essenciais para um processo tão gradual e interligado que não há como provar que o computador tenha surgido em determinado momento ou em determinado lugar, assim como não se pode localizar o instante exato em que uma criança se torna um adulto.

O computador que nós conhecemos possui quatro elementos indispensáveis que o diferenciam de uma calculadora. Deve ser digital (mais exatamente binário), eletrônico, programável e de uso geral — isto é, capaz de realizar qualquer tarefa lógica, pelo menos teoricamente. Após um levantamento exaustivo de muitas alegações, o historiador Walter Isaacson concluiu que a primeira máquina a reunir todos esses elementos é o computador e integrador numérico eletrônico (ENIAC), que começou a operar no final de 1945 na Universidade da Pensilvânia. Pesando 30 toneladas, do tamanho de uma pequena casa e contendo 17 mil válvulas de vácuo, o ENIAC operou com sucesso durante muitos anos e foi o projeto copiado pela maioria dos computadores que surgiram imediatamente depois dele. O ENIAC foi criado por três pessoas: um físico brilhante chamado John Mauchly, um engenheiro perfeccionista chamado Presper Eckert e um eficiente matemático chamado Herman Goldstine.

Porém, sugerir que a construção dessa máquina marca uma súbita ruptura com o passado quando o mundo não tinha computadores seria um grande erro. Para começar, o ENIAC não era binário, mas, sim, decimal. E Mauchly acabou perdendo uma longa e amarga disputa legal na tentativa de defender a sua patente sobre o projeto do ENIAC. O juiz decidiu que ele havia roubado muitas das ideias principais de uma obscura máquina experimental construída em Iowa depois que o talentoso engenheiro John Vincent

Atanasoff teve uma percepção brilhante num bar de beira de estrada, em 1937. Contudo, a máquina de Atanasoff era pequena, não era completamente eletrônica, nunca havia funcionado e não era programável nem de uso amplo — por isso o resultado do processo não fez muito sentido, exceto para os advogados. Era bem verdade que a visita a Iowa para ver Atasanoff trouxe algumas boas ideias para Mauchly, mas é dessa maneira que funciona a inovação.

Um candidato mais à altura para desafiar o ENIAC poderia ser o Colossus, o computador construído na Bletchley Park, na Grã-Bretanha, para quebrar os códigos alemães. O Colossus surgiu cerca de dois anos antes do ENIAC. Sua primeira versão foi concluída em dezembro de 1943, e a segunda versão, maior que a primeira, entrou em funcionamento em junho de 1944 — e em poucas semanas a máquina havia decodificado algumas ordens de Hitler na batalha da Normandia. O Colossus era totalmente eletrônico, digital (e binário, diferente do ENIAC) e programável. Mas foi projetado como uma máquina com finalidade única, não geral. Além disso, até a década de 1970 ainda se fazia segredo sobre a sua história, portanto a sua influência sobre máquinas que surgiram posteriormente foi menor. De qualquer modo, mais uma vez nos deparamos com a mesma questão: a quem devemos dar o crédito pelo projeto do Colossus? Grande parte da sua construção foi conduzida pelo engenheiro Tommy Flowers, pioneiro no uso de válvulas de vácuo em circuitos telefônicos complexos, e seu chefe era o matemático Max Newman. Mas eles foram assessorados por Alan Turing, o atormentado gênio decifrador de códigos de Bletchley, que já havia construído duzentos dispositivos conhecidos como bombas eletromecânicas no Hut 8. Depois do fim da guerra, o computador Manchester Baby, de Frederic Williams, entrou em operação na Universidade de Manchester em junho de 1948, influenciado por Tommy Flowers e Alan Turing. O Manchester Baby se qualifica como o primeiro computador eletrônico com programa armazenado — o primeiro computador com arquitetura von Neumann —, o que dificulta as coisas ainda mais. E a sua "prole", o Manchester Mark 1, foi desenvolvido como protótipo do primeiro computador disponível comercialmente: o Ferranti Mark 1.

Mas a menção de Turing nos faz lembrar que talvez devêssemos comemorar a ideia de um computador de uso geral em vez de uma máquina real. O impressionante artigo matemático de Turing "On Computable Numbers", publicado em 1937, foi a primeira demonstração lógica de que pode existir um computador universal capaz de realizar qualquer tarefa lógica. Hoje chamamos essas coisas de "máquinas de Turing".

Na Universidade de Princeton, em 1937, Turing construiu uma máquina que utilizava retransmissores elétricos para transformar letras em números binários para codificação. Talvez esse possa ser considerado o "momento eureka", ainda que não tenha sido concluído e que não seja um computador.

Porém, as ideias de Turing eram etéreas e matemáticas. Mais prática foi a tese de mestrado precoce de Claude Shannon, estudante do MIT que trabalhou na Bell Laboratories também no verão de 1937. Shannon observou que a álgebra booleana, desenvolvida cerca de um século atrás pelo matemático George Boole, podia ser exemplificada nos circuitos elétricos. A palavra "e" poderia ser dois relés em sequência "ou" poderia ser dois interruptores paralelos, e assim por diante. "É possível realizar operações matemáticas complexas por meio de circuitos de relé", ele concluiu. O artigo de Shannon foi mais tarde chamado de "Carta Magna da Idade da Informação" pela *Scientific American*.

Quando se discute a teoria por trás dos computadores, não se pode deixar de lado Johnny von Neumann, o sumamente inteligente e sociável húngaro cujo nome está ligado para sempre à arquitetura do computador moderno e que foi mentor de Turing na Princeton. Em junho de 1945, von Neumann escreveu o informativo mais influente sobre a estrutura dos computadores, um artigo intitulado obscuramente de "First Draft of a Report on the EDVAC" [Primeiro Rascunho de um Relatório sobre o EDVAC], no qual ele enunciou pela primeira vez a noção de que um computador de uso geral devia ter programas armazenados em sua memória ao lado dos dados. Esse documento foi fundamental, mesmo que não tenha sido concluído e que tenha sido escrito à mão principalmente em trens. (O computador eletrônico de variável discreta, ou EDVAC, foi o sucessor do ENIAC, concluído em 1949.)

Mas espere: de onde von Neumann tirou suas ideias para o "Primeiro Rascunho"? Em grande parte do estudo do computador Mark 1 em Harvard, que foi construído por uma equipe liderada por Howard Aiken. O Mark 1 não era eletrônico, portanto não preenchia todos os requisitos, mas era programável, mais do que o ENIAC. Foi anterior ao ENIAC por dois anos e era programado com fita perfurada, já por si uma inovação crucial. Herman Goldstine se deparou com von Neumann na plataforma de uma estação de trem em Aberdeen, Maryland, em agosto de 1944 e contou-lhe sobre o ENIAC. Von Neumann foi ver a máquina e logo se deu conta de que estava diante de um computador que fazia cálculos bem mais rapidamente que o Mark 1, porém era muito mais lento e difícil de reprogramar. Por isso a sua sugestão de que o EDVAC fosse projetado para ter programas em seu interior junto com os dados. Dessa maneira, o privilégio especial de von Neumann de ser capaz de transitar livremente entre as equipes (e o seu alto nível de segurança) tornou-o um agente vital de polinização cruzada de ideias.

Porém, a IBM contestou a afirmação de que Aiken havia projetado o Mark 1, alegando que os seus engenheiros tinham desenvolvido uma série de invenções pequenas, mas fundamentais para aprimorar e depurar o Mark 1 e que Aiken não tinha nada a ver com isso. Esse é um lembrete de que a IBM já dominava uma grande indústria que produzia máquinas de calcular para "computadores" humanos. A IBM foi formada em 1924 da fusão de várias outras empresas, uma das quais havia sido fundada para ajudar a organizar o censo de 1890 nos Estados Unidos. Portanto, um dos ramos do computador vem dessa indústria, um detalhe que muitas vezes é esquecido por aqueles que gostam de ver as inovações iniciando-se com professores, e não com homens de negócio.

Além do mais, o "Primeiro Rascunho" de von Neumann foi baseado (e talvez até plagiado) no pensamento e na escrita da associada de Aiken, a incrivelmente talentosa Grace Hopper. Levando-se em conta que Hopper merece grande crédito pela ideia de sub-rotinas de programas, bem como pelo compilador, ela é comprovadamente a mãe da indústria de *software*, sem dúvida uma inovação tão importante quanto o *hardware* de computadores. Mais tarde, Grace inventou o processamento de linguagem natural, outra descoberta crucial. Dessa maneira, talvez a origem mais importante do computador resida nessa história do *software*, não na do *hardware*. Contudo, Hopper tem de dividir um pouco do crédito com as programadoras do ENIAC, mulheres que foram pioneiras na redação de programas, porque a expectativa inicial para o ENIAC era preparar tabelas de tiro para a trajetória de projéteis de artilharia em diferentes condições atmosféricas — tarefa que deixou de ser tão urgentemente necessária depois de 1945. Jean Jennings, uma dessas pioneiras do ENIAC, observou com sagacidade que elas só tiveram a sua chance porque os homens encarregados achavam que a reconfiguração de um computador fosse uma tarefa menor: "Se os administradores do ENIAC soubessem que a programação seria tão essencial para o funcionamento do computador eletrônico e se soubessem quão complexa se mostraria, eles teriam hesitado mais em deixar que mulheres realizassem uma função tão importante."

Mas depois de resgatar Hopper e Jennings de uma história do *hardware* dominada por homens, é preciso voltar mais no tempo e identificar os seus precursores. Quase exatamente a mesma relação entre um homem pioneiro do *hardware* e uma mulher pioneira do *software*, espelhando a relação Aiken–Hopper, havia acontecido um século antes, nos anos 1840. Muito à frente do seu tempo, o inventor Charles Babbage começara a construir duas calculadoras mecânicas; a primeira delas, a Máquina Diferencial, projetada para resolver equações diferenciais, foi patrocinada pelo governo britânico ao custo de 17 mil libras, uma enorme soma. A segunda invenção, a Máquina Analítica, supostamente deveria ser um computador de uso amplo, porém Babbage jamais o terminou. Contudo, o conceito já bastava para inspirar a espetacular inteligência de Ada Byron, Condessa de Lovelace, a produzir uma série de anotações nas quais ela sinalizou antecipadamente muitos dos conceitos dos computadores modernos, incluindo *software* e sub-rotinas. Ela percebeu que computadores podiam lidar com qualquer assunto, não apenas com números, entendeu que os dados podiam ser representados na forma digital e publicou o que de fato foi o primeiro programa de computador. Se nessa história houve um gênio muito à frente do seu tempo, esse gênio foi provavelmente Ada Byron.

Contudo, Babbage e Lovelace também devem ser colocados em contexto. Eles sabiam que o aparelho de tecelagem Jacquard, já em uso na indústria têxtil, era um tipo de programa: uma série de cartões que levantava automaticamente a fiação na sequência certa para produzir determinado padrão num tecido. Isso não deve ser omitido da história só porque essa era a especialidade de artesãos ligados à indústria, e não de cavalheiros filósofos. Perceba que Ada Lovelace, que deu o devido crédito ao tear Jacquard e o comemorou, viu-se em oposição ao seu pai num debate agora familiar, entre argumentos favoráveis e contrários à tecnologia. Seu pai, o poeta Lord Byron, fez um discurso arrebatado na Câmara dos Lordes defendendo os trabalhadores que se reuniam em protesto contra avanços tecnológicos — os Ludistas — e destruíam essas máquinas de tecer sob a alegação de que elas roubavam empregos. Sua filha era totalmente favorável à inovação.

Em resumo, o ENIAC não foi exatamente inventado; ele evoluiu por meio da combinação e adaptação de ideias e máquinas precursoras. E foi apenas uma etapa na evolução gradativa do computador. O ano de 1937 foi perfeito e milagroso para o computador, na opinião de Walter Isaacson — foi o ano em que essas fertilizações cruzadas de ideias e dispositivos aconteceram de maneira mais proveitosa. Foi nesse ano que Turing publicou "On Computable Numbers" [Sobre Números Computáveis, em tradução livre], que Claude Shannon explicou como circuitos de interruptores podem expressar a álgebra Booleana, que George Stibitz, na Bell Labs, propôs uma calculadora elétrica, que Howard Aiken liderou o desenvolvimento do Mark 1 e que John Vincent Atanasoff criou características fundamentais para um computador eletrônico. Também em 1937, Konrad Zuse construiu em Berlim o protótipo de uma calculadora capaz de ler um programa a partir de uma fita perfurada. Sua máquina Z3, concluída em maio de 1941, pode reivindicar a condição de computador digital programável e de uso geral — tão cedo como qualquer outro.

É claro que o seu país estava em guerra na ocasião. Sempre se pressupõe que o desenvolvimento do computador tenha sido acelerado por financiamento em tempos de guerra, mas é difícil imaginar o que teria acontecido se as circunstâncias tivessem sido diferentes e a guerra não tivesse eclodido (em 1939 para a Grã-Bretanha e a Alemanha, em 1941 para os Estados Unidos). Sem guerra, em 1945 haveria certamente dispositivos eletrônicos, digitais, programáveis e de uso geral. Com efeito, sem a necessidade de sigilo, as tecnologias puderam se desenvolver mais rapidamente, e equipes separadas compartilharam ideias com mais agilidade e usaram seus dispositivos para outras finalidades que não fossem calcular a trajetória de projéteis de artilharia ou decodificar as mensagens secretas dos inimigos. Se Zuse, Turing, von Neumann, Mauchly, Hopper e Aiken tivessem todos se encontrado em uma conferência em tempos de paz, quem sabe o que teria acontecido e quão rápido?

O TRANSISTOR CADA VEZ MENOR

Inovadores são muitas vezes pessoas destemperadas: irrequietos, briguentos, insatisfeitos e ambiciosos. Com frequência são imigrantes, especialmente na Costa Oeste dos Estados Unidos. Às vezes, porém, eles são calados, despretensiosos, modestos e sensíveis, do tipo caseiro. A pessoa cuja carreira e cujas ideias traduzem com mais perfeição a extraordinária evolução do computador entre 1950 e 2000 é assim. Gordon Moore esteve no centro da indústria durante esse período e compreendeu e explicou melhor do que a maioria que foi uma evolução, não uma revolução. Exceto pelo período de pós-graduação na Caltech e por alguns anos infelizes no Leste, ele mal saiu da região da Baía, muito menos da Califórnia. Algo raro para um californiano, ele era um nativo que cresceu na pequena cidade de Pescadero, na costa do Pacífico, logo acima do local que é chamado agora de Vale do Silício. Foi para o San Jose State College para os seus estudos de graduação. Nessa instituição ele conheceu Betty Whitaker, que se tornou sua colega. Os dois se casaram.

Moore foi uma criança tão taciturna que chegou a causar preocupação a seus pais. Ao longo de sua vida, ele deixou que parceiros como Andy Grove, ou sua mulher, Betty, travassem suas batalhas por ele. "Ele era inerentemente incapaz ou simplesmente se recusava a fazer o que um líder tem de fazer", disse Grove, um homem que se tornou endurecido depois de sobreviver aos regimes nazista e comunista em sua terra natal, a Hungria. O principal divertimento de Moore era pescar, um passatempo que exige paciência acima de qualquer outra coisa. E, diferente de alguns empresários, ele era — e é, agora na casa dos noventa anos de idade — uma pessoa agradável, de acordo com quase todos que o conhecem. Sua natureza discreta confirma de algum modo a ideia de que a inovação no âmbito dos computadores não foi e não é realmente uma história de inventores heroicos realizando descobertas repentinas, mas um progresso gradual, inevitável e inexorável impulsionado pelas necessidades do que Kevin Kelly denomina "technium", o conjunto de invenções que os humanos produziram. A inovação se traduz mais em pessoas como Moore do que em figuras ostentosas como Steve Jobs, que conseguiu fazer um culto à personalidade numa revolução que não dizia respeito a personalidades.

Em 1965, Moore foi convidado pela revista *Eletronics* para escrever um artigo sobre o futuro. Na ocasião, ele estava na Fairchild Semiconductor. Anos antes ele havia se demitido da empresa dirigida pelo ditatorial e irascível William Shockley; foi um dos "oito traidores" que se demitiram para montar a própria empresa, onde eles inventaram o circuito integrado de transistores em miniatura impressos em um *chip* de silício. Moore e Robert Noyce se demitiram mais uma vez para fundar a Intel, em 1968. No artigo de 1965, Moore previu que a miniaturização de equipamentos eletrônicos prosseguiria e que um dia forneceria "maravilhas como computadores domésticos... controles automáticos para automóveis e equipamento de comunicação portátil pessoal". Mas não é por essa observação profética que esse artigo merece um lugar especial na história. Foi este parágrafo que deu a Gordon Moore a sua própria lei científica, como ocorreu com Boyle, Hooke e Ohm:

> A complexidade para componentes com custos mínimos vem aumentando numa taxa de cerca de um fator de dois por ano. A curto prazo essa taxa certamente se manterá assim, se é que não aumentará. No longo prazo, a taxa de aumento é um pouco mais incerta, embora não haja motivo para crer que não permaneça quase constante por pelo menos dez anos.

Dessa maneira, Moore antecipou com eficiência o progresso contínuo, mas rápido da miniaturização e da redução de custos, dobrando a cada ano por meio de um círculo virtuoso no qual circuitos mais baratos levariam a novos usos, o que levaria a mais investimento, o que levaria a *microchips* mais baratos para o mesmo poder de processamento. A característica singular dessa tecnologia é que um transistor menor, além de utilizar menos energia e gerar menos calor, também pode ser ligado e desligado com mais rapidez e, por isso, funciona melhor e é mais confiável. Quanto mais rápidos e mais baratos forem os *chips*, mais usos eles terão. Robert Noyce, colega de Moore, reduziu propositalmente o preço dos *microchips* para que mais pessoas os utilizassem em mais operações. Isso fez o mercado crescer.

Em 1975, o número de componentes de um *chip* havia ultrapassado 65 mil, como Moore havia previsto, e continuou crescendo ao passo que o tamanho de cada transistor encolhia mais e mais, embora, nesse ano, Moore tenha revisado a sua estimativa da taxa de mudança para o dobro do número de transistores em um *chip* a cada dois anos. Na ocasião, Moore era diretor-executivo da Intel e presidia o crescimento explosivo da empresa e a transição para a fabricação de microprocessadores em lugar de *chips* de memória: essencialmente computadores programáveis em *chips* de silício simples. Cálculos do amigo e patrocinador de Moore, Carver Mead, mostraram que ainda havia um longo caminho a ser percorrido até que a miniaturização atingisse um limite.

A Lei de Moore vigorou não apenas por dez anos, mas por quase cinquenta, para surpresa geral. Porém agora, pelo visto, acabou perdendo o fôlego. O limite atômico está próximo. Os transistores encolheram para menos de cem átomos de comprimento e há bilhões em cada *chip*. Como existem agora trilhões de *chips*, isso significa que há nonilhões de transistores no Planeta Terra. Eles agora provavelmente correspondem, em ordem de grandeza, ao número de grãos de areia existentes no planeta. A maioria dos grãos de areia, como a maioria dos *microchips*, é largamente composta de silício, embora na forma oxidada. Mas enquanto os grãos de areia têm estruturas aleatórias — e, portanto, prováveis —, *chips* de silício possuem estruturas altamente não aleatórias, portanto, improváveis.

Quando olhamos para trás, para o momento em que Moore pela primeira vez vislumbrou a sua lei em meados do século passado, é notável constatar como foi constante a progressão. Não houve aceleração, não houve desvios nem pausas, nem ecos do que estava acontecendo no resto do mundo, nem saltos como resultado de invenções revolucionárias. Guerras e recessões, *booms* e descobertas não pareciam causar impacto na Lei de Moore. Além disso, como mais tarde observaria Ray Kurzweil, a Lei de Moore mostrou-se uma progressão, não um salto, a partir das válvulas de vácuo e relés mecânicos dos anos anteriores: o número de interruptores entregues a um determinado custo aumentou e não mostrou indício nenhum de avanço súbito quando o transistor foi inventado. O que mais surpreendeu foi descobrir que a Lei de Moore não tinha efeito sobre a Lei de Moore. Saber que o custo de dada quantidade de poder de processamento cairia pela metade em dois anos deveria seguramente ter sido uma informação valiosa e permitiria que um inovador ousado tomasse a dianteira e alcançasse esse objetivo agora. Porém, isso jamais aconteceu. Por quê? Principalmente porque cada etapa incremental foi necessária para se descobrir como chegar à etapa seguinte.

Isso foi encapsulado na famosa estratégia corporativa "tick-tock" da Intel: Tick era o anúncio de lançamento de um novo *chip* a cada dois anos, e tock era o aperfeiçoamento do projeto nos anos intermediários, numa preparação para o próximo lançamento. Mas havia também um aspecto de profecia autorrealizável na Lei de Moore. Ela se tornou uma orientação para o que acontecia na indústria, não uma descrição do que acontecia. Em 1976, a respeito disso Gordon Moore fez a seguinte declaração:

> Este é o coração da máquina de redução de custo que a indústria de semicondutores desenvolveu. Nós colocamos em fabricação um produto de determinada complexidade; nós trabalhamos no aperfeiçoamento do processo, eliminando os defeitos. Nossos resultados gradualmente vão se situando em patamares cada vez mais elevados. Então nós projetamos um produto ainda mais complexo utilizando todos os aperfeiçoamentos e o colocamos em produção. A complexidade dos nossos produtos cresce exponencialmente com o tempo.

Somente os *chips* de silício não bastam para operar uma revolução na informática. Para isso seriam necessários novos projetos de computadores, novos *softwares* e novos usos. Durante as décadas de 1960 e 1970, como previu Moore, houve uma relação simbiótica entre *hardware* e *software*, como havia entre carros e gasolina. Cada indústria estimulava a outra com demanda por inovações e fornecimento de inovações. Contudo, mesmo quando a tecnologia se tornou global, a indústria digital tornou-se cada vez mais concentrada no Vale do Silício, nome cunhado em 1971 devido a um acaso histórico: a agressividade financeira da Universidade de Stanford para financiar pesquisas levou-a a gerar *startups* eletrônicas aos montes, e por sua vez essas *startups* originaram outras, que deram origem ainda a mais outras. Contudo, o papel da academia nessa história foi surpreendentemente pequeno. Embora muitos dos pioneiros da explosão digital tivessem formação em física ou em engenharia elétrica, e embora, evidentemente, a física estivesse por trás de muitas das tecnologias, nem *hardware* nem *software* adotaram um caminho puramente científico.

Empresas e pessoas foram atraídas para o lado oeste da Baía de São Francisco para agarrar oportunidades, detectar talentos e espreitar os líderes da indústria. Terence Kealey, biólogo e antigo vice-reitor da Universidade de Buckingham, comparou a inovação a um clube: você paga as suas taxas e tem acesso às instalações. A cultura corporativa que se formou na região da Baía foi igualitária e aberta: na maioria das empresas, começando com a Intel, os executivos não tinham vagas de estacionamento privativas nem grandes escritórios, nem níveis hierárquicos; encorajava-se a livre troca de ideias, às vezes até beirar o caos. A propriedade intelectual tinha pouca importância na indústria digital: geralmente não havia tempo para solicitar ou para defender uma patente antes que o avanço seguinte a deixasse para trás. A competição era implacável e incessante, mas também eram implacáveis e incessantes a colaboração e a polinização cruzada de ideias.

Na linha de produção digital, as inovações se sucederam: o microprocessador, em 1971; os primeiros videogames, em 1972; os protocolos TCP/IP, que tornaram possível a internet, em 1973; o computador Xerox Alto com sua interface gráfica, em 1974; o Apple 1 de Steve Jobs e Steve Wozniak, em 1975; o supercomputador Cray 1, em 1976; o console do videogame Atari, em 1977; o disco laser, em 1978; o "verme de computador", ancestral dos primeiros vírus de computador, em 1979; o computador hobbista Sinclair ZX80, em 1980; o IBM PC, em 1981; o *software* Lotus 123, em 1982; o CD-ROM, em 1983; a palavra "cyberespaço", em 1984; o Whole Earth 'Lectronic Link (Well), de Stewart Brand, em 1985; a Connexion Machine, em 1986; o padrão GSM para telefones móveis, em 1987; a linguagem do Mathematica, de Stephen Wolfram, em 1988; o Game Boy da Nintendo e o Dynabook da Toshiba, em 1989; a World Wide Web, em 1990; o Linux de Linus Torvald, em

1991; o filme *Exterminador do Futuro 2*, em 1992; o processador Pentium da Intel, em 1993; o *zip drive*, em 1994; o Windows 95, em 1995; o Palm Pilot, em 1996; a derrota do campeão mundial de xadrez Garry Kasparov para o Deep Blue da IBM, em 1997; o iMac colorido, em 1998; a unidade de processamento gráfico Nvidia, o GEForce 256, em 1999; o Sims, no ano 2000. E assim por diante, continuamente.

Tornou-se rotineiro e até corriqueiro esperar inovações radicais a intervalos de poucos meses — um estado de coisas sem precedentes na história da humanidade. Quase todo mundo poderia ser um inovador, pois graças à lógica inexorável desencadeada e identificada por Gordon Moore e seus amigos, o novo quase sempre era automaticamente mais barato e mais rápido que o velho. Assim, a invenção significa também inovação.

Não que todas as ideias tenham funcionado. Havia muitos becos sem saída ao longo do caminho. Televisão interativa. Informática de quinta geração. Processamento paralelo. Realidade virtual. Inteligência artificial. Em várias ocasiões, esses nomes foram populares junto ao governo e à mídia, e cada um deles atraiu vastas somas de dinheiro; mas se comprovaram ideias prematuras ou exageradas. A tecnologia e a cultura da computação avançaram por tentativa e erro em escala gigantesca, em *hardwares*, *softwares* e produtos de consumo. Olhando para trás, percebemos que a história chama de gênios os experimentadores que cometeram o menor número possível de erros, mas na maioria das vezes eles tiveram a sorte de tentar a coisa certa no momento certo. Gates, Jobs, Brin, Page, Bezos, Zuckerberg foram todos produto do avanço do "technium" mais do que foram a sua causa. Nessa indústria das mais igualitárias, com a sua invenção da economia compartilhada, surgiu um número surpreendente de bilionários.

Vezes sem conta as pessoas foram pegas de surpresa pela velocidade da queda no custo de computadores e da comunicação, o que deixou futuros críticos com uma rica mina de citações embaraçosas para explorar. Com frequência, os indivíduos mais próximos da indústria a um passo de ser afetada foram justamente os que menos esperavam que algo impactante fosse acontecer. Thomas Watson, presidente da IBM, disse em 1943 que "há no mundo mercado para talvez cinco computadores". Tunis Craven, diretor da Comissão Federal de Comunicações, disse em 1961 que "não existe praticamente nenhuma chance de que os satélites espaciais de comunicação sejam usados para proporcionar um serviço melhor de telefone, telégrafo, televisão ou rádio dentro dos Estados Unidos". Quando era diretor de pesquisa na Motorola, Marty Cooper, que inventou o telefone móvel, ou celular, disse em 1981 que "os celulares não vão substituir em hipótese nenhuma os sistemas com fio. Mesmo que se projete isso num futuro distante, não será suficientemente barato". Tim Harford observou que no filme futurista *Blade Runner*, feito em 1982, os robôs são tão realistas que um policial se apaixona por um do sexo feminino; mas, quando a chama para sair, liga para ela de um telefone público, não de um celular.

A SURPRESA DOS MECANISMOS DE BUSCA E DAS REDES SOCIAIS

Eu uso mecanismos de busca todos os dias. Já nem posso imaginar a vida sem eles. Como conseguíamos encontrar a informação de que precisávamos antes? Eu os uso para procurar notícias, fatos, pessoas, produtos, entretenimento, horários de trens, informações sobre o clima, ideias e sugestões úteis. Sem dúvida eles mudaram o mundo tanto quanto o motor a vapor. Nas ocasiões em que não é possível acessá-los, por exemplo, quando quero encontrar um livro de verdade numa estante de verdade na minha casa, eu me flagro ansiando por eles. Eles podem não ser a mais sofisticada ou a mais complexa das ferramentas de *software*, mas são sem dúvida as mais lucrativas. Os mecanismos de busca permitiram que o varejo crescesse. Esses mecanismos, eu me atrevo a sugerir, são uma grande parte do que a internet oferece às pessoas na vida real — além das redes sociais.

Eu também utilizo as redes sociais diariamente para manter contato com amigos e com a família e para saber o que as pessoas estão dizendo sobre as notícias, o que estão conversando entre si. Isso não chega a ser uma maravilha, mas é difícil lembrar de como era a vida sem redes sociais. Que diabos nós fazíamos para nos encontrar, para manter contato, para saber o que estava acontecendo? Na segunda década do século XXI, as redes sociais explodiram, tornando-se o mais usado e o segundo mais lucrativo atrativo da internet e estão mudando o curso da política e da sociedade.

Porém, há um paradoxo aqui. Tanto os mecanismos de busca quanto as redes sociais estavam fadados a se tornar realidade. Se Larry Page jamais tivesse conhecido Sergei Brin, se Mark Zuckerberg nunca tivesse ingressado em Harvard, nós mesmo assim ainda teríamos mecanismos de busca e redes sociais. Ambos já existiam quando o Google e o Facebook começaram. No entanto, antes que os mecanismos de busca ou as redes sociais surgissem, acredito que ninguém tenha previsto que eles existiriam, muito menos que se tornariam tão gigantescos. Um fenômeno pode ser inevitável em retrospectiva e totalmente misterioso em perspectiva. Essa assimetria da inovação é surpreendente.

Os desenvolvimentos do mecanismo de busca e das redes sociais seguem a via habitual da inovação: seu movimento foi gradual, progressivo, casual e inexorável, com poucos momentos "eureka" ou descobertas súbitas. Se quisermos, podemos voltar ao destaque de acadêmicos do MIT ligados ao desenvolvimento do campo militar-industrial, como Vannevar Bush e J. C. R. Licklider, no período pós-guerra, que escreviam sobre as futuras redes de computadores, sugerindo a ideia de novas formas de indexação e integração. Em 1945, Bush disse: "O somatório da experiência humana está sendo expandido em um ritmo prodigioso, e os meios que utilizamos para atravessar o labirinto que resulta disso e chegar a algo momentaneamente importante são os mesmos empregados nos tempos de navios de plataforma quadrada." E eis o que disse Licklider em seu importante ensaio, escrito em 1964, sobre "bibliotecas do futuro", imaginando um futuro no qual, em um fim de semana, um computador respondesse a uma questão específica: "Durante o final de semana ele recuperou mais de 10 mil documentos, esquadrinhou-os em busca de seções ricas em material relevante, analisou todas essas seções num cálculo de pressupostos de alta ordem e inseriu as declarações num banco de dados de subsistema pergunta-resposta." Francamente, porém, essa história antiga mostra apenas que previram muito pouco sobre a busca instantânea de milhões de fontes. Uma série de desdobramentos no campo do *software* de computador tornou a internet possível, o que tornou inevitável o mecanismo de busca: compartilhamento de tempo, comutação de pacotes, rede mundial de computadores e mais. Até que em 1990 surgiu o primeiro mecanismo de busca reconhecível, embora inevitavelmente existam rivais para o título.

O nome desse mecanismo era Archie e foi criação de Alan Emtage, estudante da Universidade McGill, em Montreal, junto a dois colegas. Isso aconteceu antes do uso público da internet, e Archie usava o protocolo FTP. Em 1993, Archie foi comercializado e cresceu rapidamente. Sua velocidade era variável: "Podia responder em segundos em um sábado à noite, mas em um dia de semana à tarde podia levar de cinco minutos a várias horas para responder a perguntas simples." Emtage nunca patenteou a invenção nem ganhou um centavo com ela.

O Webcrawler e o Lycos estavam ditando o ritmo com os seus novos robôs de rastreamento de texto, reunindo links e palavras-chave para indexar e adicionar a bancos de dados. Foram rapidamente seguidos por

Altavista, Excite e Yahoo!. Os mecanismos de busca estavam entrando em sua fase diversificada, com várias opções diferentes para os usuários. No entanto, ninguém percebia ainda o que viria pela frente. Os mais próximos da vanguarda ainda esperavam que as pessoas passeassem pela internet e tropeçassem nas coisas em vez de entrarem na rede com objetivos específicos em mente. "A mudança da exploração e da descoberta para a busca intencional dos dias de hoje era inconcebível", disse Srinija Srinivasan, primeira editora do Yahoo!.

E então Larry encontrou Sergey. Quando participava de um programa de orientação, antes de ingressar na escola de pós-graduação em Stanford — na ocasião, uma universidade bastante próxima de empresas de tecnologia —, Larry Page conheceu um jovem estudante chamado Sergey Brin. "Um achou o outro desagradável", Sergey Brin diria mais tarde. Ambos eram a segunda geração de famílias de acadêmicos em tecnologia. Os pais de Page eram cientistas da computação em Michigan; o pai de Brin era matemático e a mãe engenheira (trabalhavam ambos em Moscou e depois em Maryland). Desde a infância, os dois jovens se lançavam com entusiasmo em conversas sobre computadores e os apreciavam.

Page começou a estudar os links entre as páginas da web a fim de ordená-las por popularidade e teve a ideia — após acordar, segundo consta, de um sonho — de catalogar cada link na web, que se expandia exponencialmente. Ele criou um rastreador de web para ir de um link a outro e assim obteve rapidamente um banco de dados que consumiu metade da largura de banda de Stanford. Mas o objetivo era explicar a web, não fazer buscas nela. "Por mais surpreendente que pareça, na verdade eu não pensava em fazer um mecanismo de busca. Essa ideia nem passava pela minha cabeça", Page declarou. Falta de simetria mais uma vez.

A essa altura, Brin já havia trazido sua perícia em matemática e sua personalidade vivaz para o projeto de Page, chamado inicialmente de BackRub, depois de Page Rank e por fim de Google — uma palavra para um número grande que foi escrita de maneira incorreta, mas acabou funcionando bem como verbo. Quando começaram a usá-lo para busca, perceberam que tinham um mecanismo muito mais inteligente do que qualquer outro no mercado, porque catalogava sites que o mundo considerava importantes o bastante para figurar acima daqueles que continham palavras-chave. Page descobriu que três dos quatro maiores mecanismos de busca não conseguiam nem mesmo encontrar uns aos outros on-line. Como argumentou Walter Isaacson:

> A abordagem dos dois foi, na realidade, uma combinação de máquina e inteligência humana. Seu algoritmo se baseou nos bilhões de ponderações feitas por pessoas quando elas criaram links a partir das suas próprias páginas da web. Foi um modo automatizado de explorar a sabedoria humana — em outras palavras, um modo mais elevado de simbiose homem-computador.

Eles ajustaram gradualmente os programas até alcançarem resultados melhores. Page e Brin desejavam iniciar um negócio correto, não apenas inventar algo que pudesse trazer lucros a outros. Mas Stanford insistiu que tornassem público o seu trabalho, e então, em 1998, eles produziram o seu agora famoso artigo "A Anatomia de um Mecanismo de Busca na Web para Hipertexto em Larga Escala", no início do qual se lê: "Neste artigo nós apresentamos o Google..." Com o apoio entusiasmado de capitalistas de risco, eles se instalaram numa garagem e começaram a construir um negócio. Somente mais tarde o investidor de risco Andy Bechtolsheim convenceu-os a fazer propaganda da fonte de renda.

Assim como os mecanismos de busca, as redes sociais também surpreenderam o mundo. Lembro-me de resenhar dois livros na década de 1990 que previam com tristeza que a internet levaria as pessoas a se tornarem antissociais. A ideia era a de que tomaríamos refúgio no nosso quarto e ficaríamos por lá jogando, dando início a uma espiral de degradação social de proporções apocalípticas. Na verdade, uma década mais tarde a internet havia se tornado palco de extrema integração social em escala gigantesca. Nos dias de hoje, pais e professores se preocupam com a incessante distração social on-line que impede as crianças de estudar, sem mencionar o risco de cyber-bullying e de pressão de colegas.

O Facebook foi lançado em fevereiro de 2004 como um site de relacionamento da Universidade Harvard. Antes disso, no mês de novembro de 2003, Mark Zuckerberg havia sido contratado por dois colegas de trabalho, Cameron e Tyler Winklevoss, para programar um site de relacionamento chamado Harvard Connection. Em vez disso, ele acabou desenvolvendo a sua própria versão, que ganhou o nome de "o facebook", recebeu apoio financeiro de Eduardo Saverin e mais tarde de Sean Parker e Peter Thiel e tornou a ideia comercial. Os Winklevosses tinham razão quando o processaram, mas em meio à selva da inovação digital isso ficou para trás.

As redes sociais pegaram o mundo de surpresa também de outra maneira. Longe de inaugurar uma era de esclarecimento democrático utópico na qual o mundo é estável, todos participamos e todos conhecemos os pontos de vista uns dos outros, elas nos lançaram num labirinto de caixas de ressonância e de filtros invisíveis no qual nós passamos nosso tempo confirmando nossas preferências e protestando contra a opinião dos outros. Isso polarizou, enfureceu, deprimiu, viciou e nos causou amargor. Aza Raskin, um dos inventores da "rolagem infinita", pela qual nós podemos simplesmente continuar rolando os nossos *feeds* de rede social para sempre, agora se arrepende de ter feito isso. Ele diz que essa foi uma das primeiras características da tecnologia projetada "não para ajudar você, mas para controlar você". Ele agora trabalha para tentar redirecionar a indústria tecnológica a fim de torná-la mais benéfica e menos viciante em seus resultados. Parece haver pouca dúvida de que qualquer tecnologia da informação, quando recente, pode ter efeitos intensos e nocivos, mas que geralmente acabam sendo controlados. Isso aconteceu com a impressão, com jornais baratos e com o rádio.

Eli Pariser, em um livro intitulado *The Filter Bubble*, de 2011, identifica dois momentos cruciais em que esse efeito de eco se estabeleceu. Um deles foi no dia 4 de dezembro de 2009, quando o Google anunciou que estava personalizando os resultados da sua busca com base em indicações de hábitos e preferências dos usuários. Diferentes pessoas obteriam diferentes resultados ao pesquisar o mesmo termo. Pariser cita o caso ocorrido com duas amigas, ambas moradoras da Costa Leste e com tendências de esquerda, que deram uma busca pelo termo BP quando o vazamento de óleo no Golfo do México não saía dos noticiários. Uma delas recebeu notícias sobre o meio ambiente e a outra recomendações de investimento.

O segundo evento ocorreu quatro meses depois, quando o Facebook lançou o Facebook Everywhere, que permitia que os usuários "curtissem" qualquer coisa que encontrassem na rede, de modo que tudo poderia ser personalizado: notícias, propaganda, informação, o que fosse. A revolução da personalização foi também a chave para o crescimento da Amazon. Desde o princípio, quando ainda era somente uma livraria on-line, a Amazon valeu-se de uma nova técnica chamada filtragem colaborativa, a fim de personalizar os resultados da sua busca, embora de maneira desordenada no começo. A coleta de dados pessoais e de preferências para fins de personalização ainda parecia algo inocente na época. Barack Obama foi elogiado por tirar vantagem das redes sociais nas eleições de 2012, mas nos anos que se seguiram o humor mudou. Há poucas dúvidas de que as bolhas de filtro e a televisão a cabo são responsáveis pela polarização política no mundo inteiro, com gente da esquerda se movendo para a esquerda e gente da direita se movendo para a direita — e sinistras forças apoiadas pelo estado na Rússia e em outros lugares encorajando essa tendência. Em um estudo recente, uma equipe de cientistas sociais pagou para que uma amostra de democratas e republicanos que acessavam o Twitter pelo menos três vezes por semana passassem um mês seguindo um robô que transmitia mensagens da ideologia política contrária. Eles constataram que republicanos se tornaram ainda mais conservadores depois de seguirem um robô Twitter com inclinação esquerdista; e democratas, um pouco mais liberais depois de seguirem um robô Twitter conservador.

Como Pariser previu: "Deixados por conta própria, filtros de personalização alimentam uma espécie de autopropaganda invisível, doutrinando-nos com nossas próprias ideias, amplificando o nosso desejo por coisas familiares e nos distraindo dos perigos que espreitam no território sombrio do desconhecido." A inovação muitas vezes conduz o mundo em direções surpreendentes.

Nós já passamos por isso antes. A invenção do processo de impressão causou revolta social e política nas sociedades ocidentais, que resultou em polarização e na morte de muita gente, principalmente em disputas religiosas (na esteira de controvérsias religiosas: se o Papa era infalível ou não, se o corpo de Cristo estava literalmente ou figurativamente presente na eucaristia). Também trouxe um esplendor sem precedentes ao conhecimento e à razão, em abrangência e em profundidade. A combinação de prensa, papel e tipo móvel, reunidos por Johann Gutenberg nos idos de 1450, representou uma inovação no mundo da informação que causou gigantesca mudança social, mudança essa que não foi prevista e não foi de todo boa. Como observou Steven Johnson, a imprensa de Gutenberg foi "uma clássica inovação por combinações, mais montagem do que descoberta"; cada um dos seus elementos já havia sido inventado por outros, até por aqueles que operavam prensas de vinho. Mas mesmo que Gutenberg seja considerado o inventor, Martinho Lutero foi o verdadeiro inovador: o processo de impressão era um negócio obscuro e confinado principalmente à elite eclesiástica, e Lutero transformou o uso da impressão num mercado amplo, voltado para pessoas comuns. Ele produziu panfletos breves, escritos em língua alemã que as pessoas podiam ler. Em 1519, ele havia publicado quarenta e cinco trabalhos em quase trezentas edições e foi o autor mais publicado na Europa. Como Jeff Bezos, na Amazon, ou Mark Zuckerberg, no Facebook, Lutero percebeu o potencial de uma nova tecnologia em grande escala.

MÁQUINAS QUE APRENDEM

Nos dias atuais, a inteligência artificial é a linha de frente mais moderna do mundo da informação. É também uma das ideias mais antigas em computação e com uma história de fracassos contínuos e repetidos. No Dartmouth College, em 1956 — isto é, mais de sessenta anos atrás —, Joh McCarthy e Marvin Minsky organizaram uma conferência sobre inteligência artificial. McCarthy acreditava que "se um grupo cuidadosamente selecionado de cientistas trabalhasse nisso durante um verão", eles poderiam fazer progressos importantes na direção de um computador pensante, ao passo que uma invenção que combine ou reproduza a inteligência humana dentro de um computador seria trabalho para cerca de vinte anos. Isso não aconteceu, os financiadores perderam a paciência e a pesquisa envolvendo computadores inteligentes entrou em um "inverno da Inteligência Artificial". Algo semelhante aconteceu de novo na década de 1980. Como observou ironicamente Walter Isaacson: "Década após década, novas levas de especialistas declararam que já se podia avistar a inteligência artificial no horizonte, talvez apenas vinte anos à frente. Contudo, ela permanece sendo uma miragem que se encontra vinte anos à frente."

Parte do problema é que, quando computadores aprendem truques inteligentes, nós tendemos de imediato a reclassificar a tarefa como não inteligente, entendendo que ela é realizada sem compreensão. A antecipação dos seus desejos que *smartphones* oferecem cotidianamente é artificialmente inteligente, mas nós não pensamos assim, porque sabemos que se trata apenas de um algoritmo sem discernimento. Quando o Deep Blue, computador da IBM, derrotou Gary Kasparov por pouco numa partida de xadrez em 1997, numa conquista histórica da inteligência do computador, a realização foi desprezada como uma vitória da força bruta. O Deep Blue avaliava 330 milhões de posições por segundo, mas será que pensava, imaginava ou sentia?

Vinte anos depois, em 2016, uma *startup* de Londres chamada Deep Mind impressionou o mundo quando o seu programa AlphaGo derrotou o campeão mundial Lee Sedol no jogo de Go, num torneio televisionado em toda a Ásia. O episódio foi um divisor de águas na história da inteligência artificial e causou uma nova onda de excitação, sobretudo na China. O Go é complexo demais para as técnicas de força bruta que beneficiaram o Deep Blue, e o componente essencial do AlphaGo é a sua capacidade de aprender. As regras do Go não lhe foram ensinadas; ele as intuiu a partir de exemplos de jogos usando redes neurais (a última versão do programa não consultou absolutamente nenhum jogo humano). Sendo assim, os humanos que programaram o AlphaGo não fazem ideia do que o levou a escolher os movimentos que realizou. O movimento 37 no jogo 2 foi descrito por um especialista como "criativo" e "único", porque quebrou todas as regras normais e parecia ser bobo. Lee Sedol estranhamente demorou demais para reagir, e embora o seu contra-ataque fosse de rara inteligência, ele acabou perdendo o jogo depois de uma série de movimentos igualmente brilhantes do AlphaGo nas jogadas 151, 157 e 159.

Desse modo, o foco da inteligência artificial mudou: passou da abordagem do "sistema especialista", no qual pessoas de inteligência privilegiada tentam transmitir o seu conhecimento a computadores, para uma abordagem de aprendizado, na qual programas encontram por conta própria maneiras de resolver problemas. Isso se tornou possível graças a três características do mundo da computação moderna: novo *software*, novo *hardware* e novos dados. O novo *software* é invenção (pelo menos em parte) de Geoffrey Hinton, um cientista de origem britânica estabelecido em Toronto. A árvore genealógica de Hinton é pródiga em matemáticos, entomologistas e economistas famosos, e ele próprio formou-se psicólogo antes de desenvolver, no início da década de 1990, a noção de "propagação retrógrada" em redes neurais. Esse é essencialmente um método de *feedback* que permite que essas redes façam representações internas do mundo por meio de "aprendizado sem supervisão". Tais programas tinham capacidade muito limitada até os dados aumentarem exponencialmente na década passada, mas agora são excepcionais em induzir generalizações e percepções a partir de grandes esboços de dados, sem receberem nenhum detalhe sobre como fazer isso. Desse modo, por exemplo, incorporando um grande número de exames de tumor de próstata, um computador pode agora aprender a identificar e a delinear um tumor por radiologia direcionada, uma tarefa muito demorada para ser realizada manualmente quando executada por um radiologista muito bem-pago.

Contudo, o novo *hardware* também foi essencial para essa mudança e veio de uma fonte surpreendente: a indústria de jogos de computador. A parte central de um computador é a CPU ou unidade central de processamento. Isso inclui um ou alguns "núcleos" que fazem os cálculos e muita memória cache. Para a maior parte das tarefas, isso basta; mas a indústria de jogos constatou que para criar imagens aparentemente tridimensionais e realistas seria necessário um tipo de *chip* diferente — um com centenas de núcleos que pudessem trabalhar com centenas de segmentos de *software*. Essa "unidade de processamento de gráficos", ou GPU, não substitui a CPU, mas a aumenta, e se provou inestimável para possibilitar o aprendizado profundo por meio da propagação retrógrada. Nvidia, uma fabricante de placas gráficas, cunhou o termo GPU quando lançou a placa gráfica GeForce 256, em 1999, ainda voltada unicamente para os jogos. A empresa foi fundada em 1993 por Jensen Huang — um taiwanês que imigrou para o Oregon quando ainda era criança — e mais dois colegas. Eles não foram os inventores dos *chips* paralelos, mas sim os aperfeiçoadores. Foi só em 2007 que o primeiro GPU de uso amplo chegou ao mercado. Em 2018, a Nvidia apresentou robôs que podiam aprender a realizar tarefas simplesmente observando seres humanos.

Portanto, o progresso relacionado à inteligência artificial nos últimos anos é produto de novas ferramentas e de novos dados e novas ideias. Problemas significativos terão de ser superados antes que as pessoas comuns possam confiar nas habilidades que as máquinas aprenderam a ponto de aplicá-las no dia a dia. Uma equipe de cientistas da Universidade de Washington em Seattle treinou uma rede neural para diferenciar imagens de cães da raça husky siberiano de imagens de lobos dando-lhe somente vinte fotografias de amostra. Mas eles haviam selecionado deliberadamente apenas fotos de lobos em fundos nevados, e apenas cães contra fundo gramado. Sem dúvida o algoritmo estava muito mais atento ao fundo do que ao animal. Quando se perguntou às pessoas se elas confiavam nessa rede neural para tomar boas decisões, elas foram bem menos propensas a dizer "sim" depois que esse fato foi explicado a elas. Assim, a explicabilidade — a oportunidade para interrogar um algoritmo sobre o seu raciocínio — será um elemento crucial para produzir inteligência artificial de confiança. Em outro caso, a Amazon descobriu que uma rede neural destinada a ajudar em contratações começou a discriminar mulheres. Contudo, o cérebro humano também possui caixas-pretas cujo discernimento é às vezes obscuro, por isso talvez estejamos conferindo a essas máquinas padrões mais elevados que os de pessoas.

No momento, a aposta mais segura é que a inteligência artificial fortalecerá as pessoas em vez de substituí-las, como a automação tem feito ao longo de séculos. Mesmo no caso do jogo de xadrez, as equipes mais bem-sucedidas hoje em dia são "centauros", isto é, combinações de algoritmos e pessoas. Sem dúvida, o mesmo se aplicará ao ato de dirigir. Eu já confio no meu carro para me alertar quando outro carro estiver passando por mim numa pista externa ou quando um carro estiver se aproximando enquanto eu saio de um estacionamento. Muitas outras novidades "inteligentes" estarão à minha disposição no futuro; mas o dia em que eu me acomodarei no meu carro, direi a ele o lugar para onde deve me levar e seguirei viagem dormindo ao volante está — na minha opinião — bem distante.

CAPÍTULO 7

Inovação na pré-história

"Não há grande invenção, do fogo ao ato de voar, que não tenha sido recebida como um insulto a algum deus."
J. B. S. Haldane

OS PRIMEIROS FAZENDEIROS

Inovações eram raras antes dos dois últimos séculos. Uma pessoa podia viver uma vida inteira sem experimentar uma nova tecnologia: carroças, arados, bois, velas, crenças e milho tinham a mesma aparência para as pessoas desde o início até o fim da vida. Inovações ocorriam lenta e esporadicamente. Se voltarmos mais no tempo, o ritmo de mudança diminui ainda mais. Se você retrocedesse em sua máquina do tempo 10 mil anos antes do dia de hoje, você seria lançado num mundo em que mudança era algo raro a ponto de ser imperceptível, não apenas no intervalo de uma vida, mas no de dez vidas. E ainda assim você teria aterrissado no meio de uma das inovações mais grandiosas de todas: a adoção da agricultura.

Graças à agricultura, nós deixamos de ser uma população esparsa de predadores e coletores para nos tornarmos modificadores de ecossistemas, alteradores de paisagem. Vales como o Nilo, o Indo, o Eufrates, o Ganges e o Yangtzé tornaram-se ecossistemas feitos em grande parte pelo homem, que neles passaram a trabalhar para plantar e cuidar de gramíneas especiais, enquanto as estepes e colinas da Ásia se tornavam dominadas por gado e por carneiros e cavalos que empregavam pessoas pagas para protegê-los e cuidar deles. Os nômades se estabeleceram, a densidade populacional saltou e seu crescimento só foi contido por surtos de novas doenças ou pela fome. Novas e estranhas inovações culturais — como reis, deuses e guerras — logo começaram a dominar a cena. A agricultura foi uma inovação tão vasta em suas implicações quanto o motor a vapor ou o computador. Como a Revolução Industrial, a revolução agrícola estava totalmente voltada para a energia — para produzir mais energia, de maneira mais concentrada, guiando-a na direção inversa da entropia por meio da criação de mais corpos humanos à custa de outras espécies. Nenhum livro que trate do funcionamento da inovação pode deixar de abordar essa inovação antiga.

Infelizmente eu não posso contar com nenhuma biografia para relatar a história, embora seja razoável supor que a "revolução" agrícola tenha tido o seu Norman Borlaug. Porém, ainda assim a inovação da agricultura demonstrará alguns padrões familiares. Em primeiro lugar, há o fenômeno da invenção simultânea. Em 1870, a lâmpada surgiu de maneira independente em muitas partes diferentes do mundo e mais ou menos ao mesmo tempo; a mesma coisa aconteceu com a agricultura. É preciso observar que "ao mesmo tempo" no caso da agricultura pode significar um milênio ou dois; porém, em comparação com o meio milhão de anos ou mais que a nossa espécie passou caçando e colhendo, uns poucos milhares de anos não são nada. Naquele tempo, as pessoas iniciaram a atividade de cultivo em pelo menos seis lugares diferentes, totalmente independentes um do outro: Oriente Próximo, China, África, América do Sul, América do Norte, América Central e Nova Guiné. Não há evidência de que alguma dessas pessoas tenha tomado emprestada de alguém a ideia de cultivar, e as particularidades da cultura e do cultivo eram diferentes em cada caso. Os produtores de trigo da Mesopotâmia não influenciaram os agricultores de painço da China, muito menos os agricultores de batata dos Andes ou os de inhame da Nova Guiné.

Essa coincidência sugere que ou os cérebros humanos haviam se desenvolvido de modo paralelo até adquirirem a capacidade de ter a ideia de cultivar — o que parece improvável — ou que algo novo tornou as condições na época favoráveis ao surgimento da agricultura. Houve de fato algo especial: o clima. Antes de 12 mil anos atrás, o mundo se encontrava na era glacial. O frio era congelante, e enormes camadas de gelo cobriam grande parte da Europa e da América do Norte, bem como regiões de montanha mais ao sul. Por outro lado, o mundo era muito mais seco, porque os oceanos mais frios evaporavam menos umidade — e por isso as chuvas eram mais parcas e mais leves. A África foi assolada por secas prolongadas, e o estado desértico perdurava por décadas; o Lago Victoria secou totalmente 16 mil anos atrás, e o deserto de Kalahari era maior e mais seco. A floresta amazônica havia minguado até tornar-se uma colcha de remendos isolados de floresta intercalada com pastagens. Enormes nuvens de poeira sopravam sobre o mundo, manchando as geleiras da Antártica. Com tanta umidade encerrada em placas de gelo, o nível do mar era centenas de metros mais baixo do que é hoje. Com os mares tão frios e estratificados, o dióxido de carbono acabava se dissolvendo na água, de modo que restavam somente 190 partes por milhão na atmosfera no último máximo glacial, ou menos de 0,02%. Esse era um grande obstáculo para que as plantas crescessem depressa, quando elas cresciam, sobretudo em regiões áridas, porque as plantas perdem umidade quando abrem seus poros para absorver dióxido de carbono. Experiências mostram que, com o dióxido de carbono em 190 ppm (partes por milhão), plantas como o trigo e o arroz renderiam apenas cerca de um terço dos grãos que são obtidos hoje em dia, mesmo que tivessem um bom suprimento de água e nutrientes.

A correlação entre a poeira nos registros do núcleo de gelo da Antártica e níveis de dióxido baixos demais é forte, o que significa que as plantas haviam se distanciado de muitas áreas áridas e montanhosas, deixando um solo poeirento e instável. As chuvas eram raras. Cerca de 20 mil anos atrás, a julgar pelos núcleos de gelo da Antártica, as tempestades de poeira devem ter sido realmente horríveis, enegrecendo os céus em quase todas as partes do mundo durante semanas a fio. Naquela época, cerca de cem vezes mais poeira foi depositada na Antártica do que no período interglacial (mais quente), 10 mil anos depois. Esse não foi um bom momento para que um símio de cérebro grande, estômago pequeno e que necessitava de muita energia tentasse se alimentar de plantas em qualquer continente. Melhor deixar que os rebanhos escassos de animais específicos de pasto — cavalos, bisões, antílopes e cervos — reunissem toda caloria que pudessem em pedaços concentrados de carne, e então comê-los. Talvez eles pudessem escavar — uma especialidade humana — em algum lugar tubérculos ou apanhar nozes, mas prepará-los para o cultivo não seria fácil porque o clima era extremamente inconstante. Não se tinha conhecimento de nada disso até os últimos anos, quando núcleos de gelo bons foram coletados principalmente na Antártica e na Groenlândia. Vários registros sugerem que a temperatura foi muito mais volátil no último máximo glacial do que atualmente, tanto nas regiões polares como nos trópicos. As temperaturas globais eram quatro vezes mais instáveis, entre uma década e a década seguinte, do que são hoje. Registros de pólen no Mediterrâneo, por exemplo, mostram flutuações violentas durante a era do gelo, em comparação com milênios mais recentes. Isso teria tornado a agricultura impossível. Secas ou longos períodos de frio teriam forçado agricultores a migrar, abandonando toda a sua plantação murcha. A balança de incentivos favorecia os caçadores-coletores nômades.

Em 2001, dois pioneiros no estudo da evolução cultural, Pete Richerson e Rob Boyd, publicaram um artigo fundamental que pela primeira vez sustentava que a agricultura era "impossível durante o Plistoceno [era do gelo], mas imperativa durante o Holoceno [atual interglacial]". Quase imediatamente depois que o clima mudou, tornando-se mais quente, úmido e estável, com níveis mais altos de dióxido de carbono, as pessoas começaram a adotar dietas à base de plantas e a criar ecossistemas para a produção mais intensiva de alimento humano. "Quase todas as trajetórias da intensificação da subsistência no Holoceno são progressivas", eles escreveram, "e a agricultura acabou por se tornar a estratégia dominante em todas as áreas, exceto as marginais". A agricultura era nesse sentido obrigatória, inevitável e foi por esse motivo que isso aconteceu em tantos lugares diferentes.

No registro arqueológico, a agricultura pode parecer repentina, quando uma povoação é substituída por outra com grãos cultivados; mas um olhar mais atento aos sítios arqueológicos preservados no mar da Galileia revela um padrão bem mais gradativo, no qual caçadores-coletores se alimentaram de peixe e gazelas por milhares de anos enquanto muito lentamente crescia a sua confiança em sementes de gramíneas extraídas da terra ao redor no outono. Para começar, a intervenção teria parecido jardinagem. As pessoas algumas vezes podem ter guardado sementes e as espalhado em terreno úmido na primavera para estimular o crescimento, enquanto as protegiam de pássaros, ervas daninhas e animais de pastoreio. Talvez eles tenham feito isso em ilhas lodosas, em rios, que eram férteis, mas não tinham sementes. As pessoas que pegaram algumas sementes particularmente pesadas de um híbrido casual de farro e einkorn, dois dos ancestrais mais antigos do trigo, podem não ter feito isso deliberadamente. O híbrido resultante — trigo para pão — é um monstro genético hexaploide com sementes pesadas incapaz de se dispersar e sobreviver sem a interferência humana. Aos poucos, as sementes teriam reagido por meio da seleção natural: sementes mais pesadas, que poderiam ser debulhadas e seriam mais fáceis de colher, acabariam sendo mais solidamente representadas na semente mantida para ser semeada. Um círculo virtuoso se realizaria. Em certo sentido, a planta tomou a iniciativa.

Existe outra semelhança com as posteriores eclosões de inovação: isso aconteceu num momento de fartura e num lugar de fartura. Assim como uma inovação floresce em lugares prósperos, desenvolvidos e de boa comunicação, em tempos de paz e relativa prosperidade — a Califórnia dos dias atuais, Newcastle nos tempos de Stephenson, a Itália da Renascença nos tempos de Fibonacci —, do mesmo modo a agricultura teve início nos vales quentes e irrigados do Eufrates, do Yang-tzé e do Mississipi ou nos ricos e ensolarados solos da Nova Guiné e dos Andes. A guinada para a agricultura não foi sinal de desespero, não mais do que foi a invenção do computador. É verdade que a agricultura significava no mais das vezes trabalho árduo e desnutrição para os mais pobres, mas isso porque os mais pobres não estavam mortos: nas sociedades de caçadores-coletores, aqueles que ficavam à margem ou se tornavam incapazes em razão de lesão ou doença simplesmente morriam. A agricultura mantinha as pessoas vivas por tempo suficiente para que pudessem criar a sua prole, mesmo que fossem pobres. Aqui também podemos traçar paralelos com a inovação moderna.

Os computadores permitiram que as pessoas, que teriam agonizado nas indústrias pesadas da Era Vitoriana, mantivessem bons empregos.

Quando passaram a se ocupar da agricultura, os seres humanos não mudaram apenas os genes da planta de trigo e das vacas. Eles também mudaram os seus próprios genes. Outra inovação mostra com muita clareza como genes e cultura coevoluem: trata-se da fazenda leiteira, inventada cerca de oito mil anos atrás. As pessoas haviam domesticado gado na ocasião e começaram a ordenhá-lo. Mas se depararam com um problema: embora o leite da vaca fosse excelente alimento para crianças pequenas, os seres humanos adultos eram — como todo mamífero adulto — incapazes de digerir a lactose, o principal açúcar do leite. O gene da lactase foi programado para ser desativado no desmame, quando não era mais necessário. O leite ainda era uma deliciosa e nutritiva bebida para adultos, cheio de proteínas e de gorduras, mas a lactose não podia ser decomposta, e assim as pessoas teriam percebido que o leite cru era um alimento causador de desconforto e de flatulência — como muitas pessoas que descendem de culturas não lácteas notam hoje. É melhor fazer queijo com ele, pois no queijo a lactose já foi digerida por bactérias.

Um dia, porém, nasceu uma pessoa mutante cujo gene da lactase falhou em se desativar no desmame. Essa pessoa tirou o máximo proveito do prazer de beber leite e cresceu forte e saudável, parindo mais filhos que as outras pessoas. Seus genes acabaram dominando a população. Essas mutações "tolerantes à lactose" ganharam destaque em várias partes diferentes do mundo, na Eurásia e na África, sempre em estreita coincidência com a invenção da pecuária leiteira. Mas foi sem dúvida a fazenda leiteira que levou à seleção da mudança genética, não o contrário. A inovação genética em pessoas foi uma consequência inevitável da inovação cultural.

A INVENÇÃO DO CACHORRO

Muito antes da invenção da agricultura, os seres humanos fizeram uma inovação fundamental que transformou os seus destinos: o cachorro. Foi o primeiro animal a ser domesticado e tornou-se companhia para pessoas no mundo todo, caçando junto com elas para benefício mútuo, antes de ser mais tarde direcionado para uma enorme variedade de funções específicas. Quem realizou essa inovação, como e onde? A domesticação do cão aconteceu na Eurásia. Nós sabemos disso porque os cães são mais intimamente relacionados a lobos eurasianos e foram domesticados antes que as pessoas se mudassem para as Américas. Os cães chegaram à Austrália com uma leva de pessoas, que provavelmente não era a primeira leva, e ressurgiram como o dingo. A data da domesticação do cão foi estabelecida recentemente com um pouco mais de precisão, graças à genética, e é mais antiga do que se poderia esperar. Krishna Veeramah, um geneticista da Universidade Stony Brook, em Nova York, analisou o DNA de três restos antigos de cães, que datam de 4.700 a 7.000 anos atrás, e comparou os resultados com sequências de DNA de 5.649 lobos e cães dos dias atuais. A conclusão da sua equipe, publicada em 2017, é que os cães se separaram dos lobos cerca de 40 mil anos atrás e, mais tarde, dividiram-se em duas ramificações (oriental e ocidental) da árvore genealógica dos cães, há mais ou menos 20 mil anos: cães de aldeias chinesas são geneticamente diferentes das raças europeias depois dessa data. Isso sugere que a domesticação ocorreu somente uma vez e que foi entre 20 e 40 mil anos atrás. Sugere também que poderia ter ocorrido na Europa Ocidental, ou no sudeste asiático, ou em algum lugar no meio dos dois.

O DNA de um lobo que morreu 35 mil anos atrás no norte da Sibéria já dava indicações de que, a essa altura, os lobos estavam separados dos cães. Desse modo, bem antes do último máximo glacial, mas durante um período muito mais frio do que nos dias de hoje, as pessoas que viviam no continente eurasiano de alguma maneira fizeram amizade com lobos selvagens e os transformaram em ferramentas úteis.

Ou foi o contrário? Os cães são úteis para os seres humanos, mas os seres humanos também são úteis para os cães, eu às vezes penso, vendo meu cachorro dormir enquanto eu escrevo livros para poder comprar-lhe comida e uma cama para se deitar. É muito provável que a domesticação tenha começado quando os lobos tentaram perambular por acampamentos humanos a fim de encontrar restos de carcaças. Os mais arrojados corriam o risco de ser atravessados com lanças, mas conseguiam mais comida; aos poucos, a coragem na presença de pessoas foi se tornando mais comum em um grupo de lobos, até que as pessoas se deram conta da vantagem que representava ter lobos semi-domesticados por perto, talvez porque eles fornecessem um sistema de alerta rápido contra algum ataque ou talvez porque podiam rastrear uma presa ferida.

Uma longa e fascinante experiência conduzida na Sibéria desde a década de 1960 mostra como isso funcionaria e revela algo espantoso sobre a evolução da domesticação tanto em cachorros como em pessoas. O experimento envolvia raposas, mas o seu propósito era mais amplo. Em 1937, Nikolai Belyaev, um geneticista conhecido, foi preso e executado sem julgamento por mostrar interesse nocivo na ciência genética ocidental.

Seu irmão Dmitri tinha somente vinte anos na época, mas acabou se tornando geneticista também, embora tomasse extremo cuidado para não falar demais e ferir o dogma ambientalista vigente no stalinismo. Ele foi trabalhar em um laboratório que estudava animais dotados de pelagem e, em 1958, mudou-se para Novosibirsk para se juntar ao Instituto de Citologia e Genética do Departamento Siberiano da Academia de Ciências Soviética. Nesse instituto, ele decidiu estudar raposas prateadas.

A raposa prateada é uma subespécie da raposa vermelha, originária do Canadá, que estava sendo criada na Sibéria por sua pele. Mas criação talvez não seja o termo mais adequado, porque eram animais selvagens mantidos em gaiolas. As raposas exibiam poucos sinais de que se adaptariam ao cativeiro humano e se deixariam domesticar. De acordo com o dogma de Lysenko, então promovido por Nikita Khrushchev, a domesticação deveria advir do próprio cativeiro, mas era evidente que isso não estava acontecendo. Belyaev decidiu, então, tentar reprodução seletiva. Para fazer isso ele recorreu a um truque muito simples. Ele criou as raposas menos assustadas de cada geração: as que rosnavam menos quando a sua gaiola era abordada. Depois ele fez o mesmo com os filhotes de raposa, selecionando os mais amigáveis, menos tímidos e menos agressivos. Entre mil filhotes criados a cada ano, duzentos eram escolhidos como pais para a próxima geração. Isso se estendeu por meio século.

Quase de imediato os pesquisadores notaram uma diferença. Na quarta geração, alguns dos filhotes se aproximavam das pessoas espontaneamente, balançando as caudas — algo que raposas selvagens não fazem. Depois de mais algumas gerações, Belyaev havia domado com entusiasmo raposas que se apressavam para lamber seus amigos humanos. O mais surpreendente, contudo, foi que a aparência das raposas tinha mudado também. Elas tinham a cauda encaracolada, as orelhas flexíveis, a cabeça um pouco mais feminina e com manchas brancas na testa — como se vê com frequência em gado, cavalos e outros animais domésticos. Suas ninhadas também eram maiores, e começaram a procriar mais jovens e fora da temporada. Belyaev repetiu o experimento com martas e ratos, com resultados similares.

Porém Belyaev, ao fazer sua seleção por critérios de docilidade, acabou selecionando-as também com base em mutações genéticas que apareceram com outras características: uma síndrome da domesticação. Ele promoveu involuntariamente um atraso na migração das células das "cristas neurais" dos animais durante o desenvolvimento. Essas células se espalham por todo o embrião e originam certos tecidos dentro de órgãos, como a pele e o cérebro. A maioria das células que produzem pigmento preto deriva da crista neural, e é a escassez dessas células na cabeça que confere aos animais domesticados o brilho branco no rosto. Nas raposas de Belyaev, os melanoblastos que tornam a pelagem escura sofrem atraso em sua migração, e o resultado são manchas brancas no pelo. Células de crista neural retardatárias também são responsáveis por orelhas de abano e mandíbulas menores.

Richard Wrangham, antropólogo da Universidade de Harvard, apresentou a hipótese de que as células da crista neural também são fundamentais para as partes do cérebro que regulam o estresse, o medo e a agressão. O efeito é tornar o animal menos sujeito a reagir com agressividade. E Wrangham frisa que essa é uma característica peculiar dos seres humanos, bem como dos seus animais de estimação. Diferentemente, por exemplo, dos chimpanzés, nós somos capazes de nos misturar num ônibus lotado sem nos matarmos uns aos outros, coisa que para os chimpanzés seria impossível. Nós somos bons em agressão planejada, provavelmente os melhores, mas não em reação agressiva. O mesmo vale para os cachorros. Um lobo ou um chimpanzé é um animal de estimação perigosos: embora possam ser amigáveis por anos, podem reagir subitamente com violência mortal se tocados da maneira errada. Wrangham cita a experiência de uma pessoa que tentou dar tapinhas num lobo cativo, como faríamos com um cão, e quase perdeu um braço.

Os seres humanos raramente são assim. Desde o nascimento, nós somos incrivelmente tolerantes com as outras pessoas. Parece que nós também somos uma espécie domesticada, selecionados para termos reação menos agressiva a estranhos e os melhores para sobreviver em comunidades urbanas, agrícolas ou de caçadores e coletores. Em algum momento da pré-história humana, nós talvez tenhamos eliminado as pessoas que tinham migração rápida das células da crista neural e reações súbitas e agressivas. Se de fato fizemos isso — executando-as geração após geração, ou condenando-as ao ostracismo, ou enviando-as para a batalha (ou uma combinação dos três) —, nós continuamos fazendo o mesmo na história mais recente, como faz o sistema penal ainda hoje. Nós demos a nós mesmos uma grande dose de síndrome de domesticação em comparação com os nossos ancestrais homens-macacos: temos mais características femininas, mandíbulas menores (o que resultou em dentes mais amontoados), menos características quanto a diferenças sexuais e mais quanto à atividade sexual contínua. E, às vezes, até mesmo algum cabelo branco na parte da frente da cabeça. Cérebros menores também: esqueletos antigos mostram que o cérebro humano encolheu cerca de 20% nos últimos 20 mil anos, fato que muitas vezes intriga biólogos. Os cérebros encolhem durante a domesticação de outras espécies também, incluindo cães. Wrangham escreveu: "As diferenças entre seres humanos dos tempos modernos e nossos antepassados mais remotos têm um padrão claro. Elas lembram as diferenças entre um cão e um lobo." Mesmo agora há evidências a respeito de quais genes foram alterados para que se obtivesse esse resultado. Por exemplo, o gene BRAF mostra uma forte seleção evolucionária recente em gatos, cavalos e pessoas, e isso está relacionado com a migração das células da crista neural.

Talvez seja exagero chamar a genética da domesticação de inovação, embora o próprio cachorro fosse uma grande invenção. Mas será de fato tão diferente da Revolução Industrial, que não foi muito premeditada e cujo impacto mal foi percebido na época? Mesmo nos dias de hoje, a inovação é muito menos direcionada e planejada do que tendemos a pensar. A parte predominante na inovação consiste em retenção não aleatória de variações no projeto.

O GRANDE SALTO (DA IDADE DA PEDRA) À FRENTE

Se a invenção da agricultura e dos cães parece impossivelmente antiga e lenta conforme as inovações avançam, quão mais distante se encontra a invenção de ferramentas sofisticadas — conhecida como revolução humana — no final da Idade da Pedra, pelo menos 100 mil anos atrás? Mesmo assim, isso também representou uma explosão de inovação e foi guiado pelo mesmo tipo de força que nos deu o contêiner, os navios e os celulares, embora bem mais lentamente.

Antes da revolução humana, os homens-macacos possuíam ferramentas. Dois milhões de anos atrás, nossos ancestrais hominídeos tinham a tecnologia que lhes permitia o seu grande cérebro. Eles quebravam pedras para fazer "machados" com bordas afiadas e com eles cortavam carne ou processavam materiais. Mas durante muito tempo eles não tiveram inovação, pelo menos nada que de algum modo nós poderíamos reconhecer. Os artefatos permaneceram os mesmos durante centenas de milhares de anos, bem como o procedimento para fazê-los. E também pareciam os mesmos, ainda que a milhares de quilômetros de distância em diferentes continentes e talvez até para diferentes espécies de homens-macacos: é difícil diferenciar as ferramentas do *Homo erectus* das de outros. Esse continua sendo um fenômeno desconcertante, e os cientistas se esforçam para explicá-lo. A tecnologia existia mesmo sem o menor indício de diversidade cultural, muito menos padrão de inovação.

Talvez seja útil traçar um paralelo com ninhos de pássaros. Ninhos são artefatos, tecnologias até, construídos por vertebrados dotados de um cérebro capaz de aprender. Contudo, a estrutura de um ninho de pássaro e os materiais com que esses ninhos são construídos são característicos de cada espécie e variam em pouco mais de milhares de quilômetros de distância ou de uma década para a outra. As andorinhas constroem ninhos em forma de taça, as cambaxirras fazem bolas de musgo, os pombos fazem plataformas com galhos finos. A construção dos ninhos é um instinto inato e é por esse motivo que varia tão pouco. Talvez a fabricação de ferramentas tenha sido um instinto inato no *Homo erectus*.

Meir Finkel e Ran Barkal, da Universidade de Tel Aviv, acreditam que esse conservadorismo tenha se limitado a ferramentas de pedra e não tenha se estendido para outras tecnologias e hábitos hominídeos. O machado de mão do período Acheulense parece ter se estabelecido em conformidade cultural mais do que outros artefatos. É uma ferramenta de pedra em forma de gota com bordas afiadas, com a qual o *Homo erectus* retalhava as carcaças de grandes mamíferos. Às vezes ele é encontrado junto a ossos de cavalos ou rinocerontes. Nas palavras de Finkel e Barkal: "Nós afirmamos que o papel do machado de mão na adaptação do período Acheulense foi essencial, e assim ele se estabeleceu na sociedade humana, provavelmente por conta da tendência psicológica para a imitação da maioria, que mais tarde se tornou tradição ou norma social."

Aos poucos, porém, a inovação começou a despertar. Por volta de 160 mil anos atrás, na África, novos conjuntos de ferramentas começaram a aparecer. Técnicas complexas surgiram, como o tratamento por calor para fazer ferramentas de pedra. Cerca de 45 mil anos atrás, no Oriente Médio, tornou-se evidente uma explosão de novas ferramentas, processo esse que se acelerou nos milênios seguintes, resultando em bumerangues, arcos e flechas. A revolução humana foi uma ilusão, assim como a Revolução Industrial. Cerca de 45 mil anos atrás, a Europa viveu um surto de novas tecnologias de pedra, mas somente porque — agora se sabe — estava experimentando uma "recuperação do crescimento", da mesma forma que, por exemplo, a Coreia do Sul se industrializou rapidamente depois da Segunda Guerra Mundial. A Europa, por sua vez, estava acompanhando a África, onde novas tecnologias emergiram muito mais lentamente, mas muito tempo antes. Isso foi assinalado pela primeira vez por duas antropólogas, Sally McBrearty e Alison Brooks, em 2000, numa crítica contundente à teoria de que a revolução humana na Europa significou uma mudança no funcionamento do cérebro humano: "Essa interpretação dos eventos decorre de uma visão profundamente eurocêntrica e de uma avaliação equivocada da profundidade e da amplitude do registro arqueológico africano." Muitos dos componentes da revolução humana apareceram dezenas de milhares de anos antes na África, incluindo-se ferramentas de pedra e lâminas menores, ferramentas de ossos e o deslocamento de ferramentas por longas distâncias, provavelmente através de comércio.

Mas por que a África e por que na época assinalada? A busca pela origem dessa lenta explosão de inovação da Idade da Pedra nos leva ao sul da África e a um conjunto de cavernas em particular. Pinnacle Point fica na costa sudeste da África do Sul, onde as piores condições do deserto não se verificaram durante as eras do gelo: essa costa teria permanecido exuberante mesmo quando o deserto do Kalahari se expandiu e se tornou extremamente seco. Naqueles dias, com o nível do mar muito mais baixo, as cavernas estavam bem acima dele, mas próximas o bastante da costa para serem usadas como abrigo por pessoas do início dos tempos que deixaram para trás restos de peixe e ferramentas. Por esse motivo, anos atrás o arqueólogo Curtis Marean deu atenção especial a cavernas que ele selecionou. Ele encontrou evidências de ocupação humana que se estende há pelo menos 160 mil anos, para além do último período interglacial antes do presente. E ele encontrou evidências de comportamento humano complexo, começando várias dezenas de milênios mais cedo que o esperado: uma mistura variada de ferramentas de pedra especializadas, o uso de substâncias corantes, o uso do fogo para endurecer as ferramentas e assim por diante: o tipo de coisa que só apareceu em outro lugar muito tempo depois. Marean também encontrou inúmeras evidências de pessoas que comeram frutos do mar.

Um exemplo é o uso de "micrólitos". São pequenos pedaços de pedra lascada, moldados e endurecidos pelo fogo e assim transformados em pontas de armas de projéteis letais. Marean os encontrou em depósitos de cavernas de 71 mil anos atrás, em Pinnacle Point. Ele não conseguiu eliminar a possibilidade de que eram usados para fazer flechas — o que significaria a invenção do arco vários milhares de anos antes do que se considerava até então — ou arremessadores de lanças, também considerados inventos posteriores. "Os primeiros humanos modernos da África do Sul possuíam conhecimento para projetar e difundir com grande precisão essas tecnologias de elementos complexos", Marean concluiu. Graças aos micrólitos, as pessoas puderam matar animais a uma distância maior, com menos risco de ferimentos. Com os micrólitos também era possível eliminar inimigos antes que eles se aproximassem o bastante para arremessarem as suas lanças com a mão. Isso pode ter abarcado os Neandertais quando a tecnologia alcançou a Europa. Mas por que esses africanos do sul eram tão inovadores?

Eis o que Marean pensava que estava acontecendo em Pinnacle Point: em outros lugares da África, sempre e em toda parte, os alimentos são incertos e mal distribuídos. Árvores que produzem frutos, nozes ou rebanhos que migram depois das chuvas podem oferecer uma repentina e rica recompensa, que, porém, não dura. Por outro lado, alimentos que permanecem por perto, como tubérculos e pequenos antílopes, são distribuídos de maneira escassa. A vida de um caçador-coletor, portanto, devia ser móvel, nômade e solitária: os grupos seriam pequenos e as distâncias entre os grupos seriam grandes. Em tais condições, o cérebro coletivo é pequeno — não resta muito espaço para especialização ou divisão de trabalho. Em semelhantes hábitats, caçadores-coletores mantêm ferramentas, culturas e hábitos muito simples.

Contudo, apenas em alguns lugares do continente africano os recursos são ricos, previsíveis e contínuos. Alguns lagos podem ser assim, se você sabe como capturar peixes, matar crocodilos e hipopótamos ou derrubar aves. Os litorais também seriam bons lugares, mas não todos. Praias tropicais e orlas rochosas são comparativamente improdutivas. Assim como é o litoral Mediterrâneo, com suas marés baixas e correntes fracas. Mas a costa da África do Sul — onde águas frias e cheias de nutrientes abrigam peixes, focas e moluscos em abundância — teria proporcionado uma mesa de fartura excepcionalmente confiável. Marean acredita que isso abriu as portas da inovação para a sociedade humana, tornando-a compacta, sedentária e territorial. Penetrar em um nicho ecológico permitiu que as pessoas se estabelecessem em agregações grandes o suficiente para defenderem a sua área particular da costa. Morar em "vilarejos" repletos de alimento estocado, cultura material custosa e concentração de descendentes fez das pessoas um alvo para o ataque de rivais, o que acabou incentivando a invenção do arremessador de lança ou arco. Em sociedades de formigas, o surgimento de comportamento fortemente social com divisões de trabalho também coincide com a invenção de um ninho fixo. De fato, para exemplificar de modo anacrônico, talvez o primeiro fabricante de arcos tenha tido tempo para testar porque os seus amigos estavam pescando peixe suficiente para "pagá-lo" para fazer pesquisas como parte de uma espécie de "orçamento de defesa". Repare mais uma vez na correlação entre inovação e riqueza. Assim como a inovação prospera hoje no abastado Vale do Silício e prosperou nas ricas cidades-estado da Itália renascentista e nas cidades-estado gregas ou chinesas em tempos antigos, e assim como a agricultura foi inventada em meio à abundância de vales fluviais férteis, desse mesmo modo a inovação da Idade da Pedra teve início com a fartura de peixes.

Mark Thomas e seus colegas da University College London escreveram um artigo em 2009 afirmando que a inovação no Paleolítico Superior foi sobretudo questão de demografia. Populações densas inevitavelmente incentivam a mudança tecnológica humana porque criam condições para que as pessoas se especializem. A evidência mais contundente para essa ideia vem da Tasmânia e diz respeito não à inovação, mas à "desinovação". Dez mil anos atrás, o povo da Tasmânia se viu isolado quando a elevação dos níveis do mar, no final da idade do gelo, separou a ilha da Austrália continental. Eles permaneceram incomunicáveis até a chegada dos exploradores ocidentais. Durante esses milênios de isolamento, a população da ilha era pequena — cerca de 4 mil pessoas —, e não só mostrava poucos indícios de inovação tecnológica como também acabou desistindo das tecnologias que tinha antes. Depois de tudo, os tasmanianos não possuíam ferramentas de ossos, não tinham vestimentas para o frio, não tinham redes, não tinham lanças afiadas nem lanças para pescar nem arremessadores de lanças nem bumerangues. Em um importante artigo publicado em 2004, o antropólogo Joe Henrich ligou esses fatos à súbita redução do "tamanho efetivo da população" depois do isolamento. Os tasmanianos deixaram de ser uma pequena parte de uma grande população para se tornar a totalidade de uma pequena população. Isso significa que eles não puderam mais ter acesso às ideias e descobertas de muitas pessoas. Diante da necessidade de aprender habilidades, a tecnologia encolheu para o que poderia ter respaldo de uma especialização limitada dentro de uma população pequena.

A ideia impressionante aqui (como eu argumentei em *The Rational Optimist* — O otimista racional, em tradução livre) é que, em algum momento antes de 150 mil anos atrás, os seres humanos se tornaram dependentes de um cérebro social, coletivo, mediado pela especialização e pela troca. As chances de inovar acabam diminuindo quando se eliminam pessoas da troca. Essa concepção é sustentada por outras linhas de evidências. Os ilhéus do Pacífico possuem tecnologias de pesca mais complicadas quando vivem em ilhas maiores e — fundamentalmente — quando essas ilhas têm boas relações comerciais com outras ilhas. Os caçadores-coletores humanos modernos que chegaram à Europa foram capazes de reunir objetos obtidos durante um longo caminho, por meio do comércio, em claro contraste para com os Neandertais, que utilizavam apenas materiais locais e aparentemente não comerciavam com estranhos. Se esses últimos pudessem obter objetos de regiões distantes, então eles poderiam ter ideias também. E até os dias atuais, populações isoladas e pequenas mostram tecnologia simplificada e índices de inovação lentos. As Ilhas Andaman são um exemplo entre caçadores-coletores, ao passo que os norte-coreanos são um exemplo entre a população industriária.

A história mais recente ensina a mesma lição. A inovação floresceu em cidades que negociavam livremente com outros países, como a Índia, a China, a Fenícia, a Grécia, a Arábia Saudita, a Itália, a Holanda e a Grã-Bretanha: lugares onde era possível encontrar e combinar ideias para produzir novas ideias. A inovação é um fenômeno coletivo que acontece entre cérebros, não no interior deles. Nisso reside uma lição para o mundo moderno.

O BANQUETE QUE O FOGO TORNOU POSSÍVEL

Inovações como o motor a vapor e as redes sociais modificam a cultura. O fogo representou uma inovação que foi um passo além disso — ele mudou a anatomia humana. Ninguém ainda sabe ao certo quando o fogo foi inventado nem onde. De acordo com indicações de evidências arqueológicas, o fogo pode ter surgido entre meio milhão e dois milhões de anos atrás e isso poderia ter acontecido uma vez ou muitas vezes. Mas a evidência anatômica é muito mais forte: seres humanos não podem sobreviver com alimentos crus; seus corpos são adaptados para receber alimentos cozidos e provavelmente tem sido assim por quase dois milhões de anos. Isso pressupõe fogo controlado. Algumas pessoas tentam viver de comida crua hoje em dia, e o resultado é que sempre perdem peso e padecem de infertilidade e de deficiência crônica de energia, não importa o quanto se empanturrem de nozes e frutas. Um estudo alemão envolvendo quinhentos entusiastas de alimentos crus, que comiam quase todas as suas refeições cruas, concluiu que "uma dieta rigorosa de alimentos crus não pode garantir um fornecimento adequado de energia". E estamos falando de pessoas que comem frutas e vegetais cultivados com cuidado e facilmente digeríveis, não alimentos retirados da natureza selvagem depois de uma peregrinação através das matas em busca de alimento energético, como fariam os seus equivalentes chimpanzés se mantivessem tais dietas. A maioria dos que comem alimentos crus precisa incluir alguns alimentos cozidos à sua dieta. O intestino humano simplesmente não está adaptado para extrair energia suficiente de vegetais crus, carne crua ou castanha crua. Porém, esse fato não deixa de ser estranho quando se leva em conta que o mesmo não vale para nenhuma outra espécie, incluindo espécies domesticadas, como os cães.

Toda sociedade humana que foi contactada tem o costume de cozinhar seu alimento, por mais simples que seja o seu ecossistema e a sua dependência de certas espécies: dos Inuítes aos Sentineleses, passando pelos Fueguinos. Todas as sociedades de caçadores-coletores fazem uso do fogo para cozinhar alimentos. É possível que comam alimentos crus durante o dia, mas acabam retornando para uma fogueira a fim de preparar a refeição da noite. Richard Wrangham nos fala sobre o caso da família de Dougal Robertson, que sobreviveu trinta e um dias em um bote salva-vidas em alto--mar, comendo tartarugas e peixes. Sobreviveram, mas perderam muito peso e fantasiavam com refeições quentes. O ser humano também é bem mais vulnerável do que os outros símios a infecções estomacais causadas por carne estragada e a componentes tóxicos e amargos de plantas selvagens. Nosso organismo foi sem dúvida adaptado para processar alimentos cozidos.

Cozinhar o alimento faz com que seja digerido antecipadamente. Torna o amido gelatinoso e, dessa maneira, quase duplica a sua energia digerível. Também desnaturaliza proteínas, aumentando em pelo menos 40% a energia disponível pelo consumo de um ovo ou um bife. É como ter um estômago externo a mais. Cozinhar, portanto, explica por que nós temos dentes pequenos, estômagos pequenos e um intestino que é apenas um pouco maior que o de outros macacos em relação ao nosso peso corporal. Esse pequeno intestino custa-nos menos para funcionar — 10% menos energia é queimada apenas para manter o trato gastrintestinal vivo, em comparação com outros macacos. Assim, o fogo de cozinhar não nos fornece somente energia, mas também a poupa. Como argumentou Leslie Aiello, esse passo foi crucial para a expansão do cérebro humano. Com o aumento do tamanho de um órgão faminto de energia no topo do pescoço, os primeiros hominídeos não podiam sacrificar o fígado ou os músculos, mas eles podiam poupar, e pouparam, o estômago e o intestino. Cozinhar, portanto, abriu a possibilidade de cérebros maiores.

A mudança para um cérebro maior e um intestino menor parece ter acontecido pouco mais de dois milhões de anos atrás, quando o *Homo habilis* foi substituído pelo *Homo erectus* na África e em outros lugares do mundo, embora esses talvez sejam somente rótulos falsamente precisos para uma mudança gradual e fragmentária que se processou durante um longo período e com registro fóssil escasso. Até recentemente, a mudança foi explicada por uma guinada para a ingestão de carne. Porém, em seu livro *Catching Fire* [Pegando fogo, em tradução livre], Richard Wrangham afirma que isso não pode fazer sentido, porque o intestino humano não está suficientemente equipado para digerir carne crua (em comparação com um cão, por exemplo) e é muito dependente tanto de gorduras (nos climas frios) como de carboidratos (nos climas quentes) para equilibrar a carne que comemos. Ele argumenta, portanto, que o que explica a mudança é o cozimento: o aparecimento do *Homo erectus* trouxe dentes menores, pélvis mais estreita e caixa torácica menos dilatada — tudo isso pressupõe um intestino menor. Além de um grande aumento no volume do cérebro.

Essa ideia não convenceu a todos. Mais especificamente, a evidência sugere que não houve mudança radical no tamanho do cérebro, apenas um aumento gradual ao longo do tempo. Um pouco como a lei de Moore no século XX, quando houve mudanças na tecnologia, mas ainda assim um aumento gradativo do poder do computador por um determinado preço; portanto, de acordo com o registro fóssil hominídeo parece haver um aumento paulatino e constante do tamanho do cérebro, apesar de uma série de espécies descontinuadas.

Como pôde o *Homo erectus* inventar o cozimento? Claro que o fogo não era desconhecido. De fato, em certos períodos deve ter sido comum ver focos de incêndio iniciados por relâmpagos. Os chimpanzés se depararam com esse fenômeno natural em seu caminho. Será que o *Homo erectus* tinha o hábito de aguardar próximo desses incêndios a fim de apanhar pequenos animais em fuga para escapar das chamas? Ou a fim de procurar corpos carbonizados de criaturas que foram apanhadas pelo fogo, tendo descoberto que tinham um gosto bom e davam uma refeição satisfatória: lagartos, roedores, ovos de aves, nozes? Outros predadores fazem esse tipo de coleta em meio ao fogo, particularmente falcões. Talvez tenha se tornado hábito espalhar fogo de propósito, carregando brasas de um local para outro, para estimular o crescimento de grama nova e atrair manadas de caça.

A SUPREMA INOVAÇÃO: A PRÓPRIA VIDA

O início da vida na terra foi a primeira inovação: a primeira reconfiguração de átomos e *bytes* em formas improváveis que podiam aproveitar a energia para um objetivo, que é também uma boa descrição de um carro ou de uma conferência. Que esse início tenha acontecido quatro bilhões de anos atrás, quando não existiam criaturas vivas, muito menos criaturas inteligentes, e que nós não saibamos muito a respeito desse fato — onde aconteceu, como aconteceu —, isso não diminui a sua importância como inovação. Nós sabemos que tudo girou em torno de energia e improbabilidade, ambas cruciais para a inovação nos dias de hoje. E o fato de que ninguém planejou a origem da vida é também uma lição fundamental.

Todos os seres vivos têm uma maneira idiossincrática de aprisionar energia para torná-la útil. Suas células bombeiam prótons através de membranas lipídicas para criar gradientes de energia que depois alimentam a síntese de proteínas que fazem o trabalho: elas transformam energia em trabalho, como fazem os motores a vapor e os computadores. Durante cada segundo da sua vida, um ser humano bombeia um nonilhão de prótons através de membranas em quatrilhões de mitocôndrias que vivem dentro das células do corpo. O fracasso desse gradiente de prótons é a própria definição de morte. O cianeto é um veneno porque bloqueia o bombeamento de prótons. Para todos os efeitos, o corpo de alguém que acaba de morrer é idêntico ao de uma pessoa viva, a não ser por um detalhe: a sua capacidade de manter prótons do lado direito das membranas cessou subitamente. Nick Lane, da University College London, foi o primeiro a perceber como isso é incomum. Parece ser um modo arbitrário de produzir e estocar energia para desafiar a entropia localmente. Ele supôs que isso poderia dar uma dica que talvez ajudasse a responder onde e como a vida surgiu pela primeira vez — um tipo de assinatura fóssil. No ano 2000, uma nova espécie de fonte hidrotermal alcalina foi encontrada no fundo do oceano no meio do Atlântico, diferente das fontes hidrotermais ácidas encontradas em outros lugares. Também conhecidas como chaminés negras, descobriu-se que essas fontes hidrotermais alcalinas contêm estruturas nas quais os prótons se difundem através de finas paredes semicondutoras de níquel, ferro e enxofre, por meio de poros minúsculos. Esse gradiente de energia acidental permite, ou causa, a síntese de moléculas orgânicas, que se acumulam e interagem. Lane acredita que a vida teve início quatro bilhões de anos atrás dentro de um desses poros. Os gradientes naturais de prótons chegam por acidente para dar impulso à geração de complexidade molecular. A origem dessa energia estava nas reações entre substâncias químicas em rochas e fluidos.

Por todas as formas de vida compartilharem o mesmo código genético arbitrário, comprova-se que a origem da vida aconteceu apenas uma vez — ou mais de uma vez, e então a forma de vida rival desapareceu. Desse modo, quando a vida teve início, houve inovação por recombinação fortuita, e o resultado foi uma redução na entropia por meio de aproveitamento de energia. Uma vez que isso também descreve em linhas gerais a civilização e a tecnologia, há uma compreensão clara de que a inovação humana é apenas a continuação de um processo que começou quatro bilhões de anos atrás. Não há descontinuidade espiritual envolvida aqui; a matéria se tornou cada vez mais complicada, a princípio inteiramente dentro de corpos orgânicos, e depois cada vez mais sem corpos orgânicos. Algumas pessoas, como James Lovelock afirma em seu recente livro *Novacene*, acreditam que essa trajetória esteja na iminência de uma continuação que dispensa totalmente o componente orgânico: os robôs assumem o controle e nós transferimos a nossa mente para os seus computadores.

CAPÍTULO 8

Fundamentos da inovação

"A liberdade é a mãe da ciência e da virtude, e uma nação será grande em ambas na proporção em que for livre."
Thomas Jefferson

A INOVAÇÃO É GRADUAL

A história da inovação, descrita nas histórias que contei aqui, revela alguns padrões surpreendentemente consistentes. Se aconteceu ontem ou há dois séculos, se é de alta tecnologia ou de baixa, se é um grande dispositivo ou um pequenino, se é real ou virtual, se teve impacto e foi um divisor de águas ou se foi simplesmente útil, uma inovação bem-sucedida segue, de modo geral, o mesmo caminho. Em primeiro lugar, a inovação é quase sempre algo gradual, não súbito. Os momentos "eureka" são raros, provavelmente nem existem e onde eles são festejados há ajuda de muita retrospectiva e de longos intervalos de preparação, para não mencionar os vários erros de trajeto pelo caminho. Arquimedes dificilmente teria saltado para fora da banheira gritando "eureka"; ele provavelmente inventou a história depois a fim de entreter as pessoas.

Você pode contar a história do computador de várias maneiras, começando com teares Jacquard ou com válvulas de vácuo, começando com a teoria ou com a prática. Mas quanto mais fundo você olhar, menos provável será que encontre uma ocasião de súbita descoberta em vez de uma série de pequenos passos paulatinos. Não existe um dia sobre o qual você possa dizer "computadores não existiam um dia antes e passaram a existir um dia depois", não mais do que você poderia dizer que um primata era um macaco, e o seu filho, uma pessoa.

Por esse motivo, é possível contar histórias de inovação "natural", inconsciente, tais como as do fogo, de ferramentas de pedra e da origem da própria vida como parte de um *continuum* com invenções tecnológicas modernas. Elas são essencialmente o mesmo fenômeno: evolução. No caso do carro a motor, quanto mais perto você olhar, mais as primeiras versões parecerão versões mais antigas de tecnologias anteriores, como carruagens, motores a vapor e bicicletas; isso não nos deixa esquecer que, com pouquíssimas exceções, as tecnologias feitas pelo homem evoluem a partir de tecnologias anteriores também feitas pelo homem — elas não são inventadas a partir de coisa nenhuma. Essa é uma característica fundamental dos sistemas evolucionários: o movimento para o passo "possível adjacente".

Talvez eu esteja exagerando. Afinal, houve um momento em que o avião dos irmãos Wright voou, tornou-se aerotransportado, em 17 de dezembro de 1903. Esse foi com certeza um momento súbito de grande avanço, não foi? Não, longe disso. Quem conhece a história sabe que nada poderia ter sido mais gradual. O voo nesse dia durou alguns poucos segundos. Foi pouco mais do que um salto. Nem teria sido possível sem a ajuda de um vento forte. E foi precedido por uma tentativa fracassada. Isso aconteceu após muitos anos de trabalho árduo, experimentos e aprendizado, durante os quais, de forma bastante gradual, todas as peças necessárias para o voo motorizado se uniram. Lawrence Hargrave, pesquisador pioneiro da aviação australiana, escreveu em 1893 que seus colegas deviam afastar de vez a ideia de que "se guardarem os resultados dos seus trabalhos para si mesmos, uma fortuna lhes será garantida". A genialidade dos irmãos Wright reside justamente no fato de que eles perceberam que estavam envolvidos num processo paulatino e repetitivo e não esperavam construir uma máquina voadora na primeira tentativa. E o momento do milagre veio antes de mais vários anos de trabalho duro e ajustes sem fim, até que os Wright acabaram descobrindo como manter um avião no ar por horas, como decolar sem vento de proa, como virar e como aterrissar. Quanto mais de perto se examina a história do avião, mais gradual ela parece. De fato, o momento da decolagem em si é gradual, já que o peso nas rodas diminui gradativamente.

Isso vale para todas as invenções e inovações que abordei até aqui neste livro e vale também para muitas outras que não abordei. O mesmo ocorre com a dupla hélice, uma descoberta ao melhor estilo "momento eureka", feita em 28 de fevereiro de 1953, quando Jim Watson percebeu de súbito que os dois pares de bases tinham a mesma forma, Francis Crick se deu conta de que isso explicava as fitas correndo em direções opostas, e os dois perceberam como um código digital linear deve estar no centro do material hereditário da vida. Porém, como escreveu Gareth Williams em seu livro sobre os momentos que antecederam o surgimento desse trabalho, *The Unravelling of the Double Helix* [A descoberta da dupla hélice, em tradução livre]: "Esse foi somente um episódio em uma longa e queixosa progressão de descobertas."

A terapia de reidratação oral — inovação médica que salvou mais vidas nas últimas décadas do que jamais foram salvas em nenhuma outra — é outro bom exemplo. Em algum momento da década de 1970, em Bangladesh, muitos médicos começaram a usar soluções de açúcar e sal para impedir que as crianças morressem de desidratação induzida por diarreia.

Num primeiro momento, essa parece ser uma inovação repentina. Mas quanto mais examinamos a história, mais encontramos experimentos anteriores envolvendo a mesma ideia: nas Filipinas, na década de 1960; em experimentos com ratos, na década de 1950; em melhoras gradativas na terapia de reidratação intravenosa, na década de 1940.

É verdade que houve um grande progresso experimental em 1967, quando cientistas do laboratório de Pesquisa da Cólera em Dacca (agora Dhaka), no Paquistão Oriental (agora Bangladesh), liderados pelo dr. David Nalin, perceberam que adicionar glicose a uma mistura com sal melhorou a retenção de sódio, mas certamente eles estavam apenas redescobrindo as pistas de estudos de anos anteriores e testando-as em escala. Resultados semelhantes obtidos em Calcutá na mesma época confirmaram a descoberta. Mesmo assim, o laboratório de Dacca demorou a empurrar a ideia para médicos e trabalhadores da ajuda humanitária. Especialistas concluíram que a reidratação oral podia até ser útil, mas não substituía a reidratação intravenosa. E quando um plano para tentar reidratação oral na zona rural do Paquistão Oriental (onde a administração intravenosa não era viável) foi debatido em 1968, esbarrou em forte oposição do próprio cientista que descobriu pela primeira vez o efeito da glicose nas Filipinas, Robert Philips. No início de 1970, sobretudo durante a guerra de independência de Bangladesh, a terapia de reidratação oral provou com folga ser o melhor tratamento para a cólera e outras diarreias — a inovação havia chegado.

Se a inovação é um processo evolutivo e gradual, por que ela é tantas vezes alçada ao patamar de descoberta revolucionária heroica ou de súbita iluminação? Há duas respostas para isso: natureza humana e sistema de propriedade intelectual. Como demonstrei repetidas vezes neste livro, é bastante fácil e tentador para as pessoas que realizam avanços aumentar a sua própria importância, esquecer rivais e predecessores e ignorar sucessores que transformam o avanço numa proposta prática.

Os louros que enfeitam a testa de um verdadeiro "inventor" são irresistíveis. Mas não é apenas o inventor que gosta de retratar a inovação como algo súbito e revolucionário para o mundo. Jornalistas e biógrafos também. Na verdade, nem mesmo o rival ferozmente decepcionado que acabou de fracassar na tentativa de vencer o inventor tem muito incentivo para argumentar que a invenção e a inovação são graduais. Como eu argumentei em *The Evolution of Everything* [A evolução de todas as coisas, em tradução livre], essa é naturalmente uma versão da teoria do "grande homem" na história — ideia segundo a qual a história segue determinado rumo porque certos chefes, sacerdotes e ladrões providenciam para que aconteça assim. Isso é na maioria das vezes falso na história em geral e, em particular, na história da inovação. As pessoas na maior parte das vezes desejam acreditar que têm mais controle sobre a própria vida do que na realidade têm. A ideia de uma ação humana decisiva e descontínua é não só lisonjeira, como também agradável.

O nacionalismo agrava o problema. A importação de uma nova ideia muitas vezes é confundida com a invenção de uma nova ideia. Fibonacci não inventou o zero, nem Al-Khwarizmi e os outros árabes de quem ele tomou a ideia emprestada. Foram os indianos que o inventaram. Lady Mary Wortley Montagu não inventou a inoculação, e provavelmente os médicos otomanos com os quais ela aprendeu também não foram os inventores.

Mas é a existência de patentes que piora o problema do inventor heroico. Eu documentei inúmeras vezes neste livro como os inovadores destruíram a vida deles brigando para estabelecer ou defender patentes sobre as suas inovações. Samuel Morse, Guglielmo Marconi e muitos outros ficaram amarrados aos tribunais durante anos tentando refutar os desafios à sua prioridade. Em alguns casos, o estabelecimento de uma patente ampla demais acabou impedindo mais inovação. Foi o caso da patente do capitão Savery sobre o uso do fogo para suspender água, que atingiu o motor a vapor de Newcomen; foi também o caso das patentes de Watt sobre vapor de alta pressão, que retardaram as melhorias por algumas décadas. Em um capítulo posterior, retornarei ao ponto de que a propriedade intelectual é agora obstáculo e não ajuda à inovação moderna.

INOVAÇÃO É DIFERENTE DE INVENÇÃO

Charles Townes, ganhador do Prêmio Nobel de física por trabalhos relacionados ao laser em 1964, gostava de citar um desenho antigo. O desenho mostra um castor e um coelho contemplando a represa Hoover. "Não, eu não construí a represa sozinho", diz o castor. "Mas ela é baseada numa ideia minha." Com grande frequência, descobridores e inventores se sentem enganados por obterem pouco crédito ou lucro com uma boa ideia, esquecendo-se ou ignorando, talvez, quanto esforço lhes custou transformar essa ideia ou invenção em uma inovação possível e acessível que realmente trouxesse benefício para as pessoas. O economista Tim Harford afirmou que "as novas tecnologias mais influentes são muitas vezes modestas e baratas. A mera possibilidade de acesso muitas vezes conta mais do que a encantadora complexidade de um robô orgânico". Ele chama isso de "Princípio do Papel Higiênico", em referência a uma simples, porém vital tecnologia, tão presente em nossa vida.

Fritz Haber descobriu como fixar nitrogênio do ar usando pressão e um catalisador. Foi uma grande invenção. Mas foram os anos de árduas pesquisas de Carl Bosch, superando todos os tipos de problemas e pegando emprestadas novas ideias de outras indústrias, que acabaram levando à fabricação de amônia em larga escala e a um preço que a sociedade podia pagar. Você poderia dizer o mesmo do projeto Manhattan ou do motor a vapor de Newcomen, mas essa regra não se aplica somente a grandes inovações industriais. Repetidas vezes na história da inovação, quem faz a maior diferença são as pessoas que encontram maneiras de reduzir custos e simplificar o produto. O sucesso inesperado da telefonia móvel na década de 1990 foi ocasionado não por algum avanço particular na física ou na tecnologia, mas por sua queda de preço repentina.

Como Joseph Schumpeter escreveu em 1942:

> A iluminação elétrica não é de grande utilidade para alguém que tenha dinheiro suficiente para comprar quantas velas necessite e pode pagar empregados para servi-lo. São o pano barato, o tecido barato de algodão e rayon, as botas, os automóveis e assim por diante — essas são as realizações típicas da produção capitalista, e não, por via de regra, os melhoramentos que seriam de grande interesse para os ricos. A Rainha Elizabeth tinha meias de seda. A realização capitalista em geral não consiste em fornecer mais meias de seda para rainhas, mas, sim, em torná-las mais acessíveis às operárias.

A INOVAÇÃO É MUITAS VEZES UM FELIZ ACASO

A palavra "serendipidade" foi cunhada por Horace Walpole em 1754 para explicar como ele havia conseguido localizar uma pintura perdida. Ele se inspirou numa lenda persa, *"The Three Princes of Serendip"* [Os três príncipes de Serendip, em tradução livre], na qual, como observou Walpole, os sagazes príncipes estavam "sempre realizando descobertas, acidentais e por astúcia, de coisas que não buscavam". É um atributo bem conhecido da inovação: a descoberta acidental.

Os fundadores do Yahoo! e os do Google não estavam atrás de motores de busca. Os fundadores do Instagram estavam tentando criar um aplicativo de jogos. Os fundadores do Twitter buscavam inventar um modo de disponibilizar podcasts para as pessoas. Na DuPont, em 1938, Roy Plunkett inventou o Teflon de maneira totalmente acidental. Ao tentar desenvolver um gás refrigerante melhorado, ele armazenou cerca de cem libras de gás tetrafluoroetileno em cilindros à temperatura de gelo seco, com a intenção de clorá-lo. Quando ele abriu um cilindro, nem todo o material saiu. Parte do material químico havia se polimerizado e se transformado num pó branco sólido, o politetrafluoretileno ou PTFE. Como refrigerante foi inútil, mas Plunkett resolveu saber o que significava essa descoberta. O material provou ser resistente ao calor e quimicamente inerte, mas também estranhamente sem atrito, antiaderente. O PTFE passou a ter utilidade no Projeto Manhattan na década de 1940 como contêiner para gás flúor; na década de 1950, como revestimento para panelas antiaderentes; na década de 1960, como roupas Goretex; e a bordo das missões Apollo à Lua.

Duas décadas depois, Stephanie Kwolek desenvolveu o Kevlar, também por um feliz acaso e também na DuPont. Especialista em polímeros que se juntou à empresa em 1946, ela esbarrou em uma nova forma de poliamida aromática que podia ser transformada numa fibra. Ela persuadiu um colega relutante a passar a fibra viscosa numa fieira e descobriu que era mais forte que o aço, mais leve que a fibra de vidro e resistente ao calor. O seu uso em roupas à prova de balas só se tornou óbvio um pouco mais tarde. "Algumas invenções", disse Kwolek, "resultam de eventos inesperados e da capacidade de reconhecê-los e de tirar proveito deles."

Buscando uma cola forte e permanente, Spencer Silver, da 3M em Minneapolis, chegou a um adesivo fraco e temporário. Isso aconteceu em 1968. Ninguém conseguia pensar em um uso para isso. Cinco anos depois, um colega seu chamado Art Fry se lembrou desse material quando se irritou com seus marcadores de página caindo de um hinário enquanto ele cantava no coral da igreja. Ele pediu a Silver que aplicasse a cola em pequenas folhas de papel. O único papel à mão era amarelo e brilhante. Nascia o Post-it. Podemos nos debruçar ainda sobre a invenção da impressão digital genética, uma tecnologia que se mostrou inestimável na condenação de culpados, mas mais ainda na liberação de inocentes e que tem sido amplamente aplicada em disputas de paternidade e imigração. Pode-se afirmar sem engano que o DNA teve inesperadamente um impacto bem maior fora da medicina do que dentro dela na década de 1990.

Alec Jeffreys, o cientista da Universidade de Leicester que descobriu como usar DNA para identificar pessoas e seus parentes, começou a trabalhar na variabilidade do DNA em 1977, buscando encontrar uma maneira de detectar mutações genéticas diretamente. Em 1978, ele detectou pela primeira vez variações de DNA em pessoas, com o propósito de diagnosticar doenças. Ele ainda estava pensando em termos de aplicações médicas. Mas na manhã de 10 de setembro de 1984, Jeffreys percebeu que havia se deparado com algo diferente. Amostras de pessoas diferentes, entre elas as do técnico do laboratório, do seu pai e da sua mãe, mostravam-se sempre diferentes, e, portanto, únicas.

Depois de alguns meses, a técnica estava sendo usada para contestar as decisões das autoridades da imigração e para identificar paternidade. Então, em 1986, a polícia de Leicestershire prendeu Richard Buckland, um jovem com dificuldades de aprendizagem. Uma garota de quinze anos havia sido espancada, estuprada e estrangulada num bosque perto da vila de Narborough. Buckland morava nas proximidades, parecia saber detalhes sobre o crime e, submetido a interrogatório, logo confessou tê-lo cometido. O caso parecia encerrado.

A polícia quis saber se Buckland também havia cometido um crime bastante semelhante ocorrido quase três anos antes e a pouca distância do local do outro delito: o assassinato de outra menina de quinze anos, estuprada e morta. Buckland negou. Então a polícia perguntou a Jeffreys, na universidade local, se a sua nova técnica de impressão digital genética, o DNA, poderia ajudar, já que havia sêmen nos dois corpos. Jeffreys fez um teste e forneceu uma resposta clara: a mesma pessoa havia cometido os dois crimes — mas não havia sido Buckland. Compreensivelmente, a polícia relutou em aceitar essa conclusão baseada em uma técnica tão nova; mas por fim admitiram que não poderiam condenar Buckland com base na evidência fornecida por Jeffreys, e ele foi libertado. Assim, Buckland tornou-se a primeira pessoa a ser inocentada graças ao DNA.

A polícia então pediu a todos os homens de certa idade nas redondezas que fizessem um exame de sangue. Após oito meses eles haviam reunido 5.511 amostras. Nenhuma combinava com as evidências das cenas dos crimes. Um beco sem saída. Contudo, em agosto de 1987 um homem admitiu, bebendo cerveja num bar, ter se passado por um colega de trabalho ao fazer o teste. Alguém passou essa informação para a polícia. Colin Pitchfork, decorador de bolos numa padaria, pedira a um amigo que fizesse o teste em seu nome, usando uma desculpa relacionada a algum encontro anterior com a polícia. A polícia prendeu Pitchfork, que não demorou a confessar. O DNA dele combinou com o material encontrado nas duas cenas de crime.

Desse modo, na primeira vez que DNA forense foi usado, um inocente foi libertado, um culpado foi condenado e provavelmente a vida de muitas garotas foi salva. Por um feliz acaso, Jeffreys abriu caminho para que o DNA fizesse uma diferença muito maior na década de 1990 para a investigação criminal do que para a medicina.

A INOVAÇÃO É RECOMBINANTE

Toda tecnologia é uma combinação de outras tecnologias; toda ideia é uma combinação de outras ideias. Nas palavras de Erik Brynjolfsson e Andrew McAfee: "Os carros autônomos do Google, o Waze, a Web, o Facebook, o Instagram são simples combinações de uma tecnologia que já existe." Mas isso também é verdade de forma mais geral. Brian Arthur foi o primeiro a insistir nessa questão em seu livro de 2009, *The Nature of Technology: What It Is and How it Evolves* [A natureza da tecnologia: o que é e como evolui, em tradução livre]. Ele argumentou que "novas tecnologias surgem por combinação de tecnologias existentes, e (portanto) tecnologias existentes geram outras tecnologias". Eu desafio o leitor a encontrar um objeto tecnológico (em oposição a um natural) em seu bolso ou em sua bolsa que não seja uma combinação de tecnologias e de ideias. Olhando para a minha mesa enquanto escrevo, eu vejo uma caneca, um lápis, um papel, um telefone e assim por diante. A caneca talvez seja o objeto mais simples, mas até mesmo ela é feita de cerâmica vitrificada com logotipo impresso e combina as ideias de barro cozido, vitrificação, impressão, colocação de uma alça e retenção de chá ou de café num recipiente.

A recombinação é a principal fonte de variação na qual a seleção natural se baseia quando inova biologicamente. A maior parte da recombinação acontece por meio do sexo. Um macho apresenta metade dos seus genes a um embrião, e a fêmea faz o mesmo. Essa é uma forma de recombinação, mas o que ocorre a seguir é ainda mais importante. Quando se trata de produzir espermatozoides e óvulos, esse embrião troca pedaços do genoma do pai com pedaços do da mãe, num processo conhecido como cruzamento cromossômico. Ele mistura o baralho genético, criando combinações que passarão para a próxima geração. O sexo torna a evolução cumulativa e permite que as criaturas compartilhem boas ideias.

O paralelo com a inovação humana não poderia ser mais claro. A inovação acontece, como eu disse dez anos atrás, quando as ideias fazem sexo. Acontece onde as pessoas se encontram e trocam mercadorias, serviços e pensamentos. Isso explica por que a inovação ocorre em lugares onde o comércio e as trocas são frequentes, e não em lugares afastados ou despovoados: Califórnia em vez de Coreia do Norte, Itália renascentista em vez da Terra do Fogo. Isso explica por que a China perdeu a sua vantagem em inovação quando voltou as costas para o comércio sob os imperadores Ming. Explica as explosões de inovação que coincidem com incrementos no comércio, em Amsterdã nos idos de 1600 ou na Fenícia 3 mil anos antes.

O fato de que apetrechos de pesca no Pacífico são mais diversificados em ilhas com mais contatos comerciais ou de que os tasmanianos se prejudicaram no que toca a inovação quando ficaram isolados devido ao aumento dos níveis do mar mostram a conexão íntima e obrigatória entre comércio e desenvolvimento da novidade. Isso também explica por que a inovação ocorreu para começo de conversa. A explosão de tecnologia que começou em densas populações explorando ricos ecossistemas marinhos na África do Sul, mais de 100 mil anos atrás, foi causada porque — por algum motivo — as pessoas começaram a realizar trocas e a se especializar de uma forma que o *Homo erectus* e os Neandertais jamais fizeram. É uma ideia bastante simples que os antropólogos têm demorado a entender.

Os darwinistas começam a perceber que recombinação não é o mesmo que mutação, e a lição para a inovação humana é significativa. Sequências de DNA mudam devido a erros na transcrição ou a mutações ocasionadas por coisas como a luz ultravioleta. Esses pequenos erros ou mutações circunstanciais são o combustível da evolução. Porém, como afirmou o biólogo suíço Andreas Wagner, esses pequenos passos não podem ajudar organismos a cruzar "vales" de desvantagens para achar novos "picos" de vantagens. Ou seja, toda mutação ocasional deve melhorar o organismo ou será rejeitada. Wagner argumenta que súbitos movimentos de pedaços inteiros de DNA, através de cruzamento cromossômico, ou através dos chamados elementos genéticos móveis, são necessários para permitir que os organismos saltem por esses vales. O caso extremo é a hibridização. Somente a Grã-Bretanha tem sete ou mais novas espécies de plantas que surgiram por hibridização nas últimas décadas. A madressilva da América do Norte é uma espécie nova que resulta do cruzamento do mirtilo e da amora.

Wagner cita diversos estudos que apoiam a conclusão de que "é muito mais provável que a recombinação preserve a vida — até mil vezes mais provável — do que que a mutação aleatória o faça". Isso acontece porque genes funcionais inteiros ou partes de genes podem receber novas tarefas onde uma mudança vagarosa só encontraria resultados piores. Bactérias podem "catapultar-se não apenas por centenas de quilômetros, mas por milhares de quilômetros, através de uma vasta paisagem genética — tudo cortesia da transferência genética".

Da mesma forma, a inovação em uma tecnologia toma de empréstimo partes funcionais inteiras de outras tecnologias, em lugar de projetá-las do zero. Os inventores do automóvel não precisaram inventar rodas, molas ou aço. Se tivessem feito isso, é improvável que tivessem produzido dispositivos funcionais ao longo do caminho. Os inventores dos computadores modernos tiraram a ideia das válvulas de vácuo do ENIAC e a ideia de programas armazenáveis do Mark 1.

INOVAÇÃO ENVOLVE TENTATIVA E ERRO

Em sua maioria, os inventores acreditam que precisam continuar "apenas tentando" coisas. A tolerância ao erro é essencial, portanto. É digno de nota que, durante os anos iniciais de uma nova tecnologia — a ferrovia, por exemplo, ou a internet —, os empreendedores mais quebraram do que fizeram fortunas. Humphry Davy certa vez disse que "a mais importante das minhas descobertas me foi sugerida por meus fracassos". Não foi inspiração que levou Thomas Edison a aperfeiçoar a lâmpada, mas sim transpiração: ele e sua equipe testaram 6 mil materiais diferentes em busca do filamento. "Eu não fracassei", ele comentou certa vez. "Só descobri 10 mil maneiras diferentes que não funcionam." Henry Booth ajudou George Stephenson a aperfeiçoar a locomotiva *Rocket* por meio de tentativa e erro. Christopher Leyland ajudou Charles Parsons a aplicar tentativa e erro no aperfeiçoamento do projeto da turbina. Por tentativa e erro, Keith Tantlinger ajudou Malcolm Mclean a obter o melhor ajuste para contêineres em navios. Marconi usou tentativa e erro em seus experimentos com o rádio. Os irmãos Wright descobriram em meio a acidentes que o perfil de uma asa deve ter uma proporção rasa, não profunda. Os pioneiros do fraturamento hidráulico esbarraram por acidente na fórmula certa e depois melhoraram-na gradualmente por meio de experimentos intermináveis.

É provável que um elemento de diversão também ajude. Inovadores que gostam de brincar são mais propensos a encontrar algo inesperado. Alexander Fleming declarou: "Eu gosto de brincar com micróbios." James Watson, um dos descobridores da dupla hélice, descreveu seu trabalho com modelos como um "jogo". Andrew Geim, inventor do grafeno, disse: "Uma atitude brincalhona foi sempre uma marca inconfundível da minha pesquisa."

Um exemplo banal de inovação baseada em tentativa e erro: Regan Kirk, da startup Growth Tribe, lembrou-se do exemplo de Takeru Kobayashi, que em 2001 estabeleceu um novo e espetacular recorde para o consumo de cachorro-quente: ele comeu cinquenta em dez minutos. Magro e pequeno, Kobayashi não parecia ser um campeão de provas de consumo de cachorro-quente; mas ele tinha um segredo. Ele descobriu, por meio de experimentação sistemática, que podia comer as salsichas mais rápido se as separasse do pão, e que podia então comer os pães rapidamente se os molhasse em água. E tudo isso era permitido pelas regras.

Apenas ligeiramente menos banal, Dick Fosbury, jovem atleta da Universidade Estadual do Oregon, inventou o "Salto Fosbury", técnica que lhe rendeu a medalha de ouro de salto em altura nas Olimpíadas de 1968, para surpresa dos seus competidores e deleite da multidão. Saltando de costas, a cabeça primeiro, seu corpo formou um arco sobre o sarrafo. Mais tarde ele relatou ter usado o processo de tentativa e erro durante muitos meses a fim de aperfeiçoar a técnica. "Não me baseei em ciência nem em análise ou pensamento, nem em design. Nenhuma dessas coisas... Nunca pensei em como mudar isso e estou certo de que o meu treinador estava enlouquecendo, porque [a técnica] continuou evoluindo."

Usando exemplos como esse, Edward Wasserman, da Universidade de Iowa, sustentou que em sua maioria as inovações humanas evoluem por meio de um processo incrivelmente parecido com seleção natural, em vez de serem criadas com base num projeto. Wasserman mostrou como o design do violino mudou gradativamente com o passar do tempo, não como resultado de súbitos aperfeiçoamentos, mas como resultado de pequenos desvios da norma, que eram aprovados se funcionavam e descartados se não funcionavam. O buraco no centro do instrumento era redondo no início, depois tornou-se semicircular, depois alongado, e por fim ganhou forma de *f* por esse processo gradual. Wasserman considera que essa visão de inovação esbarra na mesma resistência psicológica que a seleção natural enfrenta na biologia:

> De acordo com esse ponto de vista, as muitas coisas que fazemos e fabricamos — como os violinos — surgem de um processo de variação e seleção que está em conformidade com a lei do efeito. Contrariando a opinião popular, não há mística nem romance nesse processo; ele é tão fundamental e onipresente quanto à lei da seleção natural. Como ocorre com a lei da seleção natural na evolução dos organismos, há uma firme resistência ao papel da lei do efeito na evolução das invenções humanas.

Se errar é parte crucial da inovação, então uma das grandes vantagens dos Estados Unidos vem da sua atitude relativamente generosa com o fracasso empresarial. As leis de falência na maioria dos estados norte-americanos permitem aos inovadores "fracassar rápido e fracassar com frequência", como no *slogan* do Vale do Silício. Em alguns estados, a "isenção de propriedade" essencialmente permite a um empreendedor manter a sua propriedade se o seu negócio for à bancarrota sob o Capítulo 7 da lei de falências. Nos estados onde vigora a isenção de propriedade, a inovação é mais operante do que naqueles onde a isenção não vigora.

A INOVAÇÃO É UM ESPORTE COLETIVO

O mito do inventor solitário, do gênio solitário, é difícil de engolir. Inovação sempre exige colaboração e compartilhamento; prova disso é que mesmo os mais simples objetos ou processos estão além da capacidade de compreensão de qualquer ser humano. Em um célebre ensaio intitulado "Eu, Lápis", Leonard Reed observou que um simples lápis é feito por várias pessoas diferentes, algumas cortando árvores, outras extraindo grafite, outras trabalhando em fábricas de lápis, outras ainda plantando café para os lenhadores e os gerentes beberem. Em meio a essa vasta equipe de colaboradores, nenhuma pessoa sabe como fazer um lápis. O conhecimento é armazenado entre cabeças, não dentro delas.

O mesmo se aplica à inovação. É sempre um fenômeno de colaboração. (Até as gralhas australianas resolvem problemas com mais rapidez quando estão em grupos maiores.) Uma pessoa pode realizar uma descoberta tecnológica, outra pode transformá-la em um produto, e uma terceira pode encontrar um modo de torná-lo barato o bastante para "pegar". Todos tomam parte no processo de inovação, e nenhum deles sabe como obter a inovação em sua totalidade. Vez por outra surge um inventor que, além de ser dotado de conhecimento científico, é bom nos negócios — Marconi me vem à mente —, mas mesmo alguém assim já está de pé sobre os ombros de outros desde o início e terá de contar depois com outros mais.

Quanto mais estudos de casos examinamos e quanto mais profundamente o fazemos, mais constatamos que a inovação é realmente um esporte coletivo em alto grau. A famosa Revolução Verde na agricultura tornou-se possível graças à determinação e ao empenho espantosos de Borlaug; mas contar a história atribuindo a ele todos os louros, como se ele tivesse trabalhado sozinho, é uma farsa. Ele tomou emprestada a ideia das variedades de trigo de palha curta de Burton Bayles, que por sua vez a tirou de Orville Vogel, que a havia tomado emprestado de Cecil Salmon, que a pegou de Gonjirô Inazuka. Borlaug dividiu o duro trabalho de vender a ideia na Ásia com pessoas como Manzoor Bajwa e M. S. Swaminathan.

Em um artigo recente sobre a Revolução Industrial, Terence Kealey e Martin Ricketts fornecem uma longa lista de indústrias inovadoras conhecidas por avançarem mediante pesquisa e desenvolvimento coletivos envolvendo muitos atores que compartilham livremente as suas ideias: o cargueiro (*Fluyt*) da Companhia Holandesa das Índias Orientais; os moinhos de vento da Holanda; a indústria da seda de Lyon; a rotação de culturas na Inglaterra; a fiação de algodão de Lancashire; os motores norte-americanos para barcos a vapor; o mobiliário vienense; os fabricantes de papel de Massachusetts; um *pool* de patentes entre fabricantes de máquinas de costura. Esse padrão é a regra, não a exceção, e foi o florescimento de sociedades, clubes e institutos de mecânica que deu à Grã-Bretanha sua liderança na Revolução Industrial.

A INOVAÇÃO É INEXORÁVEL

A maioria das invenções leva a disputas de prioridade entre reivindicantes concorrentes. As pessoas parecem esbarrar na mesma ideia ao mesmo tempo. Kevin Kelly explorou esse fenômeno em seu livro *What Technology Wants* [O que a tecnologia deseja, em tradução livre] e descobriu que seis pessoas diferentes inventaram ou descobriram o termômetro; cinco, o telégrafo elétrico; quatro, as frações decimais; três, a agulha hipodérmica; e duas, a seleção natural. Em 1922, William Ogburn e Dorothy Thomas, da Universidade de Columbia, produziram uma lista de 128 casos de invenção quase simultânea por mais de uma pessoa, incluindo a fotografia, o telescópio e as máquinas de escrever. "É um fato singular", escreveu Park Benjamin em 1886, "que provavelmente nenhuma invenção elétrica de grande importância surgiu sem que a sua origem tenha sido reivindicada por mais de uma pessoa."Voltando ainda mais no tempo, é impressionante que o bumerangue, a zarabatana e a pirâmide tenham sido inventados de maneira independente em continentes diferentes — assim como a agricultura.

Deixei registrados neste livro muitos exemplos formidáveis desse fenômeno. Claro que alguns são evidências de conluio ou de competição consciente. Mas isso não significa que não exista um padrão real aqui. A invenção simultânea é regra mais do que exceção. Muitas ideias relacionadas à tecnologia parecem simplesmente estar maduras e prontas para cair da árvore. O caso mais impressionante é o da lâmpada: vinte e uma pessoas chegaram à invenção da lâmpada elétrica de forma independente. Alguns deles talvez tenham bisbilhotado o trabalho dos outros, e pode ter havido colaboração entre eles em alguns casos, mas na maior parte das vezes é difícil encontrar alguma evidência de que eles conhecessem o trabalho uns dos outros. Da mesma maneira, dezenas de mecanismos de busca chegaram ao mercado na década de 1990. Era impossível que os mecanismos de busca não fossem inventados na década de 1990, assim como era impossível que as lâmpadas não fossem inventadas na década de 1870. Eram coisas inevitáveis. A situação das tecnologias subjacentes era tal que as invenções teriam de aparecer, não importava quem estivesse por perto.

A lição que isso ensina nos apresenta dois paradoxos. O primeiro é que o indivíduo é estranhamente dispensável. Se uma carruagem atropelasse Swan ou Edison em sua juventude, ou se um carro atropelasse Page e Brin, mesmo assim o mundo não ficaria sem lâmpadas ou sem mecanismos de busca. Talvez as coisas demorassem um pouco mais, tivessem uma aparência um pouco diferente, nomes diferentes, talvez. Mas as inovações ainda aconteceriam. Isso pode parecer um pouco duro, mas é uma verdade inegável para todos os cientistas e inventores que já viveram. Sem Newcomen, motores a vapor certamente teriam sido inventados em 1730; sem Darwin, Wallace descobriria a seleção natural na década de 1850; sem Einstein, Hendrik Lorenz teria descoberto a relatividade em poucos anos; sem Szilard, a reação em cadeia e a bomba de fissão teriam sido inventadas em algum momento no século XX; sem Watson e Crick, Maurice Wilkins e Ray Gosling teriam chegado à estrutura do DNA em questão de meses

— William Astbury e Elwyn Beighton já tinham a evidência crucial um ano antes, mas não haviam percebido.

O paradoxo é que isso é precisamente o que torna essas conquistas extraordinárias: houve uma corrida para alcançá-las e alguém ganhou. Os indivíduos não têm grande importância a longo prazo, mas isso os torna ainda mais extraordinários a curto prazo. Eles surgem em meio a bilhões de rivais para descobrir ou para fazer algo que qualquer um desses bilhões de rivais seria capaz de fazer. Longe de ser um insulto, portanto, minha observação cáustica sobre inevitabilidade e dispensabilidade é na verdade um elogio. Que fantástico ser a única pessoa entre bilhões que enxerga a possibilidade de um novo dispositivo, um novo mecanismo, uma nova ideia. Isso é sem dúvida ainda mais milagroso que obter algo que jamais seria alcançado por nenhuma outra pessoa, como a Mona Lisa ou "Hey, Jude".

O segundo paradoxo da inevitabilidade da invenção é que faz a inovação parecer previsível, mas ela não é. Se olharmos para trás, é perfeitamente óbvio que os mecanismos de busca seriam o maior e mais lucrativo fruto da internet. Mas alguém os viu chegar? Não.

A tecnologia é absurdamente previsível em retrospecto e totalmente imprevisível em perspectiva. Assim, as previsões de mudança na tecnologia quase sempre parecem muito bobas. Ken Olsen, fundador e presidente da Digital Equipment Corporation, foi um pioneiro imensamente bem-sucedido de "minicomputadores". Esse nome, que em retrospecto é engraçado, dizia respeito a várias máquinas do tamanho de grandes mesas, que substituíram em grande parte computadores do tamanho de grandes salas nos anos de 1970. Então você pensaria que o sr. Olsen reconheceria que computadores poderiam ficar ainda menores e mais baratos e que seria possível usá-los dentro das casas. Contudo, em um encontro da Future Society World em Boston, em 1977, apenas alguns anos antes do lançamento dos computadores pessoais, consta que ele teria dito: "Não há razão para que alguém queira ter um computador em casa."

Da mesma forma, em 2007, Steve Ballmer, diretor-executivo da Microsoft, afirmou: "Não há chance de que o iPhone alcance uma participação significativa de mercado. Nenhuma chance." Algumas vezes, como disse o escritor sueco Hjalmar Söderberg, nada como um especialista para não entender bem certas coisas.

Paul Krugman é um economista ganhador do Prêmio Nobel que em 1998 reagiu ao crescimento da internet, e um entusiasta da explosão das empresas "ponto-com" com um artigo na revista *Red Herring* intitulado "Por que a Maioria dos Economistas Erra em suas Previsões". Krugman então resolveu dar uma demonstração emocionante do seu ponto de vista, fazendo ele próprio o que se revelaria uma predição bastante equivocada:

> O crescimento da internet se reduzirá drasticamente, à medida que a falha na "lei de Metcalfe" — segundo a qual o número de conexões potenciais em uma rede é proporcional ao quadrado do número de participantes — tornar-se aparente: as pessoas, a maioria delas, não têm nada a dizer umas às outras! Por volta de 2005, ficará claro que o impacto da internet sobre a economia não terá sido mais relevante que o da máquina de fax.

Na verdade, acabou ficando bastante claro que as pessoas têm muito a dizer umas às outras. Antecipar o que as pessoas desejam é algo que os inovadores costumam fazer bem; já os acadêmicos, não tão bem.

Porém, também não faltam citações de pessoas prevendo grande progresso tecnológico, bem como um progresso pequeno demais. Na década de 1950, Isaac Asimov previu que nós teríamos colônias na Lua no ano 2000; já Robert Heinlein esperava que viagens interplanetárias se tornassem coisa comum. Outros previram foguetes supersônicos voando ao redor do mundo, robôs semelhantes a humanos dentro das casas e girocópteros para todos.

O CICLO DE MODISMOS DA INOVAÇÃO

Na minha opinião, a coisa mais inteligente já dita sobre previsão de inovações foi uma "lei" que recebeu o nome de Roy Amara, um cientista da computação da Universidade Stanford e chefe de longa data do Instituto para o Futuro. Segundo a Lei de Amara, as pessoas tendem a superestimar o impacto de uma nova tecnologia no curto prazo e subestimá-lo a longo prazo. Não se sabe exatamente quando Roy Amara teve essa ideia pela primeira vez. Seus ex-colegas me disseram que ele começou a demonstrar sua tese em meados dos anos 1960; evidentemente, seguindo o exemplo da maioria das inovações, essa também teve os seus rivais precursores. Outras pessoas já disseram coisas parecidas desde o início de 1900. Muitas vezes quem recebe o crédito por isso é Arthur C. Clarke. Mas não há dúvida de que Amara merece mais crédito.

Há exemplos disso em abundância. Na década de 1990, houve um período de enorme empolgação com a internet, que, no entanto, pareceu acabar em desapontamento na época do fiasco das empresas "ponto-com". Onde estava o crescimento do varejo on-line, notícias on-line e tudo o que nos foi prometido on-line? Bem, dez anos depois, estava lá, desestabilizando e destruindo modelos de negócios no setor de varejo inteiro, na mídia de notícias e nas indústrias da música e do cinema, e fazendo isso de modo muito mais radical do que qualquer um poderia ter previsto. Da mesma forma, na ocasião do sequenciamento do primeiro genoma humano, em 2000, prometeu-se efusivamente o fim do câncer e a personalização da medicina. Uma década mais tarde ocorreu uma reação compreensível: o conhecimento genômico parecia ter tido pouco impacto na medicina. Artigos perguntando "O que aconteceu com a medicina genômica?" começaram a surgir. Uma década depois disso, as coisas começam a parecer quase tão promissoras quanto foram na época da empolgação original.

Rodney Brooks, professor do MIT que se tornou empresário, cita o GPS como um caso clássico do ciclo de modismo Amara. Começando em 1978, vinte e quatro satélites foram lançados com o objetivo de fornecer aos soldados uma forma de se localizar para reabastecimento em campo. Na década de 1980, o programa falhou em fornecer o que havia prometido e quase foi cancelado diversas vezes. Começou a parecer um fracasso. Com o tempo, os militares decidiram que era bom o suficiente para merecer confiança. O GPS rapidamente se espalhou pelo mundo civil e hoje é onipresente. Tornou-se indispensável para caminhantes, leitores de mapas, veículos de fazenda, navios, caminhões de entrega, aviões e praticamente todo mundo. O ciclo de modismo de Amara explica muita coisa, e isso indica que entre o desapontamento inicial e a subestimação posterior deve haver um momento em que acertamos; acredito que, hoje em dia, esse momento seja quinze anos à frente. Esperamos muita inovação nos primeiros dez anos e muito pouca nos primeiros vinte anos, mas se olharmos quinze anos à frente acertaremos. A explicação para esse padrão certamente reside no fato de que até que a invenção se transforme numa inovação prática, útil, confiável, de preço acessível, ao longo de muitos anos, a sua promessa permanece não realizada.

Eu suspeito que o ciclo de modismo de Amara pode ser detectado hoje na história da inteligência artificial, uma tecnologia cuja promessa já há muito decepcionou. Graças aos *chips* gráficos, novos algoritmos e muitos dados, a IA talvez não esteja a um passo do desaparecimento. Os "invernos da Inteligência Artificial" que se seguiram a explosões anteriores de empolgação com a aprendizagem da máquina talvez não aconteçam dessa vez.

Por outro lado, não consigo deixar de pensar que a blockchain está nos estágios iniciais do ciclo de modismo: estamos superestimando seu impacto no curto prazo. A blockchain promete trazer contratos perspicazes que eliminam intermediários, aumentam a confiabilidade e diminuem os custos de transação. No complexo ecossistema da economia de serviços, contudo, isso não pode ser feito da noite para o dia. É praticamente certo que ocorrerá uma onda de desapontamento em virtude dos resultados da blockchain e das empresas ligadas a blockchains que faliram em aproximadamente dez anos. Ainda assim, um dia a blockchain pode se tornar enorme. A moeda digital do Facebook, embora não seja uma genuína blockchain, é sem dúvida um prenúncio do que teremos pela frente. Por que os consumidores não mudariam para uma moeda disponível para um terço da população mundial e que não está sujeita a tentações inflacionárias e à ganância fiscal de políticos?

Isso se aplica muito bem aos automóveis autônomos. Eu continuo conversando com pessoas que pensam que dentro de poucos anos não haverá emprego para motoristas de caminhão, táxi ou limusines e que isso criará tanto desemprego que é necessário agir o quanto antes para enfrentar esse problema. Isso parece prematuro. A verdade é que os veículos autônomos são possíveis, mas em circunstâncias bastante limitadas, e que no mundo real tal mudança pode não ser tão rápida quanto pensam as pessoas. Certamente haverá (ou já há) enorme quantidade de assistência ao motorista, para que os carros detectem e evitem obstáculos, estacionem e avisem ao motorista a respeito de atrasos no trânsito. Porém, no mundo real e desordenado de ruas apinhadas, regras e etiqueta, clima ruim e trilhas rurais remotas, é um gigantesco salto passar desse tipo de assistência cada vez mais inteligente para o momento em que você poderá dormir no volante, sabendo que o seu carro o levará até o seu destino. Entregar o controle total de um veículo rodoviário a um computador é um problema bem mais difícil do que entregar o controle de um avião no ar, por exemplo. Existe a necessidade de reengenharia de toda a infraestrutura em torno das estradas para adaptá-las aos carros automatizados, sem mencionar o mercado segurador. Essas coisas demandam tempo.

Eu não estou dizendo que carros autônomos não se tornarão uma realidade. O que quero dizer é que nós provavelmente subestimaremos o tempo que levará para acontecer e as decepções ao longo do caminho.

Estou preparado para apostar que daqui a dez anos haverá histórias na mídia a respeito das previsões malogradas para carros desprovidos de motorista feitas na década de 2020 e que haverá mais, não menos, motoristas profissionais no planeta do que há hoje. Então, uma década ou mais depois disso, nos anos 2040, as coisas de fato sofrerão uma mudança rápida. Espero viver o bastante para ficar contente ou envergonhado com essa previsão!

GOVERNOS FRAGMENTADOS SÃO MELHORES PARA A INOVAÇÃO

Uma das características peculiares da história é que impérios são ruins para a inovação. Embora contem com elites abastadas e educadas, regimes imperiais tendem a administrar um declínio gradativo na capacidade inventiva, o que contribui para a sua eventual ruína. Os impérios Egípcio, Persa, Romano, Bizantino, Han, Asteca, Inca, Hapsburg, Ming, Otomano, Russo e Britânico confirmam isso. Com o passar do tempo, o poder central se enrijece, a tecnologia tende a estagnar, elites tendem a resistir à novidade e fundos são desviados para o esbanjamento, a guerra ou a corrupção em vez de fomentarem o empreendedorismo. Isso apesar de os impérios serem efetivamente "mercados internos" gigantescos para ideias se propagarem. O período mais fértil na Itália para invenções foi o do Renascimento, quando os impulsionadores da inovação foram as pequenas cidades-estado administradas por comerciantes: Gênova, Florença, Veneza, Luca, Siena e Milão. Estados fragmentados revelaram-se melhores do que os integrados. A Grécia antiga ensina a mesma lição.

Nos idos de 1400, a Europa adotou com bastante rapidez a impressão, uma tecnologia desenvolvida originalmente na China e que transformou por completo a economia, a política e a religião da Europa Ocidental. O fato de a Europa estar politicamente fragmentada na época foi importante para garantir que a impressão tivesse sucesso. O próprio Johann Gutenberg precisou sair da sua cidade natal de Mainz e se mudar para Estrasburgo a fim de encontrar um regime que lhe permitisse trabalhar. Martinho Lutero se tornou empresário gráfico de grande sucesso, mas sobreviveu somente porque o príncipe-eleitor Friedrich, o Sábio ofereceu-lhe proteção em Wartburg. William Tyndale publicou a sua tradução inglesa da Bíblia — explosivamente subversiva e esteticamente linda — quando estava escondido nos Países Baixos. Nenhum desses projetos teria sido possível num império administrado de maneira centralizada. Por outro lado, os impérios otomano e mongol proibiram a impressão por mais de três séculos. Istambul, uma grande cidade cultural nos limites da Europa que administrava um vasto império de cristãos e muçulmanos, resistiu à nova tecnologia — fez isso justamente porque era capital de um império. Em 1485, a impressão foi proibida por ordem do Sultão Bayezid II. Em 1515, o Sultão Selim I decretou que muçulmanos envolvidos na atividade de impressão poderiam ser punidos com a morte. Houve uma aliança sórdida: calígrafos defendendo o monopólio do seu negócio em conluio com padres defendendo seu monopólio religioso, recorrendo com sucesso às autoridades imperiais a fim de manter a impressão sob controle. Com o passar do tempo, estrangeiros foram autorizados a imprimir livros em línguas estrangeiras dentro do império otomano; mas foi apenas em 1726 que um húngaro convertido ao Islã, Ibrahim Muteferrika, conseguiu convencer as autoridades imperiais a permitirem que livros seculares (mas não religiosos) fossem impressos em árabe. Se as terras governadas por sultões tivessem sido fragmentadas em diferentes territórios políticos e diferentes religiões, é impossível acreditar que a impressão não tivesse acontecido mais cedo e se disseminado com mais rapidez.

Também na China os períodos de explosão da inovação coincidiram com um governo descentralizado, conhecido como "estados em guerra". Os impérios fortes, sobretudo o Ming, deram fim à inovação, bem como ao comércio e a empresas de modo mais geral. Escrevendo no século XVIII, David Hume já havia percebido que nenhuma novidade surgia na China porque ela estava unificada, ao passo que a Europa deslanchava porque estava dividida.

Os Estados Unidos parecem ser uma exceção, mas na verdade confirmam essa regra. Sua estrutura federal sempre permitiu experimentos. Longe de serem um império austero, os estados foram, durante a maior parte dos séculos XIX e XX, um laboratório de diferentes regras, impostos, políticas e hábitos, com empreendedores deslocando-se livremente para o estado que fosse mais adequado para o seu projeto. Recentemente o governo federal se fortaleceu ainda mais e ao mesmo tempo muitos americanos se perguntam por que o país não é mais tão ágil no campo da inovação como já foi.

Essa fragmentação funciona melhor quando resulta na criação de cidades-estado. Essas pequenas feras sempre foram as melhores no cultivo da inovação: Estados dominados por uma única cidade. Por pelo menos mil anos a inovação aconteceu desproporcionalmente nas cidades, principalmente em cidades autônomas. O físico Geoffrey West, do Santa Fe Institute, fez uma notável descoberta a respeito das cidades. Ele constatou que as cidades fazem escalamento segundo uma fórmula matemática previsível chamada lei de potência. Ou seja, a partir da população de determinada cidade, ele pode dizer com espantosa precisão não apenas quantos postos de gasolina, quilômetros de cabos elétricos e quilômetros de estradas terá essa cidade, mas também quantos restaurantes, quantas universidades e qual será o patamar dos salários.

O mais interessante é que as cidades precisam de menos postos de gasolina e de menos quilômetros de cabos elétricos ou estradas — por habitante — à medida que crescem, mas passam a ter desproporcionalmente mais instituições de ensino, mais patentes e salários mais altos — por habitante. Em outras palavras: a infraestrutura é organizada numa escala sublinear, mas os produtos socioeconômicos de uma cidade organizam-se em escala supralinear. E esse padrão se mantém no mundo todo, para onde quer que Geoffrey West e seus colegas olhem. Esse fato não se aplica a empresas. À medida que elas crescem, depois de um certo ponto elas se tornam menos eficientes, menos gerenciáveis, menos inovativas, menos frugais e menos tolerantes a excentricidades. Isso, diz West, ocorre porque empresas desaparecem o tempo todo, mas cidades não, jamais. Nem mesmo Detroit ou Cartago. Síbaris foi a última cidade a desaparecer completamente — em 445 a.C.

CADA VEZ MAIS, INOVAÇÃO SIGNIFICA USAR MENOS RECURSOS, E NÃO O CONTRÁRIO

Quanto maiores as cidades são, mais produtivas e eficientes elas se tornam no que diz respeito a uso de energia para criar improbabilidade, assim como faz o corpo dos animais: uma baleia queima proporcionalmente menos energia que um musaranho, portanto vive mais, tem um cérebro maior e tem um comportamento mais complexo. Londres proporcionalmente queima menos energia do que Bristol, tem um cérebro coletivo maior e comportamento mais complexo. A mesma coisa acontece em toda a economia. Aqueles que afirmam que crescimento ilimitado é impossível ou pelo menos insustentável num mundo de recursos finitos estão errados, portanto, por um motivo simples: pode-se obter crescimento fazendo-se mais com menos.

Na verdade, muito "crescimento" é encolhimento. Despercebida em boa parte, existe hoje uma tendência crescente de que o principal motor econômico não seja o uso de mais recursos, mas sim o uso da inovação para fazer mais com menos: mais comida com menos terra e menos água; mais quilômetros com menos combustível; mais comunicação com menos eletricidade; mais prédios com menos aço; mais transistores com menos silício; mais correspondência com menos papel; mais festas para menos tempo trabalhado. Alguns anos atrás, Jesse Ausubel, da Rockefeller University, descobriu o impressionante e surpreendente fato de que a economia norte-americana começou a se "desmaterializar": usando não somente menos material por unidade de produção, mas menos material no todo. (Chris Goodall já tinha identificado o mesmo movimento na Grã-Bretanha.) Em 2015, os Estados Unidos estavam usando 15% menos aço, 32% menos alumínio e 40% menos cobre em relação aos picos de uso desses metais, mesmo com uma população maior e uma produção de bens e serviços muito mais vasta. Suas fazendas utilizam 25% menos fertilizante e 22% menos água e, ainda assim, produzem mais alimento, graças ao uso mais objetivo de fertilizantes e de irrigação. Seu sistema de energia gera menos emissões (de dióxido de carbono, dióxido de enxofre e óxidos de nitrogênio) por quilowatt-hora. A partir de 2008, a economia dos Estados Unidos cresceu 15%, mas seu uso de energia declinou 2%.

Isso não significa que a economia norte-americana esteja gerando menos produtos — na verdade, ela está produzindo mais. Não é porque há mais reciclagem (embora haja mais). Isso se deve à economia e ao rendimento que a inovação proporciona. Tomemos como exemplo latas de bebida de alumínio. Quando surgiu pela primeira vez, em 1959, uma lata de alumínio padrão pesava 85 gramas; hoje, pesa 13 gramas, de acordo com o professor Vaclav Smil. As implicações disso contrariam a lógica: aqueles que afirmam que é impossível obter crescimento sem utilizar mais recursos estão simplesmente errados. Sempre será possível aumentar mais os padrões de vida reduzindo a quantidade de um recurso usado para fabricar um determinado produto. Portanto, o crescimento é indefinidamente "sustentável".

William Stanley Jevons, economista do século XIX, formulou um paradoxo (que ficou conhecido como Paradoxo de Jevons): economizar energia simplesmente leva ao uso de mais energia. Nós reagimos a insumos mais baratos usando mais insumos. Quando a eletricidade é barata, nós mantemos as luzes acesas por mais tempo. Porém, Andrew McAfee, em seu livro *More from Less* [Mais de menos, em tradução livre], observa que em diversos setores a economia está agora exaurindo o Paradoxo de Jevons e começando a depositar as economias. Desse modo, os LEDs usam menos de 25% da eletricidade que lâmpadas incandescentes usam para a mesma quantidade de luz fornecida, portanto seria preciso deixá-los ligados por dez vezes mais tempo para acabar consumindo mais força e é improvável que semelhante coisa aconteça.

McAfee argumenta que a desmaterialização é um motivo pelo qual muitas previsões pessimistas da década de 1970 — sobre a possibilidade de faltar ainda neste século combustível, gás, carvão, cobre, ouro, chumbo, mercúrio, molibdênio, gás natural, óleo, prata, estanho, tungstênio, zinco e muitos outros recursos não renováveis — revelaram-se espetacularmente erradas:

> A imagem de uma espaçonave chamada Terra escassamente provida de suprimentos cortando o espaço conosco a bordo é impactante, mas profundamente enganosa. Nosso planeta está amplamente abastecido para a nossa jornada. Principalmente porque estamos afinando, trocando, otimizando e evaporando nosso caminho até a desmaterialização.

CAPÍTULO 9

Aspectos econômicos da inovação

"Ideias são como coelhos. Você arranja um casal e aprende a lidar com eles e, antes que perceba, você já tem uma dúzia."
John Steinbeck

O ENIGMA DOS RETORNOS CRESCENTES

Há um curioso buraco no coração da teoria econômica onde a palavra "inovação" deveria estar. Em um livro sobre a história da economia intitulado *Knowledge and the Wealth of Nations* [Conhecimento e a riqueza das nações, em tradução livre], David Warsh observou que Adam Smith criou ele mesmo uma contradição que nunca solucionou e que de alguma forma perdura até hoje. A famosa "Mão Invisível" diz respeito ao surgimento gradativo de equilíbrios em mercados, de maneira que nem o produtor nem o consumidor podem melhorar o negócio que eles têm. Isso implica diminuir retornos: na medida em que o mundo determina o preço mais justo para uma coisa qualquer, não há ganhos a se obter.

Por outro lado, a outra ideia de Smith, a divisão do trabalho, sugere o oposto: retornos crescentes. Para usar o seu próprio exemplo, em uma fábrica de alfinetes, à medida que os trabalhadores dividem as tarefas e se tornam mais especializados e inovadores em seu trabalho — mais produtivos coletivamente, portanto —, o custo da fabricação de alfinetes cai cada vez mais. Dessa maneira, produtores e consumidores recebem mais por menos. Portanto a primeira metáfora implica *feedback* negativo e a segunda *feedback* positivo. As duas não podem estar certas ao mesmo tempo.

Os economistas que seguiram os passos de Smith esqueceram-se de boa parte dos retornos crescentes e da fábrica de alfinetes e, em vez disso, voltaram a atenção para a mão invisível. David Ricardo, Léon Walras, John Stuart Mill, Alfred Marshall e Maynard Keynes, todos acreditam mais ou menos abertamente em retornos decrescentes. Embora tenham experimentado uma era de constante inovação e de prosperidade, eles acreditavam que um dia a festa chegaria ao fim. Mill, por exemplo, não ignorou o progresso técnico, mas também não tentou explicá-lo e presumiu que enfraqueceria. Marshall teve uma chance para solucionar esse paradoxo. Ele inventou a ideia de "excedente" ou externalidades positivas, mas era pouco mais do que um dispositivo inteligente para fazer a matemática dar certo.

Então, em 1928, um economista chamado Allyn Young abordou a questão da contradição de Smith, dizendo que a invenção de novas ferramentas, novas máquinas, novos materiais e novos projetos envolviam também a divisão do trabalho. Em outras palavras: a inovação era em si mesma um produto de crescente especialização, não uma coisa separada. Contudo, ele nunca levou a ideia adiante. Em 1942, Joseph Schumpeter argumentou que a inovação foi o evento principal, que os retornos crescentes eram potencialmente infinitos. Essa era uma visão claramente incomum e continua sendo até hoje, embora os anos seguintes tenham mostrado que é verdade até agora. Keynes, por exemplo, acreditava que a Grande Depressão representasse a chegada de retornos decrescentes e a necessidade de distribuir menos trabalho de forma mais justa. O problema era que Schumpeter não era inclinado a fazer uso da matemática, e a economia cada vez mais ficou à mercê do culto da equação; então Schumpeter foi amplamente ignorado.

Em 1957, Robert Solow mais uma vez chamou a atenção para a inovação como uma questão que faltava na teoria econômica. Solow argumentou que até hoje apenas 15% do crescimento econômico poderiam ser explicados pelo cultivo de mais terras, pelo ingresso de mais trabalhadores na indústria e pela aplicação de mais capital para investimento. O restante, os 85% do crescimento que não podiam ser explicados por esses fatores de produção, devem — obviamente — ser resultado de inovação.

Contudo, mesmo no modelo de Solow a inovação simplesmente vem, como maná caído do céu. É "externa" ao modelo. Não existe teoria alguma que explique por que chegou a alguns lugares em determinados momentos e em outros não. A fonte desse maná posteriormente foi vista por Richard Nelson e Kenneth Arrow como financiamento governamental de pesquisa. Isso era algo que o setor privado não geraria por conta própria, eles argumentaram, porque investir em ciência para criação é algo que não traz lucro a ninguém. Eles acreditavam que um empresário sempre considerará fácil copiar as ideias e as inovações de outros e que as proteções erguidas em torno da propriedade intelectual — patentes, direitos autorais e sigilo — são inadequadas. Assim, o estado deve proporcionar o conhecimento que conduz à inovação. Como comentou o professor Terence Kealey, tal visão foi obtida do alto de uma torre de marfim por quem ignora o que acontece no mundo real:

> O problema com os artigos de Nelson e Arrow, entretanto, é que eles eram acadêmicos, e uma ou duas almas inconvenientes, espiando de seus ninhos de águia de economistas, perceberam que no mundo real parecia estar ocorrendo algum financiamento privado à pesquisa — muito mais do que se imaginava, na verdade.

Em 1990, um jovem economista chamado Paul Romer se interessou pelo problema dos retornos crescentes e do crescimento do conhecimento. Romer elaborou uma resposta que acabou lhe valendo o Prêmio Nobel. Ele tentou tornar a inovação como fonte de crescimento econômico um fator "endógeno" em modelos. Em outras palavras, ele transformou a inovação em um produto, algo que é material inicial e resultado na atividade econômica. Seu argumento central era que uma característica do novo conhecimento é ser não rival, ou seja, as pessoas podem compartilhá-lo sem consumi-lo; mas também é parcialmente excludente, significando que quem se apossar dele primeiro pode ganhar dinheiro explorando-o, pelo menos por algum tempo. As pessoas podem manter novos conhecimentos em segredo (como fizeram Haber e Bosch com os seus catalisadores de ferro) ou então patenteá-los (como fez Morse com o telégrafo), ou simplesmente usar o seu conhecimento "tácito" para se adiantar aos seus rivais (como fizeram os pioneiros do *software* em sua maioria) e fazer isso por tempo suficiente para conseguir uma explosão de lucros com monopólio parcial. Essa foi uma distinção fundamental que não havia sido feita antes. Conhecimento é um bem público e um bem privado temporário. Custa caro produzir conhecimento, mas ele às vezes pode se pagar.

INOVAÇÃO É UM FENÔMENO ASCENDENTE

Tornou-se moda recentemente, sobretudo na Grã-Bretanha, defender uma visão um tanto "criacionista" da inovação, a saber, que ela é produto de projeto inteligente do governo, e que o governo deve, portanto, adotar uma política industrial de inovação direcionada. Esse ponto de vista é defendido pela economista Mariana Mazzucato num livro de 2014, *The Entrepreneurial State* [O Estado Empreendedor, em tradução livre], que sustenta que a principal fonte de inovação tem sido o apoio governamental à pesquisa e ao desenvolvimento com "direcionalidade orientada para a missão".

Considero essa tese pouco convincente; já as abundantes críticas a ela, eu considero bem convincentes, especialmente as feitas por Alberto Mingardi e Terence Kealey. Eis aqui o porquê. Como está documentado neste livro, a inovação não é um fenômeno novo. Ela foi responsável por progressos excepcionais nos padrões de vida humanos que surgiram no século XIX e antes. Mas as tecnologias e as ideias por trás desse "grande enriquecimento" tiveram pouco ou nada que ver com o governo. Ao longo do século XIX, enquanto a Grã-Bretanha e a Europa desenvolviam novas ferrovias, aço, eletricidade, máquinas têxteis e muitas outras tecnologias, o governo não desempenhou praticamente papel nenhum nisso a não ser o de regulador tardio, criador de critérios ou cliente. Mazzucato cita especificamente ferrovias como exemplo de inovação pública, mas o *boom* das ferrovias na Grã-Bretanha e no mundo da década de 1840 foi inteiramente um fenômeno do setor privado, e isso foi flagrante: fortunas foram conquistadas e perdidas na montanha-russa dos mercados. Na época, quase todo o orçamento do estado da Grã-Bretanha era gasto com defesa e no serviço da dívida contraída na guerra, sem praticamente nada em benefício da inovação, muito menos como algo orientado para missões. Ainda assim, as estradas de ferro transformaram a vida das pessoas. Como escreveu William Makepeace Thackeray:

> Abençoadas sejam as ferrovias em todos os lugares
> E o progresso do mundo
> Abençoe cada ação da ferrovia
> Na Itália, na Irlanda, na França;
> Pois agora um mendigo nunca mais terá de se desesperar,
> E todo vagabundo terá uma chance.

O historiador de economia Joel Mokyr observa que "qualquer objetivo político deliberadamente destinado a promover crescimento econômico de longo prazo seria de difícil documentação na Grã-Bretanha antes e durante a Revolução Industrial". Seria estranho argumentar que a inovação poderia acontecer sem a orientação do estado no século XIX, mas somente com essa orientação no século XXI.

A mesma coisa se aplica aos Estados Unidos, que se tornaram o país mais avançado e inovador do mundo nas primeiras décadas do século XX sem subsídio público significativo para pesquisa e desenvolvimento de espécie alguma antes de 1940. As poucas exceções tendem a confirmar a regra: por exemplo, o governo subsidiou fortemente o espetacular fracasso de Samuel Langley na tentativa de construir um avião motorizado, ao passo que negligenciou completamente o êxito espetacular dos irmãos Wright, mesmo depois de eles provarem suas conclusões.

Num caso semelhante ocorrido alguns anos depois, em 1924, o novo governo trabalhista britânico decidiu que precisava projetar e construir dirigíveis capazes de cruzar oceanos, feito que naquele tempo era considerado impossível para aviões pesados convencionais que transportavam passageiros. Especialistas estimularam o governo a entregar os contratos a empresas privadas; porém eles resistiram, por serem socialistas, e decidiram realizar um experimento controlado por meio de duas abordagens diferentes: um R100 financiado pela iniciativa privada construído por Vickers e um R101 com financiamento público construído pelo governo. Com efeito, uma inovação orientada para a missão. O resultado não deu margem a dúvida. O R100 era mais leve, mais rápido e ficou pronto mais cedo. Voou para o Canadá e retornou sem contratempos no verão de 1930. Atrasado, o R101 era extravagante, excessivamente elaborado, com pouca potência, prejudicado por vazamentos de gás e redesenhado às pressas no último instante para ganhar mais altura. Em seu voo de inauguração para a Índia, em outubro de 1930, transportando o ministro da aviação, chegou até o norte da França e caiu, matando quarenta e oito das cinquenta e quatro pessoas a bordo, entre elas o ministro. Uma placa até hoje registra o dia em que quarenta e oito corpos foram velados em Westminster Hall. Neville Shute, que mais tarde tornou-se escritor, era um dos engenheiros do programa R100 e foi incisivo em seu livro *The Slide Rule* [A régua de cálculo, em tradução livre] a respeito das falhas do projeto nacionalizado: "Eu tinha 31 anos de idade na época do desastre do R101 e o meu primeiro contato próximo com altos funcionários públicos e políticos no trabalho foi na área de dirigíveis, onde eu os vi fabricarem um desastre."

Na segunda metade do século XX, o Estado tornou-se patrocinador da inovação em larga escala; mas isso não causa surpresa, tendo em vista que passou de 10% do rendimento nacional para 40% em quase todos os países ocidentais. Nas palavras de Mingardi: "Diante de um crescimento tão extraordinário, é improvável que as verbas orçamentais não acabem na vizinhança das empresas produtoras de inovação em algum momento." Portanto, não se trata de saber se o Estado fomentou alguma inovação. A questão é saber se o faz melhor do que outros atores e se o faz de maneira direcionada. Eu mostrei neste livro que muitas das tecnologias que o Estado-nação impulsionou durante a Segunda Guerra Mundial — computação, antibióticos, radar, até mesmo a fissão nuclear — originaram-se em tempos de paz e provavelmente teriam se desenvolvido na mesma velocidade se a guerra não tivesse estourado, ou até mais rápido, com a provável exceção da fissão.

Além disso, os exemplos de Mazzucato de inovação financiada pelo governo são principalmente casos de "transbordamento", não de direção. Ninguém declarou que o governo decidiu deliberadamente criar uma internet global quando financiou a rede de computadores da Agência de Projetos de Pesquisa Avançada de Defesa. Na verdade, a internet só avançou quando finalmente escapou das garras do Departamento de Defesa e foi adotada por universidades e empresas. De mais a mais, embora algumas das mais importantes tecnologias da internet, incluindo a comutação de pacotes, tenham se originado em instituições públicas, outras vieram do setor privado. O protocolo TCP/IP veio da Cisco e a fibra de vidro veio da Corning.

Mazzucato ressalta que a tecnologia por trás da tela sensível ao toque, fundamental para o *smartphone* moderno, foi inventada por um projeto de doutoramento em uma universidade pública, de Wayne Westerman, na Universidade de Delaware. Mas essa foi uma parte muito pequena do desenvolvimento dessa ideia até que se transformasse numa inovação útil. O restante dela ocorreu no setor privado e é justamente o oposto de financiamento direcional: uma subvenção da Fundação Nacional da Ciência para pesquisa sobre um tópico escolhido pela universidade e pelo aluno. Devemos nos acautelar a fim de não subestimarmos o desenvolvimento de tecnologias depois que elas são inventadas pela primeira vez — uma grande parte da inovação — para não darmos a um castor o crédito pela represa Hoover.

Mazzucato também cita o programa de Pesquisa Inovativa em Pequenas Empresas iniciado por Ronald Reagan como exemplo de inovação financiada pelo governo no setor privado. Contudo, Minardi observa que isso é exatamente o oposto de inovação dirigida. O programa simplesmente exige que todas as agências do governo com orçamento para pesquisa e desenvolvimento de 100 milhões de dólares gastem 2,8% do seu orçamento para promover inovação para empresas de tamanho médio e pequeno.

Às vezes, o governo japonês é citado como exemplo de Estado empreendedor, que entre 1950 e 1990 deu impulso a um enorme sucesso econômico com base na inovação direcionada. Isso também é mito. Até 1991, segundo Terence Kealey, o governo japonês "estava financiando menos de 20% da sua pesquisa e seu desenvolvimento e, incompreensivelmente, menos da metade da ciência acadêmica do seu país — uma exceção extraordinária dentro da média dos países da OCDE, que estavam financiando cerca de 50% da sua pesquisa e seu desenvolvimento e 85% da sua ciência acadêmica". O milagre japonês baseava-se em corporações privadas apoiadas por um amplo ecossistema de pequenas empresas.

Por outro lado, a União Soviética foi um caso bastante evidente de Estado empreendedor: financiou grande quantidade de pesquisas de modo centralizador, não permitindo praticamente nenhuma iniciativa privada. O resultado disso foi uma deplorável falta de inovação em transporte, em alimentação, em saúde e em todos os setores de consumo, mas vários avanços no setor de armamentos.

Em 2003, a OCDE publicou um artigo incômodo para as alegações favoráveis ao Estado empreendedor. Intitulado "Sources of Economic Growth in OECD Countries" ["Fontes de crescimento econômico nos países da OCDE", em tradução livre], o artigo analisou de maneira sistemática os fatores que contribuíram para o crescimento entre 1971 e 1998 e concluiu que a quantidade de pesquisa e desenvolvimento com financiamento privado influenciou a taxa de crescimento, mas a quantidade de pesquisa e desenvolvimento com financiamento público, não. Essa descoberta foi chocante e provavelmente pode ser explicada de modo mais satisfatório pelo fenômeno da "exclusão": gastos do governo com pesquisa desviam a energia dos pesquisadores para as suas prioridades, que podem não coincidir com as da indústria ou as do consumidor (no caso da União Soviética, isso se deu de forma impressionante). Nas palavras de Walter Park, da American University: "O efeito direto da pesquisa pública é ligeiramente negativo, como pode ser o caso se o gasto em pesquisa pública tiver efeitos de exclusão que afetem negativamente o crescimento da produção privada." Mazzucato reconhece o fenômeno da exclusão quando escreve que "as empresas farmacêuticas mais importantes estão gastando somas cada vez menores de fundos em pesquisa e desenvolvimento, ao mesmo tempo que o Estado vem gastando mais".

Claro que não é impossível que os governos almejem, criem e aperfeiçoem uma inovação de enorme importância sem muita contribuição privada. As armas nucleares são um bom exemplo disso, a Lua pode ser outro, embora nenhum dos dois exemplos tenha efetivamente valor para o consumidor; ambos na prática valeram-se muito de empreiteiras do setor privado. O caso é que isso não ocorre com muita frequência; invenções e descobertas surgem bem mais frequentemente por feliz acaso e por troca de ideias e são empurradas, puxadas, moldadas, transformadas e trazidas à vida por pessoas que agem como indivíduos, firmas, mercados e às vezes até mesmo como funcionários públicos. Tentar fingir que o governo é o ator principal nesse processo, e ainda um ator com intencionalidade dirigida, é abordagem puramente criacionista de um fenômeno puramente evolucionário. No fim das contas, até mesmo a reação da fissão nuclear assenta sobre um *insight* crucial que supostamente ocorreu a um refugiado desempregado parado no semáforo em Southampton Row, em Londres, em 12 de setembro de 1933: Leo Szilard. E, em muitos casos, o governo se mete no caminho da tecnologia. Veja o exemplo dos telefones móveis, explorados com mais profundidade no Capítulo 11, quando as regulamentações do governo dos Estados Unidos bloquearam o desenvolvimento de celulares por décadas, e a adoção explícita da Europa de uma política industrial para as redes 2G imobilizou o continente num padrão que não demorou a ser superado pelos Estados Unidos.

Há outro problema com a tese de que o governo é a fonte da inovação. Esse argumento quase sempre gira em torno de coisas que os governos supostamente inventam e que depois alcançam o setor privado. Se esse fosse o caso, porém, os governos não as aplicariam antes dentro do próprio governo? Não há nada tão desprovido de inovação quanto as práticas e premissas do governo. Garry Runciman certa vez observou que, se Daniel Defoe ressuscitasse três séculos depois de publicar *A Tour Through The Whole Island of Great Britain* [Viagem por toda a ilha da Grã-Bretanha, em tradução livre], em 1727, depois de ter superado seu assombro com nossos carros, aviões, arranha-céus, roupas jeans, banheiros, *smartphones* e mulheres trabalhadoras, as únicas coisas que ele consideraria familiares seriam o Parlamento e a monarquia. O restante seria inacreditavelmente diferente. O Parlamento é um celacanto sociológico, um fóssil vivo que pouco mudou desde o Paleozoico político. Isso não é de todo ruim — é por um bom motivo que dificultamos o desmantelamento das formas tradicionais de fazer leis —, mas dificilmente dá testemunho de uma sociedade que gera inovação a partir do seu governo.

Eu repito que nada disso deve ser entendido como uma insinuação de que governos são incapazes de incentivar a inovação ou que tudo que fazem é mais bem-feito por outros agentes. O publicitário Rory Sutherland cita o exemplo da videoconferência como uma tecnologia que o Estado britânico poderia impulsionar de forma proveitosa, por meio da implantação de internet com velocidade de banda larga, porque uma nação de língua inglesa com tráfego congestionado em seu fuso horário poderia se beneficiar desproporcionalmente disso e porque o governo poderia negociar um preço coletivo para o trabalho, deflagrando o efeito de rede pelo qual essas coisas tornam-se de fato úteis somente quando muitas outras pessoas as usam: a oportunidade de carona, em vez do problema da carona. Sem dúvida essas oportunidades existem. Mas acreditar que o governo exclusiva e deliberadamente fomentou a inovação mais recente é acreditar em um mito.

A INOVAÇÃO É TANTO MÃE DA CIÊNCIA QUANTO FILHA

Há uma visão amplamente difundida entre políticos, jornalistas e o público de que a ciência conduz à tecnologia, que conduz à inovação. Esse "modelo linear" é predominante entre quase todos os políticos e é usado para justificar gastos públicos em ciência como o derradeiro combustível da inovação.

Isso algumas vezes pode acontecer, mas também é fato que muitas vezes a invenção é a mãe da ciência: técnicas e processos que funcionam são desenvolvidos, mas a compreensão desse funcionamento vem mais tarde. Os motores a vapor permitiram que se compreendesse a termodinâmica, não o contrário. O voo motorizado precedeu quase toda a aerodinâmica. O melhoramento de animais e de plantas precedeu a genética. A experiência com pombos estabeleceu as bases para a compreensão de Darwin da seleção natural. O trabalho em metal ajudou a dar origem à química. Nenhum dos pioneiros da vacinação soube algum dia como ela funcionava, nem por que funcionava. A compreensão do mecanismo de ação dos antibióticos só se deu muito tempo depois do seu uso prático.

Em 1776, Adam Smith estava bem ciente da supremacia da prática. Ele via a inovação como resultado dos reparos de "trabalhadores comuns" e da "engenhosidade dos fabricantes de máquinas". Eles eram muito mais importantes do que a pesquisa acadêmica, pois embora "algumas melhorias no maquinário tivessem sido feitas pelos chamados filósofos", havia muito de industriosidade na filosofia: "Dos melhoramentos que foram feitos nos tempos modernos em várias partes diferentes da filosofia, a maior parte não foi feita em universidades."

Isso sem dúvida mudou nas últimas décadas. Contudo, na década de 1990, Edwin Mansfield, pesquisando empresas para identificar as fontes das suas inovações, descobriu que quase todas se originaram dentro de casa ou dentro da indústria. No caso de novos processos (tão importantes quanto novos produtos), apenas 2% das inovações tiveram origem na academia. As universidades deram pouca contribuição para ideias a respeito de organização industrial, por exemplo. E quando a ciência dá origem a novas indústrias, muitas vezes ocorre um efeito recíproco: a ciência auxilia a tecnologia, que por sua vez ajuda a ciência. Trabalhos recentes determinaram que cerca de 20% das patentes citam trabalhos científicos acadêmicos, cerca de 65% das patentes têm algum vínculo com pesquisa científica, e as áreas da ciência que realizam mais pesquisa básica acabam com mais patentes e medicamentos aprovados. Mas isso ainda não prova uma ligação linear em oposição a um relacionamento recíproco.

Assim, a descoberta da estrutura de DNA, em 1953, é um bom exemplo de pura ciência com expressivas implicações práticas tardias, em superficial conformidade com o modelo linear, mas isso se deveu muito ao desenvolvimento da cristalografia de raios X na estrutura de moléculas biológicas. A indústria têxtil deu início a esse trabalho e o financiou, a fim de tentar entender mais sobre as propriedades da lã. Foi isso que levou William Astbury para a Universidade de Leeds, cujo departamento de química era "essencialmente uma escola de aperfeiçoamento para quem ingressava na indústria têxtil", segundo Gareth Williams. O cargo de Astbury foi financiado pela Worshipful Company of Clothworkers. Astbury, junto com Florence Bell e Elwyn Beighton, foi quem começou primeiro a entender a estrutura das proteínas e do DNA usando raios X. Beighton na verdade superou Raymond Gosling e Rosalind Franklin por um ano tirando a fotografia que revelava a estrutura — mas ele não se deu conta disso. Sua fotografia e o seu significado foram negligenciados por Astbury num dos quase acidentes mais tristes de todos os tempos.

Da mesma maneira, no século XXI (como eu documentei no Capítulo 4), o trabalho que levou à invenção da edição de genes do CRISPR foi impulsionado em parte pelo desejo de resolver problemas de cunho prático na indústria de iogurte. Na minha opinião nós cometemos um erro quando insistimos que a ciência está sempre à frente da tecnologia. Muitas vezes a compreensão científica nasce da tentativa de explicar e aperfeiçoar uma inovação técnica.

O "modelo linear" é na verdade uma espécie de espantalho. Embora os políticos estejam apegados à ideia, nenhum cientista ou economista acredita de fato nisso. Como observou David Edgerton, um historiador de tecnologia, mesmo aqueles que supostamente o inventaram não o adotaram. Por exemplo, Vannevar Bush, conselheiro científico de guerra para o governo dos Estados Unidos, escreveu um livro em 1945 intitulado *Science: The Endless Frontier* [Ciência: a fronteira infinita, em tradução livre], que supostamente é a bíblia do modelo linear. É verdade que Bush escreveu: "Deve existir uma corrente de novos conhecimentos científicos para fazer girar a roda das empresas públicas e privadas" e "hoje em dia é mais verdadeiro do que nunca que pesquisa básica é o marca-passo do progresso tecnológico". Mas ele na realidade estava defendendo o apoio estatal para a ciência básica por si só, alegando que o crescimento de tais pesquisas não acompanhou o crescimento da pesquisa aplicada no governo e na indústria. Bush não afirmou que a ciência acadêmica é a principal fonte de inovação, nem mesmo que é a principal fonte de novos conhecimentos. Na época, os Estados Unidos, ao contrário da maioria dos países europeus, apoiavam parcamente a ciência básica do governo federal. Em comparação com França e Alemanha, a Grã-Bretanha também demorou a fornecer apoio público à ciência, mas, como observa Kealey: "O continente supôs que os mercados falharam na ciência, o Reino Unido supôs que não, e a revolução industrial foi britânica, não francesa nem alemã."

Sir Henry Tizard, diretor de ciências em tempos de guerra, escreveu depois da guerra que "a expansão geral da pesquisa nesse país não é de absoluta importância para a restauração da sua saúde industrial, assim como não é, certamente, a expansão da pesquisa governamental, distante dos problemas cotidianos da indústria. De absoluta importância é aplicar o que já é conhecido" — e assim se tornou o primeiro de uma longa fileira de britânicos a lamentar a moderna inaptidão do país para transformar força de pesquisa em sucesso inovador. Em 1958, um livro influente chamado *The Sources of Invention* [As fontes da invenção, em tradução livre], do economista John Jewkes, argumentou contra a ideia de que a ciência era a fonte da tecnologia e advertiu os governos contra investir em ciência pura na esperança de incentivar o crescimento econômico. Escrevendo em 2004, Edgerton foi inflexível: "Eu afirmo que o 'modelo linear' não existe nem mesmo nas primeiras gerações de trabalho acadêmico sobre inovação."

Contudo, não resta dúvida de que nos últimos anos houve a tendência crescente entre os políticos de adotar a noção de que a ciência é a mãe da invenção, assim como não há dúvida de que essa é a principal justificativa para o financiamento da ciência. Isso me parece uma pena, não somente porque é uma interpretação equivocada da história, mas porque desvaloriza a ciência. Definitivamente, rejeitar o modelo linear não é um ataque ao financiamento da ciência, muito menos um ataque à própria ciência. A ciência é o melhor fruto da realização humana, sem exagero, e merece apoio generoso e entusiasmado em qualquer sociedade civilizada, mas como uma meta valorosa por si só, não apenas como um modo de incentivar a inovação. A ciência deve ser vista como o fruto, e não como a semente. Em 1969, o físico Robert Wilson testemunhou ao Senado dos Estados Unidos a respeito do financiamento de um acelerador de partículas. Perguntaram a Wilson se esse acelerador contribuiria para a defesa nacional. Sua resposta: "Não tem nenhuma relação direta com a defesa do nosso país, a não ser para ajudar a fazer valer a pena defendê-lo." Nos últimos tempos, houve uma tendência a se exigir que os cientistas acadêmicos justifiquem o apoio financeiro do contribuinte, mostrando que o seu trabalho gera desdobramentos proveitosos. Francamente, pedir a Stephen Hawking que mostrasse como a pesquisa sobre buracos negros beneficiou a atividade industrial ou pedir a Francis Crick que justificasse a pesquisa do DNA por motivos semelhantes teria sido como pedir a William Shakespeare ou a Tom Stoppard que mostrassem como as suas obras contribuíram para o crescimento econômico. Eles poderiam fazer isso, mas esse certamente não era o seu objetivo principal.

A INOVAÇÃO NÃO PODE SER IMPOSTA A CONSUMIDORES RELUTANTES

Inovação não é necessariamente uma coisa boa. Pode ser prejudicial caso resulte em produtos tóxicos ou perigosos. Fritz Haber não inventou somente o fertilizante sintético, ele inventou também gás venenoso para uso nas trincheiras. A inovação também pode ser inútil para pessoas comuns. A viagem tripulada ao espaço até agora mostrou-se útil como exploração e entretenimento — a chegada à Lua e os filmes baseados nas missões Apollo são excelentes reforços à cultura humana —, mas não como fonte de benefício econômico expressivo. Claro que podem ter ocorrido alguns desdobramentos que ajudaram a compreender como certas tecnologias poderiam ser desenvolvidas (embora a frigideira antiaderente não seja um desses desdobramentos, a não ser como mito: quando muito, o contrário é verdade, e o Teflon foi vital para a Apollo), mas é difícil ter certeza de que tais desdobramentos não teriam acontecido de qualquer modo em outras iniciativas se orçamentos igualmente enormes tivessem sido vinculados a elas. O Laboratório de Propulsão a Jato se gaba de que telefones com câmera, tomógrafos, LEDs, calçados esportivos, cobertores de alumínio, isolamento residencial, fones de ouvido sem fio e comida congelada são exemplos de coisas que não teríamos sem as viagens espaciais, porque em algum momento alguém no programa espacial contribuiu para o seu desenvolvimento. Isso é uma falácia e uma afirmação muito duvidosa.

Insisto que isso não é uma crítica ao programa espacial: eu continuo profundamente grato a Neil Armstrong e ao contribuinte norte-americano por terem expandido generosamente o meu universo de conhecimento e a minha imaginação, proporcionando-me um momento emocionante nos meus onze anos de idade. Exploração espacial tripulada não satisfaz verdadeiramente o teste de inovação que deveria pagar por si mesma. Nesse sentido se parece mais com arte. Para contribuir com o bem-estar humano e, portanto, "dar certo" sem subsídio, uma inovação tem de superar dois testes: deve ser útil para os indivíduos e economizar tempo, energia ou dinheiro na realização de alguma tarefa. Algo que custe mais para se comprar do que um dispositivo já existente e ainda não ofereça benefícios não prosperará, por mais engenhoso que possa ser. Artigos fabricados para uso no espaço talvez jamais passem nesses testes devido a seu custo.

A INOVAÇÃO AUMENTA A INTERDEPENDÊNCIA

O que a inovação acrescenta à vida das pessoas? Eu tenho afirmado que o grande tema da história humana é a especialização crescente da produção combinada com a diversificação crescente do consumo. Nós gradualmente nos tornamos cada vez mais limitados no que produzimos — chamamos isso de trabalho — para termos variedade cada vez maior no que consumimos. Em comparação com um agricultor de subsistência, a maioria das pessoas modernas tem um trabalho menos variado, mas uma vida bem mais variada. Isso contrasta com outros animais que só consomem o que produzem. No decorrer da história, as crises econômicas — da queda do Império Romano à Grande Depressão — foram caracterizadas por recuos em direção a uma maior autossuficiência. Por outro lado, os avanços econômicos — da invenção da agricultura à internet móvel — foram acompanhados pelo aumento da interdependência e da cooperação provenientes da venda de um serviço especializado e da compra de todo o restante: trabalhar uns para os outros. A inovação tornou possível não só o encolhimento do "trabalho" como também a ampliação de tudo o mais. Com base nisso, é razoável esperar que algo novo que aumente a especialização da produção ou aumente a diversificação do consumo dê certo, e algo que nos restitua a autossuficiência não dê certo.

Espere aí (você poderia me dizer): mas a internet não fez o contrário? Você não precisa mais de um agente de viagens para reservar seus voos, agora pode fazer isso sozinho. Você não precisa mais de um digitador para anotar o que ditar, agora pode usar o seu próprio teclado. Pensando bem, essa é a perspectiva da classe média alta, que tinha acesso a agentes de viagem, secretários e coisas do tipo. A internet disponibilizou agentes de viagens para todos na forma de sites. Disponibilizou "secretárias" na forma de programas de processamento de texto completos, com verificação ortográfica, formatação e gráficos.

Por isso é que hoje em dia, diferentemente de um século atrás, é difícil apontar um homem rico e influente na multidão, como observou o economista Don Boudreaux. Na próxima vez que for a um restaurante, olhe para a pessoa na mesa ao lado. Essa pessoa pode ser bilionária? Improvável, mas como saber ao certo? Os guarda-costas, a limusine estacionada lá fora, o logotipo do jato particular na jaqueta? Grande coisa: são apenas luxos e nada mais. E o essencial? Essa pessoa tem dentes melhores? Pernas mais longas? Maior cintura? Roupas melhores? Menos buracos em suas calças? (Hoje em dia seria mais provável o inverso!) Tudo isso faria sentido dois séculos atrás. Mas não nos dias atuais. Essa pessoa usa um *smartphone* igual a tantos outros, a mesma internet, o mesmo tipo de banheiro, os mesmos supermercados. Para a maioria das pessoas hoje nos países ocidentais, grande parte da desigualdade existente — não toda, porém — envolve luxos, não necessidades. Pelo menos isso é mais verdadeiro do que era no passado, quando as pessoas pobres com frequência morriam de fome ou de frio e não tinham acesso a coisas simples como luz. Por isso é que pessoas ricas falam muito sobre coisas como vinho e propriedades, duas formas de luxo nas quais não há limite para a diferenciação, e não falam sobre calças e livros, coisas pelas quais quase todos nós podemos pagar. A inovação fez isso aumentando a produtividade do trabalho e por conseguinte o padrão de vida de todos.

INOVAÇÃO NÃO GERA DESEMPREGO

O receio de que a inovação aniquile empregos tem uma história longa. Remonta à época do general Ludd e do capitão Swing, no início de 1800. Em 1812, os luditas começaram a destruir maquinário têxtil em protesto contra a introdução de novas máquinas na indústria têxtil; seu nome foi inspirado na história provavelmente falsa de um certo Ned Ludd, que supostamente fez o mesmo em 1779. Em 1830, num protesto contra as condições da indústria agrícola, trabalhadores rebeldes começaram a queimar feno e a destruir debulhadoras sob o comando do capitão Swing, um líder mítico. Isso também foi um protesto contra o impacto das máquinas sobre os meios de subsistência. O economista David Ricardo se convenceu de que "a substituição do trabalho humano por maquinário é com frequência bastante danosa aos interesses da classe dos trabalhadores". Além de estar longe de levar à miséria generalizada no campo, com o advento das máquinas os salários dos trabalhadores agrícolas geralmente aumentavam, e a mão de obra excedente rapidamente encontrava ocupação em empregos nas cidades para fornecer bens a pessoas com mais rendimento disponível.

A ideia da tecnologia causando desemprego não desapareceu. Em 1930, John Maynard Keynes considerou que "o aumento da eficiência técnica vem acontecendo mais rápido do que podemos lidar com o problema da absorção da força de trabalho". Em 1960, uma recessão causou aumento do desemprego nos Estados Unidos, e a revista *Time* noticiou que "muitos trabalhadores especialistas tendem a colocar boa parte da culpa na automação". E ainda pioraria mais: "O que preocupa ainda mais um grande número de especialistas é que a automação impeça a economia de gerar novos empregos em número suficiente." Em 1964, o presidente Lyndon Johnson criou uma Comissão Nacional de Tecnologia, Automação e Progresso Econômico para verificar se a inovação destruiria o trabalho. Contudo, em fevereiro de 1966, o desemprego norte-americano havia caído, voltando para apenas 3,8%. Mesmo assim a comissão recomendou ação enérgica para distribuir de maneira justa o trabalho remanescente, junto com uma renda mínima garantida e o governo como última opção de empregador, em virtude da "potencialmente ilimitada produção por sistemas de máquinas que exigirá pouca cooperação dos seres humanos".

Em resumo, a ideia de que a inovação aniquila empregos ressurge a cada geração. Até agora mostrou-se uma ideia equivocada. Ao longo dos últimos dois séculos, a produtividade na agricultura cresceu acentuadamente, mas os trabalhadores agrícolas mudaram-se para as cidades e se empregaram na indústria. Então a produtividade no setor industrial disparou, liberando um grande número de pessoas para trabalhar nos serviços; porém ainda não havia indício de desemprego generalizado. As velas foram substituídas por luz elétrica, mas os cortadores de pavio encontraram outras ocupações. Milhões de mulheres ingressaram na força de trabalho remunerada, como resultado, pelo menos em parte, da inovação em máquinas de lavar e aspiradores, que as libertaram de muitos afazeres domésticos — mas as taxas de emprego não caíram, elas subiram. Em 2011, o presidente Obama usou o caixa do banco como exemplo de um emprego que desapareceu por causa do caixa automático. Ele estava errado: há mais caixas empregados hoje do que havia antes do surgimento dos caixas eletrônicos, e seus empregos são mais interessantes do que simplesmente contar dinheiro. No dia em que eu escrevo isso, a porcentagem de pessoas em idade produtiva com emprego remunerado na Grã-Bretanha atingiu alta recorde de 76,1%.

Nos dias atuais, é a inovação em inteligência artificial que supostamente ameaça deixar muita gente sem emprego. Muitos afirmam que dessa vez é diferente. Dessa vez o que rivaliza com as pessoas e as deixa sem escapatória são as habilidades cognitivas das máquinas, não sua força bruta. A acadêmicos ou políticos que se valem desse argumento eu às vezes respondo da seguinte maneira: com isso você quer dizer que os ameaçados são intelectuais como você — e advogados e médicos —, não somente trabalhadores agrícolas, donas de casa ou operários de fábricas. Existe nisso uma dimensão de protesto.

Um estudo especialmente influente de Carl Frey e Michael Osborne, publicado em 2013, determinou que 47% de todos os empregos dos Estados

Unidos estarão em "alto risco" dentro de "uma década ou duas". Contudo, a OECD reavaliou a questão, empregou uma base de dados mais apropriada e concluiu que um número bem menos assustador de empregos — apenas 9% — corria risco de ser eliminado devido à automação e mesmo assim seriam acompanhados pela expansão de emprego em outras ocupações. Mas cenários apavorantes costumam ser apreciados entre políticos e jornalistas. Como observa o economista J. R. Shackleton: "O pânico tecnofóbico já está incitando os responsáveis pelas políticas a cogitarem planos de ação não testados que muitas vezes são promovidos por ativistas políticos por motivos que muito pouco têm a ver com ameaça aos empregos existentes." Uma pesquisa recente descobriu que 82% dos norte-americanos pensam que, nos próximos trinta anos, robôs e computadores "provavelmente ou definitivamente realizarão a maior parte do trabalho executado por humanos", porém apenas 37% acreditam que eles farão "o tipo de trabalho que eu faço". Existe nisso uma grande contradição.

A verdade é que não há nada excepcionalmente rápido ou radical ou ameaçador que venha das inovações hoje no sentido de afetar o trabalho. Pois, como assinalou Adam Smith, o propósito da produção é o consumo; o objetivo do trabalho é ganhar o bastante para conseguir o que se quer. Produtividade aumentada significa maior capacidade de adquirir bens e serviços de que necessitamos e, portanto, maior demanda pelo trabalho das pessoas que fornecem esses bens e serviços. Apenas a alta produtividade (portanto, o alto poder aquisitivo) do trabalhador médio moderno é que mantém no negócio chefs de restaurante, veterinários de animais de estimação, especialistas em *softwares*, *personal trainers* e homeopatas.

A inovação também gera tipos de empregos inteiramente novos. Muitos trabalhos que as pessoas fazem hoje em dia pareceriam absolutamente desconcertantes para um vitoriano. O que é *software*, central de atendimento, comissária de bordo? A inovação dá às pessoas liberdade para que façam as coisas que de fato valorizam. Em lugar de cavar e capinar a sua própria horta para ter o que comer, você tem a opção de trabalhar e então comprar vegetais em uma loja. Isso se faz possível pela alta produtividade no seu trabalho. Walter Isaacson chegou à seguinte conclusão: "Quando aplicados na prática, os avanços na ciência significam mais empregos, salários mais altos, jornadas mais breves, colheitas mais generosas, mais tempo para lazer, para estudo, para aprender a viver sem a mortífera labuta que foi o fardo do homem comum em eras passadas."

Além disso, muitas pessoas não notam que a automação gera lazer adicional, e que, em vez de forçar esse lazer aos desempregados, nós o distribuímos de forma justa. Eis aqui um fato fascinante: em 1900, quando a expectativa média de vida nos Estados Unidos era de quarenta e sete anos, quando as pessoas começavam a trabalhar aos catorze anos, trabalhavam sessenta horas por semana e não tinham possibilidade de se aposentar, o tempo de vida que um homem médio gastava no trabalho era de cerca de 25%; o restante ele usava dormindo, em casa ou em sua infância. Esse percentual hoje é de 10%, porque as pessoas em média vivem cerca de oitenta anos, consomem cerca de metade da sua vida em educação e aposentadoria, e usam somente um terço de cada dia (8/24) e cinco sétimos de cada semana no trabalho. Metade de um terço vezes cinco sétimos é pouco menos de 12%. Com algumas semanas de férias, uma pequena licença médica e os feriados habituais, como o Natal, você acaba ficando com 10%. E contando o horário de almoço como trabalho. Então, dessa maneira decidiu-se, sim, que se usaria a maior produtividade possibilitada pela inovação para dar a todos muito mais lazer. Quando John Maynard Keynes previu que ocidentais teriam de trabalhar apenas quinze horas por semana como resultado da automação ou quando Herman Kahn previu que nós chegaríamos a semanas de quatro dias com treze semanas de férias, eles não estavam devaneando tão descontroladamente quanto poderíamos imaginar. Como Tim Worstall observou: "Você ou qualquer outra pessoa tem absolutamente tudo com o que sonha e que exija trabalho humano para que lhe seja entregue? Não? Falta ainda uma massagem nas costas, uvas descascadas? Então há ainda uma tarefa ou duas que os humanos podem realizar." Imagine se robôs pudessem fazer literalmente tudo o que você quisesse feito na medida do possível — incluindo massagens nas costas e descascar uvas — e fizessem tudo tão barato que você não precisaria sair para trabalhar nem ganhar nada. Qual é o problema exatamente? Você pode mobilizar os bens ou serviços que desejar a custo zero. Daí não precisa ganhar a vida, porque a vida é gratuita. Isso não acontecerá, é claro, mesmo porque sempre haverá coisas que você pode pensar em fazer e que o robô não pode (você quer realmente um robô que jogue tênis por você?). E robôs nunca serão totalmente livres de custos, mesmo porque eles necessitam de energia. Mas não deixa de ser um experimento de pensamento útil. O trabalho não é um fim em si mesmo.

GRANDES EMPRESAS NÃO SÃO BOAS EM INOVAÇÃO

A inovação costuma vir de pessoas de fora, de estranhos. Isso vale para indivíduos e para organizações. John Harrison era só um relojoeiro de Yorkshire e quando ele resolveu o problema de determinar a longitude construindo robustos relógios marinhos para navios, as autoridades se recusaram a levá--lo a sério por um bom tempo, porque ele não era um cientista de renome e a sua solução não se baseava em astronomia avançada. De Thomas Newcomen a Steve Jobs, repetidas vezes os grandes inovadores vinham de origem obscura, em províncias antiquadas e sem bons contatos nem educação.

Do outro lado da balança, grandes organizações frequentemente são anuladas por *startups* mais inovativas. A IBM foi surpreendida pela Microsoft, e a Microsoft pelo Google e pela Apple. A Kodak não desenvolveu a fotografia digital, embora tivesse uma forte presença no campo do filme fotográfico. Em vez disso, a empresa assistiu paralisada de horror enquanto todo o seu modelo de negócio era desmantelado até a extinção por intrusos da indústria eletrônica. Entrou com pedido de falência em 2012. Na verdade, essa história não é totalmente fiel. A Kodak inventou a fotografia digital, mas tinha um interesse bastante dissimulado em esperar que ela desaparecesse em lugar de explorá-la. Em 1975, um jovem pesquisador da Kodak chamado Steven Sasson construiu uma câmera volumosa que gravava uma imagem eletrônica difusa em fita cassete para poder ser exibida numa tela de televisão. Ele tentou conquistar o interesse de executivos para o seu invento, mas eles consideraram a ideia cara, impraticável e de má qualidade. Sasson disse ao *The New York Times*: "A impressão está conosco há mais de cem anos, ninguém reclamava das impressões, que eram muito baratas. Por que então alguém se interessaria em ver sua foto num aparelho de televisão?"

Grandes empresas não são boas em inovar porque são muito burocráticas, voltam todo o seu interesse para o *status quo* e deixam de prestar atenção aos interesses reais e potenciais dos seus clientes. Desse modo, para que a inovação floresça é crucial ter uma economia que encoraje estranhos ou que pelo menos permita que pessoas de fora, pessoas que trazem ideias desafiadoras, tenham um ponto de apoio. Isso significa abertura à competição, que historicamente é uma característica super-rara na maioria das sociedades. Ao longo da história, monarcas viciaram-se em conceder monopólios, fosse para empresas comerciais, associações de artesãos ou empresas estatais. A única coisa que leva uma grande empresa a inovar é a competição. Supermercados, liderados por empresas como Walmart, Tesco e Aldi, proporcionaram aos seus clientes um fluxo constante de inovações nas últimas décadas: códigos de barras, scanners, docas de carga e descarga de caminhão, salada previamente lavada, pratos prontos, produtos de marca própria, programas de fidelidade etc. Se essas empresas fossem monopólios nacionais, não há a menor dúvida de que a inovação teria sido mais vagarosa ou nem sequer teria acontecido. E boa parte da inovação no setor de varejo vem de fora do setor: as empresas estão atentas às novas tecnologias que podem explorar.

Algumas grandes empresas reconheceram há poucos anos que não podiam confiar em pesquisa e desenvolvimento internos para conseguirem as inovações de que precisavam para competir. A Procter e Gamble é um bom exemplo disso. Como dois executivos explicaram em 2006:

> No ano de 2000, ficou claro para nós que o nosso modelo "invente você mesmo" não foi capaz de manter altos níveis de crescimento de receita. A explosão de novas tecnologias pressionou cada vez mais os nossos orçamentos de inovação. Nossa produtividade de pesquisa e desenvolvimento havia se estabilizado, e nossa taxa de sucesso em inovação — a porcentagem de novos produtos que alcançaram as metas financeiras — tinha estagnado em cerca de 35%.

A. G. Lafley, o diretor-executivo da P&G, decidiu mudar a cultura da empresa, obtendo de fora da firma metade de todas as inovações. Essa estratégia de "inovação aberta" teve o efeito desejado, e a P&G retomou o ritmo com que lançava novos produtos com sucesso.

A forma definitiva de inovação aberta é o *software* de código aberto. Esse já foi um ramo excêntrico e boêmio da indústria, povoado por sonhadores comunitários que queriam que o mundo não tivesse fronteiras nem propriedade. A Fundação para o Software Livre de Richard Stallman, na década de 1980, deu início a uma rebelião contra o *software* patenteado de grandes empresas e aposta na ideia de que os usuários podem colaborar na inovação. Ele desenvolveu o GNU (Gnu's Not Unix) para desafiar a posição do sistema operacional Unix. Em 1991, Linus Torvald inventou o sistema operacional Linux de código aberto, adicionando recursos do GNU, que aos poucos tomou conta do mundo da computação, conquistando o domínio total sobre o mercado de supercomputadores e mais recentemente colonizando o mercado móvel por meio dos dispositivos Android do Google. Em 2018, a IBM anunciou que pagaria cerca de 30 bilhões de dólares por uma empresa de *software* de código aberto: a Redhat. O domínio da nuvem pela Amazon, por meio da Amazon Web Services, é totalmente baseado em *software* de código aberto. Desse modo, o mundo do *software* é cada vez mais um lugar de compartilhamento de inovações livre e gratuito, um prado sem cercas. Longe de impedir a inovação, o efeito parece ter sido de encorajamento da inovação. A Linux Foundation agora hospeda milhares de projetos de código aberto para "aproveitar o poder do desenvolvimento do código aberto para alimentar a inovação em velocidade e escala incomparáveis".

LIBERTANDO A INOVAÇÃO

A suprema inovação de código aberto é aquela feita pelo próprio consumidor. Eric von Hippel, do Instituto de Tecnologia de Massachusetts, argumenta que a inovação aberta feita pelo usuário é um setor negligenciado da economia e que a hipótese de que a inovação é impulsionada pelo produtor de inovação é enganosa. Ele calcula que dezenas de milhões de consumidores gastam dezenas de bilhões de dólares todos os anos desenvolvendo ou modificando produtos que eles próprios usam. A maioria faz isso durante o seu tempo livre e compartilha a experiência livremente com outras pessoas. Ele menciona o exemplo do Nightscout, uma tecnologia para monitoramento de níveis de açúcar em diabéticos via internet. Nightscout é uma ideia de diversos pais de crianças diabéticas. Uma empresa chamada Dexcom desenvolveu os sensores que registram os níveis de açúcar no sangue em adesivos para a pele e os exibem em um aparelho transmissor. Em 2013, John Costik, um engenheiro de *software* de supermercado em Livonia, Nova York, ansioso por saber o nível de glicose do seu filho enquanto ele estava na escola, hackeou o dispositivo da Dexcom a fim de poder ver os dados do seu filho na web e depois compartilhou o seu código-fonte com outras pessoas através de mídia social. Uma dessas pessoas era um engenheiro do norte da Califórnia, Lane Desborough, que também tinha um filho diabético. Lane projetou um sistema de exibição doméstico, ao qual deu o nome de Nightscout. Então esse sistema foi visto no sul da Califórnia por um biólogo molecular chamado Jason Adams, também pai de uma criança diabética; Jason criou um grupo para pais no Facebook usando o sistema Nightscout. A preocupação com regulamentos e propriedade intelectual impediu-os de publicar o código aberto mais cedo. Nenhuma dessas pessoas estava em busca de lucro. A última materialização dessa tendência é um pâncreas artificial para diabéticos com *software* de código aberto, projetado e desenvolvido pelos próprios pacientes.

As oportunidades para a inovação aberta crescem à medida que ferramentas de design computadorizado e custos de comunicação reduzidos permitem que as pessoas façam em casa o que antes só podia ser feito num laboratório. Livres da pressão de obter lucro com suas inovações, inovadores autônomos podem explorar ideias com as quais as empresas não se envolverão. Porém, como não estão em busca de lucro, eles não se apressam necessariamente para contar às pessoas sobre suas invenções, motivo pelo qual a divulgação pode ser lenta. Von Hippel diz que o crescimento da inovação livre não passou despercebido pelas empresas, que agora rastreiam as ideias dos seus consumidores. Fabricantes de pranchas de surf, por exemplo, usam as modificações dos surfistas como dicas a serem seguidas em seus projetos.

Inovadores livres raramente buscam patentes ou direitos autorais; isso significa que estão dispostos a compartilhar ideias abertamente. Andrew Torrance, colega de von Hippel, argumenta que a lei e a constituição dos Estados Unidos garantem aos indivíduos o direito de adotar a inovação livre, de usar as suas inovações e de divulgá-las e discuti-las, segundo o direito de liberdade de expressão. Isso não impediu que políticos lançassem obstáculos em seu caminho. Os Direitos Autorais do Milênio Digital (DCMA), lei de 1998 destinada a reprimir a livre cópia ou "pirataria", causou sérios danos colaterais à capacidade dos inovadores livres de inovar hackeando software comprado legalmente, afirmam Torrance e von Hippel. O DMCA restringiu de fato as exceções de "uso aceitável", transformando-as em violação de direitos autorais. Torrance argumenta que aqueles que elaboraram o projeto de lei aparentemente não tinham conhecimento da existência da livre inovação, muito menos do estrago que a legislação poderia causar a ela.

Curiosamente, Torrance e a sua colega zoóloga Lydia Hopper assinalaram que a inovação livre por parte dos usuários para o seu próprio benefício é a única forma permitida por animais não humanos. Em outras palavras, no mundo não humano não existem coisas como produtores e consumidores.

CAPÍTULO 10

Falsificações, fraudes, caprichos e fracassos

"É preciso errar para progredir. Se você não está errando é porque não está arriscando o suficiente. Você precisa ralar muito e vai falhar, mas isso faz parte."
Jeff Bezos

FALSOS DETECTORES DE BOMBA

A inovação operou tantos milagres que não é de surpreender que às vezes atraia falsificadores, fraudadores, aproveitadores, pessoas que promovem inovações particulares sabendo que não funcionarão ou ingenuamente esperando que funcionem, o que não acontece. Lembre-se de que a Enron — empresa de energia que tentou se tornar uma plataforma on-line de comercialização de energia e depois um negócio de comercialização de *commodities* — foi eleita a "empresa mais inovadora dos Estados Unidos" pela revista *Fortune* entre os anos de 1996 e 2001. No final de 2001, essa empresa estava falida, e a contabilidade ilegal que havia ocultado as suas perdas do balanço foi descoberta. As perdas para os acionistas foram de mais de 74 bilhões de dólares. Até o fim, os executivos da Enron mantiveram um fluxo constante de promessas exageradas a respeito dos dividendos da inovação.

O nome Wade Quattlebaum soa apropriadamente inverossímil para quem pretende começar um esquema de inovação falsa, mas esse nome é mesmo real. Na década de 1990, esse norte-americano negociante de carros e eventual caçador de tesouros começou a comercializar uma invenção chamada Quadro Tracker Localizador Positivo Molecular. Era uma versão mais elegante de um dispositivo conhecido como Gopher, que supostamente ajudava as pessoas a encontrarem bolas de golfe perdidas. Segundo Quattlebaum, sua invenção também era útil para localizar drogas e explosivos. Contava com uma antena acoplada a uma empunhadura de pistola ligada a uma caixa presa a um cinto.

Uma pessoa crédula poderia facilmente se convencer de que a antena oscilante se movia por influência de algum sinal que havia captado, não por causa dos movimentos da mão — a mesma autoilusão, ou "efeito ideomotor", que está por trás dos tabuleiros Ouija. Ainda assim, é difícil imaginar que alguém pudesse cair num golpe tão óbvio com um dispositivo que supostamente seria capaz de detectar não apenas bolas de golfe, como também explosivos e drogas — mas houve pessoas que caíram. Antes que o FBI agisse e um juiz proibisse o Quadro Tracker como uma fraude, Quattlebaum havia recrutado vários vendedores para comercializar o aparelho para escolas, que os usariam com o objetivo de detectar drogas. Em 1997, Quattlebaum e três associados foram processados por três acusações de fraude postal e uma acusação de associação para cometer fraude postal. Foram inocentados por um detalhe técnico. Foi um evento banal, porém logo se tornaria mais sério. Malcolm Stig Roe, secretário da empresa, foi solto sob fiança e se mudou para a Grã-Bretanha. Lá ele comercializou uma nova versão do mesmo artefato e o vendeu para a polícia. Jim McCormick, policial britânico aposentado, cadastrou-se como distribuidor e decidiu fazer uma versão maior, melhor e mais cara. Em 2006, com alguma dificuldade, McCormick conseguiu convencer uma fábrica a produzir os seus dispositivos "ADE 650" e se autodenominou Advanced Tactical Security & Communications Ltda. Ele rapidamente vendeu cinco dispositivos por 10 mil dólares cada para o exército libanês, que encomendou mais oitenta, e outros governos logo fizeram o mesmo. O dinheiro entrou.

A grande oportunidade de McCormick chegou quando o Iraque foi assolado por violência sectária depois de 2003. Seus detectores de bombas foram avidamente procurados pelas autoridades iraquianas, que compraram 5 mil versões do dispositivo recente (o ADE 651) e as usaram em bloqueios de estrada para detectar explosivos em carros. Eles jamais funcionaram, e a falsa garantia que davam certamente contribuiu para que muitas mortes ocorressem. Com os lucros que obteve, McCormick comprou uma casa de 3 milhões de libras em Bath, uma casa em Chipre, um iate e cavalos. Mais tarde, depois de uma investigação feita por jornalistas, ele foi condenado a dez anos de prisão, sempre protestando que os dispositivos funcionavam devido à "teoria da ressonância quadripolar nuclear" ou sabe-se lá o quê.

A narrativa dos falsos detectores de bomba é perturbadora porque não há dúvida de que foi um golpe, mas uma leve camada de "inovação" conseguiu transformar essa história em algo viável para se vender. As pessoas quiseram acreditar que seria possível detectar bombas com um dispositivo qualquer e se entusiasmaram com uma falsa inovação. McCormick astutamente colocou um preço alto no seu dispositivo; um preço mais baixo poderia denunciar a farsa.

CONSOLES DE JOGOS FANTASMAS

Quase tão enganoso é o hábito de anunciar uma inovação antes que ela esteja pronta, mesmo quando você sabe que ela jamais ficará pronta. Um empresário chamado Tim Roberts fundou, em 2002, a empresa Infinium Labs. Essa empresa mais tarde teve o seu nome mudado para Phantom Entertainment. A empresa prometeu fazer uma "nova e revolucionária plataforma de jogos" que rodaria jogos on-line sob demanda e não dependeria de cartuchos ou discos para carregá-los. Nessa plataforma, seria possível jogar jogos de computador atuais e futuros. Ansiosos, os usuários aguardaram o lançamento do produto, prometido para 2003.

Em agosto de 2003, a empresa anunciou que o lançamento seria adiado para o início de 2004, e seu preço seria 399 dólares. Depois a data foi novamente adiada para novembro de 2004. E então para janeiro de 2005. Depois, março. Em seguida, para setembro. Em agosto de 2006, a empresa simplesmente retirou todas as menções ao produto de seu site. A essa altura, a Comissão de Valores Mobiliários acusou a Phantom e Roberts de aumentarem ilegalmente o preço das ações com, digamos, anúncios fantasmas. Como parte de um acordo com a Comissão de Valores Mobiliários, Roberts pagou uma multa e ficou proibido de ser diretor da empresa.

Esse foi um caso arquetípico de "vaporware", isto é, anúncios de *software* que evaporavam em seguida e que às vezes são projetados e agendados para instigarem clientes a não comprarem produtos da concorrência. A palavra foi cunhada em 1983 por Esther Dyson. A versão ligeiramente mais benigna, que é anunciar antes de resolver um problema que você está certo de que conseguirá solucionar, é coisa bem mais antiga. É conhecida como "finja até conseguir", em homenagem a uma dica psicológica (não relacionada) que muitas vezes se dá às pessoas para fortalecer a sua confiança. Thomas Edison não era avesso a anunciar produtos que ainda não podia fazer, incluindo uma lâmpada confiável. Para ser franco, fingir sobre uma inovação até poder torná-la realidade foi um expediente muito útil para alguns dos pioneiros da indústria digital ao longo dos anos. Mas causou um dos grandes escândalos dos últimos anos.

A RUÍNA DA THERANOS

Não havia nada de estranho com Elizabeth Holmes quando era adolescente. Ela era uma estudante ambiciosa que se dedicava arduamente e se privava de sono para atingir suas metas. Começou a aprender chinês e a ganhar experiência em diferentes laboratórios biomédicos antes mesmo de ingressar na Universidade de Stanford. Veio de uma família bem relacionada, mas desde pequena estava determinada a trilhar seu próprio caminho na área que escolhera: a de diagnósticos médicos. Em 2003, com 19 anos, ela abandonou Stanford para iniciar uma empresa, a Theranos, cujo louvável objetivo era dar às pessoas cuidados de saúde livres de dor, de baixo custo e preventivos, convenientes como um *smartphone*, com base em uma pequena gota de sangue.

Holmes recrutou Channing Robertson, seu professor, e uma das alunas dele de doutorado para se juntar a ela, enquanto com a força do seu carisma captava 6 milhões de dólares em capital de risco de alguns grandes nomes do Vale do Silício. O plano de negócios era fazer exames de sangue de modo simples e eficaz. Era um início seguro para uma carreira empresarial promissora.

O trunfo do seu plano era uma inovação patenteada: um adesivo que continha microagulhas para extrair sangue e um *chip* de silício para fazer a análise e gerar um mapa de doenças para cada indivíduo. O adesivo ainda não existia — nem mesmo como protótipo, muito menos como produto com utilidade prática — e o *chip* também não. Porém, as coisas no Vale do Silício estavam mudando rapidamente e era plausível crer que em breve o adesivo e o *chip* poderiam surgir. Basicamente, Holmes apostava que a Lei de Moore seria válida para ela: ela fingiria até conseguir. Seu herói era Steve Jobs, que havia operado milagres tecnológicos na Apple buscando o que aparentemente era impossível e recusando-se a aceitar "não" como resposta. Holmes deu ao seu produto o nome de "iPod da saúde", usava gola preta alta, bebia shakes de couve e com frequência falava da sua admiração por Steve Jobs. "Faça ou não faça, não existe tentativa", ela dizia, citando Yoda de *Guerra nas Estrelas*.

Mas a miniaturização não se mostrou tão fácil em microfluidos como foi com semicondutores. Ao passo que um transistor se tornou mais confiável por ter encolhido de tamanho, um teste de diagnóstico de sangue tornou-se menos confiável. Holmes não demorou a abandonar o adesivo e a adotar uma ideia um pouco mais realista de um cartucho no qual uma pequena quantidade de sangue, extraída da ponta do dedo, seria levada para um "nanotêiner" patenteado e então separada e testada contra reagentes específicos para que os resultados fossem enviados a um laboratório. Ela desenvolveu em laboratório um robô chamado Edison e uma versão menor chamada miniLab, que continha um espectrofotômetro, um citômetro e um amplificador isotérmico. O objetivo de Elizabeth Holmes era desafiar e quebrar o lucrativo duopólio das empresas que dominavam a indústria de exames de sangue.

Contudo, nenhum dos seus dispositivos funcionou, fato que a Theranos de alguma maneira manteve em sigilo, ocultando-o inclusive de muitos funcionários. Várias pessoas deixaram a empresa por estarem desapontadas ou por terem sido demitidas. Processos foram movidos contra rivais e violadores de patentes, inclusive contra um amigo da família dos pais de Holmes — Richard Fuisz —, que combinava uma carreira na CIA com outra voltada para a inovação de equipamentos médicos. Esse caso acabou levando ao suicídio do cientista-chefe da Theranos, Ian Gibbons, responsável por muitas das invenções patenteadas em seu nome e no nome de Holmes. Gibbons foi rebaixado por manifestar suas preocupações a respeito da tecnologia da empresa. Ele cometeu suicídio um dia antes de testemunhar em um processo de violação da patente de Fuisz.

Mesmo que as inovações prometidas não tenham sido realizadas nem muito menos tenham correspondido às expectativas de Holmes, a Theranos tornou-se a queridinha do Vale do Silício. Seu conselho de administração compunha-se de estrelas idosas da política, entre elas os ministros George Shultz, William Perry e Henry Kissinger, os senadores Sam Nunn e Bill Frist e o general Mattis. Nenhum desses excelentes nomes sabia coisa alguma sobre microfluídica, mas sua presença impressionou fortemente potenciais clientes. Em 2011, a Theranos fechou um acordo com a Walgreens para colocar máquinas nas lojas dessa rede de farmácias para realizarem 192 testes a partir do sangue dos clientes, usando principalmente imunoensaios quimioluminescentes. O medo de perder uma tecnologia inovadora levou os executivos da Walgreens a repelir as preocupações do próprio especialista que contrataram para investigar as afirmações da Theranos. A rede de supermercados Safeway também firmou parceria com a empresa a fim de testar o sangue do seu quadro de funcionários numa preparação para inaugurar centros de bem-estar para clientes. Quando os gerentes da Safeway passaram a desconfiar dos resultados dos testes, que lhes pareciam lentos e pouco confiáveis, suas preocupações também foram rechaçadas pelos executivos seniores da Safeway, que haviam se encantado com Holmes.

Na mesma época, um contrato militar para utilizar os testes de sangue da Theranos em campo, resultado de uma conversa persuasiva que Holmes teve com o general Mattis, levou especialistas do Pentágono a perguntar sobre a situação regulamentar dos dispositivos. Holmes queixou-se a Mattis a respeito dessa verificação, e o general manteve sob controle os órgãos reguladores. Depois, o projeto chegou a um impasse quando a Theranos deixou de cumprir o acordo. Ainda assim, a Theranos se gabava de que os seus dispositivos estavam em uso nos campos de batalha do Oriente Médio. Também alegava que a Escola de Medicina da Universidade Johns Hopkins havia conduzido *due diligence* sobre a sua tecnologia e concluído que era "original e segura", quando na verdade a empresa não havia nem mesmo fornecido um dispositivo para a Johns Hopkins. Repetidas vezes, aqueles que solicitaram uma visita aos laboratórios da Theranos foram iludidos com desculpas ou levados a laboratórios equipados com instrumentos de análise de sangue convencionais usados por outras empresas.

Porém, nada disso impedia que o dinheiro e o apoio de celebridades chegassem. Entre os que investiram mais de 100 milhões de dólares cada estão a família Walton, Rupert Murdoch e a futura secretária de educação dos Estados Unidos, Betsy DeVos. Em 2014, a Theranos foi avaliada em incríveis 9 bilhões de dólares — mais do que a Uber. Elizabeth Holmes era agora uma bilionária, enfeitava capas de várias revistas de negócios e seu perfil biográfico havia sido publicado no *New Yorker*. O presidente Barack Obama nomeou-a embaixadora para o empreendedorismo global; Bill Clinton a entrevistou no palco em uma conferência da Fundação Clinton; Holmes organizou um evento de arrecadação de fundos para Hillary Clinton; o vice-presidente Joe Biden inaugurou o novo laboratório de Holmes dizendo: "Eu sei que o FDA recentemente fez avaliações favoráveis sobre o seu equipamento." Mas na verdade não foi bem assim. Como a Theranos planejava usar seus dispositivos, não os vender, eles falharam nas regulamentações federais. A opinião geral adotada por investidores, diretores, clientes e analistas foi que alguma outra pessoa deve ter conferido se as suas inovações funcionavam, caso contrário Elizabeth Holmes não alcançaria tanto sucesso na captação de fundos — um argumento bastante tortuoso.

Não está claro exatamente o que Holmes e o seu vice (e parceiro romântico secreto) Sunny Balwani pensaram que aconteceria com o tempo. Talvez esperassem ser salvos por um grande progresso na tecnologia. Mas quando resolveram esperar que o avanço na microfluídica acontecesse, eles quebraram uma regra fundamental da inovação: cuidar primeiro do problema mais difícil. A Equipe "X" do Google, especializada em métodos bizarros de inovação estilo "moonshot" ["mirar na Lua"], chama isso de "primeiro o macaco": se o seu projeto pretende contar com um macaco recitando Shakespeare num pedestal, é um erro inventar primeiro o pedestal e deixar para depois o enorme problema de ensinar o macaco a falar.

Ou talvez Holmes e Balwani estivessem iludindo a si mesmos, acreditando que o avanço já havia acontecido, mas ainda não havia saído do laboratório por incompetência dos funcionários que eles continuavam a demitir. É um erro subestimar os vícios das causas nobres e a capacidade que as pessoas têm de iludir a si mesmas — a tendência a acreditar que uma boa causa justifica qualquer ação. Como escreveu Nicole Alvino, veterana do escândalo da Enron, sobre a história da Theranos: "Uma fraude não acontece em um momento determinado e único. Pelo contrário: ela se constrói mais como uma lenta trilha de migalhas de pão, como resultado de muitas decisões pequenas e aparentemente inócuas tomadas ao longo do caminho." Como quase tudo que é complexo, os crimes evoluem.

Seja como for, a história da Theranos é um caso espetacular de inovação malograda. O mundo habituou-se tanto a milagres e mudanças revolucionárias trazidas pela inovação que às vezes se esquece de desconfiar de alegações extravagantes sustentadas pela arrogância.

A certa altura, um dos diretores de laboratório da Theranos demitiu-se da empresa e começou a denunciar nervosamente o que acontecia lá dentro, primeiro para um blogueiro e depois para um repórter investigativo do *Wall Street Journal*, John Carreyrou. Ele disse a Carreyrou que a empresa era governada por uma cultura de medo e que usava máquinas Siemens para executar a maioria dos seus testes, diluindo as amostras de sangue a fim de obter líquido suficiente para conseguir o efeito necessário — procedimento que por si só já tornava os resultados menos confiáveis. Os testes que a empresa fazia em seus próprios Edisons, como o do hormônio estimulador da tireoide, estavam fornecendo resultados insanos. Apenas um dos dois laboratórios era mostrado para as agências regulatórias, que eram enganadas. A empresa quebrava as regras dos testes de proficiência.

Mas o pior era que as pessoas estavam sendo informadas de que eram saudáveis quando não eram e vice-versa. Carreyrou prontamente confirmou isso submetendo-se aos testes e recebendo quatro rebates falsos relacionados à sua saúde, todos logo desmentidos por meio de exames convencionais. Theranos reagiu às investigações de Carreyrou usando um grupo de advogados caros para ameaçar e intimidar suas fontes conhecidas e presumidas e negando-lhe uma entrevista com Elizabeth Holmes.

Quando a história de Carreyrou foi publicada no *Wall Street Journal*, em outubro de 2015, Holmes reagiu com negativas furiosas. Theranos declarou que "as alegações de Carreyrou eram errôneas do ponto de vista da verdade e da ciência e baseadas em afirmações sem fundamento feitas por ex-funcionários inexperientes e insatisfeitos". Uma das fontes de Carreyrou, Tyler Shultz, recusou-se a ceder apesar de estar sob intensa pressão dos advogados da Theranos e do seu próprio avô, George Shultz, e apesar de ter gastado 400 mil dólares do dinheiro dos seus pais com honorários de advogados. Mais fontes se apresentaram então. Rupert Murdoch também se recusou a controlar o *Wall Street Journal* mesmo sofrendo forte pressão de Holmes e do conselho da Theranos para que o fizesse e apesar do seu enorme investimento.

Finalmente, seguindo as revelações, as agências reguladoras federais agiram contra a Theranos e encontraram graves deficiências em práticas de laboratório que representavam "perigo imediato para a saúde e a segurança dos pacientes". Em 2017, a Theranos resolveu com acordos vários processos movidos por investidores. Em 14 de março de 2018, a Comissão de Valores Mobiliários indiciou a Theranos, Holmes e Balwani com acusações civis de "uma fraude elaborada que se estendeu durante anos". Em 14 de junho, Holmes e Balwani foram indiciados em nove acusações de fraude eletrônica criminal e em duas acusações de conspiração para cometer fraude eletrônica. Eles se declararam inocentes, e um julgamento teve início em 2020.

Quando foi impedida de prosseguir com as suas atividades, a Theranos havia testado o sangue de cerca de um milhão de clientes, quase com certeza fornecendo a muitas pessoas alarmes falsos e falso conforto. Estava a ponto de oferecer seus serviços numa escala muito maior por meio de mais de oito mil lojas Walgreens. Portanto, com sua investigação, John Carreyrou praticamente sozinho impediu que uma catástrofe acontecesse na saúde. Ele observa que uma lição geral ainda tem de ser aprendida: "Fazer publicidade do seu produto a fim de obter financiamento enquanto oculta o seu verdadeiro progresso e espera que a realidade um dia alcance o que foi prometido nos anúncios enganosos é algo que continua a ser tolerado na indústria de tecnologia."

Nos dias atuais, outras empresas alegam ter conseguido pelo menos um pouco do que a Theranos planejava fazer. A Sight Diagnostics, uma empresa israelense, está usando visão artificial a fim de identificar células no sangue para diagnosticar vários distúrbios, entre os quais malária, aplicando uma picada no dedo para coleta de sangue. Mas a ruína da Theranos torna difícil para essas empresas obter credibilidade. Um desastre da inovação pode destruir tudo ao seu redor.

FRACASSO DA INOVAÇÃO DEVIDO A RETORNOS DECRESCENTES: CELULARES

Em sua maioria, os fracassos de inovação não são fraudulentos. Muitos desses fracassos decorrem de tentativas honestas de melhorar o mundo que acabam não atingindo os seus objetivos. Como exemplo, considere a história do mercado de telefonia móvel.

A partir do momento em que os celulares se tornaram pequenos e baratos o bastante para "dar certo", na década de 1990, eles passaram por uma inovação contínua. Os aparelhos encolheram, tornaram-se mais confiáveis, as baterias se afinaram e os recursos novos explodiram. O texto chegou com a Nokia no ano 2000. A Motorola incorporou a câmera em 2005. O Blackberry nos trouxe e-mails móveis em 2006. O iPhone trouxe a tela sensível ao toque, música e aplicativos em 2007. O *smartphone* substituiu parcial ou completamente a necessidade de se ter câmera, lanterna, bússola, calculadora, caderno, mapas, agendas de endereços, arquivos, televisão e até mesmo baralho de cartas. Em 2016, estávamos assistindo a filmes, compartilhando *selfies* e navegando nas redes sociais nos Samsung Galaxies e nos iPhones 6. Os celulares ficaram coloridos e elegantes, não mais pretos e funcionais. Depois de encolherem continuamente desde os tijolos do início dos anos 1990, os *smartphones* começaram a crescer novamente, embora mais achatados. A mudança não tinha fim. Atualizar a próxima máquina parecia tão natural quanto mudar de roupa de acordo com a moda.

Contudo, Nokia, Motorola e Blackberry ficaram dolorosamente pelo caminho. A Nokia nasceu em 1865 como pioneira na fabricação de papel a partir de madeira em um moinho d'água, depois tornou-se geradora de eletricidade e depois voltou-se para a fabricação de produtos para silvicultores, tais como botas, antes de se lançar cedo e de modo brilhante na área de celulares. A partir de 1992, a empresa gastou 40 bilhões de dólares em pesquisa e desenvolvimento ao longo de dez anos — muito mais do que Apple, Google ou qualquer outra empresa. A Nokia tinha condições de arcar com tamanho gasto, porque valia mais de 300 bilhões de dólares em 2000 e, em 2007, possuía 40% de todo o mercado global de celulares. O dinheiro gasto em pesquisa e desenvolvimento fez surgirem boas ideias: os primeiros protótipos de *smartphones* e *tablets*, com telas coloridas e sensíveis ao toque acima de um único botão, assim como a Apple. Mas a empresa não conseguiu transformar as ideias em produtos práticos, em razão de cautela corporativa, disputas internas entre equipes rivais de engenheiros de *software* e o domínio do setor de telefonia vocal dentro da empresa. A Nokia avaliou que tivesse tempo para mudar para um mundo no qual o celular tinha tudo a ver com *software* e não com *hardware*: a empresa queria deixar o seu negócio principal naturalmente, não subitamente. O diretor-executivo da Qualcomm, Paul Jacobs, percebeu que a Nokia passava muito mais tempo do que outros fabricantes de dispositivos pensando antes de agir: "Nós oferecíamos à Nokia uma nova tecnologia, que para nós parecia ser uma grande oportunidade. Mas em vez de simplesmente se lançar nessa oportunidade, a Nokia levava tempo demais estudando-a, de seis a nove meses em média. E a essa altura a oportunidade simplesmente já havia passado." A Nokia, como o Blackberry, não conseguiu se dar conta de quão revolucionário e popular o iPhone viria a ser, apesar do que eles viam como suas limitações óbvias. A Microsoft acabou comprando o negócio de aparelhos móveis da Nokia por apenas 7,2 bilhões de dólares. Na maioria das vezes, a inovação acaba devorando a sua própria prole.

Entre 2017 e 2019, a inovação no setor de *smartphones* começou a enfraquecer. As pessoas consideraram que já não havia tanta necessidade de atualização, e as vendas começaram a ceder. As vendas globais anuais caminhavam implacavelmente para 2 bilhões de unidades por ano, mas jamais alcançaram essa marca e provavelmente nunca alcançarão. Os novos recursos oferecidos pareciam apenas ligeiramente úteis, e seu preço era exorbitante. Mudar para o 3G era uma obrigação; passar para o 4G nem tanto assim; o futuro 5G parece ser um luxo e de qualquer modo sua chegada está mais lenta do que se esperava. Em 2019, a Huawei lançou o Mate X, que podia se dobrar num quadrado de oito polegadas, mas custava absurdos 2.600 dólares. A Samsung também revelou o seu Galaxy Fold, mas a tela continuou quebrando nos protótipos, por isso o lançamento comercial foi adiado. Essa falha tem relação com inovação e não decorre de fraude nem de falsificação, mas de retornos decrescentes. Existe um limite para o que pode ser considerado útil num dispositivo de bolso. Acontece que — ao contrário do que muitos pensam — a inovação não pode empurrar novas ideias para as pessoas; elas precisam querê-las.

UM FRACASSO FUTURO: HYPERLOOP

Em 2013, Elon Musk, fundador da fabricante de automóveis Tesla, publicou uma declaração para anunciar um novo sistema de transporte que ele chamou de Hyperloop. Ele disse que os planos já existentes para ferrovias de alta velocidade entre cidades dependiam de tecnologias antigas, caras e ineficazes e que havia chegado a hora de encontrar uma nova modalidade de transporte mais segura, mais veloz e mais barata, além de mais conveniente e imune às intempéries, "autoalimentada de modo sustentável", resistente a terremotos. Musk sugeriu que a resposta seria um tubo com ar em baixa pressão dentro do qual cápsulas ("pods") com capacidade para transportar vinte e oito passageiros se deslocariam por levitação magnética e poderiam alcançar a velocidade de mais de 1.200 km/h — com alimentação por energia solar reforçada com baterias de lítio. Nesse sistema, uma viagem de Los Angeles a São Francisco levaria trinta e cinco minutos, e a coisa toda custaria 7,5 bilhões de dólares para ser construída ou cerca de um décimo do que custaria uma ferrovia de alta velocidade, Musk prometeu.

Musk está certo de que a resistência do ar é o maior fator limitante do transporte rápido. Outro fator limitante é o atrito nas rodas. É por isso que os aviões voam alto no ar escasso da estratosfera, e os mísseis saltam para o espaço. E os aviões, até certo ponto, são dependentes do clima. Contudo, gerar ar em baixa pressão no nível do solo é caro e difícil, como é também a levitação magnética, além disso, acelerar e realizar curvas em alta velocidade dentro de um tubo é perigoso e exige engenharia meticulosa, sem mencionar principalmente linhas retas ou curvas muito sutis.

Musk não afirmou que construiria o hyperloop, ele lançou o projeto como uma ideia de código aberto para que outros avançassem com ela. Depois de poucos meses, várias *startups* já estavam trabalhando com a ideia nos Estados Unidos, na China, na Europa e em outros lugares. A Hyperloop Transportation construiu uma pista para testes de oito quilômetros em Quay Valley, na Califórnia. Dos empresários que estão em busca desse sonho, a maioria pensa agora em aspiradores em vez dos ventiladores de ar sugeridos por Musk. Consultores burilaram apresentações em PowerPoint para investidores crédulos no mundo inteiro. Pois a verdade é que a ideia de hyperloops mais baratos ou mais confiáveis do que os métodos de transporte existentes é uma bobagem.

Para começar, não é uma ideia nova. Em 1800, George Medhurst patenteou um "motor eólico" para impulsionar ônibus utilizando bombas de ar e, em 1812, ele tinha um "plano para o transporte rápido de passageiros e mercadorias por ferrovia através de um tubo de trinta pés de área pelo poder e velocidade do ar". Em 1859, a London Pneumatic Despatch Company foi formada para construir uma via férrea que enviaria pacotes entre agências de correio através de um tubo subterrâneo, alcançando uma velocidade de mais de 90 quilômetros por hora, usando ar comprimido por uma máquina a vapor. Abriu sua primeira linha em 1865, entre Euston e Holborn, e para celebrar o presidente da empresa, o duque de Buckingham, viajou nessa linha em uma das cápsulas especiais. Porém, surgiram problemas financeiros e de engenharia. Os pacotes ficavam presos nos tubos (destino do qual o duque escapou, felizmente). Em 1874, os Correios abandonaram o sistema, e não demorou para que a empresa entrasse em liquidação.

Linhas pneumáticas de passageiros foram tentadas de tempos em tempos, mas também não deram certo. Alfred Ely Beach projetou e construiu um trem expresso impulsionado por pneumática. O trem se deslocava numa ferrovia subterrânea sob uma rua em Manhattan, em 1870. A intenção era de demonstração: os passageiros eram transportados para uma extremidade da linha e então de volta ao ponto de partida, dentro de carros impulsionados pela força do ar. Quando essa ferrovia fechou, 400 mil pessoas haviam andado nesse trem; mas a ideia jamais avançou.

Esses esquemas do século XIX não abarcavam a ideia de vácuo, mas essa ideia também é bastante antiga. Em 1910, Robert Goddard apresentou exatamente o mesmo plano de Musk: um trem movido magneticamente em um tubo em estado de vácuo para uma viagem de Boston a Nova York em doze minutos. Não saiu do papel. Nos anos 1990 e no início de 2000, várias pessoas propuseram trens de levitação magnética em tubos de vácuo. Não há, portanto, nada de novo nesse conceito e não existe motivo para acreditar que um grande avanço em alguma tecnologia tenha transformado as coisas. A Lei de Moore não se aplica às tecnologias de transporte, provavelmente porque as coisas a serem transportadas — as pessoas — não ficaram menores.

Considere agora as questões de engenharia. Se você construir um tubo forte o bastante para manter um estado de vácuo ao longo de centenas de quilômetros de comprimento, não espere que ele seja leve. Paredes sólidas e fundações substanciais seriam necessárias para mantê-lo reto e nivelado. Precisaria de juntas de expansão térmica flexíveis para lidar com dias quentes depois de noites frias; essas juntas têm de ser seladas hermeticamente e devem ser fortes o suficiente para suportar as 14,7 libras por polegada quadrada de pressão atmosférica em cada polegada quadrada da sua vasta superfície.

Sustentar o vácuo não seria fácil, e numa emergência teria de haver um mecanismo para colocar o tubo em pressão atmosférica a fim de resgatar os passageiros. Contudo, qualquer mecanismo desse tipo estaria sujeito a vazamentos. Pressurizar novamente e recolocar o tubo no vácuo demandaria tempo. As próprias cápsulas precisariam ser pressurizadas e transportariam passageiros em pressão atmosférica antes de entrar no vácuo por meio de uma câmara de compressão, que pode funcionar mal. Nenhum desses problemas é insuperável, mas — não se esqueça da regra de ouro da inovação — superá-los exigirá tentativa e erro, não somente previsão engenhosa, e talvez não seja barato.

Além do mais, existe a questão da terra. O hyperloop terá de ser em um túnel, que é caro para perfurar, ou terá de ser feito em escoras acima do solo; mas a terra não é barata e não é fácil encontrar um caminho reto acima do solo que não passe pelas casas das pessoas, por estradas ou rios e através de colinas (pergunte aos construtores de ferrovias e de estradas). Afinal, por que ficaria mais barato construir isso do que construir uma ferrovia? Isso nunca fica claro.

Além disso, há a necessidade de energia. Um trem moderno de levitação magnética como o Chuo Shinkansen do Japão usa mais energia — não menos — que um trem sobre trilhos. Colocar um trem no vácuo poupa energia, mas por outro lado também cobra seu preço, porque não só as bombas de vácuo precisam de energia como também a frenagem exige mais energia, já que a resistência do ar não ajuda a diminuir a velocidade do trem. Musk imagina que a energia solar forneça toda a energia necessária, mas isso continua sendo caro — apesar da queda dos custos dos próprios painéis solares — devido aos custos do terreno, da infraestrutura e da manutenção. Muita terra seria necessária para as fazendas solares e muitas baterias também para sustentarem os horários noturnos.

Além disso, a capacidade da linha seria limitada. Para transportar 5 mil passageiros por hora, um hyperloop teria de enviar 180 cápsulas com vinte e oito pessoas por hora através do tubo. Seriam três partidas a cada minuto. Na melhor das hipóteses, o passageiro teria de chegar cedo e esperar na fila por um bom tempo pela sua partida na cápsula hiperpontual. Isso faria um aeroporto movimentado parecer tranquilo, sobretudo se cápsulas diferentes se ramificassem para diferentes destinos.

Inovadores dotados de determinação são capazes de resolver alguns desses problemas, mas não há garantia de que eles os resolvam de um modo que poupe dinheiro e torne os hyperloops competitivos em relação a trens e aviões. Se não existissem carros, trens e aviões, nesse caso então até mesmo um hyperloop ineficiente valeria a pena como transporte. Porém, eles existem, e o hyperloop teria de sobreviver competindo com esses meios de transporte já há muito tempo estabelecidos. É difícil não pensar que o alarde em torno do hyperloop seja tão grande porque passamos a crer que a inovação pode ser a resposta para praticamente qualquer problema.

O FRACASSO COMO COMPONENTE NECESSÁRIO DO SUCESSO: AMAZON E GOOGLE

Se o mundo rejeitar todos os fracassos da inovação como fraude ou adotar uma postura cautelosa demais, então acabará bloqueando o processo de inovação, como aconteceu em muitos países e empresas. Afinal de contas, o tema central da inovação é tentativa e erro. E erro é fracasso.

Tomemos o caso da ponte Millennium em Londres, uma passarela erguida sobre o Tâmisa e inaugurada com grande estardalhaço. Projetada para ter um perfil raso, como o de uma lâmina, ela foi saudada como um belo acréscimo à paisagem fluvial de Londres. Mais de 90 mil pessoas atravessaram a ponte no seu primeiro dia de funcionamento, 10 de junho de 2000, e quase de imediato um problema surgiu e se tornou aparente: a ponte começou a balançar de um lado para outro, a princípio muito levemente.

Mas então passou a balançar mais. A ponte foi fechada no dia da abertura e reaberta para um número restrito de pessoas, mas o problema voltou a acontecer.

Depois de dois dias, a agora infame "ponte bamboleante" foi fechada por um ano e meio e passou por um trabalho de estabilização que custou 5 milhões de libras. Descobriu-se que uma tendência muito tênue de balançar de um lado ao outro era reforçada pela reação instintiva das pessoas, numa espécie de *feedback* positivo: quanto mais a ponte balançava, mais as pessoas se moviam no sentido de fazê-la balançar. Depois que trinta e sete amortecedores foram instalados, a ponte reabriu com sucesso e agora é parte integrante da infraestrutura de Londres.

A Amazon é um bom exemplo de fracasso na caminhada para o sucesso, como Jeff Bezos muitas vezes disse com orgulho. "Nosso sucesso na Amazon é reflexo da quantidade de experimentos que nós fazemos por ano, por mês, por semana. Estar errado pode trazer certa mágoa, mas ser lento vai te matar", disse Bezos uma vez. "Se você pode aumentar o número de experimentos que tenta de cem para mil, você aumenta tremendamente o número de inovações que produz."

Tendo percebido de forma inteligente que os livros eram bons candidatos ao varejo on-line, repelido o desafio dos esforços on-line das grandes livrarias que tentavam eliminá-lo e lançado a oferta pública de ações da empresa em 1997, Bezos então decidiu tornar-se o chefe de uma empresa de tecnologia geral com ramificações por todas as partes da internet e crescer rapidamente. A Amazon arrecadou mais de 2 bilhões de dólares no *boom* das empresas ponto-com, entre 1998 e 2000, e gastou a maior parte desse dinheiro na aquisição de *startups* ponto-com. Comprou um site de vendas chamado Exchange.com, uma plataforma social chamada PlanetAll, uma empresa de levantamento de dados chamada Alexa Internet, uma base de dados chamada IMDB.com, uma livraria chamada Book Pages e uma loja de livros on-line alemã chamada Telebuch. Como escreveu Brad Stone em seu livro *The Everything Store* [A loja de tudo, em tradução livre], a Amazon também pulverizou dinheiro de capital de risco em outras *startups*: Drugstore.com, Pets.com, Gear.com, Wineshopper.com, Greenlight.com, Home-grocer.com e Kozmo.com. Quase todas resultaram em fracasso.

Em 1999, a Amazon perdeu 39 milhões de dólares em mercadorias não vendidas depois de uma passagem ruim pelo varejo de brinquedos. Lançou o Amazon Auctions, que não conseguiu competir com o eBay. O diretor de operações Joe Galli se demitiu, o preço das ações caiu e a ansiedade invadiu o ambiente corporativo. Stone assim descreveu o clima na empresa na ocasião: "Nem bem o novo milênio se iniciava, e a Amazon estava à beira do precipício. Corria o risco de perder mais de um bilhão de dólares em 2000." Ravi Suria, um analista de ações do Lehman Brothers, acusou a Amazon de ter um "grau de inépcia excessivamente alto" e previu que em um ano a empresa ficaria sem dinheiro. O preço das ações continuou a cair. Em 2001, a empresa demitiu 15% dos seus funcionários. Se a Amazon tivesse fracassado nessa ocasião ou um pouco mais tarde — e mesmo em 2005 o eBay tinha três vezes o seu valor —, teria sido uma fábula de arrogância e castigo.

Mas o que Suria considerava inépcia era na verdade apetite por experimentação e tolerância ao fracasso. Entre as iniciativas malfadadas sempre havia algumas que davam certo. Bezos se via lutando repetidas vezes contra os seus colegas da Amazon por ideias que para eles não passavam de besteira. Uma dessas ideias foi parar de gastar dinheiro com publicidade. Outra foi o lançamento do *marketplace*, por meio do qual vendedores terceirizados de produtos poderiam competir com a própria Amazon. "Como sempre, era Jeff contra o mundo", nas palavras de um colega seu. O estilo de gestão de Bezos era especialmente designado, esperava ele, para evitar a complacência administrativa institucionalizada que não demorou a sufocar a inovação nas grandes empresas, entre elas a Microsoft. Daí sua tendência a contratar equipes pequenas de profissionais empreendedores (que frequentemente competiam umas com as outras), sua aversão a grandes reuniões e apresentações em PowerPoint e sua operação (espécie de política de veto reverso) pela qual uma nova ideia tem de ser levada para cima pelos gerentes, ainda que todos, exceto um deles, acreditem que seja lixo. Tudo isso foi projetado para estimular a inovação e permitir efetivamente que o fracasso aconteça, mas de maneira relativamente indolor. Esse tipo de processo darwiniano levou a Amazon a descobrir um negócio ainda maior do que o varejo on-line: o fornecimento de computação em nuvem, que se tornou a Amazon Web Services. Google e Microsoft demoraram a perceber o que a Amazon estava fazendo e o quanto isso permitia que as *startups* de tecnologia prosseguissem. Bezos, como Edison no século XIX, entendeu que a inovação que transforma e demole não tem a ver com fazer um brinquedo novo, e, sim, com lançar um novo negócio construído em torno das necessidades e desejos de clientes reais. E encontrar esse cálice sagrado requer uma boa quantidade de fracasso honesto ao longo do caminho.

Do mesmo modo, o Google tolera e até encoraja o fracasso. Sua subsidiária conhecida como Google X, lançada em 2009, tem a proposta de encontrar novas oportunidades de negócios — oportunidades grandes e disruptivas. A maioria delas naufraga. O lançamento de grande repercussão do

Google Glass — tela em miniatura e câmera ativada por voz conectada a um par de óculos — foi o erro de julgamento mais público e mais caro do X. O Google lançou o produto em abril de 2013 para os "pioneiros do Google Glass" usarem e o disponibilizou para o público um ano depois, ao preço de 1.500 dólares. Apenas sete meses depois, a empresa parou de vender o dispositivo e prometeu trazê-lo de volta em dois anos. Porém, isso nunca aconteceu. O que deu errado? Os consumidores hesitaram diante do preço, dos riscos — para a saúde e para a privacidade — e da ausência de propósito útil. Se havia alguma inovação ali, ela não acrescentava nada à vida dos consumidores ou pelo menos não valia 1.500 dólares. O Google ainda busca usos específicos para essa tecnologia em hospitais e outros ambientes, mas como produto para consumo foi um fracasso. Se o Google Glass fosse um projeto do governo, é provável que ainda estivessem tentando avançar com ele.

O Projeto Loon, que pretendia colocar Wi-Fi em balões, deu errado quando se descobriu que talvez não fosse possível evitar vazamento nos balões. Um projeto chamado Foghorn, para extrair dióxido de carbono da água do mar, combiná-lo com hidrogênio, também extraído da água por meio de eletricidade, e produzir combustível a partir da reação dos dois foi outro dos projetos do Google X. Isso tem alguma semelhança com uma máquina de movimento perpétuo: afinal, as leis da termodinâmica sugerem que transformar produtos queimados (CO_2 e H_2O) em produtos combustíveis demandaria mais energia do que se poderia fornecer. Mas o X estava tão disposto a guerrear com o aparentemente impossível que até estava preparado para quebrar as leis da termodinâmica. Kathy Hannun, do X, interrompeu o Foghorn em 2016, quando percebeu que eles jamais alcançariam a meta de cinco dólares por galão de combustível, muito menos em cinco anos. Essa inclemência é essencial para a incubação de experimentos. Mas Astro Teller, chefe do X, não lamenta essas falhas, na verdade ele as comemora. Em 2016, em Vancouver, ele falou do "benefício extraordinário de celebrar o fracasso". Um dia, talvez, X crie algo tão absolutamente espetacular que supere o próprio Google.

A Lockheed Martin foi pioneira na ideia de uma empresa de alto risco dentro de outra empresa, autorizada a tentar coisas bizarras caso algumas delas levassem a recompensas fantásticas. Em 1943, ela deu início aos seus Programas de Desenvolvimento Avançados secretos, mais conhecidos como "atividades paralelas", e produziu alguns dos primeiros caças a jato e aviões de espionagem de alta altitude. A Bell Labs, uma subsidiária da AT&T, atuou de maneira semelhante a partir da década de 1920 e inventou todo tipo de novas tecnologias, entre as quais o transistor e o laser, mas gradativamente se tornou mais um laboratório científico do que de tecnologia, conquistando oito prêmios Nobel. O Centro de Pesquisa de Palo Alto, da Xerox, também se revelou um laboratório valioso para a aplicação de novas ideias e a incubação de novos negócios.

Um grande apetite pelo fracasso é essencial para essas atividades paralelas, e algo na cultura da Costa Oeste parece permitir que isso aconteça com mais facilidade. Kodak, Blackberry, Nokia e várias outras empresas sediadas em outras partes do mundo não conseguiram repetir esse apetite por insucessos úteis. É preciso dizer que o que torna a Costa Oeste especial a esse respeito é a legalidade da sua estrutura de propriedade *dual share*, por meio da qual os fundadores mantêm o controle de voto da empresa enquanto os investidores simplesmente aproveitam. Desse modo, os fundadores podem assumir riscos, fazer apostas de longo prazo e ignorar pelo menos em parte a impaciência ou a cautela dos seus acionistas. Mas é claramente uma ação que se reforça a si própria e que fixou raízes psicologicamente no Vale do Silício mais do que em qualquer outro lugar.

Em seu livro *Non-Bullshit Innovation* [Inovação sem papo furado, em tradução livre], David Rowan conta a extraordinária história do Naspers, um conglomerado de mídia conservador que apoiou inflexivelmente a causa do nacionalismo africâner durante décadas antes de se voltar com sucesso para investimentos em tecnologia na década de 1980. Seguindo a sugestão de um jovem ousado chamado Koos Bekker, a empresa construiu a primeira rede de televisão a cabo nos anos 1980 e depois sua primeira rede de telefonia móvel na década de 1990. Nenhum empreendimento foi fácil nem barato — e os dois foram apostas de alto risco —, mas no final ambos deram certo. Então, assim como a Nokia, a Naspers deu um passo em falso e perdeu 400 milhões de dólares num empreendimento no Brasil, para em seguida sofrer uma série de caros tropeços ligados à internet na China — um dos quais custou à Naspers 46 milhões de dólares em apenas seis meses.

A história poderia ter terminado assim, mostrando que no final a sorte abandona os jogadores. Mas não foi o que aconteceu. Num último movimento, Bekker mudou de tática, buscando uma promissora *startup* chinesa em vez de tentar começar uma de sua propriedade na China. Ele esbarrou em um pequeno empreendimento chamado Tencent, administrado por Pony Ma, que era filho do comandante do porto e havia conseguido de alguma maneira uma lista de dois milhões de clientes de mensagem instantânea na cidade, mas não sabia ao certo como obter alguma receita desses clientes. Em 2001, Bekker colocou 32 milhões de dólares na Tencent por uma participação de 46,5%. Dezessete anos mais tarde, essa participação valia 164 bilhões de dólares.

CAPÍTULO 11

Resistência à inovação

"Assim que uma invenção é proposta pela primeira vez, todos os homens fazem-lhe objeção, e o pobre inventor é obrigado a ouvir toda sorte de comentários petulantes."
William Petty, 1662

QUANDO A NOVIDADE É SUBVERSIVA: O CASO DO CAFÉ

A inovação é fonte de prosperidade, mas não raro ela é impopular. Tomemos como exemplo o caso do café, que demorou a se integrar à civilização: não chegou à Europa ou à Ásia muito antes de 1500. O café é uma planta etíope cujos grãos podem ser torrados para a obtenção da base para uma bebida estimulante e viciante. Como moer e torrar os grãos da maneira certa pede o uso de máquinas, o café tende a ser comprado e bebido em espaços públicos. A disseminação de cadeias de cafeterias ao redor do mundo com seus menus elegantes e sua reputação de lugar perfeito para encontros é um fenômeno moderno generalizado, associado à Starbucks. Contudo, essa é somente a versão mais recente desse padrão. Já faz quatro séculos que as cafeterias são lugares populares para encontros. Em 1655, um farmacêutico chamado Arthur Tillyard fundou o Oxford Coffee Club para estudantes discutirem ideias consumindo bebidas quentes num lugar que poderia ser chamado de seu "café". Sete anos mais tarde, o clube tornou-se a Royal Society, a academia de ciências da Grã-Bretanha.

Mas a história do café também exibe uma característica fundamental da inovação: o grão quase sempre encontrou resistência. À medida que o café se espalhou para a Arábia, Turquia e Europa em 1500 e 1600, deparou-se com forte oposição e muitas vezes — ainda que de modo ineficaz — foi banido. Em 1511, Kha'ir Beg mandou fechar os cafés de Meca, queimou todos os suprimentos de grãos e espancou todos os que eram apanhados com café. O sultão do Cairo o deteve. Em 1525, contudo, os cafés de Meca foram novamente proibidos. Em 1534, a resistência ao café chegou ao Cairo, onde a multidão atacou cafés. Mas no Cairo a proibição não surtiu efeito, e o café persistiu. Chegou até a se tornar lei que se um homem não fornecesse café para a sua esposa, isso seria motivo para divórcio. O café chegou a Constantinopla na década de 1550 e foi imediatamente banido pelo Sultão Selim II. Em 1580, foi novamente proibido pelo usurpador Murad III e mais uma vez na década de 1630 por Murad IV. Isso mostra que as proibições sempre falharam. Mas por que esses governantes estavam tão dispostos a acabar com essa bebida? Sobretudo porque as cafeterias eram lugares para fofocas e, portanto, para potenciais motins.

Murad III havia mandado matar toda a sua família a fim de reivindicar o trono, e pensar que as conversas nos cafés poderiam girar em torno desse tema o deixava paranoico. Arrisco-me a dizer que ele tinha razão e o assunto às vezes surgia.

Em 1673, o rei Carlos II da Escócia e da Inglaterra tentou proibir os cafés e foi magnificamente honesto quanto aos motivos que o levavam a ser um proibicionista tão convicto:

> Quanto ao café, o chá e o chocolate, não sei que bem podem fazer. Sei somente que os lugares onde são vendidos são propícios para que as pessoas se encontrem, se sentem por um bom tempo e se ponham a conversar sobre assuntos relacionados ao Estado, falando de notícias e disseminando mentiras, censurando os julgamentos e o critério dos seus governantes, bem como todas as suas ações, e lançando aos ouvidos do povo preconceitos contra eles; tais pessoas exaltam a si mesmas e engrandecem seu conhecimento e sua sabedoria, ao mesmo tempo em que condenam a de seus governantes. Algo assim pode se revelar perigoso e destrutivo se tolerado por muito tempo.

Porém, a oposição ao café acontecia também por outros motivos. As pessoas que produziam e vendiam vinho na França ou cerveja na Alemanha opunham-se a esse novo concorrente que estimulava mais do que anestesiava quem o bebia. Em Marselha, nos anos 1670, os vinicultores encontraram aliados na área médica, sobretudo na universidade de Aix, onde dois professores encomendaram de um estudante de medicina um ataque ao café. O estudante era conhecido apenas como "Colomb". Nesse panfleto, intitulado "O Café é Nocivo para os Habitantes de Marselha", lia-se que "a energia violenta" do café entrava no sangue, atraía a linfa e secava os rins, roubando as forças das pessoas e deixando-as exaustas e impotentes. Eram disparates pseudocientíficos — comprados, evidentemente. Mais ou menos na mesma época, em Londres, houve uma guerra de panfletos sobre o assunto. O texto intitulado "Ataque ao Café ou o Casamento do Turco", de 1672, foi respondido dois anos mais tarde pelo fundador do primeiro café de Londres, um mercador libanês chamado Pasqua Rosee, no título "Uma Breve Descrição das Excelentes Virtudes dessa Bebida Moderada e Salutar Chamada Café".

Ainda na segunda metade do século XVIII, a Suécia tentou proibir o café pelo menos cinco vezes. O regime confiscou xícaras de café dos seus cidadãos num desesperado esforço para impor a proibição e espatifou de maneira ritual uma cafeteira em 1794. O rei Gustav III quis provar que o café fazia mal às pessoas valendo-se de um experimento controlado. Ordenou que um assassino condenado não bebesse nada além de café, enquanto outro bebia somente chá. Espantosamente, os dois homens sobreviveram aos médicos que monitoravam o experimento, até mesmo ao próprio rei. É claro que o assassino que bebia café viveu mais tempo que todos os outros. Contudo, as campanhas contra o café prosseguiram na Suécia até o século XX.

Observamos aqui todos os traços característicos da oposição à inovação: o apelo à segurança, a paranoia entre os poderosos e uma condição de interesse próprio em meio a direitos adquiridos.

Debates recentes sobre alimentos modificados geneticamente ou redes sociais repercutem essas velhas guerras envolvendo o café.

Em seu livro *Innovation and Its Enemies* [Inovação e seus inimigos, em tradução livre], Calestous Juma conta a história das guerras do café e da margarina. A margarina, inventada na França em 1869 como reação ao aumento do preço da manteiga, foi alvo de uma campanha difamatória promovida pela indústria de laticínios norte-americana. Essa campanha durou décadas e não foi muito diferente de campanhas recentes contra cultivos transgênicos. "Nunca houve nem haverá fraude mais deliberada e ultrajante do que essa manteiga falsa ordinária", esbravejou a Comissão de Laticínios de Nova York. Mark Twain denunciou a margarina. O governador de Minnesota chamou-a de abominação. O estado de Nova York a proibiu. Em 1886, o Congresso aprovou a Lei da Margarina a fim de limitar suas vendas por meio de um pesado regulamento. No início da década de 1940, dois terços dos estados norte-americanos ainda enfrentavam proibições contra a margarina, baseadas em falsas justificativas de saúde. O Conselho Nacional de Laticínios fez campanha contra a margarina e para isso inventou evidências: um experimento universitário no qual dois ratos teriam sido tratados como os assassinos suecos, um alimentado com margarina e outro com manteiga, com consequências terríveis para a saúde do rato alimentado com margarina — depois se revelou que nada disso era verdade. Mas a indústria da margarina não foi uma vítima passiva. Com efeito, a antiga teoria de que a gordura dietética causava doenças do coração, agora largamente desconsiderada, tem sua origem em estudos da década de 1950 estimulados em parte pela indústria de óleos vegetais, que lutava contra a indústria da manteiga.

Juma conta como os condutores de táxi de Londres denunciaram furiosamente a introdução do guarda-chuva; como obstetras rejeitaram por longo tempo o uso de anestesia durante partos; como os sindicatos de músicos impediram por algum tempo a reprodução de música gravada no rádio; como a indústria de gelo natural apavorou as pessoas com relação à segurança de refrigeradores. Na verdade, é possível que haja uma resistência contra qualquer nova tecnologia, geralmente estimulada em parte por interesses próprios, mas resguardando-se com o princípio da precaução. Em 1897, um analista londrino receava que o telefone destruísse a vida privada se não fosse controlado: "Em breve nós não seremos nada uns para os outros além de montes transparentes de gelatina."

QUANDO A INOVAÇÃO É DEMONIZADA E RETARDADA: O CASO DA BIOTECNOLOGIA

A campanha para evitar o acesso da biotecnologia à agricultura europeia assemelha-se às campanhas contra o café e a margarina, mas é mais bem-sucedida — muito mais. Suas duas principais armas são a demonização e o retardamento: fazer alegações de perigo e exigir adiamento da implementação na esperança de desencorajar o investimento no negócio.

O desenvolvimento de cultivos transgênicos, sobretudo nos Estados Unidos nos anos 1990, não enfrentou problemas no início. Houve alguma oposição, mas não muita. Um ensaio geral foi feito uma década antes sobre bactérias geneticamente modificadas usadas para evitar o congelamento de morangos, mas acabou esquecido. Quando, porém, os organismos geneticamente modificados chegaram à Europa, tudo mudou subitamente.

Foi, de fato, repentino. Em 1996, uma campanha na Grã-Bretanha que visava obrigar os supermercados a rotular alimentos modificados geneticamente fracassou por falta de interesse. No entanto, em 1999 a biotecnologia acabou acuada diante de um exército de ativistas e críticos, que contavam com muito dinheiro e apoio de figuras proeminentes, inclusive políticos. A indústria praticamente já havia abandonado os experimentos com cultivos transgênicos, pois eles atraíam vândalos trajando macacões brancos, alguns deles membros da Câmara dos Lordes. Alguns anos depois, a indústria de biotecnologia abandonou por completo a Europa e toda e qualquer tentativa de modificar suas principais culturas, como a do trigo.

O que causou essa súbita mudança? Em março de 1996, o governo britânico reconheceu pela primeira vez o risco potencial para a saúde humana da ingestão de carne bovina contaminada por encefalopatia espongiforme bovina, mais conhecida como "doença da vaca louca". Ainda nesse mês de março, a Comissão Europeia aprovou a primeira importação pela Europa de soja geneticamente modificada. A coincidência causou confusão entre as duas questões e um colapso na confiança quanto a todas as garantias de segurança dadas pelo governo. No final, poucas pessoas morreram da doença da vaca louca e nenhuma por ação de organismos geneticamente modificados, mas o estrago já tinha sido feito. Nas palavras de Robert Paarlberg: "Esforços de funcionários europeus para acalmar consumidores a respeito da soja não surtiram efeito, já que a encefalopatia espongiforme bovina destruiu a credibilidade desses funcionários como guardiões da segurança alimentar." Combinando preocupações com segurança alimentar e antipatia por grandes empresas, Greenpeace e Friends of the Earth, dois empreendimentos de militância muito grandes e ativos no Reino Unido — e sempre à procura de novas controvérsias — detectaram mediante suas pesquisas de mercado que havia inquietação pública em torno desses novos tipos de cultura e que poderia ser lucrativo colocar lenha nessa fogueira.

Desde 2005, o Canadá aprovou setenta variedades transgênicas de cultura, enquanto a Europa aprovou apenas uma e levou treze anos para isso; a essa altura a safra estava fora de época. Mark Lynas, um importante ativista da época nesse campo e que depois acabaria mudando seu modo de pensar e se tornaria um grande defensor da modificação genética, recorda os estonteantes dias em que os júris se recusavam a condenar vândalos de cultivos transgênicos presos pela polícia, e juízes expressavam sua admiração por eles; dias em que ingredientes transgênicos eram retirados de refeições escolares e supermercados os tiravam de suas prateleiras; dias em que o jornal de centro-direita *Daily Mail* protestava implacavelmente contra os alimentos transgênicos. Isso não acontecia apenas na Grã-Bretanha. Na França, o ativista-agricultor José Bové destruiu plantações de arroz e se tornou um herói. Na Itália, incendiários queimaram um depósito de sementes.

Em resposta a essa pressão, a União Europeia concedeu moratória a todas as novas culturas geneticamente modificadas. Isso mais tarde evoluiu para um sistema de aprovação regulatória tão complexa e demorada que acabou representando na prática uma proibição. A União Europeia já havia instalado o princípio da precaução a título de orientação. Essa ideia fragilmente sensata — de que devemos nos preocupar com as consequências inesperadas da inovação — transformou-se num dispositivo por meio do qual os ativistas evitam que novas tecnologias salvadoras tomem o lugar de outras mais perigosas. O princípio, conforme foi adotado pela União Europeia no Tratado de Lisboa, mantém o novo submetido a um padrão mais alto do que o antigo e é essencialmente uma barreira a todas as inovações, por mais seguras que possam ser, em benefício de todas as práticas existentes, por mais perigosas que sejam. Isso é considerar os riscos potenciais e não os prováveis benefícios de uma inovação, transferindo o ônus da prova para o inovador, que precisará mostrar que seu produto não causará danos, mas não terá a chance de demonstrar todo o bem que ele pode proporcionar nem terá o poder de substituir uma tecnologia que já causa danos. Dessa maneira, os agricultores orgânicos têm total liberdade para usar pesticidas, desde que sejam pesticidas inventados na primeira metade do século XX, ainda que os que eles usam, como os compostos à base de cobre, sejam significativamente mais nocivos que os modernos — e nem mesmo sejam "orgânicos" sob nenhuma definição razoável. O sulfato de cobre, por exemplo, é descrito da seguinte maneira pela Agência Europeia de Produtos Químicos: "Muito tóxico para a vida aquática, com efeitos duradouros; pode causar câncer, pode prejudicar a fertilidade ou o feto, é nocivo se ingerido, causa sérias lesões aos olhos, pode causar danos aos órgãos pela exposição prolongada ou repetida." Como se não bastasse é bioacumulativo, ou seja, torna-se mais concentrado à medida que se move ao longo da cadeia alimentar de herbívoros a carnívoros. Ainda é repetidamente reautorizado pela União Europeia, sem nenhuma oposição barulhenta, para uso como fungicida por agricultores orgânicos em culturas alimentares humanas, tais como batatas, uvas, tomates e maçãs. A justificativa é que os agricultores orgânicos não têm nenhuma alternativa à sua disposição. Mas isso ocorre simplesmente porque eles escolhem recusar pesticidas mais novos e seguros. Este padrão se repete: o princípio da precaução ignora amplamente os riscos que as tecnologias já existentes trazem, desafiando o conceito da redução de danos.

Mas essa vitória rápida contra os organismos geneticamente modificados na Europa não foi boa para o Greenpeace e a Friends of the Earth. O problema gerava muito dinheiro para essas organizações, por isso elas precisavam desse problema. Voltaram então a sua atenção para outras partes do mundo, conquistando acesso direto às negociações para um protocolo internacional sobre o movimento transfronteiriço de organismos vivos geneticamente modificados e estabelecendo paralelos improváveis com o transporte de resíduos perigosos. A organização Friends of the Earth começou então a atacar os Estados Unidos por enviarem alimentos para pessoas famintas na África Austral, onde acontecia uma grave seca, e, em 2002, essa organização conseguiu que a Zâmbia rejeitasse o milho transgênico destinado a pessoas famintas. Os grupos de pressão avançaram para o resto da África e para algumas partes da Ásia. O Greenpeace voltou a sua atenção para o bloqueio da ajuda humanitária com organismos geneticamente modificados, sobretudo na forma de Arroz Dourado que continha betacaroteno, elaborado especialmente por uma iniciativa sem fins lucrativos para evitar a desnutrição e a morte de crianças pobres. O Arroz Dourado foi desenvolvido pelo cientista suíço Ingo Potrykus e seus colegas, em um longo e penoso esforço durante os anos 1990, num projeto totalmente humanitário, sem fins lucrativos, destinado a aliviar a mortalidade e a morbidade altas causadas por deficiência de vitamina A em pessoas que dependem de arroz como alimento. Segundo uma estimativa, a deficiência de vitamina A mata todos os dias duas mil crianças de menos de 5 anos, principalmente nas grandes cidades. São 700 mil por ano, em países onde o arroz é a dieta básica dos pobres. A falta de vitamina A diminui a resistência do sistema imunológico dessas pessoas e causa cegueira. Usando todos os meios que tinha a sua disposição, o Greenpeace optou por fazer uma campanha para barrar uma tecnologia que poderia evitar essas mortes. No início, o Greenpeace argumentou que o Arroz Dourado era inútil para curar a deficiência de vitamina A, porque o primeiro protótipo da planta, que continha um gene de narciso, tinha uma quantidade de betacaroteno insuficiente para qualquer finalidade. Depois, passou a alegar que as variedades subsequentes do arroz, com um gene do milho, tinham muito betacaroteno e poderiam ser venenosas. Desesperado para neutralizar uma possível boa notícia surgida da biotecnologia, o Greenpeace continuou sua pressão contra o cultivo, mesmo quando experimentos rígidos atestaram sua segurança e eficácia. Foi em resposta a essa campanha escandalosa que, em 2017, 134 ganhadores do Prêmio Nobel pediram ao Greenpeace para "dar fim de uma vez por todas à sua campanha contra o Arroz Dourado, especificamente, e contra colheitas e alimentos melhorados por meio de biotecnologia em geral" (150 já assinaram a carta). Isso de nada adiantou.

A demonização da biotecnologia lançou as empresas envolvidas num círculo vicioso. Quanto mais os ativistas exigiam regulação e cautela, mais caro se tornou desenvolver novas culturas, e acabou tornando-se impossível fazer isso a não ser dentro de grandes empresas. Havia assim uma estranha simbiose entre a grande indústria e seus críticos. A certa altura, os ativistas exigiram que a Monsanto produzisse culturas que não pudessem sobreviver além da primeira geração, para que elas não se descontrolassem na natureza como "superervas daninhas" — um temor inteiramente falso, de qualquer modo, já que em sua maioria as culturas são inadequadas para ser ervas daninhas. A Monsanto, em resposta a isso, explorou a possibilidade de desenvolver variantes genéticas que fossem incapazes de se reproduzir. Essas variantes não foram desenvolvidas, mas os ativistas acusaram imediatamente a empresa de introduzir "tecnologia de terminação" para induzir agricultores a comprar novas sementes todos os anos. A acusação "colou".

A indústria da biotecnologia continuou tentando fazer a Europa mudar sua mentalidade. Afinal, se se importava com entusiasmo soja modificada das Américas como ração para o gado, por que não cultivar variedades transgênicas? Em 2005, a Autoridade Europeia para a Segurança Alimentar aprovou uma variedade geneticamente modificada de batata produzida pela empresa alemã BASF. Mas a União Europeia não deu a aprovação para o mercado, citando o princípio da precaução. A BASF apresentou queixa ao Tribunal de Justiça Europeu em 2008. A Comissão Europeia respondeu encomendando outra avaliação da Autoridade Europeia para a Segurança Alimentar (EFSA) em 2009. O órgão afirmou mais uma vez que o produto era seguro, e a União Europeia teve de aprovar seu uso em 2010, cinco anos após a solicitação inicial. Entretanto, o governo húngaro encontrou uma maneira bizarra de barrá-lo. Alegou que a União Europeia havia baseado sua aprovação na primeira aprovação da EFSA quando precisaria ter citado a segunda, ainda que a conclusão fosse idêntica. Em 2013, o Tribunal Geral da União Europeia confirmou a queixa da Hungria e anulou a aprovação. A essa altura, a BASF já havia perdido o interesse em dar cabeçadas nessa parede de tijolos do princípio da precaução; retirou a sua solicitação, empacotou toda a sua pesquisa sobre culturas geneticamente modificadas e a transferiu para os Estados Unidos.

O princípio de se precaver pode impedir a inovação, dificultando experimentos no período entre o protótipo e a aplicação prática. No caso do Arroz Dourado, o princípio exigia que os desenvolvedores obtivessem aprovação especial, com um vasto e sólido volume de provas para cada variedade que fosse testada no campo. Isso significava que, assim como acontece com o projeto de usina nuclear, era impossível experimentar um grande número de variedades para encontrar aquela que fosse mais adequada às necessidades dos agricultores, uma prática normal no cultivo de plantas. Sem dúvida, a única variedade escolhida inicialmente revelou-se decepcionante, e os cultivadores tiveram de recomeçar e tentar outra, desperdiçando muitos anos preciosos nos quais mais crianças morreram. Se Thomas Edison precisasse conseguir aprovação regulatória especial para cada uma das 6 mil amostras de plantas que testou como filamento numa lâmpada, ele jamais teria encontrado o bambu.

O veredito de Mark Lynas a respeito do episódio dos Organismos Geneticamente Modificados é impiedoso: "Nós incitamos permanentemente a hostilidade pública contra os alimentos transgênicos em praticamente todo o mundo e — o que é inacreditável — detivemos a marcha irreversível de todo um universo tecnológico. Houve apenas um problema com a nossa espantosamente bem-sucedida cruzada mundial: não havia verdade nela." Assim como aconteceu com a resistência ao café, está agora claro que a oposição aos cultivos geneticamente modificados estava errada não só com relação aos fatos, mas também moralmente. A tecnologia era segura, benéfica para o meio ambiente e potencialmente boa para pequenos agricultores. O movimento antitransgênico teve apoio e respaldo entre pessoas ricas com acesso a comida abundante e barata. Para a vida dessas pessoas não era urgente nem relevante aumentar a produtividade das culturas. Quem pagou o preço pelo oportunismo da proibição foram os doentes e famintos que não tinham voz. Até os grupos de pressão têm sido discretos em relação a isso nos últimos anos. Mas o estrago já havia sido feito.

QUANDO O MEDO IGNORA A CIÊNCIA: O CASO DO HERBICIDA

O herbicida glifosato, também conhecido como Roundup, tornou-se um método barato e abundante de controle de ervas daninhas desde que foi inventado por John Franz, cientista da Monsanto, em 1970. Tem enormes vantagens sobre outros herbicidas. Como inibe uma enzima encontrada somente em plantas, em doses normais esse herbicida é praticamente inofensivo para animais e para pessoas; e como se decompõe rapidamente, não permanece no meio ambiente. É muito mais seguro que os venenos usados como herbicidas que ele substituiu e que às vezes eram usados por suicidas. O glifosato transformou a agricultura ao possibilitar que agricultores controlassem ervas daninhas quimicamente, em vez de recorrerem a uma atividade ecologicamente mais nociva de plantio: causou uma revolução no plantio direto. Isso fica evidente sobretudo onde são plantadas culturas geneticamente modificadas para ser resistentes ao glifosato. Em 2015, contudo, uma agência da Organização Mundial de Saúde — a Agência Internacional de Pesquisa sobre o Câncer — chegou à conclusão de que em doses altas demais o glifosato pode causar câncer. Admitiu que, pelo mesmo critério, salsichas e serragem deviam também ser classificadas como cancerígenas, e o café era ainda mais perigoso (e diferente do glifosato é bebido regularmente). O efeito seria minúsculo: descobriu-se que o sorvete Ben & Jerry continha glifosato numa concentração de até 1,23 parte por bilhão; assim, uma criança teria de consumir três toneladas dele em um dia para correr algum tipo de risco. Autoridades ligadas à segurança alimentar na Europa, nos Estados Unidos, na Austrália e em outros lugares estudaram o glifosato a fundo e concluíram que em doses normais não representava risco. O Instituto Federal Alemão de Avaliação de Risco examinou mais de 3 mil estudos e não encontrou evidências de nenhum tipo de dano aos animais.

Logo foi descoberto que a conclusão da IARC se baseava em uma revisão tendenciosa das evidências. Segundo informou a Reuters: "Em cada caso, uma conclusão negativa sobre o glifosato causando tumores foi removida ou substituída por uma conclusão neutra ou positiva." Revelou-se que o cientista que aconselhou a IARC sobre o assunto também recebeu 160 mil dólares de escritórios de advocacia que processavam a Monsanto em nome das vítimas de câncer. Como disse Davi Zaruk, da Université Saint-Louis, em Bruxelas, a tática dos envolvidos nesses casos é "manipular a percepção pública, gerar medo ou indignação em cooperação com ativistas, gurus e ONGs, encontrar um bode expiatório corporativo e processá-lo sem piedade". Se a Europa banisse o glifosato, instalaria um paraíso de processos nos Estados Unidos, onde firmas de advocacia caçadoras de recompensas estão sempre à procura da próxima chuva de dinheiro de litígios certos.

Quer você o aprove ou não, esse tipo de ativismo é um obstáculo significativo à inovação. Combinada com uma resistência semelhante contra o tratamento de sementes com inseticidas neonicotinoides, apesar da sua óbvia superioridade sobre inseticidas anteriores quanto à segurança e a danos colaterais a espécies não visadas, essa oposição aos herbicidas vem contribuindo para um considerável enfraquecimento da pesquisa e do desenvolvimento de produtos para a proteção da plantação. Isso é algo bem ruim para quem acredita que novos produtos químicos costumam superar os velhos e que é uma boa ideia cultivar alimento suficiente para atender à população mundial utilizando o mínimo de terra possível.

QUANDO O GOVERNO IMPEDE A INOVAÇÃO: O CASO DA TELEFONIA MÓVEL

No Capítulo 5, argumentei que as tecnologias, em sua maioria, surgem na ocasião certa e não poderiam ser introduzidas muito antes. Uma possível exceção talvez seja o celular. A história da telefonia móvel é um extraordinário exemplo de retardamento burocrático imposto pelo governo por ordem de diversos *lobbies*, como o economista Tom Hazlett revelou no livro *The Political Spectrum* [O espectro político, em tradução livre], de 2017. Os telefones celulares poderiam ter chegado às nossas mãos décadas antes da época em que de fato chegaram.

Em julho de 1945, J. K. Jett, chefe da Comissão Federal de Comunicações dos Estados Unidos deu uma entrevista ao *Saturday Evening Post* na qual afirmou que milhões de cidadãos logo estariam usando "rádios comunicadores portáteis". A Comissão Federal de Comunicações teria de emitir licenças, mas isso "não seria difícil". O motivo para tal otimismo, ele declarou, era que a noção de "celular" revolucionaria a tecnologia: o comunicador do transmissor não teria de se conectar o tempo todo ao comunicador do receptor, mas somente à torre de rádio mais próxima, que se conectaria por fio à torre mais próxima do receptor. Os usuários poderiam alternar continuadamente para novas células enquanto se movessem. Isso economizaria energia e restringiria o uso do espectro para uma área local, permitindo maior largura de banda. Em vez de algumas centenas de conversas acontecendo simultaneamente no rádio, centenas de milhares de conversas poderiam acontecer.

Contudo, em 1947, a mesma Comissão Federal de Comunicações rejeitou o pedido da AT&T para dar início a um serviço de celular, alegando que isso seria um luxo para poucos. A televisão era prioridade e levou a maior parte do espectro. "Móvel terrestre", a categoria que incluía o celular, recebeu apenas 4,7%. Mesmo assim a televisão nunca utilizou mais que uma fração das frequências concedidas, deixando o que Hazlett chama de "vasto deserto" de espectro não utilizado, "bloqueando as redes de telefonia móvel sem fio por mais de uma geração". Mais de dois terços dos canais não foram usados nos anos 1950, mas as emissoras fizeram pressão para defender seu direito a esse território vazio, ainda que pelo único motivo de impedir a disputa pelo oligopólio existente de redes de televisão licenciadas.

Operadoras de telefonia móvel, chamadas de "portadoras comuns de rádio", existiam para prestar serviço a grandes empresas como companhias aéreas ou petrolíferas com plataformas *offshore*, mas não na forma celular e limitavam-se estritamente a duas operadoras em cada mercado geográfico, uma das quais sempre foi a AT&T. Isso manteve o mercado pequeno. As portadoras comuns de rádio se opuseram ferozmente à telefonia celular para não sofrerem competição. A Motorola era aliada dessas portadoras, defendendo o seu quase monopólio na fabricação de telefones, que continuaram grandes, caros e esbanjadores de energia, com largura de banda limitada.

A AT&T foi proibida de fabricar celulares por meio de um acordo antitruste, embora o seu próprio braço de pesquisa, o Bell Labs, tenha inventado e concebido o celular. Porém, a AT&T estava sentada em um confortável monopólio de telefonia fixa e não viu necessidade de competir contra si mesma. Ainda em 1980, quando o celular estava claramente prestes a surgir, a AT&T previu que até 900 mil celulares estariam em uso nos Estados Unidos até o ano 2000. Mas foram 109 milhões de celulares. Que uma empresa de telefonia não conseguisse se dar conta de que as pessoas queriam falar umas com as outras é miopia corporativa no mais alto grau.

Em resumo, o governo — em conluio com seus compadres capitalistas com tremendos interesses — tornou impossível o desenvolvimento do serviço de telefonia celular por quase quatro décadas. Quem pode saber que melhoramentos na tecnologia e mudanças na sociedade ele impediu? Em 1970, a Comissão Federal de Comunicações finalmente sugeriu que fosse concedido algum espectro para celular e, em 1973, Marty Cooper, vice-presidente da Motorola, providenciou a primeira chamada de celular. Contudo, a sua própria empresa fazia pressão nos bastidores para ao mesmo tempo barrar o celular, pois possuía um monopólio tranquilo nos setores de comunicação por rádio (não celulares) permitidos. Em consequência disso, a CFC acabou presa a disputas legais com vários litigantes ao longo da década seguinte, e de qualquer modo presa à falsa suposição — tão comum entre reguladores — de que a telefonia celular era de qualquer modo um "monopólio natural" e, portanto, continuaria a ser propriedade da AT&T. Somente em 1982, com novos ventos de uma política mais favorável à competição soprando por Washington, a CFC enfim começou a aceitar solicitações de licença para celular. Em 28 de julho de 1984, passados trinta e nove anos desde a declaração de Jett de que "não será difícil" lançar a telefonia celular, o primeiro serviço móvel celular dos Estados Unidos entrou em operação para a cerimônia de abertura das Olimpíadas de Los Angeles. Quem disse que o ritmo da mudança é alucinante?

Mas se os Estados Unidos estavam se limitando dessa maneira, por que outro país não tomou a dianteira? Alguns países menores avançaram, mas sem mercados amplos não poderiam decolar; além disso, a regulamentação da telefonia na Europa era ainda mais conservadora e inflexível, feita principalmente por indústrias nacionalizadas, elas próprias sem o menor interesse em causar perturbação aos seus confortáveis modelos com mercado garantido. No que diz respeito ao celular, portanto, a Europa esperou e viu os Estados Unidos assumirem o primeiro lugar. Quando notou a inesperada popularidade do 1G (analógico), porém, a União Europeia não perdeu tempo e começou a criar um padrão digital 2G chamado GSM, a pedido da Ericsson, da Nokia, da Alcatel e da Siemens, donas das principais patentes. O Code Division Multiple Access — CDMA (Acesso Múltiplo por Divisão de Código) —, padrão rival da empresa Qualcomm, foi simplesmente banido na Europa, em um claro caso de protecionismo.

Os Estados Unidos falharam em estabelecer um padrão até 1995; por isso, no começo da década de 1990, a Europa ultrapassou os Estados Unidos em telefonia móvel. A tentativa da Comissão Federal de Comunicações de abrir o mercado foi emperrada por batalhas políticas. No final da década de 1980, o GSM detinha 80% do mercado mundial, e a "política industrial" da Europa parecia ter dado certo. Mas o GSM foi feito para voz, com dados como acréscimo tardio, ao passo que o CDMA foi elaborado para dados com voz como um complemento. Desse modo, quando o 3G surgiu por volta do ano 2000, as redes GSM não conseguiram aguentar e o mundo logo mudou para CDMA. Não foi a última vez que a Europa deu um tiro no próprio pé isolando-se da concorrência global. Assim, a história dos celulares passa por governos que resistiram à inovação em aliança com interesses velados no setor privado. Nós usamos *smartphones* nos dias atuais não por causa de órgãos reguladores governamentais, mas apesar deles.

Outro caso um pouco menos extremo é o desenvolvimento de *drones*. Esses veículos aéreos não tripulados e movidos a bateria surpreenderam o mundo na segunda década do século XXI em razão da sua súbita onipresença. Aeronaves militares não tripuladas controladas por rádio eram amplamente usadas desde 2001, mas o primeiro *drone* quadricóptero controlado por Wi-Fi direcionado a consumidores foi o francês Parrot AR, lançado em 2010. *Drones* quadricópteros rapidamente encontraram utilidade comercial em topografia, fotografia aérea, agricultura, busca e salvamento e outras áreas. A reação de governos foi limitar o seu uso mediante regras rígidas que acabaram por inibir a inovação impedindo a experiência. Nos Estados Unidos, até 2016 os *drones* foram proibidos de voar acima de 120 metros, fora do campo de visão do operador, perto de aeroportos, fora do horário diurno, sobre pessoas ou se pesassem mais de 25 quilos. Embora essas precauções pareçam sensatas, o mesmo efeito poderia ser alcançado — como observou o empresário John Chisholm — por meio de regras simples, tais como "*drones* terão de operar com segurança e sem prejudicar pessoas nem propriedades", e a lei trataria de impor o cumprimento dessas regras. Chisholm argumenta que um sistema regulatório assim orgânico, e não imposto, teria mais chance de estimular a inovação no sentido de operar drones e torná-los eficazes em detectar e evitar perigos, proporcionando o máximo de segurança. A China, com regras bem menos restritivas, logo dominou o setor. Desde então as regulamentações norte-americanas foram gradativamente afrouxadas, porém pode ser tarde demais.

Além disso, é quase certo que a próxima regulamentação da indústria digital asfixiará a inovação, não importa o que ela consiga. Sabemos disso porque a União Europeia convenientemente levou a cabo uma experiência para demonstrar isso. Em 2018, aplicou o Regulamento Geral de Proteção de Dados, ou RGPD, forçando os provedores de conteúdo da internet a buscar consentimento antes de utilizar dados sobre pessoas. Isso trouxe alguns benefícios, mas, por outro lado, reduziu a concorrência na Europa indubitavelmente, consolidando o poder das grandes empresas. O Google aumentou ligeiramente a sua participação de mercado entre fornecedores de tecnologia em anúncios publicitários nos três meses que se seguiram à introdução do RGPD, enquanto empresas menores que dependem de anúncios para ter receita viram a sua participação de mercado cair expressivamente. Sem poderem arcar com os custos para cumprir as regras, muitas empresas menores fora da União Europeia simplesmente bloquearam o conteúdo desta. As empresas de tecnologia americanas gastaram 150 bilhões de dólares para se adaptarem ao RGPD. Sozinha, a Microsoft contratou mais de 1.600 engenheiros. Mas os custos para as empresas menores foram proporcionalmente maiores. Seja o que for que o RGPD traga de positivo, também terá criado uma barreira, impedindo que pequenas empresas inovadoras desafiem as grandes empresas de tecnologia. Como sempre, a regulamentação favorece os mais poderosos.

QUANDO A LEI SUFOCA A INOVAÇÃO: O CASO DA PROPRIEDADE INTELECTUAL

A justificativa para a propriedade intelectual — patentes e direitos autorais — é que é preciso incentivar o investimento e a inovação. Com direitos reais de propriedade, via de regra as pessoas não construirão uma casa a menos que possuam o terreno para tanto; do mesmo modo as pessoas não inventarão uma droga nem escreverão um livro a menos que possam ter a propriedade disso. Assim diz a teoria e, em deferência a isso, os governos, liderados pelos Estados Unidos, aumentaram constantemente o alcance e a força da propriedade intelectual nas últimas décadas. O problema é que a evidência mostra claramente que se a propriedade intelectual ajuda um pouco, ela também atrapalha, e seu efeito final é desencorajar a inovação.

No caso dos direitos autorais, no início do século XX os termos de titularidade foram estendidos de catorze para vinte e oito anos. Em 1976, esses termos foram ampliados para toda a vida do autor mais cinquenta anos; em 1998, passaram a valer para a vida do autor mais setenta anos. (Por quê? Para que os meus futuros bisnetos possam ganhar dinheiro com este livro se ele vender bem?) Os direitos autorais também foram estendidos para abarcar trabalhos inéditos, enquanto a necessidade de reivindicação foi eliminada, o que tornou isso automático. A alegação de que isso levou a uma explosão da escrita de livros ou da produção de música é esfarrapada. Em sua maioria, as pessoas criam obras de arte porque almejam poder ou fama tanto quanto dinheiro. Shakespeare não tinha proteção de direitos autorais, e cópias piratas das suas peças abundavam, mas ainda assim ele escreveu. Hoje em dia, onde quer que as proteções de propriedade intelectual estejam ausentes ou falhem — como na indústria da música, por exemplo, onde a "pirataria" se impôs —, o entusiasmo dos criadores não diminuiu.

Como relatam Brink Lindsey e Steve Teles em seu livro *The Captured Economy* [A economia capturada, em tradução livre], desde que o Napster tornou possível, em 1999, o compartilhamento em massa de arquivos, as receitas na indústria musical norte-americana caíram consideravelmente — 75% entre 1998 e 2012. Contudo, a oferta de novos álbuns musicais dobrou em doze anos, depois de 1999. O compartilhamento de arquivos on-line, depois de uma rápida batalha, estabeleceu-se sem matar a indústria da música. Os artistas voltaram a se apresentar ao vivo para ganhar dinheiro, em vez de se sentar e esperar a chegada dos *royalties*. As indústrias estabelecidas combateram cada inovação surgida no mundo da arte: não somente *streaming* de música, mas também gravações de vídeo de filmes.

Enquanto isso, na ciência, você — o contribuinte — paga pela maior parte das pesquisas, mas os resultados publicados estão ocultos e protegidos por acesso pago em periódicos especializados controlados por três empresas altamente lucrativas — Elsevier, Springer e Wiley —, cujo modelo de negócio é vender novamente ao contribuinte, na forma de assinatura de conteúdo, os frutos do seu investimento. Deixando de lado a ética envolvida na questão, isso atrasa enormemente a difusão de conhecimento fora das universidades, para o óbvio prejuízo da inovação.

Em 2019, a União Europeia propôs uma diretriz sobre direitos autorais on-line, parte da qual tornaria as plataformas da internet, não as pessoas que postam nela, responsáveis por determinar se essas pessoas teriam permissão para postar algo. Um grande grupo de pioneiros da internet, incluindo Vint Cerf, Tim Berners-Lee e Jimmy Wales, argumentou que isso era um equívoco e que atingiria pequenas *startups* mais do que empresas de tecnologia estabelecidas: "O artigo 13 é um passo sem precedentes para que a internet deixe de ser uma plataforma aberta de compartilhamento e inovação e se transforme numa ferramenta de vigilância e controle automatizados dos seus usuários."

Quanto às patentes, a sua meta é encorajar as pessoas a inovar, permitindo que tenham lucro pelo monopólio da patente por um espaço de tempo limitado, com a condição de que divulguem os detalhes da sua invenção. A analogia com a propriedade — explicitada na expressão "propriedade intelectual" — é que sem uma cerca ao redor do seu jardim você não pode cuidar dele nem o melhorar. Mas a analogia é falha. Todo o objetivo de novas ideias é compartilhá-las e permitir que sejam copiadas. Mais de uma pessoa pode aproveitar uma ideia sem esgotá-la ou diminuí-la, o que não acontece com a propriedade física.

Em 2011, o economista Alex Tabarrok observou, em seu livro *Launching the Innovation Renaissance* [Iniciando a Renascença da inovação, em tradução livre], que o sistema de patentes americano, longe de encorajar a inovação, agora a desencoraja. Repetindo a famosa curva de Laffer, que mostra que a partir de certo ponto taxas de imposto mais altas geram receitas menores, Tabarrok desenhou um gráfico num guardanapo de papel para sugerir que a partir de certo ponto patentes mais fortes geram menos inovação, pois dificultam o compartilhamento de ideias e criam entraves ao acesso. A Lei de Proteção do Chip Semicondutor, de 1984, resultou em mais patentes, porém menos inovação nos Estados Unidos, enquanto as empresas de semicondutores começaram a estocar intensamente "baús de guerra" para usar em disputas umas com as outras.

Relatei neste livro muitas histórias a respeito de disputas de patentes que deixaram os inovadores atolados em litígios dispendiosos com seus rivais. Watt, Morse, Marconi, os irmãos Wright e outros desperdiçaram os melhores anos da vida deles nos tribunais defendendo a sua propriedade intelectual. Eles merecem simpatia em alguns casos: depois de trabalharem muito, viram piratas lucrarem com a sua inventividade. Com a mesma frequência, contudo, eles insistiam em vinganças fúteis contra rivais que mereciam ao menos algum crédito. Em alguns casos, o governo teve de interferir para resolver as coisas. Alguns anos antes da Primeira Guerra Mundial, enquanto os aviadores franceses avançavam de maneira satisfatória, os norte-americanos atolavam-se em ações judiciais, o que fez a inovação estagnar. Um século mais tarde, as "guerras de patentes de *smartphone*" estouraram entre os fabricantes rivais, o que levou a uma confusão burocrática que acabou travando tudo, menos as maiores empresas de tecnologia.

Parece razoável o argumento de que se deve algum tipo de monopólio temporário sobre os lucros de uma invenção ao inventor em troca da publicação dos detalhes. Contudo, exceto talvez em casos especiais, como o da indústria farmacêutica — na qual são necessários anos de experimentos caros antes que a droga possa ter sua venda autorizada —, é frágil a evidência de que isso funcione. Para começar, não existem indícios de que haja menos inovação em áreas não amparadas por patentes. Lindsey e Teles listam as várias inovações organizacionais que ocorreram em empresas — não patenteadas, largamente copiadas e ainda assim inventadas com entusiasmo: a corporação multidivisional, o departamento de pesquisa e desenvolvimento, a loja de departamentos, a cadeia de lojas, franquias, controle estatístico de processos, gestão de inventário sob demanda. Da mesma maneira, nenhuma das tecnologias que se seguem foi patenteada de forma eficiente: transmissão automática, direção hidráulica, caneta esferográfica, celofane, bússola giratória, motor a jato, gravação magnética, lâmina de segurança e zíper. Inventar algo confere à pessoa a vantagem do pioneirismo, que costuma ser suficiente para que ela tenha uma recompensa substancial. Inventores astutos podem tirar os seus imitadores de combate com detalhes enganosos: Bosch teve o cuidado de deixar que Haber revelasse somente a segunda melhor receita de catalisador para fixar nitrogênio.

Outro problema é que simplesmente não existem evidências geográficas e históricas de que as patentes sejam úteis, muito menos necessárias, para estimular a inovação. Tomemos como exemplo o caso dos fabricantes ingleses de relógios e instrumentos do século XVIII — uma indústria famosa por sua engenhosidade, que produzia não apenas relógios de alta qualidade (que eram invejados em toda a Europa e se tornaram cada vez mais acessíveis) como também instrumentos novos e precisos, tais como microscópios, termômetros e barômetros. Os fabricantes de relógios e de óculos mantinham uma posição que a historiadora Christine Macleod chamou de "oposição inveterada às patentes", gastando grandes somas a fim de tentar derrotar leis do Parlamento que introduziam as patentes. O argumento desses fabricantes era que as patentes "limitavam o livre exercício de uma habilidade cujo desenvolvimento sempre dependeu de ligeiros melhoramentos praticados entre os artesãos".

Nem a Holanda nem a Suíça contavam com um sistema de patentes na segunda metade do século XIX, mas os dois países conseguiram fomentar a inovação. Um estudo de Josh Lerner abarcando 177 casos de políticas fortes de patentes em sessenta países ao longo de mais de um século constatou que "essas mudanças de política não incentivaram a inovação. No Japão, outro estudo constatou que o fortalecimento da proteção de patentes não aumentou nem os gastos com pesquisa nem a inovação. No Canadá, um estudo revelou que as empresas que usam o processo de patentes em excesso não eram mais propensas a inovar.

Outro problema é que sem dúvida as patentes fazem aumentar o custo das mercadorias. A ideia é essa: manter a concorrência sob controle enquanto o inovador obtém uma recompensa. Isso atrasa o desenvolvimento e a propagação da inovação. Como explicou a economista Joan Robinson: "A justificativa do sistema de patentes é que se a difusão do progresso técnico for retardada haverá mais progresso para difundir." Mas isso não acontece necessariamente. Na verdade, a história está repleta de exemplos de ondas de inovação que emergem quando uma patente chega ao fim.

Em suma, patentes tendem a favorecer as invenções, e não as inovações: colocam em primeiro lugar descobertas de princípios em vez de adaptação de dispositivos ao mercado. Isso leva à proliferação do que se conhece como emaranhado de patentes: vagas salvaguardas da propriedade intelectual que bloqueiam o avanço de pessoas que buscam se mover no cenário intelectual e desenvolver novos produtos. É um problema que se destaca na biotecnologia, campo em que, com frequência, os inovadores se veem violando patentes obtidas por outros relacionadas a moléculas que eles precisam usar apenas em uma pequena parte do seu trabalho. *Startups* se veem impedidas de seguir determinada pista para um novo caminho molecular com a desagradável descoberta de que outra empresa já patenteou de forma vaga o uso de uma das moléculas envolvidas. Como argumentou Michael Heller em seu livro *The Gridlock Economy* [A economia bloqueada, em tradução livre], de 2010, isso é como colocar pedágios ao longo de todo o caminho do comerciante até o mercado: aumenta preços e extingue negócios.

Apesar dessa evidência, a indústria — particularmente a indústria jurídica — tem sido feliz em defender uma proteção de patentes bem mais rigorosa nos últimos anos. A quantidade de patentes emitidas a cada ano pelo Escritório de Patentes e Marcas Registradas dos Estados Unidos quintuplicou desde 1983, chegando a mais de 300 mil em 2013, num momento em que o crescimento econômico desacelerou. Portanto, isso não parece ter ajudado a economia a crescer. Inacreditavelmente, um estudo mostrou que, exceto nas indústrias química e farmacêutica, gasta-se quatro vezes mais dinheiro com litígios envolvendo propriedade intelectual do que o que se ganha com benefícios advindos dela. De fato, as ações judiciais em sua maioria são movidas por empresas que não fabricam produtos — elas apenas estão no negócio de comprar patentes e acionar quem as viola. São conhecidas como "troll de patentes" e suas atividades custaram aos Estados Unidos 29 bilhões de dólares somente em 2011. A Blackberry, empresa canadense de mensagens de celular, caiu nas garras de um troll extremamente caro. De certo modo, acabou tornando-se ela própria um troll de patentes, processando o Facebook e mais recentemente o Twitter por infringirem o que a empresa alega ser seu direito de propriedade sobre coisas óbvias como mensagens móveis, publicidade móvel e "notificações de novas mensagens".

Tabarrok sugere um sistema de patentes de três níveis que ofereça patentes de dois, dez ou vinte anos, com patentes de menor duração concedidas de modo muito mais rápido, fácil e barato. Atualmente, ele diz que qualquer um com uma ideia nova e não óbvia recebe uma patente de vinte anos, não importa que a inovação custe um bilhão de dólares ou vinte dólares. As farmacêuticas são o exemplo mais claro. Se uma empresa demora dez anos e gasta um bilhão de dólares para criar uma droga, testá-la e provar que é segura e eficaz, então não parece justo que outros tirem proveito de cópias genéricas.

Mesmo nesse caso, contudo, existe um argumento contra o sistema atual de patentes. Bill Gurley, um bem-sucedido investidor em tecnologia, insinua que as empresas farmacêuticas gastam grande parte dos seus lucros provenientes de monopólio comercializando e defendendo o próprio monopólio em lugar de buscar novos produtos. O deplorável fracasso da indústria farmacêutica em descobrir novos medicamentos eficazes contra males como a doença de Alzheimer ou mesmo em manter sua taxa de inovação em geral está longe de atestar a eficácia do regime de propriedade intelectual. "Você tem de imaginar onde poderíamos estar num mundo em que não houvesse patentes de medicamentos. Considero ridícula a ideia de que ninguém trabalharia em inovação", Gurley me disse.

Em resumo, são fracas as indicações de que patentes e direitos autorais são necessários para a inovação, muito menos vantajosos para ela. Simplesmente não existem sinais de uma "falha de mercado" na inovação esperando que a propriedade intelectual a corrija; por outro lado existem amplas evidências de que patentes e direitos autorais atrapalham consideravelmente a inovação. Como afirmam Lindsey e Teles, os detentores de propriedade intelectual são "um obstáculo significativo à inovação e ao crescimento, ao contrário do que promete o propósito declarado da lei de propriedade intelectual". E eles vão além:

> É absolutamente correto arrancar a pele de cordeiro da propriedade intelectual e deixar que se revele o lobo que ela é — um grande fator de estagnação econômica e um instrumento para o enriquecimento injusto.

QUANDO GRANDES EMPRESAS SUFOCAM A INOVAÇÃO: O CASO DO ASPIRADOR SEM SACO

Economias ocidentais modernas, como a norte-americana, têm a tendência geral de acumular obstáculos à inovação na forma de oportunidades de obtenção de renda, muitas vezes (mas nem sempre) devido à regulamentação. As patentes são um exemplo. O crescimento das finanças é outro exemplo. Pessoas talentosas são deslocadas de atividades mais produtivas para profissões relativamente improdutivas, porém lucrativas, de movimentar dinheiro de formas especulativas protegidas de competição por uma regulamentação rígida e subsídios encobertos. O crescimento do licenciamento ocupacional, limitando empregos a pessoas com determinadas credenciais, tende a dificultar a disrupção empresarial. O que estamos fazendo na realidade é reinventar as irmandades que muitas vezes monopolizaram e asfixiaram o comércio na Idade Média. Na Europa, cerca de 5 mil profissões são restritas a pessoas com licenças exigidas pelo governo. Na Flórida, um designer de interiores tem de frequentar a universidade por quatro anos antes de poder exercer a profissão, mesmo que já tenha se qualificado como designer de interiores em outro estado. Deus nos livre de termos seres subversivos tentando mobiliar um apartamento na Flórida ao estilo do Alabama! Isso seria colocar em perigo o interesse público... No Alabama, uma manicure tem de passar por um treinamento de 750 horas e se submeter a um exame antes de se estabelecer no negócio. Essas barreiras ao acesso são pensadas para aumentar as recompensas dos que já praticam uma atividade.

Em 1937, o número de táxis em Paris foi limitado a 14 mil. Em 2007, foi limitado a 16 mil. Alguém se deu ao trabalho de considerar que o interesse do consumidor por táxis pode ter crescido tremendamente ao longo desse período? Se isso ocorreu a alguém, ninguém no governo nem nas empresas autorizadas ligou a mínima. Foi necessário que gente de fora — como a Uber — aparecesse e sacudisse essa complacente indústria a oferecer aos consumidores os benefícios do GPS, dos dados com dispositivos móveis e do *feedback* do cliente. A resistência dos taxistas à Uber, Lindsey e Teles observam, é um "exemplo poderosamente nítido do conflito entre licenciamento ocupacional e inovação". Cidades como Paris e Bruxelas aprovaram leis para limitar ou até proibir a Uber.

O planejamento do uso da terra é outro entrave à inovação. Restringe a oferta e faz aumentar o preço das moradias em cidades de crescimento rápido, e como bizarra consequência disso as pessoas migram para longe de áreas inovadoras. Dessa maneira, entre 1995 e 2000, enquanto a internet crescia, o número de norte-americanos que saíram de San Jose, centro nevrálgico do Vale do Silício, superou em 100 mil o número de norte-americanos que se mudou para lá — em razão dos custos da habitação.

O curioso caso do aspirador de pó sem saco demonstrou o quanto o sistema político europeu tende a favorecer as tecnologias estabelecidas. O engenheiro britânico James Dyson inventou o aspirador Cyclone, que funciona sem saco, de modo que não perdia poder de sucção à medida que se enchia de pó, embora o motor trabalhasse com a mesma intensidade. Em setembro de 2014, a Comissão Europeia promulgou um conjunto de "regulamentos de ecodesign e etiquetagem energética", cujo propósito era obrigar os fabricantes a montar produtos com maior eficiência energética. Compreensivelmente, a empresa de Dyson foi a primeira fabricante de aspiradores a apoiar a ideia de uma rotulagem com informações ao cliente a respeito do consumo de energia dos motores dos aspiradores: o Cyclone, produzido pela empresa, é bastante eficiente, sobretudo em meio a muita poeira.

A etiqueta energética contém a classificação geral de energia, numa escala de A a G, em que A é a melhor avaliação e G, a pior; o consumo anual de energia em kWh; a quantidade de poeira no escapamento da máquina (A a G); o nível de ruído em decibéis; a quantidade de poeira que a máquina retira dos tapetes (A a G); e a quantidade de poeira que a máquina retira de pisos duros e de fendas (A a G). De maneira bizarra, porém, soube-se que a Comissão Europeia havia determinado que sob esses regulamentos os aspiradores de pó teriam de ser testados sem poeira. Mas isso está em desacordo com a Comissão Eletrotécnica Internacional, ou CEI, uma organização de normas cujos padrões foram adotados por associações de testes ao consumidor e fabricantes em todo o mundo. Também difere da maneira como outros aparelhos — tais como máquinas de lavar, fornos e lava-louças — são testados: "carregados", não vazios.

Por que a Comissão Europeia se distanciou da prática internacional? A resposta apareceu através de documentos revelados sob liberdade de informação. Os grandes fabricantes alemães de aspiradores de pó com saco estavam fazendo *lobby* intenso na Comissão Europeia. Os aspiradores com saco precisam aumentar o consumo de energia à medida que se enchem de poeira, do contrário seu desempenho piora. É um caso clássico de capitalismo de compadrio: uma empresa faz pressão para que as regras sejam escritas de modo a favorecer uma tecnologia já estabelecida em prejuízo de uma tecnologia inovadora.

Em 2013, a empresa de Dyson desafiou as regras de rotulagem no Tribunal Geral da União Europeia, argumentando que o desempenho de um aspirador de pó deve ser avaliado em condições reais — ou seja, com alguma poeira de verdade em seu caminho. Só em novembro de 2015, o Tribunal Geral da União Europeia deu a sua lenta decisão, rejeitando as reivindicações de Dyson. Argumentou que os testes na presença de poeira não são "reproduzíveis", portanto, não poderiam ser adotados na avaliação. Isso apesar do fato de que o padrão internacional exige a presença de poeira. Dyson sabia que isso era bobagem porque sempre testa as suas próprias máquinas, no laboratório e em casas reais, usando poeira, fios, penas, areia, detritos de verdade e até mesmo biscoitos para cachorro e (curiosamente) dois tipos diferentes de cereais Cheerio (os melhores inovadores estão atentos a todo tipo de fraquezas humanas).

Dyson recorreu da decisão do Tribunal Geral à Corte Europeia de Justiça em janeiro de 2016. O tempo passou. Em 11 de maio de 2017, ele venceu. Segundo a Corte, para chegar às conclusões a que chegou, o Tribunal Geral "distorceu os fatos", "ignorou a sua própria lei", "ignorou as provas apresentadas por Dyson" e "não cumpriu o seu dever de demonstrar suas razões". Os juízes decidiram que o teste deveria adotar, onde fosse possível tecnicamente, "um método de cálculo que permitisse medir o desempenho energético dos aspiradores em condições o mais próximas possível das condições reais de uso". Exatamente como Dyson havia declarado. A Corte Europeia de Justiça então entregou novamente o caso ao Tribunal Geral para que reconsiderasse o seu veredito — que demorou absurdos dezoito meses para ser preparado. Em novembro de 2018, o Tribunal Geral enfim decidiu favoravelmente a Dyson. A essa altura, porém, os fabricantes chineses já haviam ganhado bastante terreno para avançar.

A empresa de Dyson fez uma declaração demolidora a respeito desse caro e inútil atraso de cinco anos:

> A rotulagem da União Europeia discriminava flagrantemente uma tecnologia específica — o Cyclone, patenteado por Dyson. Isso beneficiou os fabricantes tradicionais, predominantemente alemães, que fizeram pressão sobre altos funcionários da Comissão. Alguns produtores chegaram a tirar vantagem do regulamento usando motor em baixa potência durante testes, mas depois

usando tecnologia para aumentar a potência do motor automaticamente quando a máquina se enche de poeira, a fim de simular maior eficiência. Esse *software* de trapaça permite que se burle o espírito do regulamento.

Há aqui um reflexo direto do escândalo do diesel. Ambientalistas pressionaram a União Europeia para que promovesse os motores a diesel devido a suas emissões mais baixas de dióxido de carbono e apesar das suas emissões mais altas de óxido de nitrogênio. Os fabricantes de carros alemães, com sua vantagem em relação ao diesel, aderiram, apenas para que o escândalo do "*software* de trapaça" surgisse alguns anos depois — programas de computador projetados para trapacear, a fim de que carros passassem nos testes de emissões nos Estados Unidos.

Manobras regulatórias causam dano não somente por anular a energia empreendedora, mas também por desvirtuá-la. O economista William Baumol argumentou que, se o contexto político dá a entender que a melhor maneira de enriquecer é construir um novo dispositivo e vendê-lo, então a energia empreendedora fluirá para a inovação; mas se for mais simples ter lucro com o *lobby* governamental que define regras a favor de uma tecnologia já existente, nesse caso toda a energia empreendedora fluirá para o *lobby*.

Ainda que não seja intencional, a hostilidade geral da União Europeia contra o processo de inovação é a provável causa do recente crescimento lento das economias da Europa. As desvantagens do empreendedor são muito grandes. A União Europeia colocou uma sucessão de obstáculos no caminho das *startups* digitais, deixando a Europa em marcha lenta na revolução digital e sem gigantes digitais para rivalizar com Google, Facebook ou Amazon — ao contrário da China. Instalou uma versão severa do princípio da precaução no próprio Tratado de Lisboa. A Comissão Europeia e o Parlamento Europeu se opuseram com determinação ou impediram dados móveis, cigarros eletrônicos, fraturamento hidráulico, modificação genética, aspiradores de pó sem saco coletor e, mais recentemente, edição genética, muitas vezes valendo-se de raciocínio desonesto proveniente de grupos de pressão ou de *lobbies* corporativos em favor de interesses estabelecidos.

Em 2016, a BusinessEurope elaborou uma longa lista com exemplos em que a regulamentação europeia afetou a inovação. A lista continha dois casos nos quais a regulamentação estimulou a inovação, em políticas de resíduos e mobilidade sustentável. Mas era muito maior nessa lista o número de casos em que a regulamentação da União Europeia havia retardado a mudança introduzindo insegurança jurídica, incoerência em relação a outras regulamentações, imposição de regras para a tecnologia, exigências onerosas para embalagens, altos custos de adaptação ou excesso de precaução. Descobriu-se que a Diretiva de Dispositivos Médicos da União Europeia resultou em novos dispositivos médicos mais caros e em número consideravelmente menor do que se teria obtido de outra maneira. Um estudo concluiu que um dispositivo médico leva aproximadamente vinte e um meses para passar pelo processo regulatório nos Estados Unidos, desde o pedido ao órgão regulador até o reembolso; mas na Alemanha tal processo demora setenta meses. No caso específico do marca-passo implantável Stratos, o processo levou catorze meses nos Estados Unidos, quarenta meses na França e setenta meses na Itália. Fredrik Erixon e Björn Weigel ressaltam que as economias ocidentais "acabaram desenvolvendo uma quase obsessão por precauções que simplesmente não podem conviver com uma cultura de experimentação".

QUANDO OS INVESTIDORES SE AFASTAM DA INOVAÇÃO: O CASO DOS *BITS* SEM PERMISSÃO

Peter Thiel começou como filósofo, editou a *Stanford Review*, tornou-se advogado e mais tarde deu início ao seu próprio fundo de capital de risco. Fundador do Paypal, ele viu potencial no Facebook e se tornou um dos seus primeiros investidores. Antes das eleições presidenciais de 2016, ele fez a mesma coisa com Donald Trump, sacramentando a sua reputação de visionário — e não aumentando sua popularidade no Vale do Silício.

Em meados da década de 2010, Thiel fez o seguinte comentário: "Eu diria que vivíamos em um mundo no qual os *bits* não eram regulados, e os átomos eram." O *software* estava evoluindo por meio de "inovação sem permissão", enquanto a tecnologia física estava amarrada à regulamentação que sufocou consideravelmente a mudança. "Se você está começando uma empresa de *software* de computador, isso vai lhe custar algo em torno de 100 mil dólares", acrescentou Thiel. "Mas para obter uma nova droga através da [Food and Drug Administration], vai precisar de algo em torno de 1 bilhão de dólares." Como resultado disso, as *startups* de desenvolvimento de medicamentos escassearam.

Esse não é um argumento favorável à desregulação total no campo da descoberta de medicamentos, com todos os riscos de danos à saúde humana. Afinal, um lema como "mova-se rápido e quebre coisas", do Facebook em seus tempos iniciais, seria perigoso na inovação médica. A talidomida é um lembrete pavoroso do que pode ocorrer se os medicamentos não forem devidamente testados — nesse caso, o efeito sobre os fetos não foi detectado nos testes. Mas é um argumento de que a regulamentação pode desviar o investimento em inovação de um setor para outro e que, se o governo deseja atrair investidores para a inovação numa determinada área, deve avaliar com atenção as regulamentações que barram a experiência.

A inovação de *bits* sem consentimento ocorreu acidentalmente, em parte, mas também um pouco devido ao planejamento, ao menos nos Estados Unidos. Adam Thierer argumentou que uma coalizão de políticos de ambos os partidos adotou o conceito de inovação sem permissão como base da política da internet a partir do começo da década de 1990. Esse se tornou o "ingrediente secreto" que desencadeou o crescimento do comércio eletrônico. Em 1997, a administração Clinton publicou um "Framework for Global Electronic Commerce" [Modelo para o Comércio Eletrônico Global, em tradução livre], um documento bastante libertário. Nele se lia que "a internet deveria se desenvolver como uma arena voltada para o mercado, não como uma indústria regulamentada"; que os governos devem "evitar restrições indevidas ao comércio eletrônico"; que "as partes devem ser capazes de firmar acordos corretos para comprar e vender produtos e serviços pela internet com um mínimo envolvimento ou interferência do governo"; e que "quando o envolvimento do governo for necessário, seu propósito deve ser o de apoiar e fazer cumprir um ambiente legal previsível, minimalista, compatível e simples para o comércio". Essa foi a abordagem que incentivou o crescimento explosivo do comércio eletrônico nas duas décadas que se seguiram e explica por que isso aconteceu primeiro nos Estados Unidos.

O fato é que os Estados Unidos foram além e aprovaram uma lei que permitia explicitamente a liberdade de expressão na internet, por meio da Seção 230 da Lei de Telecomunicações de 1996, que isentava os intermediários on-line de responsabilidade pelo conteúdo dos seus sites. Na essência, isso criou uma definição que os diferiu de editoras e é evidentemente a fonte das ansiedades atuais relacionadas ao poder e à responsabilidade das grandes empresas de tecnologia como Facebook e Google. A Seção 512 da Lei de Direitos Autorais do Milênio Digital de 1998 também as protegeu contra violação de direitos autorais.

Um conceito fundamental no estudo da inovação é a "doença do custo" de Baumol. No entendimento do economista William Baumol, a inovação em um setor pode acarretar aumento no custo de produtos ou serviços em outro setor caso este último experimente menos inovação. Se a inovação transformar a produtividade do trabalho na indústria, isso fará aumentar os salários em toda a economia, encarecendo os serviços. Em 1995, na Alemanha, uma televisão de tela plana custava quase o mesmo que uma prótese de quadril. Quinze anos mais tarde, uma pessoa poderia comprar dez televisores de tela plana pelo preço de uma cirurgia de substituição do quadril. Os salários dos cirurgiões aumentaram em virtude da produtividade da economia, mas a produtividade dos cirurgiões não aumentou muito, se é que chegou a aumentar. Portanto, permitir a inovação somente em um setor pode ser um problema.

Inovação é uma dessas coisas que todos costumam apoiar, mas todo mundo encontra algum motivo para se opor a ela em casos particulares. Longe de ser bem-vindos e estimulados, os inovadores precisam lutar contra os interesses estabelecidos dos titulares, o conservadorismo cauteloso da psicologia humana, os ganhos provenientes do protesto e as barreiras erguidas por patentes, regulamentos, normas e licenças.

CAPÍTULO 12

Escassez de inovação

"Nós queríamos carros voadores; em vez disso ganhamos 140 caracteres."
Peter Thiel

COMO A INOVAÇÃO FUNCIONA

O principal ingrediente do molho secreto da inovação é a liberdade. Liberdade para partilhar, experimentar, imaginar, investir e fracassar; liberdade de expropriação ou restrição por chefes, sacerdotes e ladrões; liberdade aos consumidores para que possam premiar as inovações de que gostam e rejeitar as inovações das quais não gostam. Desde pelo menos o século XVIII, os liberais argumentam que a liberdade leva à prosperidade, mas eu poderia argumentar que eles nunca encontraram de maneira convincente o mecanismo, a corrente pela qual uma causa a outra. A inovação, o movimento da improbabilidade infinita, é essa corrente, esse elo perdido.

A inovação é filha da liberdade, porque é uma tentativa livre e criativa de satisfazer desejos humanos que se manifestam livremente. Sociedades inovadoras são sociedades livres; nelas, as pessoas são livres para expressar seus desejos e buscar a satisfação destes, e nelas as mentes criativas são livres para realizar experiências e encontrar maneiras de alimentar essa busca — desde que não prejudiquem os outros. Quando falo de liberdade não é em um sentido libertário extremado, sem lei; é apenas a ideia geral de que, se uma coisa não foi especificamente proibida, então devemos supor que seja permitida — um fenômeno surpreendentemente raro nos dias de hoje em um mundo no qual os governos tentam ditar o que pode e o que não pode ser feito.

Essa confiança na liberdade explica por que não é fácil planejar a inovação: porque nem os desejos humanos nem os meios para satisfazer esses desejos são fáceis de antecipar nos detalhes necessários; explica por que a inovação, não obstante, parece inevitável se olharmos para trás: porque a ligação entre desejo e satisfação só então se manifesta; explica por que a inovação é um negócio coletivo e colaborativo: porque uma mente sabe muito pouco de outras mentes; explica por que a inovação é orgânica: porque tem de ser uma resposta a um desejo genuíno e livre, não a algo que alguém com autoridade pensa que devemos querer; explica por que ninguém sabe como produzir inovação verdadeiramente — porque ninguém pode fazer as pessoas desejarem algo.

UM FUTURO RADIANTE

Eu não sou profeta e, além disso, já expus minhas razões para acreditar que é impossível prever o progresso da inovação. Ser otimista demais com relação à tecnologia e aos hábitos futuros é quase tão fácil quanto ser pessimista demais. Contudo, resta pouca dúvida de que a inovação pode mudar acentuadamente o mundo nas próximas décadas. Há um enorme potencial, que, no entanto, só poderá ser realizado de maneira incompleta, em razão dos obstáculos e provações que os inventores devem enfrentar. Eis alguns palpites sobre o que se poderia fazer por meio da inovação na próxima geração para melhorar a condição dos seres humanos e das outras criaturas com as quais compartilhamos este planeta.

Em 2050, quando — se estiver vivo — eu chegar aos 92 anos e provavelmente necessitar de cuidados, talvez estejamos vivendo em um mundo no qual a inteligência artificial transformou a assistência aos idosos em algo muito mais acessível, humano e eficaz. Já nos dias de hoje, existem aparelhos de teleassistência que monitoram pessoas idosas de modo que seus filhos ou cuidadores possam saber, sem telefonar, que eles estão em segurança, ativos e se alimentando. Essa aparelhagem parece mais popular e eficiente do que os botões de pânico e menos invasiva do que intermináveis visitas ou ligações telefônicas. Se disso resultar uma produtividade maior por cuidador, então mais pessoas terão condições de pagar por esses serviços de assistência, e os salários dos cuidadores também aumentarão. Eu e a minha geração podemos ter a expectativa de uma velhice com entretenimento mais rico e cuidados mais afetuosos que qualquer geração anterior já tenha recebido.

Se algumas previsões com relação ao potencial dos tratamentos para o próprio processo de envelhecimento estiverem certas, com base num entendimento crescente sobre a remoção de células senescentes dos tecidos, o custo dos cuidados para idosos pode despencar. Em 2050, também poderíamos experimentar a "compressão da morbidade" há tanto tempo prometida — teoria segundo a qual as pessoas passariam tempo mais longo vivendo e menos tempo morrendo. Isso até agora não passou de ilusão, pois nós prevenimos e curamos doenças que matam subitamente (como as cardíacas) muito mais rapidamente do que prevenimos ou curamos doenças que matam paulatinamente (como o câncer), e o quadro para doenças crônicas, como a demência, é ainda mais desanimador. Sem dúvida a inovação médica tornará possível viver a vida com mais qualidade até a velhice, com drogas senolíticas, cirurgia robótica minimamente invasiva, tratamento com células-tronco e tratamento de câncer com tecnologia de edição de genes — para mencionar somente algumas possibilidades. A inteligência artificial pode ajudar a tornar melhores e mais baratos os cuidados médicos, a fim de devolver aos médicos e aos pacientes o "presente do tempo" em consultas, nas palavras de Eric Topol, quando eles de fato precisam.

Estou convencido de que até 2050 conseguiremos deter o aumento de alergias e doenças autoimunes, reconhecendo em grande medida que a causa está na falta de parasitas e na falta de diversidade da microflora em nossos intestinos, para a presença e a resistência da qual o nosso sistema imunológico está adaptado. Com transplantes de microbiota ou suplementos de substâncias que anteriormente eram fornecidas por vermes e bactérias, nós poderíamos ter banido muitas doenças autoimunes, quem sabe até o autismo ou outras doenças mentais. É praticamente certo que nós teremos banido o problema da resistência antimicrobiana com novas estratégias para ficarmos um passo à frente das bactérias letais.

Até 2050, poderemos alcançar imensas melhorias no transporte. Talvez viagens espaciais não se tornem rotina, mas sem dúvida teremos inteligência artificial para nos manter seguros nas estradas e no ar, assim como ela já nos ajuda a andar por aí. O transporte também pode ser bem mais limpo, e a qualidade do ar em nossas cidades pode continuar melhorando, ao passo que o compartilhamento de caronas, estradas e veículos pode ser muito mais eficaz.

Em 2050, poderemos ter alterado a relação entre governo e dinheiro com o uso de criptomoedas para que a inflação rápida seja definitivamente banida. É possível que já estejamos usando a tecnologia *blockchain* para remover alguns dos intermediários que custam caro: advogados, contadores e consultores. Poderemos já ter tornado o crime bem mais difícil de cometer e mais fácil de detectar. Poderemos ter tornado os impostos mais justos e os gastos do governo menos excessivos.

Até 2050, o "gene condutor" — por meio do qual, por exemplo, uma sequência de DNA elimina um sexo na descendência do portador — poderá ter transformado a atividade de conservação da vida selvagem, permitindo-nos exterminar misericordiosamente espécies invasoras que ameacem outras de extinção ou reduzir a população de uma espécie a fim de auxiliar outra, mais rara. É possível que a edição genética nos permita trazer de volta o dodô e o mamute e que os cultivos editados geneticamente tornem a agricultura tão produtiva que necessitemos de muito menos terra, o que nos daria mais capacidade para fornecer a esses dodôs e mamutes, bem como a outras espécies, novos e grandes parques nacionais como habitação.

Até 2050, poderíamos repor os ecossistemas dos oceanos e restaurar as florestas tropicais por meio de políticas inovadoras e de máquinas inovadoras. Crescer continuamente significa alcançar mais benefícios com menos recursos; a desmaterialização da economia é um exemplo disso.

Até 2050, a inovação tornará possível gerar energia suficiente para fornecer mais improbabilidade e prosperidade a todos com emissões líquidas de dióxido de carbono bem mais baixas ou até mesmo negativas. Isso provavelmente significará uma combinação de novas formas modulares de energia nuclear, formas eficazes, incluindo a fusão, bem como uma pujante indústria de captura de carbono em lugares como o Mar do Norte, combinada com maior uso de gás e menor uso de carvão, ampla fertilização de plâncton em oceanos e aumento do reflorestamento dos continentes.

Tudo isso (e muito mais) pode ser facilmente alcançado por meio da inovação pela próxima geração de empreendedores. Resta saber se deixaremos que eles façam isso ou se estrangularemos a galinha dos ovos de ouro da inovação.

NEM TODA INOVAÇÃO É VELOZ

É um clichê dizer que as inovações se aceleram a cada ano. Isso está errado, como muitos clichês. Algumas inovações avançam em ritmo acelerado, sim, mas algumas são mais lentas. Ganham velocidade por si mesmas. Em mais de sessenta anos de vida, eu vi pouca ou nenhuma melhora na velocidade média em viagens. Quando eu nasci, em 1958, os aviões viajavam a 950 km/h e os carros a 100 km/h, assim como nos dias de hoje. Os congestionamentos nas estradas e nos aeroportos tornaram o tempo de viagem programado entre dois locais frequentemente mais longo hoje em dia do que no passado. Um avião moderno de passageiros, com seus motores de alta derivação e asas menos varridas, é projetado na realidade para se deslocar mais devagar do que se deslocava um Boeing 707 na década de 1960, a fim de economizar combustível. O recorde para o avião tripulado mais veloz, 8.300 km/h, foi estabelecido pelo avião-foguete X-15 em 1967 — e ainda não foi alcançado. (O avião mais rápido que "respira ar", isto é, é movido por motores a jato e não por um foguete, o SR-71 Blackbird, estabeleceu um recorde de 4.100 km/h em 1976, recorde esse que também não foi alcançado.) Ainda hoje — cinquenta anos depois de terem sido lançados — os 747 voam. O Concorde, único avião supersônico de passageiros, hoje é história.

É claro que hoje em dia as estradas são melhores, os carros são mais confiáveis (e têm mais porta-copos), há menos colisões e assim por diante. Velocidade não é tudo. Mas compare essa experiência com a mudança na velocidade e na eficácia da comunicação e da computação, que ao longo da minha vida foram totalmente transformadas. Se os carros tivessem sido aperfeiçoados tão rapidamente quanto foram os computadores desde 1982, eles fariam uns quatro milhões de quilômetros por galão e poderiam ir à Lua e voltar cem vezes com apenas um tanque de combustível.

O contraste impressiona ainda mais quando constatamos que, na ficção científica das décadas de 1950 e 1960, a tecnologia do transporte era grandiosa, e os computadores mal apareciam. No futuro, disseram-nos, viagens espaciais serão rotina e teremos aviões supersônicos e girocópteros particulares. Nenhuma menção foi feita à internet, às redes sociais nem a filmes em celulares. Eu recentemente encontrei uma antiga tira de desenho em quadrinhos de 1958 sobre o futuro, intitulada "Mais perto do que pensamos". Uma imagem mostra um "carteiro voador" impulsionado por um jato propulsor entregando cartas numa casa.

A experiência que os meus avós viveram foi oposta à experiência que a minha geração teve: grandes mudanças nos transportes e poucas na comunicação. Eles nasceram antes do automóvel e do avião e viveram para ver aviões supersônicos no céu, helicópteros combatendo em guerras e homens na Lua. Contudo, eles viram pouca mudança na tecnologia da informação. Nasceram depois do telégrafo e do telefone, mas morreram antes do celular e da internet. Quando o último dos meus avós morreu, fazer uma ligação telefônica transatlântica para a sua filha era uma cara raridade que muitas vezes tinha de ser agendada com uma operadora. Eu suspeito que os próximos cinquenta anos não serão nem de longe tão dominados pelos avanços na computação como acreditamos hoje que serão e suspeito que, por volta de 2070, haverá artigos sobre a desaceleração das mudanças na tecnologia da informação e sobre a aceleração na biotecnologia.

ESCASSEZ DE INOVAÇÃO

Algumas pessoas acreditam que nós vivemos em uma era de crise da inovação: em sua opinião, o que vemos em termos de inovação é pouco e nem é grande coisa. O mundo ocidental, sobretudo desde 2009, parece ter esquecido como expandir a sua economia num ritmo razoável. O resto do mundo está compensando isso, com a África em particular começando a alcançar as explosivas taxas de crescimento que a Ásia obteve nas duas décadas anteriores. Mas a maior parte disso é crescimento por acompanhamento, ocasionado pela adoção de inovações já em uso no Ocidente.

Por outro lado, as forças da complacência e da estagnação às vezes parecem vencedoras na Europa, nos Estados Unidos e no Japão. Fredrik Erixon e Björn Weigel, em seu livro *The Innovation Illusion: How So Little Is Created by So Many Working So Hard* [A ilusão da inovação: como tão pouco é criado por tantos trabalhando tão arduamente, em tradução livre], argumentam que o desafio existencial do capitalismo hoje é romper o hábito da relutância que empresas e governos mostram em estimular a inovação apesar de afirmarem o contrário.

A "tempestade perene de destruição criativa" de Schumpeter foi substituída pelas suaves brisas do rentismo. O gerencialismo corporativo vai aos poucos matando o espírito empreendedor enquanto as grandes empresas, em confortável cooperação com o governo hipertrofiado, dominam cada vez mais a cena. Seus chefes fogem da incerteza, tornando suas empresas cada vez mais burocráticas. Economistas como Tyler Cowen e Robert Gordon também observaram que nós não estamos mais inventando coisas que mudam de fato o mundo, como banheiros e carros, mas, sim, brincando mais e mais com trivialidades como as redes sociais.

Um sintoma da doença é que as empresas estão sentadas em enormes pilhas de dinheiro, medidas em trilhões, e as companhias multinacionais tornaram-se credoras líquidas em vez de devedoras, pois não conseguem identificar maneiras de investir seu dinheiro em inovação. Agora algumas grandes empresas farmacêuticas podem obter mais lucro com seus investimentos financeiros do que com a venda de medicamentos. Quando as grandes empresas gastam dinheiro, com frequência fazem isso defensivamente, para fazer cumprir suas patentes ou para proteger sua fatia de mercado. Seus ativos estão envelhecendo, e eles cada vez mais tendem a zelar pela segurança. Isso decorre em parte da propriedade difusa, por fundos de pensão e fundos soberanos, e ao jogo que a acompanha, que tende a transformar empresários em indivíduos que vivem de renda, extraindo lucros de monopólios locais alcançados por meio do estabelecimento de obstáculos ao acesso a novas empresas via propriedade intelectual, licenciamento ocupacional e subsídio governamental.

A mão morta do gerencialismo corporativo então descobre que controlar os mercados é mais fácil do que competir com eles, que é mais fácil planejar em vez de experimentar. O crescimento rápido e constante do número de "responsáveis pela conformidade" dentro das empresas mostra como isso ocorre. O cumprimento do regulamento quase sempre atinge com mais força as pequenas empresas do que as grandes, proporcionalmente falando, o que desestimula a entrada de novos participantes com novas ideias nos mercados já existentes. O economista Luigi Zingales observa que na maior parte das vezes "a melhor maneira de ganhar muito dinheiro não é apresentar ideias brilhantes e trabalhar muito para implementá-las, mas, sim, em lugar disso, cultivar um aliado no governo". Evidentemente, muitas empresas ainda fingem apoiar a inovação fazendo isso da boca para fora, nomeando executivos para cargos cujos títulos incluem essa palavra e adotando *slogans* nos quais essa palavra aparece; mas isso em geral não passa de conversa fiada sem sentido, que mascara um profundo apego ao *status quo*.

Longe de se opor a essa tendência, a globalização pode tê-la fortalecido. As multinacionais assimilaram a mentalidade de planejadores em vez de assimilarem a mentalidade de empreendedores. Esse aspecto provavelmente explica a perda de dinamismo da economia norte-americana e sua crescente desigualdade. O ritmo de formação de novos negócios caiu de 12% ao ano no final da década de 1980 para 8% em 2010. O volume de vendas das empresas nos principais índices declinou de maneira expressiva, o que significa que as empresas estabelecidas permanecem no lugar por mais tempo. Entre 1996 e 2014, a proporção de *startups* iniciadas por pessoas na casa dos vinte anos caiu pela metade. O ritmo de criação de *startups* está caindo em dezesseis das dezoito economias, segundo um estudo da OCDE.

O problema é ainda pior na Europa, onde a destruição criativa quase se paralisou no abraço maternal da Comissão Europeia, com sua tendência a fazer regras que favoreçam empresas estabelecidas. Das cem empresas mais valiosas da Europa, nenhuma — nem sequer uma — foi fundada nos últimos quarenta anos. No índice Dax 30 da Alemanha, apenas duas empresas foram fundadas depois de 1970; no índice CAC 40 da França, uma; e entre as cinquenta mais valiosas da Suécia, nenhuma. A Europa não gerou nem ao menos uma gigante digital para fazer frente a Google, Facebook ou Amazon.

Se essa linha de pensamento estiver correta, a capacidade das economias ocidentais de produzir inovação se enfraqueceu. Tendo em vista que as rendas parecem estar se estagnando e as oportunidades de mobilidade social se esgotando, a causa não é inovação de mais, e, sim, de menos. "A realidade preocupante", Erixon e Weigel escrevem, "é que devemos temer a escassez de inovação em vez de um banquete de inovação". Brink Lindsey e Steve Teles concordam: "O maquinário da destruição criativa está desacelerando, a evidência disso são os lucros corporativos crescentes, o declínio da formação de novas empresas e a estabilidade perturbadoramente crescente das principais empresas ao longo do tempo." Talvez, porém, outra parte do mundo apareça para operar um resgate. Assim como seis séculos atrás a Europa arrebatou o bastão de inovação de uma China cada vez mais esclerosada, talvez a China esteja a ponto de tomá-lo de volta.

A MÁQUINA DE INOVAÇÃO DA CHINA

Há pouca dúvida de que a máquina de inovação na China esteja a todo vapor. O Vale do Silício continuará falando mais alto por algum tempo, mas ao que tudo indica a Califórnia terá de se desdobrar para atrair talentos no futuro: é um lugar cada vez mais caro, sufocante, controlado por regulamentos e cheio de impostos para trabalhar. O Texas está se saindo melhor, e Israel, Nova Zelândia, Cingapura, Austrália, Canadá e mesmo partes da Europa têm seus pontos de destaque, principalmente Londres e o seu interior, mas é provável que nas próximas décadas a China passe a inovar em maior escala e com mais rapidez que qualquer outro lugar. Isso a despeito de sua política autoritária e intolerante, porque isso não atinge o empresário, que por incrível que pareça está livre de regras burocráticas mesquinhas e de atrasos — desde que não irrite o Partido Comunista — e livre para experimentar. Dessa maneira, a falta de liberdade política pode não importar no começo, mas certamente se tornará um problema com o tempo.

Chegou ao fim a época em que a China era uma imitadora inteligente que alcançou o Ocidente emulando seus produtos e processos. A China está avançando aos saltos para o futuro. Seu uso da internet é totalmente móvel e flui livre de computadores fixos. Nas cidades, os consumidores chineses não utilizam mais dinheiro nem cartão de crédito: os pagamentos móveis são universais. O dinheiro digital, controlado por Tencent e Alibaba, está ganhando terreno rapidamente. Na maioria das vezes, as pessoas não encontram mais menus em restaurantes ou caixas registradoras em lojas: os códigos QR são usados para pagar e pedir tudo. Lá o custo dos dados móveis desabou mais rápido do que se poderia imaginar. Em cinco anos, o preço de um gigabyte caiu de 240 yuans para apenas um.

Empresas como o WeChat começaram como empreendimentos de rede social, mas agora fornecem tudo o que os consumidores querem: carteiras móveis, aplicativos para pedir táxi ou refeições, recursos para pagar contas de consumo e muito mais. Coisas que exigem o uso de cinco aplicativos diferentes no Ocidente podem ser feitas com somente um aplicativo na China. Empresas como a Ant Financial estão reinventando os serviços financeiros, com 600 milhões de usuários gerenciando não só o seu dinheiro, como também os seus seguros e outros serviços e fazendo tudo isso com um único aplicativo.

No campo da descoberta e da invenção, a China também é inovadora: mergulha em inteligência artificial, edição genética e energia nuclear e solar com um prazer com o qual o Ocidente só pode sonhar. O ritmo é estonteante: 11 mil quilômetros de novas rodovias foram construídos por ano na década passada; linhas de trem e redes de metrô (que no Ocidente demorariam décadas para ser construídas) surgem em um ou dois anos; as redes de dados são maiores, mais velozes e mais abrangentes do que em qualquer outro lugar. Esse gasto em infraestrutura não é inovação, mas sem dúvida abre caminho para que a inovação aconteça.

Como explicar uma fúria inovadora com tamanha velocidade e alcance? Em uma palavra: trabalho. Os empreendedores chineses entregam-se a suas atividades das nove da manhã às nove da noite, seis dias por semana. Era assim que os norte-americanos faziam quando mudaram o mundo (Edison exigia dos seus funcionários horas de trabalho desumanas) e era assim que os alemães agiam quando figuraram entre as pessoas mais inovadoras, bem como britânicos no século XIX e, antes disso, holandeses e italianos. Disposição para dedicar-se por horas, experimentar e improvisar, tentar coisas novas e assumir riscos — por algum motivo essas características se encontram em sociedades novas e prósperas, não mais em sociedades velhas e cansadas.

O Ocidente ainda pode realizar coisas novas e inteligentes em finanças, ciência, artes e filantropia, porém está diminuindo a velocidade na inovação dos produtos e processos que afetam o cotidiano. Burocracia e superstição são um estorvo no caminho de quem tenta. Londres leva três décadas para construir uma única nova pista para o seu aeroporto principal (que ainda não está pronta), enquanto consultores enchem os bolsos investigando o que acontecerá com cada salamandra, morcego e medidor de ruído num raio de quilômetros. Há anos Bruxelas vem considerando se é boa ideia alguém tentar produzir um cultivo resistente a insetos. Washington proporciona um verdadeiro banquete para reguladores, advogados, consultores e locatários, que sugam os fluidos vitais das empresas de perfil empreendedor. Os bancos centrais olham com desprezo para criptomoedas e tecnologia financeira. Assim como a China da Dinastia Ming, a Arábia Abássida, Bizâncio e a Índia Ashokan antes deles, essas civilizações maduras perdem o gosto pela inovação e passam a vez.

RECUPERANDO O ÍMPETO

Contudo, se o mundo depender da China para fazer a sua inovação avançar, ele se tornará um lugar desconfortável. Os cidadãos chineses sujeitam-se a restrições arbitrárias e autoritárias das quais o Ocidente se desvencilhou há muito tempo. Lá não existe democracia, e a liberdade de expressão é impossível. Eu repito: as histórias de inovação que registrei neste livro ensinam uma lição que, em grande medida, depende da liberdade. A inovação acontece quando as ideias podem se encontrar e se combinar, quando há incentivo à experimentação, quando pessoas podem se movimentar livremente, quando o dinheiro pode se destinar com rapidez a novos conceitos e quando aqueles que investem podem se assegurar de que a sua remuneração não será roubada. Talvez o Ocidente esteja aos poucos se esquecendo de deixar que isso aconteça graças ao estrangulamento burocrático, e a China sem dúvida sufocará esse processo valendo-se de autoritarismo político. Em um sistema autoritário, será bastante fácil para as empresas já estabelecidas — até mesmo aquelas que começaram como forasteiras corajosas — erguer obstáculos à entrada de empreendimentos inovadores. Sendo assim, quem é que vai aceitar o desafio?

Talvez a Índia — um país enorme que agora desfruta de padrões de renda média, com uma população instruída e uma longa tradição de livre-iniciativa e ordem espontânea. A inovação na Índia tem se acelerado a olhos vistos, com tecnologias como o uso de identificação biométrica por impressão digital e íris para pagamento de seguro e serviços bancários, já dando sinais de ter ultrapassado o Ocidente e a China. A indústria farmacêutica da Índia está deixando rapidamente os medicamentos genéricos e buscando medicamentos inovadores.

Ou quem sabe o Brasil, um país que viu os seus pedidos de patente aumentarem 80% em apenas dez anos. O país tem um acúmulo invejável de experiência em tecnologia financeira, tecnologia agrícola e aplicativos. A Embraco, a maior fabricante de compressores do mundo, está tentando transformar os refrigeradores a fim de que não precisem de compressores.

Eu espero que alguém mantenha a inovação viva, porque sem inovação nós temos pela frente uma triste perspectiva de padrões de vida estagnados que levam à divisão política e à desilusão cultural. Com a inovação presente, nós podemos esperar um futuro brilhante de vida longa e de saúde, com mais pessoas desfrutando de vidas mais plenas, com conquistas tecnológicas impressionantes e com um impacto mais brando sobre a ecologia do planeta.

De todas as lições ensinadas pelas histórias que este livro traz, a mais relevante na minha opinião é a de Thomas Edison. Ele foi apenas uma das várias pessoas que conceberam a ideia da lâmpada, mas foi quem transformou essa ideia em realidade prática. Ele não alcançou isso graças à sua genialidade, mas, sim, graças à experiência. Como ele mesmo relatou a diversos entrevistadores, genialidade é um 1% de inspiração e 99% de transpiração (ele disse algumas vezes 2% e 98%). "Digo-lhe que genialidade é trabalho pesado", Edison acrescentou, "muito esforço, perseverança e bom senso." Como eu já disse, Edison testou 6 mil materiais vegetais até enfim encontrar o tipo certo de bambu para usar como filamento da lâmpada. O que boa parte do Ocidente esqueceu ou proibiu não foi a inspiração, mas a transpiração. É a impossibilidade de experimentar repetidamente que impediu que a energia nuclear se tornasse mais segura e mais barata, que não permitiu que o Arroz Dourado salvasse vidas mais cedo, que atrasou o desenvolvimento de novos tratamentos médicos. E foram os frutos da experimentação repetida que levaram ao crescimento da internet e à expansão do universo da comunicação digital. Precisamos encontrar algum modo de reformar o Estado regulamentador para que este, buscando manter-nos em segurança, não barre o simples processo de tentativa e erro do qual dependem todas as inovações.

A inovação é filha da liberdade e mãe da prosperidade. O equilíbrio desses dois elementos é muito benéfico. Nós o deixamos de lado por nossa conta e nosso risco. Eu sempre me espanto com o fato singular de que uma espécie, entre todas as outras, de algum modo ganhou o hábito de rearranjar os átomos e elétrons do mundo de maneira a gerar estruturas e ideias novas e termodinamicamente improváveis de uso prático para o seu bem-estar. Acho intrigante que um grande número de membros da espécie mostre pouco interesse em saber como acontece esse rearranjo e por que isso importa. Preocupa-me o fato de que muitas pessoas pensem mais em maneiras de limitar isso do que em maneiras de estimular isso. Considero excitante que nos séculos e milênios que se seguirão, as espécies poderão reorganizar, de maneiras ilimitadas, os átomos e elétrons do mundo em estruturas improváveis. O futuro é empolgante, e é o impulso da improbabilidade da inovação que nos levará até ele.

Epílogo

UM VÍRUS QUE NOS FAZ PENSAR NO VALOR DA INOVAÇÃO

Eu terminei o rascunho final deste livro em novembro de 2019, antes que a covid-19 se espalhasse pelo mundo e se tornasse uma pandemia. Algumas histórias acerca de um novo tipo de "pneumonia" viral espalharam-se pela China em dezembro e janeiro, mas a Organização Mundial de Saúde ainda insistia, em 14 de janeiro, que não havia evidências de transmissão entre humanos e que não parecia existir nenhuma grande ameaça. Em fevereiro, porém, ficou claro que a epidemia havia saído do controle. A publicação do meu livro na Grã-Bretanha foi adiada devido ao *lockdown* que foi imposto e entrou em vigor em 23 de março de 2020. Isso me deu tempo para redigir um epílogo sobre as implicações da doença para o argumento deste livro.

Meu livro não trata especificamente de medicina, mas traz diversos exemplos de inovação extraídos do universo das doenças infecciosas e da saúde pública: as histórias de vacinas contra varíola, poliomielite, raiva e coqueluche; a história da penicilina, dos mosquiteiros tratados com inseticida para a prevenção da malária, do tratamento da cólera pela terapia de reidratação oral, do banheiro e da aplicação de cloro nas redes de abastecimento de água. Enquanto eu escrevia essas histórias, tudo isso parecia contido num passado distante: vitórias espetaculares contra doenças contagiosas, um inimigo que já não era mais capaz de matar muitas pessoas nos países mais ricos do mundo e retrocedia rapidamente até nos países mais pobres. Mas todas essas histórias mostram o valor incomparável da inovação. E o mesmo se dará com essa doença: uma inovação haverá de vencê-la, seja uma vacina, uma pílula, uma maneira de impor quarentena ou um aplicativo de rede social para rastrear contatos com pessoas infectadas.

Confesso que não acreditei que uma pandemia tão grave fosse provável. Ocorre que, de tempos em tempos, foram divulgados alertas sobre pandemias que acabaram não dando em nada. O Ebola nos exterminaria aos milhões em 1995. Em 1996, foi a vez da doença da vaca louca. Em 2003, tivemos a SARS. A gripe aviária em 2006. A gripe suína em 2009. Em 2013, novamente, a gripe aviária. Ebola mais uma vez em 2014. Zika em 2016. Em todos os casos, houve previsões apocalípticas com base em modelos matemáticos, articuladas por especialistas e veiculadas pela mídia, sobre a morte de centenas de milhares de pessoas e até dezenas de milhões. Fizemos alarde muitas vezes e agora ninguém nos dá bola. Em cada um dos casos mencionados, pessoas morreram, mas centenas ou milhares delas, não centenas de milhares. Não havia nenhuma grande ameaça iminente. Ouvimos até cansar que a versão mais recente da gripe seria tão ruim quanto havia sido em 1918 e no final foi alarme falso. Estoques de Tamiflu, um medicamento que poderia ser útil contra a gripe, ficaram sem uso dentro de armazéns depois que as empresas farmacêuticas pressionaram os governos a comprar o medicamento em grandes quantidades em 2009. O HIV foi o único vírus novo transmitido por outras espécies animais que foi capaz de causar uma pandemia global durante a minha vida. Matou cerca de 20 milhões de pessoas, mas agora está próximo de uma cura e em declínio como causa de mortes.

Na fábula de Esopo, o menino que gritou "lobo!" não foi levado a sério quando o lobo finalmente apareceu, porque tinha dado muitos alarmes falsos. Pandemias que não se concretizaram não foram os únicos alarmes falsos. Eu vi todo tipo de alegações exageradas irem e virem — sobre explosão populacional, pico do petróleo, inverno nuclear, chuva ácida, buraco na camada de ozônio, pesticidas, velocidade de extinção de espécies, culturas transgênicas, contagem de esperma, acidificação dos oceanos e principalmente o *bug* do milênio. Esses são problemas reais, mas sujeitos a uma enorme distorção na mídia. Jornalistas e políticos se alimentam de leilões de alarme injustificado. "Todo o objetivo da prática política", disse H. L. Mencken, "é manter a população amedrontada (e, portanto, clamando ansiosa por proteção) por uma série interminável de duendes, a maioria deles imaginários." Também não convence a explicação de que o pânico levou o mundo a buscar soluções. O *bug* do milênio representou uma farsa tanto para países e empresas que nada fizeram para se preparar quanto para países e empresas que se prepararam.

Nas semanas que antecederam a pandemia de covid-19, em 2020, a mídia ocidental disparava uma quantidade interminável de avisos apocalípticos, protestos ferozes e apelos angustiados a respeito da maior crise que a humanidade já havia enfrentado: a perspectiva de que a temperatura média do ar pudesse subir alguns décimos de grau por década, sobretudo à noite, no Norte e no inverno, até que isso gerasse impactos negativos. Embora a mudança climática seja uma questão séria e de longo prazo a ser enfrentada, as alegações de catástrofes iminentes e as mortes de milhões de pessoas e até bilhões estavam aumentando ao longo de mais de três décadas; ao passo que, na verdade, as mortes por fome, tempestades, inundações e secas exibiram queda acentuada durante o período. Todo esse clamor exagerado não se restringiu à margem, aos militantes de movimentos extremistas de protesto como o *Extinction Rebellion*. A Organização Mundial da Saúde, encarregada especificamente de acompanhar com atenção as pandemias, anunciou em 2015 que "as mudanças climáticas são a maior ameaça à saúde global no século XXI" — em outras palavras, maior que as pandemias.

Até que surgiu um lobo real. Anestesiados pela nossa complacência, não acreditávamos que isso pudesse acontecer. No início eu era um dos que pensava que o tal coronavírus não passava de outro "resfriado ruim" ou que logo evoluiria para uma febre semelhante à gripe sem virulência significativa. Amigos médicos me asseguraram que era de fato assim — e eu fui, sim, convencido pelas pandemias que já haviam sido previstas, mas não aconteceram. Contudo, sem dúvida eu sabia que uma pandemia contagiosa era possível. Em 2010, no *Rational Optimist* [O otimista racional, em tradução livre], eu escrevi que, apesar de todas as coisas boas que surgirão neste século, reveses provavelmente virão e nada está garantido. E acrescentei: "A gripe pandêmica ainda pode fazer do século XXI um período terrível." Em 1999, num artigo sobre o futuro das doenças, escrevi que, se uma nova pandemia acontecesse, seria um vírus, não uma bactéria, fungo ou parasita animal, e que pegaríamos isso de um animal selvagem, porque já contraímos as doenças dos nossos animais domesticados (o sarampo provavelmente veio do gado). "Eu aposto minhas fichas nos morcegos", escrevi. Existem mais de mil espécies diferentes de morcegos, eles são extremamente gregários e, portanto, hospedeiros perfeitos para vírus respiratórios. Como nós, eles se reúnem em grandes ajuntamentos; como nós, voam longas distâncias; como nós, eles emitem ruídos continuamente — tanto para se localizar quanto para se comunicar. Se insistirmos em criar condições nas quais vírus possam ser transmitidos e amplificados com facilidade, então nós insistiremos em experimentar ondas de novas epidemias virais.

Agora sabemos (graças à inovação no sequenciamento de genes) que o vírus que causa a covid-19 é um dos muitos coronavírus encontrados em morcegos e que, mesmo antes de saltar de uma espécie para a outra, já tinha a capacidade de desbloquear células humanas por meio de um receptor conhecido como ACE2. Nós ainda não sabemos se o vírus nos alcançou entrando num "mercado úmido" não higiênico, onde animais selvagens vivos de várias espécies diferentes convivem e são vendidos para fins de alimentação ou de medicação, ou se escapou de um experimento de laboratório. Ou ambas as coisas, talvez. Acidentes desse tipo acontecem, e o laboratório do Centro de Controle e Prevenção de Doenças de Hubei (onde cientistas como Tian Jun-Hua lideraram expedições de caça a vírus em cavernas de morcegos locais) situa-se a somente algumas centenas de metros do mercado úmido em Wuhan, onde a epidemia parece ter começado.

Para quem soubesse onde pesquisar na literatura científica, os avisos eram claros. "A presença de um grande reservatório de vírus do tipo SARS-CoV em morcegos-ferradura, aliada à cultura de comer mamíferos exóticos no sul da China, é uma bomba-relógio", escreveram quatro cientistas de Hong Kong, em 2007. "As interações morcego-animal e morcego-humano, assim como a presença de morcegos vivos em mercados úmidos com animais selvagens e em restaurantes no sul da China, são importantes para a transmissão entre espécies [de coronavírus] e podem acarretar surtos globais devastadores", afirmaram alguns desses mesmos cientistas em 2019.

A NEGLIGÊNCIA DA INOVAÇÃO EM VACINAS E DIAGNÓSTICOS

Contudo, esses alertas foram ignorados, os mercados úmidos com a presença de animais selvagens vivos continuaram a prosperar, e o mundo não estava preparado. Para piorar, o mundo estava negligenciando a inovação justamente nas áreas em que nós mais necessitávamos. O desenvolvimento da vacina, por exemplo, murchou no século XXI como uma tecnologia órfã, pouco estimulada pelos governos e pela Organização Mundial de Saúde, que preferiam usar seus orçamentos de saúde pública para promover palestras sobre dieta ou mudança climática. O desenvolvimento da vacina também foi ignorado pelo setor privado, porque fabricar novas vacinas não chega a ser lucrativo. Quando enfim você termina de criar uma vacina para uma nova epidemia, essa epidemia pode ter chegado ao fim; e, se a vacina não for terminada, você sofrerá uma enorme pressão para doá-la durante uma emergência. Além do mais, se a vacina funcionar, ela é necessária somente uma vez por pessoa e logo estará sem mercado, diferente, por exemplo, da estatina. No caso da epidemia de Ebola de 2014, na África Ocidental, uma vacina experimental foi desenvolvida pela primeira vez em novembro, porém a epidemia chegou ao fim em sete meses, e a empresa lutava até para encontrar voluntários para os últimos testes. Simpatia pelas dificuldades das empresas farmacêuticas em tais casos é improvável; dessa maneira, muitas decidiram manter-se longe das vacinas.

No Capítulo 2, descrevi o extraordinário feito de Pearl Kendrick e Grace Eldering de desenvolverem, nos anos 1930, uma vacina para coqueluche em apenas quatro anos, salvando inúmeras vidas com a sua perspicácia e com trabalho árduo (parcialmente realizado em seu tempo livre). É um choque perceber que ainda são necessários anos para produzir uma vacina, mesmo que agora saibamos — diferentemente dessas duas mulheres — de que são feitos os genes, como funciona o sistema imunológico, como são sintetizadas as proteínas, o que é o sequenciamento genético e muito mais. Ideias inovadoras para fabricar vacinas, tais como vacinas de RNA mensageiro, em que a injeção efetivamente passa para o corpo as instruções para que a vacina seja feita, podem nos socorrer dessa vez, mas foram desenvolvidas por equipes pequenas com financiamento limitado. Wayne Koff, presidente do *Human Vaccines Project* [Projeto de Vacinas Humanas], alertou em 2019 (antes da pandemia) que desenvolver vacina "é um processo caro, lento e trabalhoso que custa bilhões de dólares e demora décadas, além de sua taxa de sucesso ser de menos de 10%... Não há a menor dúvida de que existe uma necessidade urgente de descobrir meios para melhorar não só a eficiência das vacinas propriamente ditas, mas também os próprios processos pelos quais elas são desenvolvidas". Em resumo, a inovação era e é absolutamente necessária.

Foi precisamente para solucionar esse problema que a *Coalition for Epidemic Preparedness Innovations* [Coalizão para Inovações na Preparação para Epidemias], ou CIPE, foi fundada em 2017 com dinheiro do *Wellcome Trust*, da Fundação Gates e dos governos da Índia e da Noruega. Mas alguém — provavelmente a Organização Mundial de Saúde — deveria ter feito isso muito tempo atrás. Em 2020, a CIPE mal havia iniciado a sua caminhada para inventar uma plataforma de desenvolvimento de vacina adaptável a qualquer nova doença e que estivesse pronta para entrar em uso. O maior fracasso da pandemia de 2020 é de longe a ausência da inovação necessária no campo das vacinas. Isso me apanhou de surpresa, sem dúvida. Mas os erros não se limitam às vacinas. À medida que a pandemia se alastrava, os países perceberam sem demora que a sua principal arma contra o vírus eram testes diagnósticos para identificar e isolar pessoas com a doença. Alguns países, como Coreia do Sul e Alemanha, recorreram rapidamente ao setor privado, delegando a empresas o desenvolvimento, a fabricação e a distribuição de testes e permitindo o processo de tentativa e erro que leva o setor privado a descobrir soluções eficazes e viáveis. Outros países, como Estados Unidos e Grã-Bretanha, tentaram manter o monopólio do governo sobre os testes, com a justificativa de que era o único modo de garantir o controle de qualidade. A princípio, os Centros de Controle e Prevenção de doenças em Atlanta "tentaram monopolizar os testes, desestimularam o setor privado de desenvolver seus próprios testes e iludiram as autoridades estaduais e locais a respeito da eficácia dos seus testes", segundo um estudo de Matthew Lesh no Adam Smith Institute. Depois de receber severas críticas, porém, o governo dos Estados Unidos modificou a sua política e descentralizou o sistema, e o setor privado rapidamente expandiu a testagem para centenas de milhares de testes por dia.

A Grã-Bretanha continuou enviando todas as suas amostras para os seus próprios laboratórios e escolheu "desenvolver e encorajar o uso das suas próprias ferramentas diagnósticas em vez de buscar o desenvolvimento de várias ferramentas do setor privado e conceder rápida aprovação", de acordo com o mesmo relatório do Instituto Adam Smith. Em meados de março, com o número de casos disparando bem acima da capacidade de atendimento dos laboratórios estatais, a Grã-Bretanha simplesmente desistiu de testar pessoas com sintomas a menos que fossem ao hospital, em lugar de terceirizar o tratamento — uma obsessão definitivamente bizarra por manter o comando centralizado e o controle, deixando em segundo plano os pacientes.

A antipatia do Serviço Nacional de Saúde da Grã-Bretanha por produtos inovadores de fora do sistema era um problema que já havia sido identificado poucos anos antes pelo conselheiro de ciências biológicas do governo, Sir John Bell. O mercado de diagnósticos *in vitro* na Grã-Bretanha por habitante representava menos da metade do mercado da Alemanha. De acordo com a Associação Britânica de Diagnósticos In Vitro, "o Serviço Nacional de Saúde é bastante inflexível quando se trata de adotar novos testes de diagnósticos *in vitro*. Geralmente, as soluções ainda são consideradas produtos farmacêuticos e não há interesse em encontrar um modo de adotar os diagnósticos *in vitro* no sistema para que os resultados melhorem". Um novo teste que separa com rapidez os 20% de pacientes com dor no peito no Departamento de Emergência protege quem precisa de tratamento e permite que o restante seja dispensado em segurança, liberando leitos e economizando dinheiro. Esse novo teste foi vendido por uma empresa britânica no mundo todo, menos na Grã-Bretanha. Em 2020, essa relutância em usar testes estava custando vidas.

Enquanto os países combatiam a pandemia, eles também se deparavam com obstáculos ao progresso que pareciam razoáveis em "tempos de paz", mas agora pareciam ridículos. A certa altura, patentes que antes estavam em poder da Theranos (veja o Capítulo 10) ameaçaram bloquear o desenvolvimento de testes diagnósticos, até que os novos proprietários recuaram. Muitos regulamentos simplesmente atrapalhavam, retardando a velocidade sem aumentar a segurança. As regras que se destinavam a aumentar a segurança dos dispositivos médicos acabaram por causar atrasos imensos, dissuadindo sem dúvida os inovadores de tentarem desenvolver novos testes diagnósticos. Lembre-se de que, embora existam algumas evidências de pessoas que tentaram e falharam, haverá poucas evidências de pessoas que nem mesmo tentaram começar um negócio porque era muito difícil trazer uma inovação para o mercado. Como eu disse no Capítulo 11, um marca-passo levou setenta meses para obter licença para uso na Itália.

Isso vale também para terapias. Enquanto a batalha contra as bactérias foi vencida com o auxílio de armas químicas chamadas antibióticos (apesar do problema crescente da resistência), o avanço da invenção de medicamentos antivirais eficazes tem sido bem mais lento e menos exitoso. Os poucos antivirais que existem são, em sua maioria, muito específicos para determinados vírus. "A escassez de verdadeiros agentes antivirais de largo espectro abre um grande abismo na preparação para emergências de doenças infecciosas virais", concluiu um estudo meses antes do começo da pandemia. Isso acontece principalmente porque os vírus não possuem bioquímica própria — eles meramente adaptam a do seu hospedeiro às suas próprias necessidades —, por isso há poucos alvos para serem atacados sem que se prejudique o hospedeiro. Outra razão é que, assim como as vacinas, medicamentos para combate a pandemias podem ser necessários apenas uma vez ao longo de uma década, portanto não conseguem ser lucrativos para empresas farmacêuticas que investem enormes somas a fim de provar seu valor em estudos clínicos.

Porém, como mostra o exemplo do HIV, antivirais são viáveis, nesse caso principalmente inibidores da protease, que não permitem que o vírus use uma enzima específica do hospedeiro para entrar nas células. Quem sabe quantos desses medicamentos antivirais teriam sido desenvolvidos se o mundo se interessasse em gastar mais com esse problema? Os inibidores de protease e os anticorpos monoclonais desenvolvidos para uso no combate ao HIV e os inibidores de RNA polimerase desenvolvidos para uso contra o Ebola deram às empresas farmacêuticas um lugar para o começo da cura da covid-19. Num ótimo exemplo de serendipidade, o produto antiviral da Fujifilm, o favipiravir (comercializado como Avigan), é um dos poucos antivirais que se mostram promissores contra mais de um tipo de vírus. A Fujifilm evitou o fim da Kodak diversificando-se em outros negócios químicos e médicos no início dos anos 2000 e, em 2008, adquiriu a Toyama Chemical, que tinha um candidato a fármaco promissor — o favipiravir —, desenvolvido pelo virologista Kimiyasu Shiraki na busca pela cura do herpes; agora, porém, era uma promessa contra a gripe. Em 2014, o medicamento foi testado em pacientes com Ebola na Guiné, com resultados não muito promissores. Os testes iniciais em pacientes com coronavírus na China foram animadores, por isso a Fujifilm acelerou fortemente a produção na esperança de chegar a uma cura. Eis aqui um bom exemplo de como funciona a inovação: a batalha contra um vírus que levou a outra, depois a outra e mais outra e, por fim, o produto estava lá quando necessário para uma pandemia global e justamente nas mãos de uma empresa de câmeras.

No momento em que você estiver lendo este texto, uma cura antiviral eficiente contra a covid-19 pode já ter surgido. É até possível que essa seja a primeira pandemia a ser interrompida com terapia antiviral em vez de vacina. Nesse momento não é possível saber em qual cavalo apostar. Um estudo listou trinta potenciais corredores: como sempre acontece quando se trata de inovação, tudo será decidido por tentativa e erro, mas as chances de que nenhum deles cure ou mitigue essa doença são pequenas. Um teste eficaz de anticorpos talvez tenha se tornado disponível para identificar aqueles que tiveram a doença, bem como aqueles que têm a doença. De um modo ou de outro, nós acabaremos escapando desse pesadelo e retomaremos a atividade econômica. Podemos até nos considerar abençoados, pois esse nosso encontro com o desastre poderia ter sido bem pior. Por exemplo: embora fosse bastante perigosa para idosos com problemas de saúde latentes, a covid-19 mostrou-se praticamente inofensiva para crianças, bem diferente da gripe, da peste, da varíola e da maioria das outras doenças de tempos passados, que mataram indiscriminadamente jovens e idosos.

A INOVAÇÃO DIGITAL ALIVIA O ISOLAMENTO DA QUARENTENA

Um efeito imediato do vírus foi acabar com a economia mundial. À medida que se espalhava pela Europa e por outros continentes em março de 2020, os governos tomaram a dura decisão de confinar as suas populações: exceto os trabalhadores essenciais, todos deveriam permanecer em suas casas. O impacto disso foi devastador, mas vale a pena refletir que tudo seria muito pior se a pandemia tivesse acontecido vinte anos atrás, quando, para a maioria das pessoas, não era possível realizar videoconferência com os netos ou reuniões on-line e compras on-line praticamente não existiam. A existência da banda larga tornou o *lockdown* muito mais produtivo para algumas pessoas do que teria sido antes e provavelmente levou muita gente a repensar seus hábitos de deslocamento.

Desse modo, a pandemia deve seguramente provocar uma torrente de inovação. Pelo visto, levou uma quantidade significativa de pessoas a fazer videoconferência pela primeira vez, apresentando muitos de nós a sistemas como Zoom, Teams, Facetime e Skype. Talvez seja um tanto ingênuo, mas espero poder participar de festivais literários em todo o mundo para publicar este livro sem ter de enfrentar aeroportos, inspeções de segurança, saguões de hotéis e fusos horários. Além disso, trabalhar em casa com certeza terá se tornado bem mais comum e menos estigmatizado depois do desaparecimento da pandemia, assim como visitas virtuais ao médico e a outros profissionais. Há países nos quais os trabalhadores estão exigindo mais direitos para trabalhar em casa. No setor de saúde, no setor de contabilidade e no setor jurídico, certamente a produtividade pode acelerar em vez de paralisar, se as inovações em tecnologia para reuniões virtuais ajudarem. Também houve uma onda de compartilhamento gratuito de dados para auxiliar os pesquisadores, além da permissão de acesso a artigos científicos. Os oligopólios que se locupletam explorando publicações científicas na certa não serão mais os mesmos depois disso. Não é de hoje que a falta de acesso gratuito à pesquisa pela qual todos nós pagamos é um escândalo.

A eliminação do dinheiro provavelmente se acelerou, bem como se acelerou o declínio do varejo físico em favor do on-line. Alguns eventos sociais, como jantares por videoconferência — inventados durante o *lockdown* para que amigos se encontrem — tornarão a desaparecer à medida que voltarmos às festas reais, mas não os bate-papos virtuais em família envolvendo pessoas que moram longe dos pais ou dos avós.

A inovação digital também tem aplicação na área médica. A possibilidade de rastrear os movimentos das pessoas por seus *smartphones* e assim rastrear contatos com pessoas infectadas foi muito utilizada em países como a Coreia do Sul e será essencial para monitorar a doença em qualquer lugar que seja. Essa tecnologia vem se tornando ainda mais eficiente, segura e confidencial.

Por exemplo: os *smartphones* trocam mensagens criptografadas, mas sem sentido, que deixam um rastro de dados anônimos revelando quando duas pessoas ficaram próximas uma da outra, uma das quais foi infectada. Desse modo, você pode ser avisado por telefone de que precisa se autoisolar, sem que ninguém no governo ou numa grande empresa de tecnologia saiba o seu nome ou os seus hábitos. O rastreamento de contatos não tem de nos deixar à mercê do abraço pegajoso do Grande Irmão.

O PROBLEMA NÃO É DIZER "NÃO", O PROBLEMA É DEMORAR PARA DIZER "SIM"

É claro que esses poucos pontos positivos são bem-vindos, porém haverá danos terríveis à economia que terão de ser reparados quando a pandemia acabar. Uma recessão profunda é inevitável. O desemprego aumentará de maneira acentuada, a inflação disparará, as dívidas de muitas pessoas se tornarão insustentáveis, o protecionismo comercial se alastrará. Não resta dúvida de que esses reveses atingirão com mais força os pobres, arruinando muitas vidas. E é aqui que o mundo deve aprender a lição principal deste livro. A prosperidade vem da inovação, a inovação vem da liberdade para experimentar e tentar coisas novas, e a liberdade depende de uma regulação flexível, encorajadora e ágil nas decisões. Tudo leva a crer que o modo mais seguro de redescobrir o rápido crescimento econômico e ajudar as pessoas mais pobres será estudando os atrasos e as barreiras regulatórias que foram deixados de lado durante a pandemia, a fim de estimular os inovadores no campo dos dispositivos médicos e terapias e, em seguida, saber se essas reformas podem ser permanentes e usadas em outras partes da economia também.

Durante a crise, eu falei muitas vezes com empresários e cientistas frustrados em razão dos atrasos desnecessários ocasionados pelos procedimentos burocráticos. Por exemplo, o prazo de dez dias para finalizar um contrato para o governo comprar exames diagnósticos. A falta de senso de urgência exibida por administradores, consultores e negociadores jurídicos, sobretudo no setor público, é um problema durante uma crise, mas é provavelmente um problema que se arrasta desde sempre. Seja na aprovação de um novo dispositivo médico, seja na construção de uma nova pista de aeroporto, o processo de tomada de decisão tornou-se letárgico a ponto de se paralisar, além de sobrecarregado pela obrigação de premiar legiões de "consultores" não eleitos por sua atenção desinteressada. Para os empreendedores, que veem o seu capital diminuir enquanto tentam trazer uma inovação ao mercado, não é tanto que os reguladores digam "não", mas que demorem uma eternidade para dizer "sim". Se quisermos retomar a prosperidade após o vírus, isso tem de mudar.

Os políticos precisam se aprofundar e reconsiderar os seus incentivos para a inovação de forma mais geral para que nós nunca mais sejamos surpreendidos com tão pouca inovação em um campo fundamental do esforço humano. Uma alternativa é expandir o uso de prêmios para substituir a dependência de concessões e patentes. O famoso Prêmio Longitude foi uma bonificação de 20 mil libras oferecida em 1714 para a primeira pessoa que resolvesse o problema de medir com exatidão a longitude do mar em trinta minutos, anunciado depois que exímios navegadores e astrônomos fracassaram em sua tentativa de resolver a questão. No final, a solução acabou surgindo de uma forma tão inesperada — relógios precisos e robustos feitos por um simples relojoeiro —, que as autoridades relutaram por muitos anos em admiti-la, para a fúria de John Harrison. Um Prêmio Longitude moderno, que oferece 8 milhões de libras para um dispositivo diagnóstico no local de atendimento para evitar a prescrição em excesso de antibióticos, foi instituído em 2014 e até hoje ninguém o reclamou.

Nos dias de hoje, vemos uma serendipidade semelhante. Um estudo do fórum on-line de compartilhamento conhecido como Innocentive — onde indivíduos, empresas e organizações podem postar detalhes de problemas que os desconcertam e oferecer recompensas por soluções de colaboração coletiva (*crowdsourcing*) — constatou que "quanto mais longe o problema em foco estava da área de especialização dos solucionadores, maior era a probabilidade de resolvê-lo". Assim como se deu com John Harrison. Innocentive atraiu 400 mil colaboradores de 190 países e entregou mais de 20 milhões de libras a soluções acertadas.

Em março de 2020, o economista Tyler Cowen anunciou uma série de prêmios modestos como recompensa para inovações relacionadas a distanciamento social, culto on-line, modos mais fáceis para trabalhar em casa e tratamentos para covid-19. Segundo Cowen, prêmios são ideais "quando você não sabe quem tem mais chances de avançar nas descobertas; você valoriza o resultado final mais do que o processo, existe senso de urgência nas soluções (o desenvolvimento de talentos é bastante vagaroso), é relativamente fácil definir o sucesso, e o empenho e os investimentos serão suficientemente compensados".

Tais elementos, porém, aplicam-se a quase todas as situações nas quais o empenho humano é exigido, não apenas a essa pandemia. Por que não fazemos mais com prêmios? Michael Kremer, economista ganhador do Nobel, apresentou um conceito — denominado *Advance Market Commitment* [Compromisso de Mercado Avançado] — que ajustaria prêmios como estímulos para inovar. Afinal de contas, não faz sentido conceder um prêmio a uma empresa que inventa uma vacina se essa empresa embolsa a recompensa, mas decide não produzir a vacina porque não pode recuperar os custos desse trabalho. Em 2007, a Fundação Gates destinou 1,5 bilhão de dólares a um fundo de premiação para encontrar uma vacina contra a bactéria pneumococo, que seria usada em países em desenvolvimento. Essa vacina seria útil principalmente para pessoas que não teriam condições de pagar por ela; assim, nenhuma empresa farmacêutica ganharia dinheiro com a sua invenção, por mais longa que a patente fosse. Contudo, em vez de uma quantia fixa como prêmio, as empresas foram convidadas a concorrer a contratos de dez anos para desenvolver e fabricar a vacina. O prêmio em dinheiro efetivamente reforçou o montante recebido pela empresa farmacêutica para cada vacina vendida. O resultado do leilão foram três boas vacinas ao custo de 2 dólares por dose, que foram fornecidas a 150 milhões de crianças, salvando 700 mil vidas.

Os governos também podem considerar comprar patentes para liberar a inovação. Anton Howes, da Royal Society of Arts, em Londres, argumenta que tais aquisições funcionaram bem em tempos passados. O governo francês comprou a patente de fotografia de Louis Daguerre em 1839 e a disponibilizou de forma gratuita para todos, provocando uma explosão de inovação criativa. A recente expiração das patentes de inovação de impressão 3D levou a uma explosão da atividade inovadora, que poderia ter acontecido uma década antes caso as patentes tivessem sido compradas. Em 1998, Kremer elaborou uma maneira de avaliar patentes para que elas pudessem ser compradas pelo preço justo por meio de leilões: diversas patentes diferentes são leiloadas para venda privada sem que os licitantes saibam qual governo planeja comprar. O governo interfere pelo preço revelado pelo leilão. Se isso ocorresse raramente, então os licitantes privados não teriam de ser desnecessariamente desencorajados a participar. Nas palavras de Howes: "Enquanto tentamos combater o coronavírus e outras pandemias futuras, talvez devêssemos considerar quais patentes — para antivirais, vacinas, ventiladores e outros equipamentos de higiene — poderiam ser compradas a fim de que os entraves à inovação fossem removidos."

EPÍLOGO

Terminei meu livro em um clima de insólito pessimismo, lamentando a escassez de inovação que parece ter se desenvolvido gradativamente — cortesia de grandes empresas complacentes, grandes governos burocráticos e grandes grupos de protesto neofóbicos. Com algumas exceções, presentes sobretudo no mundo digital, o motor da inovação está engasgando, e a sociedade não está recebendo os novos produtos e serviços de valor de que precisa ou tem recebido menos do que poderia receber. A covid-19 trouxe essa mensagem de maneira enfática. Chegou a hora de deixar a inovação funcionar.

Agradecimentos

Muitas pessoas me ajudaram a escrever este livro, e sou profundamente grato a todas elas. Acredito que a inovação seja um exercício mais colaborativo do que se costuma reconhecer, portanto fico satisfeito em admitir que sou a soma ou o produto das muitas influências que recebo.

Entre aqueles que, me escrevendo e falando comigo nos últimos anos, estimularam o meu raciocínio estão Reuben Abraham, Jun Arima, Alastair Balls, Isabel Behncke, John Bell, Robert Boyd, John Burn, Gabriel Calzada, Douglas Carswell, Bill Casebeer, Monika Cheney, John Chisholm, John Constable, Frederic Darriet, David Dent, Susan Dudley, Natascha Engel, Fredrik Erixon, Fiona Fell, Ian Fells, Greg Finch, George Freeman, Dominic Frisby, Gordon Getty, Josh Gilder, Oliver Goodenough, Ian Gregory, Bill Gurley, Dan Hannan, Tom Hazlett, David Hill, Lydia Hopper, Anton Howes, Calestous Juma (já falecido), Terence Kealey, Michael Kelly, Mark Littlewood, Kelly-Jo Macarthur, Brian Mannix, Mike Mayerhofer , Andrew Mayne, Kevin McCabe, Deirdre McCloskey, Alberto Mingardi, Julian Morris, Jon Moynihan, Jesse Norman, Gerry Ohrstrom, Kendra Okonski, Owen Paterson, Ryan Phelan, Pete Richerson, Paul Romer, David Rose, Max Roser, Bartlett Russell, Alan Rutherford, Vaclav Smil, Nick Steinsberger, Taishi Sugayama, Rory Sutherland, Eors Szathmary, Andrew Torrance, Liz Truss, Marian Tupy, Magatte Wade, Edward Wasserman, Richard Webb, Bruce Whitelaw, Candida Whitmill, Matthew Willetts, Richard Wrangham, Chris Wright, David Zaruk e muitos outros.

Ao longo dos anos, entrevistei ou conversei com vários grandes inovadores e empreendedores e desses contatos extraí ideias para esse tópico. Entre essas pessoas estão Jeff Bezos, Stewart Brand, James Dyson, Alec Jeffreys, James Lovelock, Eric Schmidt, Peter Thiel, Tony Trapp, James Watson e Mark Zuckerberg.

Testei algumas das ideias deste livro em colunas para o *Wall Street Journal* e *The Times* e sou grato aos meus editores, Gary Rosen e Mike Smith, por sua ajuda e seu apoio.

Colegas meus na Câmara dos Lordes muitas vezes são uma verdadeira fonte de novas ideias. Não vou citar todos aqui, mas sou especialmente grato a Naren Patel, presidente do Seleto Comitê de Ciência e Tecnologia, e a Tim Clement-Jones, presidente do Seleto Comitê de Inteligência Artificial, pela chance de servir sob a sua exímia liderança.

Sou também especialmente grato a John Constable, que foi não só editor como também ouvinte e cujas ideias foram de grande inspiração para este livro, especialmente seu ponto de vista sobre a noção de improbabilidade. Agradeço também a Derick Bellamy por me ajudar com a rede social e a Sarah Thickett por me ajudar com a edição.

Meus agentes, Felicity Bryan e Peter Ginsberg, e meus editores, Louise Haines e Terry Karten, foram defensores entusiasmados deste livro e leitores sábios dos rascunhos iniciais. Eles têm meu mais sincero agradecimento por isso.

Agradeço enormemente à minha mulher, Anya, que reflete com profundidade sobre os temas da descoberta e da invenção, e aos meus filhos, por tantas conversas proveitosas e por sua deliciosa companhia.

O autor Matt Ridley indica diversas fontes e leituras complementares disponíveis em inglês.

No site www.faroeditorial.com.br você pode encontrar esse material na página do livro *Como surgem as inovações*.

Ou acesse o QR Code abaixo para conferir!

**ASSINE NOSSA NEWSLETTER E RECEBA
INFORMAÇÕES DE TODOS OS LANÇAMENTOS**

www.faroeditorial.com.br

Campanha

Há um grande número de pessoas vivendo com HIV e hepatites virais que não se trata. Gratuito e sigiloso, fazer o teste de HIV e hepatite é mais rápido do que ler um livro.

Faça o teste. Não fique na dúvida!

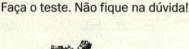

ESTA OBRA FOI IMPRESSA
EM FEVEREIRO DE 2023